凯恩斯社会、政治和文学论集

〔英〕约翰·梅纳德·凯恩斯 著

严忠志 译

商务印书馆
创于1897 The Commercial Press

2014年·北京

John Maynard Keynes

Social, Political and Literary Writings

The Royal Economic Society 1982

本书根据英国皇家经济协会 1982 年版译出

出版说明

约翰·梅纳德·凯恩斯(John Maynard Keynes,1883—1946),是现代西方经济学最有影响的经济学家之一,是现代宏观经济理论的奠基人,同时又关心社会、政治、文学和艺术问题,是个兴趣广泛的公众人物。

本书根据英国皇家经济协会1982年出版的《约翰·梅纳德·凯恩斯全集》的最新标准版第28卷译出。收录的是凯恩斯在社会、政治、文学和艺术领域中的著述。资料来源有两类,一类是凯恩斯本人保留的文献,另一类是他的同事和朋友提供的文献,其中最重要的是金斯利·马丁生前提供的文献。

在本书中,凯恩斯本人的著述一般都用较大字体排印。凯恩斯本人提供的,用星号或者其他符号表示,以便与编者增加的注释区别开来。其他人提供的介绍性材料和文字使用小一号字体排印,以便与凯恩斯本人的撰写的文字区别开来。唯一例外做法是,在介绍段落中,偶尔会出现摘自凯恩斯写给他父母或者朋友的信件的短小引文,以便梳理语境。这类文字是介绍性材料,所以用较小字体排印。

全书分5部分:

1. 凯恩斯与金斯利·马丁的通信。该部分收录了凯恩斯与

《新政治家》杂志的著名编辑金斯利·马丁的大量通信，时间跨度长达23年，涉及社会、政治和文学等各方面的问题。

2. 凯恩斯关于古代货币的著述。凯恩斯在1920至1926年这段时间，曾几次放下《货币论》的写作，而集中精力研究古代货币史，这部分收录的就是他的研究成果。

3. 凯恩斯关于艺术的著述。凯恩斯为英国艺术贡献了大量时间、精力和金钱。他担任过国家画廊管理委员，为国家画廊收购藏品，参与国际藏画拍卖；担任过一些重要艺术团体的财务总监、主席、经济担保人；这部分收录的是他为一些大型画展写的前言和为新闻媒介的艺术评论和文章。

4. 关于休谟的著述。1933年，凯恩斯作为一个藏书家，得到了一本书，题为《新书"人性论"摘要》，1740年在伦敦匿名出版，传统上一直认为，《摘要》一书的作者是青年亚当·斯密。经研究，凯恩斯对此提出了怀疑，在与剑桥大学的另一位经济学家和藏书家皮耶罗·斯拉法讨论后，证实了自己的怀疑。他们两人确认，此书不是出自斯密之手，而是休谟本人撰写的。于是，他们于1938年重新出版了这本书，并共同写了一篇导言。

5. 杂录。本书对于我们了解凯恩斯在社会、政治、文学和艺术上的观点，窥见其丰富多彩的人生，是一部内容详实的珍贵文献。

商务印书馆哲社室

2013/3/12

目　　录

第一章　凯恩斯与金斯利·马丁的通信 1

凯恩斯与金斯利·马丁之间的通信持续了23年时间，直至凯恩斯去世为止。马丁写第一封信时，争取成为剑桥大学国王学院的外聘研究员未果。马丁提交的文稿后来以著作形式出版，书名是《帕默斯顿的胜利：克里米亚战争之前的英格兰舆论研究》（伦敦，1924年）。①

1923年4月10日写给金斯利·马丁的信件

亲爱的马丁：

我不知是否有人写信给您，谈及您竞争国王学院的研究员职位所提交的论文。可是，我希望告诉您，许多人就这个问题提出了表示赞许的评述。我觉得，您听到那些赞许之辞后，可能感到十分高兴。实际上，您是一个态度非常认真的候选人。这篇论文最终未能让您如愿申请成功，我们之中的许多人感到非常抱歉。

就我个人的看法而言，我认为您的论文相当不错，陈述精彩，旁征博引，语言精妙，在各个方面都堪称优秀。这是一篇非常令人

---

① 获得该职的是P. M. S. 布莱克特，参见本书的人物表。

期望的作品，我觉得对这篇论文发表意见的人都会赞同我的判断。

不知您是否听说，休伯特·亨德森将会担任《国家文艺》的新任主编，我将参与该报的管理工作。也许，您可以经常为我们做一些审稿工作。如果这样，我们将深感欣慰。

您从美国回国之后，能否与我一见？[1]

您真诚的，

J. M. 凯恩斯

2　两人的通信出现了一段空白。在那期间，马丁在剑桥大学工作了 1 年，然后在伦敦经济学院任教，并且于 1927 年前往曼彻斯特，担任《曼彻斯特卫报》的主要高级撰稿人。1930 年，他回到伦敦，（与 W. A. 罗布森携手）担任《政治季刊》的编辑。该刊由包括凯恩斯在内的一批人士创建，凯恩斯担任编委会成员。[2]

凯恩斯 1930 年 8 月 2 日写给马丁的信件

亲爱的马丁：

我很抱歉地告知您，本人无法为下一期《政治季刊》做任何事情。我手里现有的工作很多，难以如期完成，无法再承担任何新的工作。

我听说您准备离开《曼彻斯特卫报》，觉得非常遗憾，然而并不

---

① 凯恩斯于 1923 年 8 月 6 日与马丁见面。

② 见 W. A. 罗布森，《政治季刊的创建》，见《政治季刊》，1970 年 1 至 3 月号。

十分惊讶。他们几乎对世上所有问题均持不承担义务的态度；我有理由相信，这与您的性情格格不入。

您真诚的，
J. M. 凯恩斯

我希望，您现在可以常常帮助《国家文艺》做点事情。我已将您改变计划的打算告知了哈洛德·赖特。

那年晚些时候，凯恩斯和金斯利·马丁的联系更为密切。马丁得到《新政治家》的主编职务，开始讨论该刊与凯恩斯担任主席的《国家文艺》合并的问题。下一封信反映了那些讨论初期的情况。①

金斯利·马丁 1930 年 11 月 26 日的来信 3

亲爱的凯恩斯：

我其实一直在思考那天我们两人在国王学院的谈话。我赞同您的观点，“对《新政治家》这份刊物而言，需要讨论的问题很多”。当然，如果您提出的关于收购《国家文艺》的计划付诸实施，涉及的事情会更多。假如不是因为《新政治家》的董事们习惯上做事拖沓，我应该让此事自行发展，不在这封信中提及。除非另外那份工作已经触手可及，我不能错过去剑桥大学任职（从诸多方面看，这个职位非常诱人）这个机会。其实，我既无法确定他们何时作

① 当时，马丁的职位由于这一情况变得复杂起来：剑桥大学政治经济系已向剑桥大学校方提出，希望增加一个职位——政治科学课程的讲师职位。那个职位显然是为马丁申请的。马丁接受了《新政治家与国家》主编职位之后，该系系务会停止了争取设立那个讲师职位的工作。（剑桥大学档案，政治经济系记录簿。第 29 次会议，1930 年 11 月 10 日，见第 4 号记录簿；第 30 次会议，1931 年 1 月 26 日，见第 10 号记录簿。）

出正式任命的决定，也无法确定他们最终是否会任命我。

他们知道，从他们的角度（除了其他原因之外，[莫斯廷·]劳埃德的工作负担太重）看，有理由加快作出决定。但是，寻找新的资金并不是一蹴而就之事。依我所见，除非从某个方面加以促进，他们可能耽搁数月时间，不会作出任何具体决定。如果从财务上看，这份报纸的经营看似不错，所以收购适宜比较棘手。我的感觉是，如果现在与他们商谈，他们可能提出合理的条件。我这样说是有充分理由的。

经济系系务会的[奥斯丁·]罗宾森写信告诉我，增设剑桥大学讲师职位一事已经进入一个新的阶段。他还补充说，他当然希望尽早知道我何时决定提交任职申请。我不知道自己必须在什么时候之前作出决定，不过显然不可能让这件事情无限期推迟下去。如果我不能从《新政治家》方面得到某种保证，我肯定会选择去剑桥大学的工作。如果我不知道该报现在的经营状况以及其他细节，不知道可能给我的职位的具体条件，即便我接到邀请，现在甚至也无法决定我是否应该接受。显而易见的是，如果您收购《国家文艺》的计划成功实施，整个事情可能出现改变。任何人都希望担任一份经营状况更稳定、发行量更大、影响更广的报纸的主编，而不愿终日烦恼，觉得自己一方面与自己的朋友竞争，另一方面与自己的对手竞争。

这就是我的态度。我觉得可供考虑的时间已经不多，承蒙您提出，如果合并得以实施，您希望让我担任合并之后的报纸主编。这使我确信，您有意让我任职。我如此赘言，麻烦了。依我所见，剑桥大学的那个机会值得一试，那里肯定有适合我的工作。不过，我也希望有机会了解另外一份工作的相关情况。我可以想象到使第一个机会更有吸引力的情形。

您真诚的，

金斯利·马丁

4 次年，正如凯恩斯给《国家文艺》董事会的一位同事所说，事情进展非常迅速。[①]

---

① 与该重组相关的谈判进程，参见E·海姆斯，《〈新政治家〉：第一个50年的历史，1913—1963年》（伦敦：1963年），第115—123页。

凯恩斯 1931 年 1 月 6 日写给 J. B. 莫里尔的信件

亲爱的莫里尔先生：

谢谢您发来的电报。我会把星期五下午 5 点至 6 点的时间空出来。我觉得，最佳计划是您在接近 5 点时到我家里来。这样，我就可以作出安排，让《新政治家》的经理约翰·罗伯茨先生 5 点 15 分之后到达我家。在这种情况下，我可以给提供相关数字，解释谈判进程。我们接着可以与他商谈。现在，我尚无法确定，我是否可以安排您同时与金斯利·马丁先生见面。不过，我会努力让他大约在 5 点 45 分到这里来。当然，他的事情与罗伯茨先生的迥然不同。这就是说，他将向您简述他对这份报纸执行的政策的看法。罗伯茨先生的任务是和我们谈论，从大体上看，新组建的公司购买现存两份报纸的相关版权的条件。

您真诚的，

［这份复写件上签署了他的姓名缩写］J. M. K.

凯恩斯 1931 年 1 月 8 日写给金斯利·马丁的信件

我亲爱的金斯利：

听说您染上令人讨厌的流感，心里深感遗憾。我希望见您是为了面谈以下几个问题。

朗特里信贷基金希望，首先要了解这份报纸的政治倾向之后，才能明确表示是否投入大笔新的资金。我已把劳埃德写给我的一封信念转交给了他们。可是，该信主要是对《新政治家》过去政策进行陈述，这个问题我们自己完全可以进行判断，所以该信件其实没有起到什么推动作用。朗特里信贷基金显然需要的是就相关情况与您交谈，了解您的现在意图和总体态度。就从哈洛德的父亲查尔斯·赖特先生那里获得新资金的情况而言，他的态度基本相同。

我相信，阿诺德·朗特里下周星期四——15 号——计划到伦敦来。我估计届时您已经回到伦敦，能否找个方便时在《国家文艺》报社的办公室与他见上一面？我可能在前一天返回剑桥，到时恐怕不能到场，深表歉意。不过，不管怎么说，我建议您和哈洛德·赖特应该与阿诺德·朗特里见面，表达相关意见。

依我判断，其他一切进展顺利。可是，如果朗特里信贷基金对其资金的用途并不满意，那就会是一个严重的障碍。不过我认为，您肯定不会觉得他们不同情理。我们与他们保持了长期关系，他们一直是您可以想象的非常友好的资助人，从不干涉我们的事务。

您真诚的，

[这份复写件上签署了他的姓名缩写] J. M. K.

金斯利·马丁 1931 年 1 月 16 日的来信

亲爱的梅纳德：

我和哈洛德·赖特一道,星期四与阿诺德·朗特里见了面。就报社的政策而言,我们认为并不存在任何问题。朗特里对此表示满意。

然而我认为,股份分配方面存在一定难度,谈判中还有实际障碍。后来,我和约翰·罗伯茨一起交谈过。(我对细节不甚了解,但是我可以告诉您)我确实相信,约翰·罗伯茨正在作出公平安排,与朗特里可能想象的不同,不是在拼命讨价还价。我非常希望,这个困难可以很快克服——从各个方面看,现在出现的耽搁是令人讨厌的。我担心的一个问题是撰稿人,他们可能涉及这两份报纸,肯定涉及《新政治家》(例如,埃米尔·戴维斯从最初几期开始,就为这份报纸撰稿)。如果他们的文章将来不能被采用,我们应以适当方式, 6
事先通知他们。我担心,如果把这件事情拖到最后,我们可能得因此支付费用。当然,还有其他反对耽搁的理由。在《国家文艺》编辑部人员星期三开会之前,可否与您见上一面?就目前安排而言,我星期二大多数时间以及星期三整天都在《新政治家》编辑部。

我发现,自己刚好错过了与戈尔迪见面的机会,他已经去了国王学院。我收到了他的一封来信,字里行间的口气非常糟糕,情绪低落,让我深感不安。我觉得,他看来要人照顾。我相信,他在国王学院得到很好的照顾。

您真诚的,
金斯利·马丁

又及:我希望,两个编辑部的人对撰稿者的问题没有什么误解。当然,我完全理解,我应该完全根据文章的优劣,使用两份报纸的原来撰稿人。这符合我的利益,也符合报社的利益。即使在合约中没有明确规定,我也希望这样做。我给您说这番话的原因在于,我觉得您曾经暗示,我应以对等方式,采用两家报纸的原来的撰稿人提供的文章。这个主张难以付诸实施。两份报纸的撰稿人数量很大,继续使用其中大多数人应该没有什么问题。

文字显得啰唆,表示歉意——我在这里还没有雇用打字员。

凯恩斯作出安排，在那年1月20日与马丁见面。两家报纸合并的适宜进展顺利，合并后的新刊《新政治家与国家》于1931年2月27日发行了第一期，凯恩斯担任该公司的董事会主席。

凯恩斯的下一封信涉及他的《关于财政性关税税率的建议》(见约翰·梅纳德·凯恩斯全集，第IX卷，第231－238页)。

凯恩斯1931年3月1日写给金斯利·马丁的信件

亲爱的金斯利：

《新政治家与国家》随信附上我的文章。我担心，这篇文章过于冗长。如果您觉得合适，我已经标注出可以略去的一个段落。即便删除这一段，整个文章也有2000单词。我觉得，这意味着需
7 要三栏——我觉得您不会使用狭窄行距，并且希望您不会。如蒙提出批评建议，我当不胜感激。

我的习惯做法是(将稿件送到戈登广场第46号)，让人校对12次。这样做的一个原因是我在国外版权提出的要求。就这篇文章而言，我是否可以事先寄给一两个人，例如，劳埃德·乔治和斯诺登？

我认为报纸第一期的发行量确实不错。我喜欢您撰写的头版通栏标题文章，这份报纸表现出一种脚踏实地的氛围，可与100英里之外发行的《周末评论》媲美。另一方面，这一期的印刷质量——至少就我手里这份判断而言——简直糟糕透了。我觉得，可能是油墨不好造成的，字体模糊不清，页面污迹斑斑。要么是这

个原因，要么是字体太小。手里这份报纸给我的印象是，本期使用的字体很小，读者难以卒读。就我而言，我难以作出正确判断，究竟是油墨不好，标题不够醒目，还是字体太小？

我在《观察家》上看到，G. D. H. 科尔希望筹资 2500 英镑，以便办一份带有社会主义倾向的新周刊。这究竟是怎么一回事呢？

另外还有一事。如果我决定动笔，撰写一篇不署名专栏，谈一谈卡马戈芭蕾舞协会①的事情，您是否愿意刊登呢？我在专栏里将会谈到该学会目前的情况以及试图完成的事情。依我所见，该协会从事的事业很有价值，目前需要得到更多人的支持。该学会正处于发展过程中的关键时刻（当然，这样的稿件是不付稿费的）。

我希望，我本周星期三下午晚些时候到您那里去一趟。

您真诚的，

J. M. 凯恩斯

他撰写的关于财政性关税税率文章发表两周之后，凯恩斯谈到这个问题，谈到 3 月 21 日在该报上刊登的三篇读者来信。

凯恩斯 1931 年 3 月 21 日写给金斯利·马丁的信件

① 见约翰·梅纳德·凯恩斯全集，第 X 卷，第 488—489 页。

② 见约翰·梅纳德·凯恩斯全集，第 XX 卷，第 318—324 页。

亲爱的金斯利：

8 现将我撰写的赞美卡马戈芭蕾舞协会的文章寄给您——当然，我没有署名。①

正如您将会看到的，我的赞美非常直接。篇幅所限，为了达到目的，我只好贸然如此了。我希望，您不会对此持反对意见。现在我觉得，这篇文章像是一份令人乏味的清单，把事情罗列出来而已。请按照您的感觉，不吝斧正。我面对的问题是，如何把我提供的所有具体信息一一放进这篇文章？不过，它没有资格占用更多版面。

自从星期五和您见面以后，我一直在阅读上周报纸刊登的我没有看完的信件。显而易见，存在大量问题，应该加以讨论。然而，如果一次将它们全都谈到，就会让人觉得，这篇文章粗制滥造，杂乱无章，毫无条理。我重新想到了这个做法：尽快开设一个系列短小专栏，讨论这些具体问题。我希望将这个系列专栏命名为《关于自由贸易的经济学评述》。② 我现在的想法是，在该专栏的首篇文章中讨论出口行业，这就是说，主要回复 E. D. 西蒙的来信。第二篇文章可以谈一谈生活水准问题，回复拉姆齐·缪尔和其他许多人的来信。第三篇文章探讨出口与进口之间的相互影响，换言之，答复[埃文·]德宾在来信中提及的问题。

这样做可以让此专栏延续下去，无需占用更多篇幅。鉴于我

① 见约翰·梅纳德·凯恩斯全集，第 XX 卷，第 9—10 页。

② 见约翰·梅纳德·凯恩斯全集，第 XX 卷，第 449—505 页。

必须在星期一动笔，如果您希望我本周开始撰写这些文章中的第一篇，可否在星期一上午尽早给我打电话？

我非常喜欢您本周撰写的头版通栏标题文章，它恰好表达了我想到的意思，非常精彩，给人印象深刻。

您真诚的，
J. M. 凯恩斯

凯恩斯"撰写的赞美卡马戈芭蕾舞协会的文章"最后见报的文本如下：

摘自1931年4月11日出版的《新政治家与国家》 9

戏剧与电影：卡马戈芭蕾舞协会

4月26日晚上和27日下午，卡马戈芭蕾舞协会将在剑桥剧场奉献他们的第三个剧目。这肯定将是一件值得庆祝的事情。在我国的芭蕾舞发展的进程中，该协会将会发挥伟大的作用，所有舞迷将会了解该社的演出活动。卡马戈芭蕾舞协会于去年组建，其宗旨是给英国的舞蹈演员、舞蹈设计人员、音乐人和艺术家提供机会，让他们汇聚力量，联袂帮助芭蕾舞艺术的发展。在其开创初期，该协会主要资助传统剧目和俄罗斯舞蹈演员，但是该协会现在希望发现和培养本国艺术天才，并且建立了一个中心，让完美芭蕾舞需要的各种各样的艺术人才汇集一起，为我们提供娱乐节目。

芭蕾舞是一种耗资巨大的艺术。因此，卡马戈芭蕾舞协会力争一年上演四个剧目，每一剧目仅仅演出两场。因此，它需要支持芭蕾舞艺术的人士慷慨解囊。以前的演出已经说明，英格兰就有本土天才，他们在其他地方无法找到一展才华的机会或者条件。其原因在于，兰伯特夫人领导的令人钦佩的芭蕾舞俱乐部仅能上演小型的剧目。

本次上演的剧目特别有趣。本次演出将会邀请俄罗斯老兵舞蹈团出场，支持在英格兰初露头角的年轻新秀。塔玛拉·卡萨文娜和莉迪亚·洛波科娃将会同台献艺。在一个晚上看见这两位舞蹈家同时出现在台上，这将让人想起季阿吉列夫领衔的罗斯芭蕾舞团的辉煌岁月。美国芭蕾舞演员安娜·露德米拉也将参加演出。其他的舞蹈演员、舞蹈设计人员和艺术家都是英国人。演出节目可能包括：兰伯特的《果树女神》，它的舞蹈艺术设计是弗雷德
10 里克·阿什顿，舞台设计是约翰·班廷；还有格林卡的《华尔兹幻想曲》，这部著名作品将由卡萨文娜导演并且领衔主演。节目单的第二部分以重要的芭蕾舞《世界的创造》开始，作曲米约，主演尼内特·德法洛瓦，舞台设计爱德华·沃尔夫；最后还有威廉·沃尔顿的著名作品《门面》，这是该作品作为芭蕾舞曲在英格兰首次亮相，舞蹈设计弗雷德里克·阿什顿，舞台设计约翰·阿姆斯特朗，莉迪亚·洛波科娃将担纲演出。由此可见，卡马戈芭蕾舞协会进行了勇敢尝试，让当代伦敦的最佳艺术人才汇聚一堂。不支持这样的盛会将是人生一大憾事。观看演出的机会限于协会成员及友人，希望提供赞助的人应该踊跃加入。负责该项盛事的秘书是孟塔古·内森先生，地址是 W.8 坎普登·豪斯大院 5/42。本演出季

余下场次的票价为 1 几尼[*]，更好的座位为一个半几尼。除了第三场演出之外，持本票还可以观赏 6 月登台的第四场演出。预计，该节目的主要看点将是沃恩·威廉的新芭蕾舞《约伯》，作品根据威廉·布莱克的构思演出。

凯恩斯的下一封信件涉及 A. L. 罗斯写的没有留存下来的一封信。有两篇文章刊登在当年 4 月 18 日那一期报纸上，一篇是马丁撰写的头版通栏标题文章《自由贸易的得失》，另一篇是 J. A. 霍布森的文章《世界经济》。

凯恩斯 1931 年 4 月 19 日写给金斯利·马丁的信件

亲爱的金斯利：

随信寄来的罗斯的来信让我很感兴趣，对所谈问题的论述超过了已经刊登的大多数信件。我希望，您能够找到版面，刊登这封来信。在第 2 页上，我恰好知道他所提建议是不正确的，我略有删 11
减。除此之外，这封信件看来不需要什么修改。

您撰写的头版通栏标题文章和霍布森的文章让我深感兴趣，几乎希望提笔，再写一封信。但是，我已经决定不写了。如果我要写，所谈问题当然是您或者他所建议的，即采取国际行动看来肯定不错。不过，谁能相信，我们将在比较短的时间里实现这样的目标呢？这一点完全适用于霍布森在信中提出的建议：组建一个国际

* 1971 年推行币值十进制之前在英国使用的一种货币，1 几尼＝21 先令＝252 便士＝1.05 英镑。——译注

性政府,它拥有权力,可以推翻主权国家提出的阻碍性政策。不过,如果您目前不希望从这些希望中得到什么,您建议应该怎么做呢?相关负责人士已经作出了认真尝试,以便举行一次国际会议,不过,目前实现这类会议的可能性几乎完全为零。这一点仅供您私下参考。

您真诚的,

J. M. 凯恩斯

又及:我发现里斯小姐本周不会回来上班,不过您肯定能在 27 号即星期一见到她。

金斯利·马丁 1931 年 4 月 20 日的来信

亲爱的梅纳德:

我读了罗斯的信,并且同意您的观点,这是我们已经得到的最有意思的东西。我真希望人们在争论之初了解到这个意见,那样就可能让某些人放下争论,转而去做更加有益的事情。就霍布森的文章而言,我本人并不喜欢,而且其中还有一个问题。我与霍布森讨论过这个问题,并且希望他撰写一篇文章,赶在合并文件形成之前刊出。如果这些意见是他希望表达的,那么看来难以不用文章形式单独刊登。您将会注意到,我在那篇头版通栏标题文章中刻意留下了余地,以便让人提出建设性建议。整个争论让我的心智受到很多
12 历练,我想这一点是您知道的。我自己根本不是什么强硬的自由贸易论者,对任何具体建议均持相当开放的态度。坦率地说,您的建议并未让我信服,我觉得您的文章本身应该提出某种确定的东西。目前,我觉得它包含了一些经济学方面的因素。不过,我们下次见面时,我希望谈一谈,请您事先为我们

提出在眼下更具建设性的建议。

听说里斯小姐 27 日将要回来，心里感到欣慰。

我已经致函[乔治·]赖兰，邀请他参与卡马戈芭蕾舞协会的事情。

最后，是关于增刊的事情。我开始觉得，旅行增刊可能没有什么价值。您对保险增刊持何观点？正如您所说的，搞保险增刊应该是可以赚钱的。[尼科尔斯·]戴文波特希望在 5 月下半月搞一期，很想了解您的意见。您是否有时间鼎力相助呢？我从[T·E·]格雷戈里那里得知，麦克米兰公司已经做了大量工作，不过我认为这事已经告一段落。我觉得，是否搞保险增刊完全取决于您和戴文波特两人的意见。我对这件事情没有什么兴趣，不过，如果它不错，而且可以赚钱，我们肯定应该做。

您真诚的，

金斯利·马丁

凯恩斯 1931 年 4 月 21 日写给金斯利·马丁的信件

亲爱的金斯利：

如果您觉得不搞旅行增刊，我完全赞同。依我所见，在 5 月底推出保险增刊是明智之举，这样就不会影响增刊的连续性。我们已有搞了若干年，许多保险公司都愿意加盟进来。不过，我担心我可能无法提供什么帮助。我眼下忙于麦克米兰委员会的事情，以便在 5 月 30 日准时乘船前往美国出差。除了我的所有日常工作之外，这个学期已经开始。所以，我无法承担任何其他事务。

关于确定的政策。在我看来，这里涉及的麻烦在于，除了增加关税、货币贬值或者减薪之外，没有什么明确政策可言。贬值具有自身的吸引力，不过我认为，任何研究过这个办法而且有责任心的

人肯定都会表示拒绝，在目前这个局势下，它无论如何都不可取。这个两难困境将我逼入现在的立场。其原因在于，除了人们可能
13 产生的其他感觉之外，大幅度降低工资的做法是不可行的。而且，根据我提出的相关理论，这一做法可能带来令人失望的结果。就增加关税而言，情况也是如此。不过，与其他措施相比，它显得稍好一些。请不要觉得，我会反对您的决定，不会像您那样对待这件事情。依我所见，从这份报纸的角度看，您很可能是正确的。

您真诚的，

J. M. 凯恩斯

凯恩斯那一年与金斯利的通信到此为止。

不过，有一次，据说凯恩斯给《新政治家》撰写了一篇没有署名的文章。但是，我们没有找到相关证据。在他的自传《父亲般的人物》中，[1]金斯利马丁说，"他[J. M. 凯恩斯]甚至就一封为银行家的行为辩护的读者来信，做了一个言辞激烈的。我觉得这是在《新政治家》报刊登的唯一一个不是出自编辑本人之手的编者。"这里所说的那个堪称唯一的"言辞激烈的，"放在 R. H. 布兰德的信件后面，刊登在 1931 年 9 月 12 日那一期上。这篇文章既没有出现在凯恩斯收集的未署名剪报簿上，也没有出现在凯恩斯的文献中，所以我们无法确认它是否出自凯恩斯笔下。此外，它的写作风格几乎不可能与凯恩斯采用的一致。因此，我们在本书中没有收录。

在 1932 那一年中，两人没有留下任何信函。在那年，金斯利·马丁和戴维·洛一起访问了俄罗斯。他们回到英国之后，联手制作了《洛的俄罗斯速写画：

① 企鹅版，第 203—204 页。

洛创作的56幅画作》。金斯利·马丁为画册撰写了文字说明。金斯利请凯恩斯写评论，结果遇到了困难。

金斯利·马丁1932年12月6日的来信

亲爱的梅纳德：

有时候，直抒自己的感觉是最佳做法，我希望您会原谅这封短信。

您写出了不乏慷慨褒奖的评论，如果我还抱怨，看来没有礼貌；况且，您
在百忙之中满足我的请求，这更令人难以启齿表示不满。我的困难在于这一 14
点。假如我觉得，您提出抨击意见的方式非常明确——尽管并非引人注目，我丝毫也不会表示介意。如果您说我写的东西不好，我——尽管应该感到遗憾——也不会表示介意。可是，您给人的印象让我觉得有失公允。您在字里行间暗示，这本书由一名肤浅的观察者写成，这名观察者讨厌一切，但是出于礼貌，最多对俄罗斯表达怀疑，态度上却显得友好。我认为，对俄罗斯表示歉意是最愚蠢的态度，我自己希望避免给人这种印象。在民主制度那一章中，我介绍了报刊和民主理论；我认为——正如您已经看到——那些内容在这个国家中几乎是全新的东西。我不知道，对这一章里提出的论点有什么令人满意的答案。与之类似，在伏尔加河的那一次对话中，我认为俄罗斯提出的挑战以相当新颖的方式表示出来。那些观点被置于相互对立的位置，与我知道的当时的情形完全一样。俄罗斯的制度就失业问题提供了全盘解决方案，这一点是否正确呢？无论我对您的评论持何不满态度，我讨厌将您的文章刊出的原因在于：它给人的印象是，您觉得我在书中胡说八道，然而考虑到我是本报主编，所以希望避免直言相告。

以上就是我对您的评论的回应，我觉得最好立刻把这件事情解释清楚。假如您砰的一声合上该书，对其内容持不置可否的态度，我本会感到满意的。不过，我确实尽力认真完成此事。它的确提出了疑问，而非仅仅出于礼貌的无稽之谈。

您真诚的，

金斯利·马丁

在这封信中，马丁附上了若干建议，对述评的最后一段进行修改。凯恩斯没有采纳马丁提出的那些建议，不过确实也修改了书评。我们在此照登最后刊印的那个版本，并且标示出那个改动。

摘自1932年12月10日出版的《新政治家与国家》

享受俄罗斯之旅！

（戴维·）洛：《洛的俄罗斯速写画：洛创作的56幅画作》

金斯利·马丁配文（戈兰茨出版社），1932年

众所周知，我们如今拥有一位秉承伟大传统的漫画作者。这一看法经过人们在茶余饭后口耳相传，在投给晚报的稿件中反映
15 出来，然而却无法传到那位谦逊的漫画作者的耳朵里。所以，人们对这本书持欢迎态度，将它视为一个机会，以便告诉洛，人们多么重视他，多么喜欢他。他集各种非常罕见的禀赋于一身，才思敏捷，具有洞察能力，不乏才智、品味，显示沉静的都市人风范，内心充满愤怒，但是非常开放，善解人意。就他所从事的工作而言，这是必不可少的。而且，他反应迅速，观察细致入微，能以同样迅速的方式，对所见所闻加以简化。最为重要的一点在于，他对美有一种天才的评判能力，甚至可以从丑陋之中看到某种令人赏心悦目的东西。也许我们可能显得不吝赞誉，不过洛真的具有这些品质。我们翻开《标准晚报》，看到这个文明的人，这个真正的艺术家，聆听他的教诲，见识他的眼光，增加我们的人生阅历。

去年夏季，洛和金斯利·马丁访问了布尔什维克的故乡，这个

本令人愉快的著作就是那次访问的结果。洛创作的铅笔画和木炭画通过某种方式进行了复制。无论其真实效果如何，它们看上去颇像石版画，让人不禁想起当年为巴黎的老派报纸《嘈杂声》搞漫画插图的石版画作者戛瓦尔尼和杜米埃，将洛与他们进行比较。它们是地地道道的插画，同时表达事物的内在和外在。

两位作者在本书中显得平淡无奇，是非常文雅、表现良好的客人，其首要任务是向他们的主人大献殷勤。金斯利·马丁先生并没有装模作样地进行评判，不过以令人佩服的轻快言辞和分辨能力，给我们提供了十分聪明的游客的评论，娓娓道来，滔滔不绝。在若干对话中，金斯利·马丁①试图从观察者的角度，提出俄罗斯实验的一些主要问题。也许，他表达了过多的善意。当疑问出现时，在可能情况下被他吞咽下去。马丁先生愿意“总体上”赞同这个观点：把农民变为机器操作者是一个宏大理想。他反思说，“与中国苦力们的境遇相比，这些人的食物至少丰富一些。依我所见， 16
他们并不像印度农民那么贫穷。”如果有人向他提出，“在言论自由方面受到限制的”只是“为数不多的受过良好教育的知识分子”时，他心存疑虑，怀疑自己是否可以在卢梭、边沁或者约翰·斯图尔特·密尔的著作中找到令人信服的答案。有人告诉他，“就脂肪而言，他们依赖葵花籽油”，他立刻想到，整个古希腊文明就是在盛产橄榄的土地建立起来的。如果一个人想要享受一番，这就是访问

① “试图从观察者的角度，提出俄罗斯实验的一些主要问题。也许，他表达了过多的善意。当疑问出现时，在可能情况下被他吞咽下去。”这些改动取代的原文是，“充满良好愿望，急于在石头中发现布道言辞，发现所见所闻中美好的一面。当他要提出批评性建议时，他以微妙的怀疑方式加以表达。”

俄罗斯所需的正确心态。

J. M. 凯恩斯

就 1933 年 4 月 22 日那一期报纸，凯恩斯和马丁两人在电话上进行了讨论。凯恩斯的回应是对这两篇文章的答复——《人的权利》和《莫斯科与大棒》。在那次电话交谈之后，他们两人交换了以下这两封信件。

金斯利·马丁的来信[此信没有标注日期，肯定写于 1933 年 4 月 22 日]

抱歉，没有机会让人把这封信件打印出来。我希望和您长谈一次，不知您何时有空与我共进一餐？

亲爱的梅纳德：

一个人作为和平主义者，希望以尽可能和平的方式，以得到最大多数人赞同的方式，改变世间的不平等状态——这就是我的立场。依我所见，这并不是让我对涉及的问题采取不真诚态度的借口。（您在电话中指摘我不真诚，这使我深感恼怒。我对真诚抱有一种宗教般虔诚态度。它是我确知的一种宝贵品质。）

让我以“阶级正义”作为例子吧。毫无疑问，在许多国家中，显而易见的情况是，正义被用作一种压制危险见解的手段。当我国出现可被讨论的例子时，我们确实在《新政治家与国家》上呼吁人们加以关注。本周，我就祝贺年轻自由党人成功举行了抗议活动。[①] 当然，在我国，人们采取非常温和的做法；对此我衷心赞同（并且进行过表述）。在许多国家中，现在有人使用一种被警方称为“圈套”的技术，以便为持保守意见的人服务。萨科和范塞蒂案件

① 《人的权利》，见《新政治家与国家》，1933 年 4 月 22 日。

仅仅是发生在美国的臭名昭著的例子。[1] 密鲁特阴谋审判其实是一个非常可怕的个案。[2] 我不知道您是否关注它的进展。寇特曼，这个人我觉得您是 17
知道的。他是伦敦经济学院教授，对整个案子持保守看法。那时，他在印度担任司法官员。在给我讲述时，他把密鲁特案件描述为“圈套”。我非常真诚地说，与密鲁特案件相比，俄罗斯的情况要温和得多。那些囚徒们没犯什么罪，已经在一座印度监狱服刑三年（也许是四年?），等候一项不可避免的裁定：他们将要长期服刑，英国政府不会为了他们而给当局施加压力。似乎任何一个外国记者都会告诉您，设立“圈套”，酷刑逼供，这在美国、波兰和其他国家可以说是例行公事的做法。使用橡胶警棍和水刑不会留下痕迹，所以被人普遍使用。

在谈到俄罗斯人使用的方式时，如果不提及在其他国家——其中包括大英帝国——中出现的这些情况，我应该有不真诚的感觉。为什么您觉得提及它们的做法不真正呢？这一点我百思不得其解。重要的事情是让人们知道，在这方面，俄罗斯的做法并非反常。我知道，许多人重视《新政治家与国家》的原因恰恰在于，它并不像许多报刊那样，作出自命不凡的判断。

金斯利

凯恩斯 1933 年 4 月 23 日写给金斯利·马丁的信件

亲爱的金斯利：

请原谅我那天在电话里的失控言辞。人在电话中常常词不达意，当然这不应当作借口。昨天的《观察家》报刊登了讨论同一个问题的文章，我觉得该文提出了正确见解。您能否一读？我认为，

---

① 萨科和范塞蒂是两个意大利移民，根据受到政治影响的不实证据，1920 年被控犯下谋杀罪，于 1927 年执行死刑。

② 印度政府（实为印英政府——译注）1929 年导演的一个阴谋案件。

任何人读了您的文章时都会觉得，它其实是在为那些俄罗斯人辩护。其原因在于，在这个结点上，您让人关注您所说的在其他国家中出现的类似的不公正现象，这个做法简直相当于声称，“可怜的俄罗斯人，他们并不比别人更糟——英国人也这样干。”至少，我觉得这是您的文章给大多数读者留下的印象。尽管您的本意与之相反，您的文章所起的实际效果就是替不公正行为进行辩护。

18 就您所说的类似情况而言，首先，在俄罗斯进行的那次审判与压制危险言辞这个问题完全没有关系。此外，即使我们承认您所说的类似情况，我并不记得您写过关于密鲁特密谋案件的头版通栏标题文章，告诉印度人不要过于激动——与俄罗斯常常见到的情形相比，在印度出现的问题并不更糟。而且，我们也不能动辄指责英国人、美国人或者德国——与俄罗斯人相比，他们的行为算是比较温和的了。假如英国政府在司法方面和压制自由方面做出这样事情，假如英国政府像俄罗斯政府一样，犯下相同种类、影响类似的经济错误，我希望看您撰写一篇这样的头版通栏标题文章。

您执迷于牢骚，没完没了地唠叨。我确信，正是这种行为完全破坏了您希望表达的实际效果。尽管我知道这样做有失公允，不过我读了这份报纸之后，常常希望提笔写信告诉您，“看来您只喜欢发牢骚，对其他事情完全没有兴趣。”在这种发牢骚的情绪之下，还有一股失败论的暗流，不是将要取得胜利的进攻气势，而是这样一种潜在含义：“我知道，就此人们无能为力，完全没有应对措施。”这使问题变得更加糟糕。在如今的世界上，唯一可取的是采取适度的方式。可是，每当看到这方面的任何建设性尝试时，您的兴趣很快降温。您知道，印度白皮书[1]大谈在这个阶段可以取得的最大进步；然而，您很可能会煽起印度人对这个说法的种种怨言，而不是安抚他们的情绪。

怎么说呢，所有这些意味着，从性情上看，您其实是鼓动者和革命者。这没有什么危害。您表达意见的方式越坦率，我越喜欢您所写的东西。不过，您顾及到我或者别人，试图用其他方式取而代之，然而心里并不觉得您自己失去了真诚——这是一种颇有政治家风度的谦虚行为，善意的自由党人可能会表示赞同。正是在这种情况下，让我感到难受的意味肯定会逐渐表露出来。真遗憾， 19
您试图释放"善意"时，我却有这样的感觉。

我知道，以上全是夸大之辞，大体上有失公允，因此希望您不要过于介意。不过，这些是我可以找到的最方便的字眼，作为向您表达我的感受的一种方式。我们两人都有空的时，应该再谈一谈。明天下午之前，我都无法离开剑桥，所以不能和您共进午餐，表示歉意。

您真诚的，

J. M. 凯恩斯

金斯利·马丁 1933 年 4 月 24 日的来信

亲爱的梅纳德：

您的来信语言犀利，但是直率坦诚，态度友好，让我心怀感激。就"失败

① 《印度的未来政府形式》(cmd. 4268)。

论”而言，您说的完全没错。这种情绪具有腐蚀性，逐步积累，非常有害。我已经作了尝试，将它从报纸上驱赶出去，最近特别注意了这一点。但是，它弥漫在整个氛围之中。我没能让这份报纸获得更加正面或者说更具进攻气势的意义，自己非常苦恼，深感失望。

您能否尽快拨冗与我见面，我俩好好地谈一谈？我觉得，我们现在见面很有意义。我几乎可以取消任何晚上的其他安排。您本周有时间吗？星期二、星期三，(最好)星期四。我预计星期五离开。下个星期六如何？外出期间，我在起草关于一组系列文章——它们可被称作“失败论”！我必须走出这种心绪，进入某种正面的状态。

金斯利

下面这封信件涉及凯恩斯的文章《国家自足》，见约翰·梅纳德·凯恩斯全集，第XXI卷，第233－246页。

凯恩斯1933年5月9日写给金斯利·马丁的信件

亲爱的金斯利：

我目前正在考虑，是否在英国发表关于国家自足的文章。这篇文章是我在都柏林所作讲座的基本内容。它刊登在美国的《耶鲁评论》上，而且还刊登在都柏林的一份名叫《研究》的季刊上。我
20 曾与《耶鲁评论》达成协议，今年6月18日之前，这篇文章不能在其他任何书刊上出现。

在我考虑以其他方式使用这篇文章之前，我希望您浏览一下，看一看您能否在《新政治家与国家》上刊登。它比较长，接近5000个单词，因此只得拆开，分为三四篇文章。这样做我并不喜欢，不过

也许不是什么不可逾越的障碍。可否告诉我您对这篇文章的看法吗？

您真诚的，

J. M. 凯恩斯

我建议在英国出版这组连载文章的版权费用为 30 英镑。

两人的书信来往再次中断，直至当年秋季才得以恢复。那一段时间，《新政治家》刊登了洛给一些重要人物所绘的系列速写画，每幅画作配有简要的评述。

凯恩斯 1933 年 10 月 15 日写给金斯利·马丁的信件

亲爱的金斯利：

寄上关于爱因斯坦的文章。我在撰写本文过程中遇到很大困难，几乎无法删除足够多的文字，将其压缩至所需篇幅（不过我希望，随信附上的是写得最好的 400 个单词），结果写成了这一篇短文，堪称惜墨如金。不过我希望，这不会被他人当作或者视为超过限定字数的先例！

我预计，星期二临近午餐时才能达到［伦敦］，所以希望与莉迪亚共进午餐。不过，当天晚上我没有什么特别的安排。如果您愿意在晚餐后任何时段和我待上一个小时，我都有空。

看来，必须认真对待今天出现的关于德国的消息。[1] 这个可怕的两难困境已经显现出来，如果让他们说我们虚张声势，让他们

[1] 10 月 14 日，德国退出了日内瓦裁军会议和国际联盟。

选择时机，重整军备，后果不堪设想。也许，我们会面临打一场预
21 防性战争的可怕局面。

您真诚的，

J. M. K.

我希望星期二(在戈登广场)看到关于爱因斯坦的文章的校样。

凯恩斯的文章如期发表，全文如下(参见约翰·梅纳德·凯恩斯全集，第X卷，第382—384页)。

摘自1933年10月21日出版的《新政治家与国家》

爱因斯坦

Gewiss hast auch du，lieber Leser，als Knabe oder Mädchen mit dem stolzen Geba üde der Geometrie Euclids Bekanntschaft gemacht(亲爱的读者，你在当学童时也肯定了解，欧几里得几何学竖立起了令人感到骄傲的大厦)——《广义相对论基础》就是这样开头的。Gewiss würdest du kraft dieser Vergangenheit jeden mit Verachtung strafen，der auch nur das abgelegenste Sätzchen dieser Wissenschaft für unwahr erklärte*(你过去的这一段经历

* "Assuredly you too，dear reader，made acquaintance as boy or girl with the proud edifice of Euclid's geometry... Assuredly by force of this bit of your past you would treat with comtempt anyone who cast doubts on even the most out of the way fragment of any of its propositions."

具有力量，使你以不屑一顾的态度，痛打以任何方式对欧几里得的命题表示丝毫疑问的人）。情况确实如此。那些少年，那些不能获得成年人性格的人——马克思、弗洛伊德、爱因斯坦——正在超越古代先知们。他们在一直破坏社会、个人和思想的根基，其行为具有巨大的客观性让健康的人觉得病态，似乎正在剥夺对一切事物具有的自然感觉的温暖。那些学童除了表达令人意想不到的斥责之外，究竟拥有什么传统的反驳力量？——他们所做的是在先知的脑袋上用红色墨水写上一个价格，然后在果酱缸的羊皮纸盖子画上万字符。

由此可见，在我们这一代人眼里，爱因斯坦已经成为一个具有双重意义的符号：第一个是在冰冷空间遨游的心智；第二个是勇敢而且慷慨的被遗弃者，心地纯洁，精神愉快。爱因斯坦本人也是一个学童，不过属于另外一类：头发蓬乱，两手柔软，会拉小提琴。看
一看他的样子吧——坐在克罗默海滩上，正在做算数题。查理· 22
卓别林长着莎士比亚式眉毛；在另外一侧，还有一个孩子——那个永远具有骑士风度的洛克·兰普森正在站岗警卫，防止恶棍侵扰。

所以说，并非意外的情况是，那一帮纳粹青年把愤怒发泄到他身上。他富有思想，不乏个性，超越国家主义，热爱和平，肤色偏深，身体偏胖，确实象征着他们不喜欢的类型，是金发野兽的对手。不可思议的是，那一帮令人作呕的少年竟然没有用腿踢阿尔伯特。在洛的画笔下，他就是这样的形象。他们怎么知道自由驰骋的心智具有的辉煌，怎么知道温柔、客观的同情心，怎么知道内心带着笑容的天真？在他这样的人眼里，权力、金钱、暴力、美酒、鲜血、浮华绝对没有任何意义。当然，阿尔伯特与那帮金发野兽一起，共同

构成了他们的世界。如果其中一方抛弃了另外一方，生命的力量就会大大减弱。那些野蛮人大肆迫害古代族群，将其视为像巫婆，那些野蛮人拒绝运用想象力去探索天宇，他们可能正在作茧自缚，让自己难逃灭亡的命运。

凯恩斯 1933 年 10 月 21 日写给金斯利·马丁的信件

亲爱的金斯利：

我认为，你撰写的关于劳埃德·乔治的评论非常精彩，是我读到的相关书评中最好的一篇。[1] 我也喜欢那篇关于德国局势的文章。[2] 介绍爱因斯坦的那篇文章让你感到失望，真是抱歉，不过我已经尽力而为了。可是，你却毁掉了我精心引用德文希望达到的效果，在英语译文误将“beat”拼写成了“treat”。[3]

可否择机宣布将要刊登的人物肖像画作？

您真诚的，

J. M. 凯恩斯

23 对金斯利来说，1934 年是异常艰难的一年。他本人年初患病，接着母亲

① 《劳埃德·乔治论战争道路》是一篇关于《戴维·劳埃德的战争回忆录》第 11 卷的书评，刊登在 1933 年 10 月 21 日出版的《新政治家与国家》上。

② 《希特勒的政变》，一篇未署名的文章，出现在同一期报纸上。

③ 见原文第 21 页。

去世，他的婚姻最终也告解体。马丁患病之后，凯恩斯与爱德华·惠特利商量，为马丁安排了一段时间的休假。在《新政治家与国家》董事会中，惠特利担任原《新政治家》方面的代表。

凯恩斯 1934 年 2 月 15 日写给爱德华·惠特利的信件

亲爱的惠特利：

我很遗憾地告诉您，金斯利·马丁的健康肯定出了问题。他的风湿性神经炎与消化不良症同时发作，其诱因很可能完全相同。负责诊断的专家已经开了医嘱，治疗需要三周或者四周时间。那位医生本来希望金斯利到外地治疗，不过最终同意让他在伦敦就医，所提出的条件是，金斯利在治疗期间只能承担非常轻微的工作。治疗结束之后，金斯利显然应该离开伦敦，最好到气候温和的地方去休假，时间不应少于四周。

我觉得，他目前并未放下了足够多的事情。但是，报纸需要继续办下去，我看我们肯定可以作出适当的安排。劳埃德刚刚度假返回，我希望莱昂纳德·伍尔夫将会出手协助。不幸的是，杰拉尔德·巴里和布雷斯福德两人目前不在英格兰。

不过，我写此信的主要目的是要谈谈下面这个问题。倒霉的是，马丁最近把他的余钱全都花光，用于购买一幢农家村舍，那地方在这个季节不会是他休假的合适去处。我的印象是，他觉得手头过于拮据，无法去一个理想的地方休假。一旦本报的经营更加兴隆，我们可能应该考虑增加定期津贴的数量——最初所定数字是按最低水平计算的。我认为我们完全有理由相信，自从收购《周

末评论》以来，报社的经营状态非常良好。尽管如此，提出增加定期津贴的问题可能操之过急。不过我认为，如果我们立刻给他增
24 加100英镑，供他在目前健康状况下休假使用，那将是一件非常好的事情。我还认为，这可能确保他进行必要休息。否则，依我所见，由于他罹患顽疾，难以治愈，极易复发，可能存在出现更加严重的疾病的危险。假如您赞同此事，并且与其他一两位董事会商，我觉得我们可以进行操作，无需召开正式的董事会会议通过这一决定。

您真诚的，

［这份复写件上签署了他的姓名缩写］J. M. K.

惠特利对这一项建议表示赞同。

1934年7月，凯恩斯加入了一场争论，涉及《新政治家与国家》专栏中的学术自由问题。那年早些时候，伦敦经济学院院长威廉·贝弗里奇爵士给该学院的政治学教授哈洛德·拉斯基写了一封信，让他关注“他的(政治)言论可能给学院带来的危害”。[①] 当年4月，在一次令人痛苦的面谈中，贝弗里奇问拉斯基，鉴于他对院外事务的深感兴趣，并且因此获得收入，其中主要是在《每日先驱报》上定期开设专栏的酬劳，可否降低他的教授工资的档次？那一档教授工资的领取者主要为兼职人员，例如，律师等。该学院那年夏季才正式研究这件事情。

在那一段时间里，拉斯基应苏联政府的邀请，去苏联的各个地方讲学。他的访问和言论受到英格兰报纸的诸多批评。伦敦大学校长发表一项声明，将该大学与拉斯基的观点分离开来，并且建议对此事进行调查。该大学的议

① 参见何塞·哈里斯，《威廉·贝弗里奇传》(牛津，1977年)，第301页。

会代表欧内斯特·格雷汉·李特耳爵士致函《每日电讯》，建议对伦敦经济学院施加压力，鼓励该院采取行动。凯恩斯以《新政治家》的《伦敦日记》专栏关于德国情况的一篇文章为契机，在7月15日那一期报纸上提出了这个问题。

凯恩斯1934年7月15日写给《新政治家与国家》编辑的信件 25

拉斯基教授与自由问题

先生：

德国媒体利用了您撰写的关于施莱歇尔的文章，批评者对此大发牢骚，您难道不觉得，这样让主要问题变得模糊不清？其原因在于，您的文章其实证实了这个观点，施莱歇尔希望出现政权更迭，并且与巴黎方面有过接触。毫无疑问，更重要的问题并不在于，施莱歇尔、罗姆或者其他人是清白的，不应被指控为该政权的实际或者潜在反对者，而是在于，暗杀政治对手是一种可耻做法。也许，这件事情无需更多笔墨，在此仅提一点：假如行为者是自己的密友和同事，这样做还让您个人蒙受耻辱。假如，在某些个案中，无辜者被误判有罪，那是一种负有重大责任的疏忽行为，不过并不增加主要起诉的分量，至少对外界来说如此。

如果所强调的是他的言论之中的反共倾向的无害特征，同样的一点也在拉斯基教授这一个案中浮现出来。在这个例子中，让人觉得羞耻的是伦敦大学的正副校长干涉该校教授的言论自由的行为。两人的错误除了多管闲事之外，还有对事实掌握不当；如果这样，那是一个较轻的指控。但是，我们有理由指出，就在对事实的掌握而言，那些偏离正常程序的人往往会犯下错误。

诚然，你上周撰写那个精彩段落时，对拉斯基的攻击仅仅来自少数大学之外的人员。后来，伦敦大学的正副校长出面干涉，以令人匪夷所思的言辞表示，“拉斯基教授的行为肯定引起了问题，促使适当机构进行调查”。而且，两人还认为，有必要指出，校方并不对该教授的观点承担责任。两人的做法使问题变得相当严重。校
26 方对教授的观点发表意见，这是否是伦敦大学的通常做法？就这个目的而言，所谓“适当机构”是干什么的？它上次发挥功能是什么时候？人们一贯认为：英格兰与莫斯科或者柏林不同，这里的教授们长期以来享有全权，可以自由表达自己的观点；除了教授本人之外，其他人对教授的言论没有任何责任可言。不过，事实证明，伦敦经济学院的创立者们具有睿智先见，在该学院章程中早有明确规定，在表达政治观点时，教师享有完全自由。

更为糟糕的是，来自伦敦大学的国会议员 E. 格雷汉·李特耳爵士(7 月 13 日)致函《每日电讯》，承认“在伦敦大学，表达意见的言论自由得到尊重；其实，本校在创立之初就欢迎有志追求知识的人士，并不考虑其信仰、族裔或者政治观点。”——这么说来，直接调查看来难以实施。接着，他却建议以下述方式施加经济压力：

> 使用纪律手段，对学院教职员工的不可取行为进行纠正，这最好由该学院的管理机构加以实施。可是，长期以来，拉斯基教授供职的伦敦经济学院被人视为滋养共产主义学说的温床，该学院管理机构采取纠正措施的可能性不大。鉴于伦敦经济学院没有自发采取行动，对其教员表达的令人遗憾的言辞进

> 行谴谪,大学法院完全可以采取行动,减少它分给伦敦经济学院的份额——伦敦大学的许多成员认为,分给该学院的份额本来就过大了。

看到了他的意图了吧?这让人不知所措,难以概括说明最后一个句子包含的可怕暗示。E. 格雷汉·李特耳爵士显然不合适在议会中代表伦敦大学。如果允许我在此提出一项次要指控,这还表明,他自己对伦敦经济学院的教学内容竟然一无所知。

这些大大小小的事件——以及政府公布的禁止煽动骚乱言行 27
法案——以令人瞩目的方式显示:若干代人经过艰苦卓绝的努力,在类似的经历中克服厌恶,承受恐惧,获得了公民自由和政治自由;这两个方面的自由具有十分重要的意义,必须在原则上保护其每个细节。对人们的意见进行调查,根据行政当局的捕风捉影的怀疑进行搜查,甚至实施政治暗杀——毫无疑问,在实施者们看来,所有这些做法都是为了维护国家安全。其实,它们与限制言论自由的做法类似,源于相同层面的理念。许多年前的经验告诉人们,无论这样的做法可能维护什么,它们都有可能摧毁文明。

许多年轻的左翼成员轻率地对待马克思主义的理念,在排斥抨击自由的反动分子的过程中,无法持问心无愧的态度。由此可见,重要的事情是要让右翼和左翼人士明白,在自由要塞中,甚至不能允许出现任何细小的裂痕。这是一个迫切的任务,对我们中的许多人来说,《新政治家与国家》对这一目标所作的贡献具有新的重要意义。

J. M. 凯恩斯

凯恩斯的这封信发表之后，拉斯基给他写了一封短信。

哈洛德·拉斯基 1934 年 7 月 22 日的来信

私人信函

亲爱的凯恩斯：

您在本周的《新政治家》发表的信件体现了您惯有的宽宏大量的气度，让我深受感动。我当然知道，那封信表达了您的感受。在我看来，任何关心学术自由原则的人都会支持您的观点。我立刻告诉贝弗里奇，我不会屈从于伦敦大学或者任何别的人进行的询问。我的理由非常简单：屈从就是承认，伦敦大学拥有至关重要的权力，可以其他教员的自由进行审查。当然，这与我在莫斯科的讲座中表达的真正适度的问题相去甚远——我认为，那次讲座与原则问题没有任何关系。

我并不期望听到关于这个问题的更多消息。但是，真正让我觉得忐忑不安的是伦敦大学大小行政官员对待这个问题的方式：包括贝弗里奇在内的所
28 有人员立刻感到惊恐，觉得我的讲话可能影响大学接受的捐赠。我清楚地看到，他们的态度非常明确：教员不能说出或者撰写任何让伦敦大学感到“尴尬”的观点。“尴尬”意味着金钱，只有金钱。在这种情况下，他们实际上要求教员让自己的见解屈从于校方向富人表达的意思：整个伦敦大学——尤其伦敦经济学院——是那些讨厌左派言论的人捐赠的资金的“合适”去处。我在美国的经历让我确信，一旦这种倾向广为流传，自由之根便被撕得粉碎。我觉得，如果只有格雷汉·李特耳这样之流进行恶毒攻击，其实问题不大。可是，贝弗里奇这样的人一方面声称学术自由至关重要，一方面却明白无误地暗示，维护学术自由的最佳方式是防止有人提出维护学术自由这个问题。这让我觉得，事态确实非常严重。

不过，我不想把这封信写得很长，给您带来不便。我只是希望对您说，自

己内心深表感激。

请代我向夫人致以热情问候。

您真诚的，
哈洛德·J.拉斯基

凯恩斯的那封信件也引起了《新政治家》以及该报的读者的回应。其中最值得注意的是，弗兰克·皮特凯恩对信中最后一段的第一个句子表示了反对意见。为此，凯恩斯三周以后写了另外一封信。

凯恩斯1934年8月11日写给《新政治家与国家》编辑的信件

先生：

马克思主义者愿意牺牲个人的政治自由，以便改变现存的经济制度。法西斯分子和纳粹分子也是如此。正是由于这个原因，我在心中说，在维护个人政治自由、使其不受反动分子攻击的过程中，那些轻率地对待马克思主义理念的人不可能做到问心无愧。

对那位署名为“批评者”的人来说，问题在于他是否愿意将中止政治权利作为一种方法，藉此改变现存经济制度——当然，其目的是为了后来增加的“真正”的自由。如果他愿意，原则上他不可能自诩为维护自由的卫士。如果他不愿意，为什么他不赞同我就轻率地对待马克思主义的那些人所说表达的观点？他将会发现，让自己同时既是马克思主义者，又是政治自由主义者，这是非常困 29
难的。

我本人的目标是借助政治自由主义，实现经济改革。如果那位“批评者”认为，完成这项事业毫无希望，他原则上应该放弃维护自由的做法。可是，如果他和皮特凯恩先生只不过想说，经济改革的成功将使维护自由变得更为容易一些（这一点理所当然），就我提出的观点而言，这有什么关系呢？

J. M. 凯恩斯

金斯利·马丁所写的下面这一封信谈到这个问题以及别的问题。

金斯利·马丁 1934 年 8 月 27 日的来信

亲爱的梅纳德：

关于自由问题的读者来信——不包括以前与拉斯基相关的文字——已经持续刊登了五周时间，现在收到的信件看来没有提出什么新的问题。依我所见，有十个“马克思主义者”与一个非马克思主义者对垒，这使讨论显得片面。上周唯一一封表达非马克思主义观点的信件是杰拉尔德·肖夫提出的一个疑问。相关争论几乎立刻会以这种或者那种形式再次出现，因此我觉得，也许可以暂告一个段落了。但是，你觉得遗憾，我对此表示歉意。如果在本周的来信中提出任何新的问题，我会立刻重新刊登与争论相关的内容。

我和奥尔加[①]星期天去你处，行否？我们觉得，我们可能乘坐火车去。不过，如果天气不错，我们会忍不住驾车去的。

我觉得，我夸大了我春天离开报社的时间长度。其实，我仅仅离开了四周，不过另外还有三周时间在接受治疗，在办公室待的时间不多。我实际上已经决定，今年秋季不去美国了。明年春天去可能会好一些。

① 马丁的妻子。

本周周末，我有一两件事情很想和你细谈。如果你和莉迪亚觉得星期六不方便，请告诉我。我可以安排你们觉得更好的时间。

K. M.

凯恩斯和马丁星期日在蒂尔顿见面，两人说到的问题之一是北威尔士大学学院的国际关系教授职位。那份工作要求的授课量不大，旅行的机会很 30
多。马丁接到邀请，觉得它很有吸引力。

凯恩斯 1934 年 9 月 7 日写给金斯利·马丁的信件

我亲爱的金斯利：

我星期三将到伦敦，不过需要办许多事情，不知道什么时候有空。如果可能，我会在 5 点至 6 点之间到您办公室去看一看。

假如我当初已经意识到您依然在认真考虑此事，我会很高兴邀请您加入 A 计划。不过，正如我在星期天所说的，我个人希望，您不要接手这项计划。您的项目在严格的学术圈子中不算什么大的东西，最好不以学术方式进行。因此，这个项目唯一可取之处是撰写大部头著作带来的乐趣。可是，与撰写日常的论说文章相比，撰写一本大部头著作真的就有那么多可取之处？

您永远的，

J. M. K.

那年秋天，凯恩斯重新开始研究俄罗斯和马克思主义。10 月 27 日，《新政治家》发表了 H. G. 威尔斯对斯大林的采访。萧伯纳附上一则评论，凯恩斯就此发表了自己的意见。

摘自 1934 年 11 月 10 日出版的《新政治家与国家》

凯恩斯先生答萧伯纳

萧伯纳与威尔斯两人之间的不同之处是什么？是神职人员与科学家之间的差异。萧伯纳认为，他和我们了解所有可以了解的情况，在人们与理想状态之间，存在令人作呕的感觉。在萧伯纳看来，人们的知识是给定之物，人们的感觉、人们的激情是该系统之中的变量。可是，威尔斯认为，人们的感觉是给定之物，人们的知
31 识是变量。在他看来，人们的知识之中出现的改变形成巨大的变化。威尔斯是一位探索者，询问者。相比之下，萧伯纳是一个教条主义者；无论某个教条出自斯大林还是墨索里尼，这对他的热情几乎没有影响。如果不是因为教皇的态度温和，宽宏大量，他也可能对教皇表达善意之辞（这一点我们在圣女贞德的问题可以看到）。

因此，我们发现，萧伯纳带着恶意，以洋洋洒洒的文字，对采访斯大林的气氛进行错误解释。我对那次采访的印象是：那场面就像一个男子艰难地摆弄着一部电唱机。复制的声音很好，唱片上内容的一字不差。在那种情况下，可怜的威尔斯觉得，他有机会让唱针脱离唱片——徒劳的幻想——以便用人的语调说话。萧伯纳嘲笑了威尔斯表现出来的那么一点点装腔作势的样子。威尔斯那种态度既令人觉得可怜，也说明他当时心知肚明：他自己必须对主

人表示礼貌，即便面对的是主人的电唱机也不例外。萧伯纳指责威尔斯，说他是一名糟糕的听者。不过，威尔斯的不足之处在于，他无法忍受电唱机。他享受他一生中进行的最有趣的采访，不过同时也深感厌倦。他非常绝望地挣扎着，笨手笨脚地哄骗着。然而，他的努力徒劳无益。最后的结果是，复制出来的东西非常漂亮，唱片上的内容一字不差。

萧伯纳写道，威尔斯“没有接受斯大林的指导，而是给斯大林上了一课”。这简直与实际情况大相径庭。恰恰相反，威尔斯面对的麻烦是，他尚未找到令人满意的东西，以便对斯大林进行指导。假如电唱机可以听人说话，这是斯大林本来可能指出的一点。

我恳请萧伯纳和斯大林允许这种可能性的存在：慎重思考也许有助于形成解决办法，他们的传统解释与现在的事实并不相符。萧伯纳谈到“我们的大学仍在讲授的”经济学家提出的“标准体系”，谈到“该系统具有完整性和逻辑性，让具有人道关怀的思想家，例如，德昆西、奥斯丁、麦考利和功利主义者，全面考虑到它实际具有的和可能带来的可怕之处，但是却表示接受。”我赞同他说的这一段话——它表述得非常精彩。然而，萧伯纳忘记了，他和斯大林两人与阿斯奎斯和英奇*一样，完全处在标准体系的思想控 32
制之下。这样的体系培养两类人，其中的一类认为该体系是正确的，必然的，另外一类认为该体系是正确的，无法容忍的。在19世纪，没有第三个思想学派。尽管如此，存在第三种可能性——该体

* 赫伯特·亨利·阿斯奎斯，英国首相(1908～1916)，自由党领袖。威廉·拉尔夫·英奇(1860－1954)英国国教神父。——译注

系不是正确的。对教条主义者们来说，这个观点令人不安——这个观点让斯大林感到非常恼怒，超过了任何其他人；可是，对科学家们来说，这个观点非常令人振奋。

正是这第三个选项给人们提供了规避的机会。这个标准系统是建立在错误思考之上的。淡化那个错误，并且用更完善的经济理论取而代之。这显然适用于我们现在面对的这个问题，类似于电力理论适用于电气技师。对我们来说，与萧伯纳和斯大林预示的前景相比，这样做更有意义。现在需要我们完成的迫切任务是，详细阐述一种新的标准体系，让经济学家像其他自然科学家一样，在学术领域中占据一席之地。威尔斯特有的才能在于，他以富于创造性的方式，捕捉到了当代科学家给他提供的相关数据的可能性及其最终隐含意义。与此同时，他不仅仅是技术或者数学方面的梦想家，而且还是一个社会和政治领域的梦想家。或者说，随着岁月的积累，他已经变成了这样的角色。他不属于柏拉图学派，而是属于毕达哥拉斯学派或者阿基米德学派。威尔斯的不幸在于，他那个时代的经济学家没有提出什么新的理论，那些经济学家没有给提供让他展开想象力的平台。可是，威尔斯仍旧头脑清醒，这样做看来也不乏道理。他关注的是未来，萧伯纳和斯大林关注的是过去。

不仅陈旧的理论有缺陷，世界的实际情况也出现了变化。萧伯纳和斯大林仍然沉迷于马克思所描绘的关于资本主义世界的图画。那样的描述在马克思的时代具有很多现实性；但是，四分之三世纪已经过去，现代世界快速发展，那幅图画已经变得模糊不清，难以辨认了。他们回首观望，看到资本主义的原来状态，而不是展

望它未来的发展前景。在社会和经济领域,变化以令人眼花缭乱 33
的速度出现,从一种社会形式衍变到另一种社会形式,他们却墨守教条,自然难逃这样的命运。在 19 世纪下半叶,这样说是有道理的:资本家——即城市领袖和工业首领——控制着权力。此外,那时的社会经济结构尽管问题突出,但是总体上适合他们的情况;只要他们掌握权力,他们就可能成功地抵抗来自其他方面的重大变化。在 1870 年,人们难以理解这个问题:如何通过和平的衍变过程,以便让他们放弃权力?实际上,在那以后的一代人中,资本家的有效控制其实增加了——实现这一点的主要代价是,牺牲了在资本家出现以前存在的贵族和土地拥有者的统治。身为最具资本主义特征的帝国之君的维多利亚女王去世了;在帝国的土地上,太阳已经(或者说尚未完全)落下。

假如萧伯纳阅读了维多利亚女王去世以来的报纸,他有可能知道,许多复杂情况冒了出来,摧毁了那种社会形式。其中的一个主要原因可能是,某种自然法则规定,森林巨人们不能拥有直接继任者。在其辉煌时期,当年的那些城市领袖和工业巨子们曾是风华正茂的青少年。随着岁月变迁,他们变为令人唏嘘叹息的老男人,两眼昏花,然而韧性和意志力依然不减当年。从同样种子萌芽而来的年轻一代不可能在他们的阴影之下存活下来。当那些巨人们衰老、倒下以后,从那片森林的地下,长出了不同的树木,其影响已经大不如前。资本家已经失去了其内在的力量源泉,其中包括自我保障、自信、坚强意志,以及对自己的优点、对毋庸置疑的社会价值抱有的信念。如今,资本家已经成为遭人遗弃的东西,天晓得像是什么——从最乐观的情况看,最多算是一个可怜的心怀善意的克利索尔德*。雷弗尔斯托克勋爵一世、罗特希尔德勋爵一世、戈申勋爵一世、洛锡安·贝尔爵士、欧内斯特·卡斯尔爵士、私人银行经理人、坐拥海船的家族、富商巨贾、业务覆盖全球的承包商，以及在伯明翰、曼彻斯特、利物浦和格拉斯的许多自己奋斗成功的
34 工商巨头。如今，他们身在何方？地球上已经没有这样的人物了。在他们的陵墓中，昔日（依靠薪金度日的）办公室的勤杂工主宰一切。

由此可见，由于某种原因，时代和联合股份公司以及政府行政部门已让工薪阶层掌握了权力。毫无疑问，掌权的尚不是无产阶级，仅仅是工薪阶层。与以前的情况相比，这种做法已经带来了很大变化。

此外，19世纪尽管出现了骇人听闻的事情，但是很适合那些当权者们。他们很喜欢它。马克思说得对，世上没有什么可以把那些智马国的人赶下台，唯一的办法是将无数小人国居民组织起来，给他们配备有毒的箭头。但是，如今的混乱状态已不适合任何人了。现在的问题是，如何首先提出良好的建议，然后让抱有善意的人相信，这样的建议是良好的。威尔斯成功地找到正确的东西之后，公众将会将它大口吞下——工薪阶层的动作比无产阶级更快。面对新的方向，不会出现什么大规模的抵抗行为。现在面临的危险恰恰相反：人们担心，在困惑和不满情绪中，社会陷入某种更加糟糕的状态。正如威尔斯所言，革命已经过时。其原因在于，革命针对的是个人权利。在如今的英格兰，没谁拥有个人权利。

* 克利索尔德，英国企业家。威尔斯曾经撰写了《克利索尔德》一书。——译注

然而,请让斯大林感到安慰吧。我说了这么多,但是尚未触及共产主义具有的真正力量。在表面上,共产主义大大高估了经济问题的重要性。经济问题并非难以解决。如果你把它交给我,我会去照管它的。但是,我解决问题之后,不会得到——或者说不应得到——多少人的谢意。其原因在于,我将会仅仅说明,与以前的情况相比,背后的真正问题截然不同,解决方法更是如此。从深层次上看,共产主义从基础的、更严肃的源泉获得力量。共产主义被人作为改善经济状况的一种途径提了出来,是对人们的智慧的一种侮辱。然而,它作为让经济状况恶化的一种途径被人提了出来,这就是它的微妙之处,具有几乎无法抗拒的吸引力量。

共产主义并不是对19世纪没能形成最优化经济产出的一种回应,而是对其取得的相对成功的回应。它是一种抗议之声,旨在 35
抨击经济福利的空洞性,呼吁人们在内心里对所有其他价值持禁欲论态度。威尔斯身上的助理牧师经历远远未被自然科学家的经历消除,正是这种情结吸引他对莫斯科进行窥视。与之相比,萧伯纳是世界上最高尚的助理牧师,受科学的影响最小。他重整旗鼓,开始美好的事业,把经济学家放在地下某个地方的位置上。满怀理想主义的年轻人摆弄共产主义思想的原因在于:一方面,它是他们认为唯一具有当代感的精神诉求;另一方面,共产主义的经济学让他们心生恼怒,疑虑重重。当剑桥大学的本科毕业生踏上不可避免的布尔什维克国度之旅,发现那里的情况非常可怕,觉得不太舒服时,他们是否会产生幻灭之感呢?当然不会。这正是他们苦苦寻觅的东西。

所以,我对两位德高望重的老师——萧伯纳和威尔斯——表示充满感情的敬意。我们之中大多数人一直向他们两人求教，他们是我们的神学大师，是盛名远扬的大师。我仅仅希望，在这个世界上，有人能够位居第三，和他们平起平坐，给人们讲授人文艺术。

朵拉·罗素就凯恩斯的这则评论给该报写信，提出了这个问题：是否有人施压，阻止英国采用凯恩斯提出的政策？凯恩斯写信回复。

凯恩斯 1934 年 11 月 24 日写给《新政治家与国家》编辑的信件

先生：

朵拉·罗素问，“我们为什么不采纳凯恩斯先生制定的新的经济政策？是否有人施压，阻止政府这样做？”其原因在于，我尚未成功地让专家或者普通人信服，我的观点是正确的。如果我的观点是错误的，目前这种情况将被证明是值得庆幸的。但是，如果我的观点是正确的——我对此深信不疑——我终究将会说服他们。说服了这两方面的人士，经过了常见的滞后期，将会按照我的观点，实施经济政策。

这里的根本问题是，有益的变化是否遭到邪恶之人的阻止？
他们是否知道这样的变化是可取的，但是出于自己的私利，抗拒这
36 样的变化？也许，他们受到自己视野的局限，难以确定智慧究竟存
在于什么地方？相信阶级斗争的派别认为：应该做什么是众所周知的事情；社会被分为贫穷、善良的一方与富裕、邪恶的一方；前者希望出现有益的变化，后者出于自己的利益，希望加以阻止；邪恶的人掌握着权力，人们需要进行革命，以便把他们赶下台。我对这

个问题持不同看法。依我所见，人们很难知道应做什么，那些知道(或者说自认为知道)的人很难说服其他人，自己的看法是正确的。不过，理论提出伊始，未被充分认识，显得艰深，晦涩，但是，随着时间的推移，肯定会变得容易一些。

我认为，萧伯纳倾向于专制统治者的态度主要原因是，他认为难以说服别人。与说服民主国家的政府相比，说服专制统治者采纳某项政策要容易一些。我也有同感。但是，民主政府难以被人说服的原因并不是出于私利的考虑。

在这个国家，权力从现在起在一般会掌握在左翼手中。工党总是会拥有多数选票——除非发生什么情况，让讲求理性、没有偏见的人心生疑虑，觉得工党的政策不再正确。在这种情况下，如果工党可以说服讲求理性、没有偏见的人，让他们相信自己的政策是正确的，那么，基于自身利益的资本家阻碍新政策实施的力量是可以忽略的。

J. M. 凯恩斯

那年11月末，金斯利·马丁作出决定，将威尔斯对斯大林的采访、随之出现的评论以及信件刊登在一本小册子上，并且配上戴维·洛绘制的漫画。[①] 威尔斯和凯恩斯都表示赞同，不过，萧伯纳持保留意见。结果，凯恩斯与萧伯纳写了以下信件。

萧伯纳1934年11月23日的来信 37

① 见《萧伯纳、威尔斯和凯恩斯谈威尔斯对斯大林的采访》(《新政治家与国家》，1934年)。

亲爱的梅纳德·凯恩斯：

听说金斯利·马丁建议将刊登在《新政治家》上的那些东西重新付印，我心里有些忐忑。我应该立刻表示坚决反对这个做法，但是，H.G.威尔斯迷恋于他的看法，已经将斯大林放在适当的位置上，而且给我一顿抨击。其实，我心里也明白，他将自己的白痴行为摆在了大庭广众之下。

而且，他还告诉我，您也急于将这些文字重印，这让更难表示反对。但是，如果你坚持重印，我建议您应该重新表述你所说的马克思已经过时这个说法。其原因在于，尽管在您看来，马克思已经是陈年旧事之中的角色，我也有同感，但是过时论肯定会引起误解。请看一看这些事实吧。50年以前，我阅读马克思的著作，在大英博物馆里竟然找不到《资本论》的英语译本，只得使用达维尔翻译的法语文本。今天，在人人文库中，这本书的英语译本是严肃书籍之中的畅销书。全世界的人对俄罗斯革命深感惊讶，而那一场革命完全是直接受到马克思的影响的，其程度超过了路德和卡尔文对宗教改革运动的影响，超过了卢梭和伏尔泰对法国革命的影响。在这样的情况下，任何有地位的社会学家都不可能在文章中说，马克思遭人遗忘，可被忽略。我与任何人一样，以细致的方式，挑出了马克思的错误；但是，我总是非常小心翼翼地保留这个事实：马克思是一位改变了整个时代的人物。

此外，在政治理论中，阶级战争作为命题完全是有道理的。有人声称，分裂性紧张状态并不出现阶级之间的关系上，这个说法是不能诋毁这个该命题的。紧张状态客观存在，只有通过废除"真正的"财产，才能加以消除，这是确定无疑的。马克思曾经说明，在追逐(实际上是廉价劳动创造的)"剩余价值"的过程中，资本具有盲目的残酷性；目前，这一论断正被用来解释一个危险的冲突：一方面我们对英、法与俄、美之间的联盟具有的力量平衡的明显兴趣，另一方面阶级战争的压力可能使某些国家与日本联手，对满洲国人民进行剥削。

您的文章给人的感觉似乎是，您从来没有听到这些消息；因此，如果真的重印，我觉得您应该进行充分修改，以避免造成这样的印象。

我已经主动请缨，替H.G.撰写他那一部分，显示一下他的长处；但是，他说，我必须"受到惩罚"，对他的无辜表示祝福。

我仍然卧病在床，非常疲惫，几乎精疲力竭，写作困难，力不从心。还好，迄今为止恢复不错。

您忠诚的，
G.萧伯纳

又及：我觉得，考虑到相关方面的情况，这件事情——那次采访的书面报告——的核心部分完全是令人失望的；既然如此，为什么要编辑成书，让它显 38
得重要呢？

凯恩斯1934年12月2日写给乔治·萧伯纳的信件

亲爱的萧伯纳：

拜读来信，知道了您对出版威尔斯的斯大林访谈录的看法。我本来以为，出版这份小册子的可行性并不大，所以不必劝说您违背自己的意愿，接受这一做法。但是，从本周的《新政治家》得知，该书其实下个星期五就要出版，所以出面干预看来为时已晚。

就我对马克思的看法而言，我在那篇文章只是批评您和斯大林的做法。直至今日，我依然接受马克思对资本主义世界的判断，“那样的描述在马克思的时代具有很多现实性；但是，四分之三世纪已经过去，那幅图画已经变得模糊不清，难以辨认了”。毫无疑问，马克思勾勒的那幅图画已经变得无法辨认了。

我对《资本论》的感觉与对《古兰经》的相同。我知道，它在历史上具有重要意义；我也知道，许多人——他们并非全是白痴——觉得它就像出自基督耶稣的文字，包含灵感。然而，经过仔细考察，我觉得无法解释，它怎么可能有这样的效果呢？它的文字陈旧过时，带着学究气，令人生厌，容易引起争论，非常不适合作为阐述相关问题的材料。在这种情况下，正如我在刚才所说，我对它的感觉与对《古兰经》的没有什么两样。这两本书怎么可能携带烈火和利剑，传遍半个世界呢？这一点让我百思不得其解。显然，我的理解肯定存在某种缺陷。您是相信《资本论》和《古兰经》这两本书呢？还是仅仅相信《资本论》？但是，无论《资本论》具有什么样的社会学价值，我可以肯定，(除了偶尔灵光一现的非建设性的睿智之见之外)它的当代经济学价值为零。如果我承诺阅读它，您是否承诺再读一遍？

祝您身体健康。

你永远的，

J. M. K.

39 凯恩斯1934年12月2日写给金斯利·马丁的信件

亲爱的金斯利：

我收到了乔治·萧伯纳寄来的一封长信，看来他并不愿意重印这份小册子。我在给他的复信中写了这句话：

“拜读来信，知道了您对出版威尔斯的斯大林访谈录的看法。我本来以为，出版这份小册子的可行性并不大，所以不必劝说您违背自己的意愿，接受这一做法。但是，从本周的《新政治家》得知，该书其实下个星期五就要出版，所以出面干预看来为时已晚。”

我想您大概已在什么时候得到了他的许可。我觉得，那位老绅士身体虚弱，重病缠身。他在来信结尾说，“我仍然卧病在床，非常疲惫，几乎精疲力竭，写作困难，力不从心。”

你永远的，
J. M. 凯恩斯

金斯利·马丁 1934 年 12 月 3 日的来信

亲爱的梅纳德：

我与威尔斯和乔治·萧伯纳一起，度过了一段非常有趣的时间，容我改日告诉您全部情况。我打算趁着记忆依然清晰之际，几天之内把它全部写出来。威尔斯真像一个小孩子。星期六下午，我探望了卧病在床的乔治·萧伯纳。他对整个事情都相当满意。小册子星期六发行。

您的，
金斯利·马丁

洛设计的封面非常漂亮！

乔治·萧伯纳 1934 年 12 月 11 日来信

亲爱的梅纳德·凯恩斯：

小册子出版了，我写给您的上一封信没有起到作用。不过，请允许我滥用一次我在您面前拥有的有利地位：我年龄较大，因此可以记得 19 世纪发生的事情，您却只能发挥想象。在想象中，您受到剑桥大学形成的——大约半 40

个世纪——时间滞后的影响。我不会提出什么论证来干扰烦您的思维，只是一点一点地如实写下对您来说具有重要意义的这些事实：

大约 1860 年左右，马克思、拉萨尔*以及老共产国际的人士一起，进入了这个领域。当时，李嘉图和边沁领导的曼彻斯特学派不仅面对资本主义造成的令人感到恐怖的后果，而且实际上反复讲到那些事情(例如，奥斯丁开设的讲座，还有麦考利提出的关于美国未来的论述)，将其作为一种预防剂，以便对抗感伤主义的反应。那些教导语言坦诚，意义明确，感伤主义者没有提出可供选择的其他体系——汤姆·胡德、勃朗宁夫人以及狄更斯的《艰难时世》，这些东西让李嘉图的理论获得了不可动摇的地位。有人证明，它的出现是不可避免的，感伤主义对它的种种干预弊多利少。这样的看法甚至支配对它持反对意见的人，与您认为它在 19 世纪末的情形一模一样。由此可见，剑桥大学给您带来的时间滞后大约为 40 年。

但是，"科学社会主义"拥有"那个时代的所有文化"(拉萨尔的吹嘘之辞)，直截了当地声称，"如果私有制造成了这些令人感到恐怖的后果，那么，让我们用公有制来取而代之吧"。当这样的说法彻底驳倒李嘉图提出的理论时，那种状况也就宣告终结了。我在 19 世纪 80 年代初接触这个领域，当时是以对立体系的宣传者的身份出现的。与李嘉图的体系相比，马克思提出的体系经过更加深思熟虑的研究。我花费精力掌握了它，所以能够避开它形成的冲击，综合考虑它的所有进展。该体系当时得到广泛理解。1888 年在巴斯举行的英国协会的会议上，一个头脑简单的老绅士站起来说，我对政治经济学一无所知。他的话音未落，与会者的一阵哄堂大笑。那个场合相当于现在这样的情形：一位信奉牛顿理论的老者说，爱因斯坦看来对数学一无所知。那时，经济学成为风靡一时的事物；可是，对待在剑桥的可怜的马歇尔来说，那一段时间简直糟糕透顶。假如他敢于像奥斯丁或者德昆西那样，毫无顾忌地直言，他在那个学期结束时肯定会遭到解雇。假如他像科布登那样，支持休因斯，支持关税改革联盟，他肯定会遭到富豪们的冷遇，被视为过时的中产阶级的一员。那时，范德比尔特、洛克菲勒和摩根向世人显示，废除竞争比实践竞争要高明得多。自由党人的对抗被迫变为纽卡斯尔计划，那是散发恶臭

---

* 费迪南德·拉萨尔(1825—1864)，德国工人运动领袖、著述家。——译注

的社会主义的产物。《费边文集》没有提及拉萨尔和马克思，韦布开列的成功的国有企业清单对老学派的态度显得摇摆不定。马歇尔和福克斯韦尔与银行家们一起欢宴，闲谈微不足道的理论阐述和图表制作，闲谈对产业问题持实际态度者的种种情感。但是，在教室之外，他们无法找到听众——《工业民主》和《工联主义史》设计出无产阶级研究的标准，那样的东西研究学术的教授是无法实施的。新的伦敦郡议会被带有费边主义色彩的进步计划迷住了； 41
约翰·彭斯——手持红旗的男人——已经确定方向，将会成为第一位来自无产阶级的内阁大臣。与此同时——请注意这一点——戈申掏出手枪，顶在统一公债*持有者的头上说，"要么你拿 2.5%利息，要么我一次付清。"那些人一一照办。利率降至零，成为负数，人们议论将会出现什么样的情况。我当时说——现在仍然这样说——"不会出现什么大不了的事情。不过，股息将会创下新高。如果人们持币在手，不进行投资，那么，他们将会支付银行利息，而不是从定金账户获得利息。"

南非战争让利息飙升至 5%，终结了那种情况——高利率一直维持，直至最近才有所下调。

我可以引用 80 年代以来形成的大量事实，以便向您说明，您对这个问题的看法滞后了 40 年时间。80 年代的真实情况是，人们对经济学很感兴趣，超过了现在的人对受到救济制度影响而变得疲软的货币危机——其实，它根本就不是什么货币危机——的关注。在它的背后，当时是饥饿引起的骚乱，失业者在圣詹姆士大街和皮卡迪利大街上砸橱窗，抢东西。80 年代末，贸易复苏，压力得到释放，南非战争让那种状况告一段落。剑桥大学的人忘记了这一切，给您留下的印象是：我是一名助理牧师，阅读哥尔德斯密斯的长诗《荒村》让我灰心丧气！让天主保佑您吧，你对此一无所知；剑桥大学让你相信，你什么都知道，这就是待在大学里面形成的典型结果。您必须摆脱这一切；否则，剑桥大学将会使您变成废物，与议会让麦克唐纳变成废物的情况一模一样。

您对《古兰经》的态度完全正确；但是，不要因此倒退回去崇拜石头，或者把穆罕默德描述为"充满憎恨的穆罕默德"。穆罕默德是一位划时代的人物，

---

* 英国政府 1751 年开始发行的长期债券。——译注

《古兰经》包含非常优秀的学说。马克思撰写了《共产党宣言》和《资本论》，也是一位划时代的人物。斯大林在电唱机里给威尔斯滔滔不绝地所说的一切仍然是不容置疑的。穆罕默德把西方人的日历弄得一塌糊涂，认为高山是真主阿拉放在地球上巨大重物，以免地球被风刮走；尽管如此，他依然是一位非常睿智的人。马克思认为李嘉图的租金法则是洪堡特产生的某种化学错觉，但是他依然跻身于预言家之列。

而您呢，您并不仅仅是马歇尔的继任者。您是一个头脑聪明、前程无量的青年，不过受到了剑桥大学的无效化过程的可怕影响。您的身上有一些无法毁灭的文化火花，使您的观点变得非常有趣。我写了这封封信，罗列了以
42 前时代出现的一些事情，以便将您从一两个重大错误中挽救出来。为了回报我提供的这些服务，请代我向莉迪亚问好。

您忠诚的，

G. 萧伯纳

又及：请特别关注这个不幸事实：杰文斯*结束了伦敦大学的教授工作，以此表明他的态度：不能设立政府包裹邮递局。他是 1870 年版《政治经济理论》一书的作者。我受到他提出的几个富于灵感的观点的启发，并且加以发展。那是某种无效化，对吧？

凯恩斯 1935 年 1 月 1 日写给乔治·萧伯纳的信件

亲爱的萧伯纳：

谢谢您的来信，我会努力记住您的意见的。您讲的这些事情中肯定有一定道理，通常均是如此。我上周再次见到老金斯利·马丁，发现他正在阅读刚出版的马克思与恩格斯的通信录，看来没

* 威廉·斯坦利·杰文斯（1835—1882），英国经济学家和逻辑学家。——译注

有取得什么进展。在他们两位之中，我更喜欢阅读恩格斯撰写的著作。我认为，他们两位发明了某种对话方式，采用了一种糟糕的写作方式，这两点已被他们的继承者们忠实地继承下来。但是，如果您告诉我，他们两人发现了解决经济难题的思路，我依然百思不得其解——除了过时的争论言辞之外，我在两人的著作中没有发现其他内容。

不过，如果要理解我现在的思想状态，您得知道，我正在撰写一本经济理论著作，自认为它将产生革命性影响，在总体上改变人们对经济问题的思考。当然，依我所见，这样的影响不是立刻出现，而会发生在今后 10 年的历史进程中。一旦我提出的新理论被人充分吸收，与政治、感觉和激情结合起来，我无法预测它最终将会对人们的行为和事务产生什么样的结果。不过，肯定会有巨大变化，具体说来，马克思主义依赖的李嘉图理论的基础将被彻底敲碎。

目前，我无法使您——或者说任何人——相信这一点。可是，就我自己而言，我并非仅仅希望我说的东西将会实现。我内心深处对这一点相当确定。

莉迪亚要我代为转达她对您和夏洛特的问候。

你永远的，

J. M. K.

年初，《新政治家》在 1 月 19 日出版的那一期上刊登了一篇重要文章，题为《完全公平性》，谈及伦敦各个学校选择教材所引起的争论。凯恩斯就此发表了评论。

43 凯恩斯1935年1月21日写给《新政治家与国家》编辑的信件

先生：

您希望我们从您撰写的关于《完全公平性》的文章中得出什么结论呢？有的人要么没有什么观点，要么per impossibile(以实际上不可能有的方法)进行掩饰，您是否希望当代政治历史教材由这样的人撰写？我认为，这类教材的目的应该是：使年轻人知道存在着两个方面的观点，每个观点都有依附其上的热情和品质；热心的教材编者应该通过特定的视角，看到某些事实。我年轻时，有一本非常不错的小册子，叫做《赞成与反对》，是辩论学校中初级学员的有用读物。它到达——也许甚至超过——了军火制造商提出的所谓公平性。当然，它提出的要点是，在作出一边倒的选择之前，一个人绝不寻求以同样方式给予自己和对手的帮助。但是，假如我拥有的关于教育的所有思想食量全都根据这个模式制作出来，我应该感到非常遗憾。

您在文章中引用了那些写得非常精彩的小册子。它们与您自己在成长过程中阅读的教材类似，让您形成现在的观点。所以，我希望托尼教授领导的委员会不会将它们从清单剔除出去，而是增添一些带有不同色彩的作品——即便(这很可能)它们写得并不那么精彩。

无需不偏不倚，这是我们仅有的为数不多的自由之一，不能让人把它从我们手里夺走。

J. M. 凯恩斯

金斯利·马丁 1935 年 1 月 22 日的来信

亲爱的梅纳德：

收到您的来信，让我非常高兴。它提供了一个支柱，让有关这个问题讨论得以继续下去。我根本无法弄清楚您的批评意见是什么。我上周小心翼翼，尽量避免涉及关于行动方向的任何讨论。我只不过说明，(1)过去的教材并非不偏不倚，(2)当初没人对公平性进行定义。如果要讨论整个问题，就需要另外一个领军人物。

您的，

K. M.

1935 年 2 月，马丁是否要在威尔士阿伯斯威大学担任教授的问题再次提了出来。

金斯利·马丁 1935 年 2 月 28 日来信摘录

我希望补充的另外一件事情[①]涉及威尔士阿伯斯威大学。去年，我谢绝了他们的建议，他们看来对当时的申请人并不满意，没有进行聘任。我明年还可以担任这个职位(我的意思是，我可以得到提名，并且很可能获得成功)。我必须在下周或者 10 天之内作出决定。有些事情我希望细谈一下。在过去几

① 这里所说的另外一件事情与聘用雷蒙德·莫蒂默为文学编辑相关，其结果牵涉到戴维·加内特。

天里，由于某种原因，我很想接受这个职位。

3月9日，他们两人见面。大概在2月28日与3月9日之间的那一段时间里，凯恩斯收到了另外一封信。

金斯利·马丁星期日[1935年3月3日]晚上的来信

亲爱的梅纳德：

我自己写了这份附件①——以便让自己停止毫无进展的循环思考。此信既没有怎么讲究遣词造句，也不是什么定稿。我寄给你的就是我在打字机上敲出的文字。不过，我觉得，也许你希望看一看我写的这些东西。我去年秋季没有考虑到威尔士阿伯斯威大学任职一事。但是，埃文斯告诉我，校方尚未找到合适的人选。他确定，他们希望任命我（对我来说，这绝对是一个私下表达的意见），我不禁再次考虑这个问题。不管怎样说，你看一看这份需要
45 您表示“赞成与反对”材料吧，你也许有些兴趣。阅后请寄回。

金斯利·马丁

凯恩斯在剑桥见到马丁之后，向爱德华·惠特利报告了这一情况。

凯恩斯1935年3月13日写给爱德华·惠特利的信件摘录

我与马丁就这个问题进行详尽的讨论，之后接到他的来信说，他已经作出决定，回绝了给他提供的职位。我同意您的看法，今年的财务报表出来之后，我们应该考虑是否采取措施，提高他的薪酬待遇。但是，我倾向于搞一个分享利润的财务安排，而不是增加固定

① 这份附件没有留存下来。

的定期津贴数额。在将来,正如过去的情况所示,报社肯定会在收入方面经历较大幅度的波动。当收入减少时,承受经营良好时形成的过多负担将是一件使人感到为难的事情。分享利润的财务安排可以与报社的繁荣同步,在经营情况不佳时适当减少。其实,罗伯茨的收入已经采取了分享利润的方式,他的报酬随着广告收入的多少上下浮动。在见到财务报表之前,难以提出具体的建议。但是,我眼下想到的是,在工资的基础上,派发报社利润的5%作为奖金。

凯恩斯在3月9日与马丁见面。3月15日,惠特利报告说,马丁尚未决定,是否去威尔士阿伯斯威大学工作。不过,他最终还是决定留在《新政治家》工作。

两人的通信往来出现了一年多空白。当然,在那一段时间,两人在《新政治家》董事会会议和其他场合里经常见面。

两人恢复通信之后,讨论了1936年7月11日那一期上刊登的通栏标题文章《集体安全的终结》。

凯恩斯1936年7月13日写给金斯利·马丁的信件

亲爱的金斯利:

随信寄上用于发表的文章,正如您看到的,我无法就本周报纸 46
上的通栏标题文章发表提出多少修改建议。不过,我的这封信可以作为讨论的基础。我希望,人们能以——可以这么说——更具体的方式,全面讨论整个问题。我认为,您不应对英法俄三国达成的共识感到绝望。

我非常喜欢您撰写的关于布克曼分子①的文章。我觉得,写得非常到位。但是,谁写的第二篇文章?那篇文章说,假如罢工更多一些,情况会好得多,字里行间的语气不像出自科尔之口。

你永远的,

[这份复写件上签署了他的姓名缩写]J. M. K.

凯恩斯 1936 年 7 月 13 日写给《新政治家与国家》编辑的信件

先生:

我拜读了您撰写的关于集体安全的终结的通栏标题文章,发现结尾难以理解。准确来说,"工党奉行的坦率的革命政策"究竟是意思?另外,"只有在对本届政府进行战争抵抗的基础上,工党才能保持团结"这个句子是什么意思?

我推测,您对这个国家增加军备的做法持反对态度。如果这样,您是支持(1)彻底放弃军备,还是支持(2)保持有限的军备力量?然而,我认为,您并不赞成执行鼓励政策,并不赞成这个国家完全脱离欧洲事务。结论显然是:您相信执掌现政府的党派打算利用军备问题,实现您不赞同的某种邪恶目的;所以,只要现政府不变,您就反对这个国家拥有军备。您能否解释一下,您所说的邪

① 《良好控制》,见 1935 年 7 月 11 日出版的《新政治家与国家》。"布克曼分子"是弗兰克·布克曼的追随者。布克曼是牛津派领袖,道德重建会的发起者。

恶目的是什么？

我希望，您将一一回答这些问题。不过，我再增添自己的某些正面观点，以便给您一个机会，去规避这些问题。考虑到这个问题 47
的复杂性，我的这个观点可能会引来批评。我希望，那些执行基本和平政策的国家将会尽量变得强大一些。我相信，无论我国的执政者是谁，我们自己的国家是这个集团的一个成员，不会使用自己拥有的武器来实现邪恶目的。显而易见，这个集团的领导力量属于我们，还有法国、俄罗斯和美国；成员包括除了德国、意大利和日本以外的其他所有国家。我们面临两大任务：第一，自觉而且明确地表现出团体意识，赋予它领导力量、结构和团结，找出进行有效合作的方式；第二，让这个团体整体上非常强大，以便让人觉得，只有疯子才会选择与它对抗。第一个任务意味着，我们必须与达夫·库珀先生携起手来，首先寻求与法国的密切联系，尤其是与法国现政府的密切联系，然而与俄罗斯达成共识，最后在美国允许的有限程度上，与美国形成密切的对话关系和信任关系。对第二个任务的认可意味着，我们应该支持重整军备的计划。

当然，我并不否认，这个国家里存在这样一帮人，他们完全不赞同以上政策，希望与强盗国家达成谅解。这帮人已经获得了一定程度的民意支持，因为有的人相信——我认为他们以错误地方式相信——这一点，与其他政策相比，与强盗国家达成谅解的政策具有更大的可行性，可以使这个国家避免战争。这帮人包括极端反布尔什维克分子和极端和平主义者，超越了政治党派的界线。然而，值得注意的是，主要的保守党人士明确表示属于这一帮人，他们有的已被鲍德温先生排除在内阁之外，有的——以伦敦贝里为例——已被赶出了内阁。

48 英国外交部和法国外交部非常无能，工作失误，造成了灾难性后果，让国民蒙受羞辱；我承认这一点，并且深表遗憾。但是，我们自己军备不足，这种状况只能起到鼓励那些强盗国家的作用。它们不讲道理，只知使用武力，其所作所为最终有利于这一些人：他们希望我们无所作为，从而默许那些国家在世界为所欲为——只要它们暂时不影响大英帝国的利益就行。在目前的形势下，主要的和平国家共同掌握着具有压倒优势的力量，这是对和平的最大保障；我们没有理由相信，鲍德温先生、艾登先生或者达夫·库珀先生是那帮强盗国家的忠实支持者。我不能说服您接受这个观点吗？

您的，

J. M. 凯恩斯

凯恩斯的那封信件引起的讨论持续了数月，在时间上与 7 月 17 日爆发的西班牙内战重叠。凯恩斯的下一封信反映了事件的进程，反映了《新政治家》对那些事件作出的回应。

凯恩斯 1936 年 8 月 8 日写给《新政治家与国家》编辑的信件

先生：

您在关于西班牙内战的文章中写道：“两大阵营相互对峙——法国人和俄罗斯人为一方，意大利人和德国人为另一方。但是，一个令人困惑的问题一直存在。我们这个国家站在中间，没有认识到已经开始的这场斗争的性质。”

换言之，如果我们投身其中，可能会出现三种可能性：(1)我们协助那些强盗国家；(2)我们协助那些遭受侵略的国家；(3)我们持观战态度。两三周以前，您发表意见，赞成让这个国家尽可能显得软弱。我推测，这样做的解释肯定可以在您提出的这项建议中看到：第一个选择的可能性肯定最大。我的理解没错吧？

如果我的理解是正确的，我再次提出，这是一个极端的判断错误。诚然，我们可以持观战态度；但是，如果从独裁政权发动的侵
略战争的角度看，毫无疑问，只有疯狂的人才会相信，鲍德温先生 49
领导的政府——或者说可能在这个国家掌权的任何政府——将会站在侵略者一边。

但是，如果您心中的疑虑只是介于第二个与第三个选择之间，那么，我会再次提问，您为什么希望这个国家尽可能显得软弱呢？与许多人一样，我觉得自己的所考虑的不是在第二个与第三个之间作出选择。我怀疑，当下形成确定的结论是否是明智之举？不过，我心里绝对明白，这个国家越强大，令人恐惧的偶然事件出现的可能性就越小。

还有一点。您最近发表的头版通栏标题文章提示，在您看来，民主国家与独裁国家之间爆发战争肯定是不可避免的。您对鲍德温先生领导的政府心怀抱怨，认为它没有表示明确态度，加入反对独裁国家的行列。可是，鲍德温先生可能比您更明智一些。他显得犹豫不决的原因可能是，他知道没有什么是确定无疑的。也许，那样做已被证明是正确的：我们没有最终确定立场，没有最终形成

致命的力量结合。和平的最佳——唯一——的希望存在于持有这一观点的政策之中:战争并非必然爆发。这样的政策并不拆除进行沟通的桥梁,并不作出最终的承诺。希特勒先生——无论他是多么令人讨厌的东西——是一个奇怪的家伙,在那个国家中出现的全民歇斯底里的状态不会永远持续下去,某一完全出人意料的事件可能突然改变整个局势。贵报发表的关于西班牙内战的头版通栏标题文章向读者强化了一些看法,他们应该理解这一点具有的重要意义。那是一个有价值的、有趣的表述。但是,我们应该将这两点结合起来:其一是对这些倾向和可能性的认识,其二是不要让我们过早形成定势,不去做出具体的决定。密切地持续关注具有非常重要意义的事情,同时又避免形成任何结论,这是一件使人大伤脑筋的事情。这是持续怀疑的状态,没有什么心态比它更令
50 人觉得痛苦。但是,保持这种状态的能力是观察政治家素质的一个标识,我认为鲍德温先生就有这样的素质。如果我的看法是正确的,他通过实施推迟作出决定这一策略,可能对和平的最大利益作出了自己的贡献。

当然,有一个结论确实是明摆着的。与其头一个星期倡导裁军,下一个星期便形成好战联盟,不如拥有强大的军事力量,放弃一成不变的外交政策。

J. M. 凯恩斯

就在凯恩斯的第二封信发表的那一周,一名自称“社会主义者”的驻外记者向凯恩斯提出了四个问题。

您是否赞同托马斯·英斯基普最近说出的这一名言，防御与外交政策毫无关系？

您是否同意这个观点，本届政府重新掌权的主要原因在于，他们许诺维持在意大利—阿比西尼亚战争中订立的盟约，他们已经背弃了那个许诺，放弃了履行条约的义务？……

您是否同意这个观点，本届政府放弃集体安全体系，抹去了自卫与将战争作为国家政策的一种工具之间的区别，使另外一场世界大战早迟变为不可避免的事情？

您是否相信“我的国家正确与否”……这个理论？

凯恩斯一一作答。

凯恩斯 1936 年 8 月 15 日写给《新政治家与国家》编辑的信件

先生：

我愿意尽量回答那位“社会主义者”提出的问题。

(1)我不知道，托马斯·英斯基普爵士是在什么情况下，或者以什么为基础宣布，防御与外交政策毫无关系。不过，就这个表述而言，我并不赞同。实际上，这是荒诞的。如果反对党人士觉得，增加军备将会引起他国反对我国的对外政策，给正义事业造成损害，而不是带来正面效应，那么，他们完全有资格投票反对军队评估法案。这里涉及的问题是，这样的意见是否有道理；在什么情形下，反对党有资格威胁说，“除非政府提供充分保证，一旦出现战争，就会出现全国性抗议行动，号召人们拒绝战斗，拒绝工作，拒绝交税。”这些字眼引自那位“社会主义者”的来信。其原因在于，我 51
想向那位“社会主义者”指出，在一个宪治国家中，这两者之间是有区别的：一个是投票反对军队评估法案，另一个是发表煽动骚乱的言语或支持骚乱的行为。

(2)我同意这一观点：政府显然以真诚的态度，支持在意大利一阿比西尼亚战争中订立的盟约，这为执政党在大选中赢得了选票。我也同意这个观点：国际联盟——在整体上——没有实现其目标，这个国家对这一失败承担重大——尽管不是唯一——的责任。但是，鉴于我们没有侵略行为，而且接受了国际联盟作出的所有决定，我怀疑“违背了履行条约的义务”这个说法是否正确。那位“社会主义者”的来信显示，他似乎看到了我们的态度：把国际联盟的行为与墨索里尼的举动区分开来。

在阿比西尼亚战争期间，在许多其他问题上，我们的外交政策遭遇了有损信用的失败，这让反对党在重新考虑他们对军备问题的态度时，有理由提出这样的意见。但是，依我所见，这类重新考虑并不是——完全不是——说，英国正以非常积极的态度支持邪恶行力量，不是说英国将来很可能对此采取积极支持的态度，也不是说英国应该采取所有可能的步骤，削弱这样的力量。

(3)国际联盟没能维系它的集体安全体系，所以现在没有谁对它持信任态度。但是，我并不赞同这个说法：就这个国家的情况而言，英国政府已经放弃了集体体系，转而支持某种别的体系，从而“自动取消了这两种战争之间的区别——一种是自卫，另一种是国家政策的工具”。国际联盟的失败——我们必须对此承担自己应有的责任——增加了战争爆发的可能性。然而我并不赞同这个说法：这必然将使我们参与一场世界大战。

(4)我并不赞同这个观点：“如果英国政府在一场战争中宣称

自卫,每个英国人都有义务参与战斗。"可是,这里有三点需要说明。第一,我认为,作为个人行为的认真反对态度不同于煽动群体 52
拒绝服从法律的言行。第二,与证明议会对抗和宪法对抗有理这一做法相比,证明这类做法有理需要更为严肃的根据:煽动群体拒绝服从法律、发表煽动骚乱的言语或采取此种行为、进行叛乱(采取三级行为)。第三,为了证明它们的合理性,这些行为还需要相当大的成功可能性。无用的行为有利于法西斯分子,属于犯罪之列。在目前的形势下,如果左翼考虑采用非宪法和非法的反对武器,那将是愚蠢的,灾难性的。此类明显的解释众所周知,我不应一一罗列它们来占用贵报的版面。但是,那位"社会主义者"的来信显示出一种力量萎缩症,无法进行此类区分。

下面让我回到真正的问题上来。我认为,这样做是不实际的,并且确实是不讲道理的:"要求"制定一项事先准备的外交政策,以便应对在无法预见的情况下出现的偶然事件,并且将该政策作为这个国家拥有海军的条件。当然,这并不是说,我们不应攻击自己不喜欢的外交政策,不应使用我们的所有支持力量,以便获得具体的改变。每当大选形成了政府更迭,海军就应该轮流遭到废弃;而且,这是根据刚刚大选失败的那个政党的紧急要求操作的。这是否是那个"社会主义者"的想法呢?这是疯子的念头。唯一可行的方式是,形成一种对可能性的判断,所根据的因素包括我们对国家现有的倾向的看法、它的动机和理想、它的广义的舆论、在不远的将来可能经常掌权的人士。只有基于这样的判断,只能基于这样的判断,我们才能就希望这个国家采取强硬政策还是软弱政策这个问题,得出合理的结论。当然,我赞同您的观点,把武器交给罗

瑟米尔处理是危险之举。但是，您为什么建议，这是很可能出现的
53 情况呢？假如真的如此，强求鲍德温先生的诺言又有什么好处呢？

在以上意见的基础上，我们再看一看那位“社会主义者”提出的可供选择的外交政策。对他倡导这一政策的做法，我没有什么抱怨之辞。我尚未被它说服，但是愿意加以考虑，或者说考虑它的某种变通做法。我仅仅对他在这项具体政策遭到排斥时所得到的极端结论表示不满。但是，让我们看看它究竟是什么货色。他希望，我们大大超越现存的条约，组建新的国际联盟，该联盟的成员国必须作出承诺，如果出现侵略行为，应该使用武力，进行互助。迄今为止，这个国家的绝大多数选民强烈反对承担这样的义务，我们之中带有和平主义倾向的人，包括《新政治家与国家》的同事，在这种反对活动中起到了领导作用。我承认，鉴于国际联盟造成的目前的失败局面，我们不得不重新考虑这个问题。如果我们作出承诺，参与所有的战争，这是否能够起到防止战争的效果呢？也许，这一点可以商榷。不过，这将是我们可能作出的可怕决定。您是否认为，那些投票赞成和平的人会表示支持呢？依我所见，一般的人会强烈反对这样做。一般民众希望和平，并不在乎其他东西。但是，通过承诺参加每场战争的方式，以便获得和平，这样的考虑即便正确，也会让一般民众感到困惑。另一方面，有人提出，那些强盗国家拥有军备，所以目前局势非常危险。这个观点让人信服。毫无疑问，对那些对此依然具有判断能力的人来说，目前局势确实危险。除非政府采取目前这个国家的人很可能从内心深处表示反对的政策，在扬言使用非法手段威胁政府之前，无论如何应该取得一点进展，确实转变现在的舆论倾向。

目前,那些无法忍受不确定状态的人被夹在这两者之间:其一是接受迪克·谢泼德*提出的不抵抗论信念,其二是呼吁人们在所有情况下拿起实施暴力的武器,对抗法西斯分子,维护世界和平。倾向于这两者之中的任何一方都有一定道理。不过,还有避难处,还有逃离思考带来的痛苦和折磨的方法。置身于志同道合 54
的朋友之中,不去讨论什么现实问题,这种如释重负的感觉多么美好,在情感上让人多么舒服!但是,那样的地方是修道院,不是现实世界。在这个世界上,有许多尚未解决的困惑之事,置身于这个世界是更勇敢、更有用的生活途径。

J. M. 凯恩斯

其后的一周里,署名为"社会主义者"的读者进一步阐述了他的观点。凯恩斯写了回信。

凯恩斯 1936 年 8 月 29 日写给《新政治家与国家》编辑的信件

先生:

我不得不就"社会主义者"的进一步解释作出答复。他认为,"目前的局势已经非常严重,一旦出现战争,人们必须采取极端行动,甚至包括全国性抗议行动,拒绝工作,拒绝战斗,拒绝交税"。因此,政府必须立即采纳具体的外交政策,给欧洲国家提供军事保

---

* 迪克·谢泼德(1880—1937),英国国教神父,和平主义者。——译注

证——这样的政策甚至反对党也没有建议过。这就是他可以提出的解决目前问题的最可行的建议。毫无疑问，现实中不可能有这样一个自称为“社会主义者”的人。我不相信真有其人。

尽管如此，这个这种无能、愚蠢的言论确实带来危害，让能力更强的聪明人沦入声名狼藉的境地。先生，在本周报纸的第一篇评论中，您认为“英国政府对法西斯主义强权表示出明显同情”，我读后也有同样的感觉。您不可能真的相信，鲍德温先生和艾登先生同情希特勒和墨索里尼。您的意思可能是，他们两位没有像您期望的那样，坚定不移地反对法西斯主义强权。您试图说明，在鲍德温先生与罗瑟米尔勋爵之间，其实没有多少可以选择的；这个国家的一般人往往以非常明显的方式，支持法西斯主义；如果没有海军，情况可能会更好一些。假如我站在另外一边，我应该欢迎您的努力，将这番言论视为非常精彩的颠倒黑白的宣传。这是因为，我
55 接受您提出的许多批评意见，对公众舆论表现出来的这种反常的失败论观点深表遗憾。

其原因在于，一方面，我支持政府的政策（我相信，您也这样做），试图禁止对西班牙进行干涉；另一方面，我赞同您的观点，希望政府的表态更为明确，宣布这个国家究竟支持哪一方，或者应该支持哪一方。我赞同您的看法，我国政府的政策怯懦无能，受到误导，在阿比西尼亚战争中造成了几乎无法弥补的危害。我也赞同您的看法，我们的利益、安全以及责任都要求，我们应该巩固与法国和俄罗斯之间的可以信赖的友好关系。不过，正如我以前所说，我认为鲍德温先生不乏睿智，没有拆除联系的桥梁，避免结成一成不变的联盟。我赞同您的看法，我们应该与其他所有国家协商，寻

找恢复集体安全的办法。不过，与您相比，我对此持较为悲观的看法，认为强盗行为变本加厉，我们现在暂时已不可能依赖法治，依赖与假定情况相关的承诺。可是，我深感惊愕，发现这些观点需要广泛的民众支持，被种种说法的搅乱。这些说法包括：如果政府不作出——甚至连工党尚未表示支持的——承诺，工党就会采取“极端行动”；这个国家重整军备的做法应该加以阻止——军备可能被用来支持希特勒；本届政府已经变成法西斯主义政府。请记住，这个国家讨厌法西斯主义，然而它更热爱和平。就这一点而言，鲍德温先生代表大多数人。在这个国家中，如果人们普遍相信和平是一个党派的纲领中位居第二的事项，那么，那个党派是不可能上台掌权的。

我们的政府为了实现自己的既定目标，愿意投身战争，法西斯主义政府更愿意为了实现他们的目标而发起战争，正是因为这一点才出现了要命的两难困境。这是需要规避的事实，它使一成不变的政策变为不可能的选项，它给那些国家提供了无法超越的虚张声势的机会。我仅仅看到一个回答，这就是建立一支远远优于潜在对手的海军，不要作出使用或者不使用海军的承诺。这并不是说，我认为这个回答令人满意。与此同时，执行我们的日常外交
政策，不要隐瞒我们自己的同情倾向，显示比近来更多的尊严和坦 56
诚。不过，无论这显得多么徒劳无益，无论希望多么渺茫，我们还是应该努力让欧洲联合起来，而不是任其分裂下去。

J. M. 凯恩斯

一个星期之后，两位经济学家——阿巴·勒纳和保罗·斯威齐——写了一封信，暗示凯恩斯误解了当时的形势。他们在信中说，如果凯恩斯先生没有认识到，就决定资本主义政府的政策而言，阶级利益高于作为整体的所谓国家利益，那么，他就会继续对难以置信的愚蠢特征感到惊讶。所有对马克思主义方式感到困惑的人肯定会认为，英国外交部就有这样的特征。

凯恩斯撰写了回复。

凯恩斯 1936 年 9 月 12 日写给《新政治家与国家》编辑的信件

先生：

阿巴·勒纳先生和保罗·斯威齐先生从马克思主义和共产主义的角度，看待一切事物，这使他们两人错误解读了当下的公众舆论带有的倾向。我判断，在这个国家中，信仰资本主义和共产主义的人在数量上旗鼓相当，大约各占整个人口的 1%。绝大多数人既不是资本主义者，也不是共产党员，全是没有政治派别的个人。但是，就其地位而言，他们都持一个具有压倒之势的想法——避免战争。

“社会主义者”、阿巴·勒纳先生和保罗·斯威齐先生，也许还有先生您本人，在解释事件解释的过程中，往往忽视了这一点：在这个国家中，和平主义宣传已经取得了具有压倒之势的胜利。现在，您们心存芥蒂，批评政府最近至少回避了三个冒险开战的适当机会，您们低估了和平主义运动最近 10 年来给他人带来的影响。1919 年国际联盟建立时，这个国家并不具有现在所见的和平
57 主义特征。如今，国际联盟一般支持者信奉的和平主义观点已经

不可避免地削弱了国际联盟具有的力量。目前，信仰资本主义的“反共分子”并不希望采取行动，所以这一点肯定有利于国际联盟的支持者。正如诺曼·安杰尔*在《政治季刊》上发表的那篇精彩的文章——您最近引用了该文——中指出的，这是人们没有预见到的情况。[①] 但是，如果仅仅看到这一点，就会遗漏主要的问题。在这个国家执行的政策背后，占主导地位的因素不是“反共分子”的恶意诽谤，而是一般人作出的远离战争的盲目判断，其中包括预防性战争、面对战争威胁时实施的实际上并不涉及战斗的行动，还有出于对战争的假定承诺而实施的可能有助于维持和平的行动。在这一方面，鲍德温先生代表这个国家，这（并非罗瑟米尔勋爵）才是他的权威所在。

您可能赞成或者反对这一点。关于不太不合格的和平主义而言，现在有——过去也总是有——许多可以谈及的东西。但是，有些人没有看到这一点，完全从资本主义者和共产主义者这两个方面解释一切，对自己所在社会完全持视而不见的态度。

J. M. 凯恩斯

下面这一封信谈到 1937 年 1 月 30 日刊登的一篇通栏标题文章，该文涉及在莫斯科对卡尔·拉德克和其他人的审判。

---

* 拉尔夫·诺曼·安杰尔（1872－1967），英国政治家，曾任工党国会议员。——译注

① N·安杰尔，《新约翰牛》，见《政治季刊》，1936 年，7－8 月号。

凯恩斯 1937 年 1 月 29 日写给金斯利·马丁的信件

亲爱的金斯利：

我觉得，您本周将要发表的关于《斯大林将会解释吗？》的头版通栏标题文章堪称完美。论点令人信服，版面安排无懈可击，风格非常清晰，言辞犀利，点点到位。

你永远的，

J. M. K.

我完全不知怎样作出正确的解释。从某种意义上说，那些囚徒的
58 讲话让我觉得，由于某种未知的原因，他们相信自己的忏悔是真实的。

两人之间的通信再次中断了一段时期，直到 1937 年夏季凯恩斯痊愈之后才恢复。他病后发表的第一篇文章题为《采取行动理由》，刊登在 1937 年 6 月 26 日出版的那一期上。

凯恩斯 1937 年 7 月 1 日写给金斯利·马丁的信件

我对第 1026 页上《采取行动理由》一文的注释的解释是，您过去（也许一直——“从来不应放弃的立场”）支持结束不干涉的政策。

我卧病在床，思考了许多关于外交政策的问题。如果您喜欢，

我希望本月某个时候就此给您撰写一篇文章。

J. M. K.

目前(尽管不是以前)的危机具有一个技术方面的意义。(我觉得，在没被谈及时，这些危机曾经令人觉得更愉快一些，安全一些!)

金斯利·马丁 1937 年 7 月 2 日的来信

亲爱的梅纳德:

听说您打算撰写一篇关于外交政策的文章，心里觉得十分高兴。我当然很乐意尽快看到它。现在，我觉得这个问题非常棘手，简直毫无对策。从墨索里尼昨天发表的讲话来看，从今天看到的意大利政府的信件来看，我国政府等待的时间可能太长了，迟迟没有采取"坚决行动"。同样的说法一直没变——在本来可以表示坚决态度的时候，曾经一度出现了默许和半心半意的状态。后来，我们要独裁者在面子丢尽的情况下撤军，其实为时已晚。目前形势令人绝望的方面是，如果这场具体危机过去，他们似乎依然没有可以采取的措施，没有可以实现的目标。如果有人表达墨索里尼昨天讲话那样的意思，我们可以向他提出什么具有建设性意义的政策呢？几天以前，墨索里尼公开吹嘘说，意大利军队已经占领了毕尔巴鄂*，意大利的态度毫无中立可 59
言。昨天，他却装模作样地说，意大利最近没有采取什么干涉行动。一切外交努力全都没有意义;我们其实正在进行战争准备。我认为，我们的军人宁可现在与意大利一个国家对峙，而不愿担心同时需要对付意大利和德国两国。面对希特勒和墨索里尼这样的角色，我们在艰难的上坡路上看不到可以躲藏地方，看不到可以停下脚步地方。

依我所见，本周的报纸是我们很长时间里出版的最沉闷、最糟糕的东西。

* 西班牙北部一城市。——译注

我觉得，头版通栏标题文章根本不能令人满意，其他大多数文章全部索然无味。这是许多偶然因素形成的结果，在此我无需一一赘述。如果您对外交政策有什么高见，我会感到非常欣慰，您不仅可以从新闻角度谈，而且还可以从个人角度谈。当然，我面临的麻烦在于，我可以就此撰写漂亮、精彩的文章，但是看来我们必须维持本报的政策，所以我不便那样做。我们——报社的所有人——总是说，如果维护国际联盟这个理念打碎，我们就会沦入无政府状态，局势就会变得毫无希望。我可以就这个问题撰写著作，用“我早就给你说了”作为章节标题。但是，这样的书籍谁会阅读呢？这样的书籍有什么用处呢？

我的这番话令人沮丧，本人深感抱歉。现在，我不知道有何办法。您的身体好了一些，这真是好消息。

您的，

K. M.

凯恩斯 1937 年 7 月 4 日写给金斯利·马丁的信件

我亲爱的金斯利：

我同意您的意见，您让布雷斯福德撰写的头版通栏标题文章[①]刊出，您应该遭到解雇。如果您怀疑，为什么左翼对公众舆论的影响如此微弱，您可以在此看到解释——他们给普通人满口傻话、不负责任的印象。

那篇署名为“批评家”的文章[②]让我深感困惑，不知道他是否

---

① 《西班牙的最后机会》，见《新政治家与国家》，1937 年 7 月 3 日。

② 《伦敦日记》，同上。

认为斯大林处理图哈切夫斯基[†]问题的方式是正确的？文章的第二页让我觉得正确，第三页让我觉得不正确。

本周，我将动笔撰写一篇文章。

您的，
J. M. K.

凯恩斯 1937 年 7 月 5 日写给金斯利·马丁的信件 60

亲爱的金斯利：

寄上上次所说的文章，语言相当直白。不过，我希望尽量表达得清楚一些——如果在讨论这类问题可以做到这一点的话。

我很不喜欢在没有看到校样的情况下发表自己的文章。如果您能让印刷厂的人用特快专递信件把校样寄给我，我接到后就有时间把更正的地方用电报发给您。

你永远的，
J. M. K.

金斯利·马丁 1937 年 7 月 6 日的来信

† 米哈伊尔·尼古拉耶维奇·图哈切夫斯基(1893—1937)，曾任苏联红军总参谋长、苏联元帅，在苏共大清洗中，以间谍罪行被判处死刑，并立即枪决。随后，参与审讯和判决的苏联内务部人员也被集体处决。——译注。

亲爱的梅纳德：

我完全理解您的文章的基调。我也有十余次这样的经历；我毕竟曾经写过题为《帕默斯顿勋爵的胜利》的论文！我花费了许多小时的时间，心情非常郁闷，希望弄清什么政策在西班牙应被视为不那么糟糕的东西。我觉得，打算这样做不是什么好主意：声称我们在那里没有利益，那里存在的“意识形态”差异无关紧要。而且，这个说法一直是不正确的：这个国家并不仅仅考虑英国本土的问题，这个国家将为帝国利益而战。假如有机会放弃大英帝国，我会选择放弃，而不是参加战争。但是，没有这样的机会。

您的文章写得非常漂亮，作为对不同意见的一种表达方式，读来不会让人觉得讨厌。但是，没有其他可以充当头版通栏标题文章的题材，我觉得，我必须以某种方式，“回应”这篇文章。在刚才的一个半小时时间里，我口述了一篇头版通栏标题的草稿，它会让您知道我认为必须表达的意思。随信还附上大作的校对稿。如果更正不多，篇幅没有变化，可以在星期四上午送回来。如果您希望作较大修改，可以和我商量。我明天全天都在办公室。

希望您早日康复。

金斯利

将会出版一期很好的报纸。多谢寄来大作。正如我已经说过的，我并不喜欢布雷斯福德撰写的头版通栏标题文章。但是，我无法理解您为什么说它是不负责任的傻话！那篇文章可能写得不好，但是为什么说它不负责任呢？

金斯利·马丁撰写的头版通栏标题文章《推迟的政策》与凯恩斯的文章刊登在同一期报纸上。

61 摘自1937年7月10日出版的《新政治家与国家》

英国的外交政策

W. H. 奥登的诗歌《西班牙》堪与以前大师的同类作品并列，而且这首诗还以淡定的笔触，表达了当代人对政治世界发生的撕裂人心的事件的感觉。这首诗歌呈现了目前出现的种种恐怖，表现了现实可能要求具有正确思维和感觉的这代人作出的牺牲，其主题存在于对这两者的比较之中：一个是过去的世俗成就，另一个是未来可能实现的希望。昨天，过去的一切。明天，也许还有未来。"然而，今天是斗争，"诗歌的叠句如是说。奥登是从直接的战争和力量的角度，从死亡和杀戮的角度，思考这场"斗争"的：

> 死亡的机会将会不可免地增加，
> 自觉地接受必要杀戮的罪责。

在这里，诗人道出了许多人的侠义情怀。然而，尽管他以诗人应有的方式，让我们认识到了解自己的感觉的方式，本文的目的是要质疑，他是否以正确方式，引导我们——至少在目前的局势下——应该如何采取行动？

我带着强烈的厌恶感看到，有人越来越倾向于从两种（或者说，可能承认的三种）意识形态的斗争中，发动一场宗教战争，相信通过武力可以或者将会解决这个问题。而且，他们觉得，我们的任务就是赶到世界上信仰受到压制的任何地方。人们很容易产生这样的感觉。十字军东征和三十年战争是实实在在发生的事情。但是，回顾过去，这是否意味着，投身这样的事情是我们的职责？或者说，这样的事情可以解决任何问题？假设战争出现——为了便于讨论起见，让我们假定，我们取得胜利——了，我们在这种情况下应该如何应对？我们自己是否因为战争，因为战争带来的影响，变得更好一些呢？我们如何处理战败一方？在最新的和平条约中，我们是否将自己希望的意识形态（无论到那时是什么样的意识形态）强加在他们头上？我们是否假设，他们会带着自发的热情，接受这样的意识形态？在我看来，从最乐观的情况看，我们会回到原来的位置。失败是全面灾难。在通常情况下，胜利毫无用处，而
62 且很可能有害无益。有人认为，自觉地接受必要杀戮的罪责，这就可以解决总体上属于道德范畴的问题。这个观点其实是一种幻想。

因此，我还是坚持认为，尽管在过去的和平主义者的圈子中，和平主张高于一切这个观点显得有些过时，我的态度依然不变。延长和平时间，尽可能争取多一小时，多一天，这是我们的责任。我们不知道将来会出现什么样的状况，它肯定与我们能够预测的大不一样。我在另外一个场合中说过，“长期”带来的一个不利之处在于，我们最终全都会死去。但是，我同样可以说，“短期”拥有的一个有利之处在于，我们在短期内全都活着。生命和历史是由短期组成的。如果我们短期内生活在和平环境中，这是值得庆幸的事情。我们可以做的最佳的事情是让灾难出现的时间延后，哪怕仅存一线希望——这样的希望并不一定是遥不可及——让形势出现转机。存在和平的希望，就有和平的现实。声称战争不可避免，这是愚蠢和自以为是之举。其原因在于，没有谁知道将来发生

的事情。唯一确定的结论是，我们不可能采用引起战争的方式来避免战争。如果有人考虑到西班牙的局势，急不可待地宣称，自己的利益并不使我们有权放弃别人，我的回答是，对西班牙来说，和平——而且我认为，今天我将以任何方式增加和平的可能性——是其最大利益。在适当的时候，西班牙将会创造自身的未来。内战的胜负不会解决西班牙的问题。更合理的做法是提出这样的主张：佛朗哥*的失败符合大英帝国的利益，有利于法国的安全，但是并不符合西班牙人的利益。相信战争效力的人误解了我们拥有的影响未来的能力。

但是，我并不因此主张说，战争总是可以避免的。战争是否是可以防御的？我没有必要回答这个问题，因为对人性的了解告诉我们，现实中会出现这样的情况，无论战争是否可以防御，63
就我们而言，战争是不可避免的。所以说，这个问题不会出现。因此，我们面对是外交政策的第二个方面。外交政策的首要责任是避免战争，次要责任是要确保，如果战争发生，环境将会对我们的最为有利。让我们根据这个观点，考虑我们应该采取的直接立场。

如今，我们通过推迟战争来获得和平。我们这样做会失去什么呢？延迟是我们最有力、最有特点的国家防御武器的之一。它是我们在对抗独裁者的过程中长期使用的工具。自从费比乌斯·

* 弗朗西斯科·佛朗哥（1892—1975），西班牙法西斯主义独裁者，西班牙长枪党党魁，西班牙内战期间推翻民主共和国的民族主义军队领袖。——译注

麦克西穆斯*以来,没有哪一个时代像现在这样,需要采用迟延策略。这个问题竟然需要如此花费口舌,这既令人气恼,又让人觉得丢脸。可以想象的是,我们也许不得不面对更大的羞辱场面,面对更恶劣的背叛行径。有些人赞赏战争,相信自己可以从中渔利;在虚张声势的游戏中,在最初运用的策略中,他们拥有无法被剥夺的显而易见的优势。但是,他们可能一直面对没有察觉的危险,这一点将会证明他们是错误的。然而,我们应该具有前瞻性,深信时间和机会在我们这一边,并且对此预先采取措施:如果我们被迫行动,我们可以稳操胜券。对诗人来说,这一点显得冷酷,显得多变。然而,我赞成奥登这首诗歌里一个段落之中的第一部分:

> 你们想干什么?建立正义之城吗?好的,
> 我同意。

把这一段的后一部分留给诗人:

> 或者是自杀公约,浪漫死亡?
> 那也不错,我接受。

其原因在于,请考虑一下这个事实中迫使我们面对的直接政治因素。目前,俄罗斯处于混乱状态,法国处于劣势地位。这两个国家

---

* 费比乌斯·麦克西穆斯(约公元前280—前203年),古罗马政治家、将军,曾经采用避免与敌直接作战的拖延战略,使敌师疲于奔命,终于战胜迦太基军队。——译注

状态不佳,但是需要的主要是时间。不用多久,我们自己将拥有我国历史上最强大的海军力量,在欧洲海域中获得支配地位。与此
同时,那些强盗国家遇到了什么情况?其中一个忙于依次凌辱每 64
一个信念。如果他们发现可以施加侮辱或者伤害的另外一种制度或者另外一个地区,他们就会付诸实施。这两个国家耗费大量金钱,展开了强势宣传,以便让世界上的其他国家相信,它们是人类的敌人。它们的宣传获得了期望的效果,在美国尤为明显。没有谁相信或者尊重这两个国家表达的意思。在这个世界上,它们既不没有朋友,也没有同情者:其原因在于,我怀疑甚至连日本对它们发出的叫嚣也感到紧张。即便如此,所有这一切都需要时间才能被人充分理解,在这个国家如此,在世界其他地方也是如此。与一年之前的情况相比,它们的全部可恨之处如今在一定程度上已被人们认识,在更大范围中被人认识。这些策略并不具有伟大的政治家或者征服者的特征。它们显得非常病态,不可救药。我对它们的技术有效性表示严重怀疑,并且断定在其幕后存在着各种各样的白痴行为。不太可能出现的情况是,说出这么多废话的人可以采取脚踏实地的行动;同样不太可能出现的情况是,摧残智性、毁灭智性的成果的人会很好的利用智性。很可能出现的情况是,随着时间的推移,他们将会过度反应,产生极端举动,铸成重大错误。这样的根源就在他们那种行为的本质之中。事实上,如果那些小偷们得手,他们之间很可能出现内讧。

在阿比西尼亚战争爆发之初,我国外交部犯下了近代历史上最为严重、带来最大灾难的错误。因此,我们自然对他们采取不信任态度。尽管外交部造成的直接后果让人觉得可恨,某些细节让

人觉得残酷，对艾登先生提出的西班牙政策，我并不倾向于持批评态度。假如攻击他的人有机会从他手里接管英国外交事务，我应该感到担心。推行迟延政策的人的努力总是不会得到认可的。一直让那些强盗国家得寸进尺，端起酒杯让他们斟得更满一些，做这种的事情部门并不受人尊敬。不幸的是，我们根本没有机会对可
65 供选择的途径进行比较，所以我们不可能根据结果来评判政治家的优劣。但是，我并不只根据以上陈述的那两个主要目标，就判定他的政策没有连贯性。

因此，我要奥登采取静观其变的态度。如果他保持耐心，不去逞能，他也许在适当的时候将会（用他自己诗行来说）看到：

历史是操作者和组织者，
时间是能恢复精力的长河。

凯恩斯的信件引起了时任外交部政务次官格拉德温·杰布的质疑。

格拉德温·杰布 1931 年 4 月 20 日的来信

亲爱的凯恩斯：

我刚刚拜读了您写给《新政治家》的信件。没有谁像我这样，对您的高见表示完全赞同。事实上，这正是我长期以来努力——当然没有充分——表达的观点。

您在信中说，对“在阿比西尼亚战争爆发之初”出现的“近代历史上最为严重、带来最大灾难的错误”，外交部应该承担责任。鉴于上述原因，如果您能给我解释——哪怕以非常概略的方式——一下，您的确切意思究竟是什

么？我将洗耳恭听。

我听说您身体欠佳，相信发表这一封信意味着，您已经痊愈。

我在日内瓦和柏林举行的国际商会原材料询价会上，协助利思－罗斯工作，不久前刚刚回到英国。

如果莉迪亚和您在一起，请代我问好。

您非常真诚的，
格拉德温·杰布

凯恩斯1937年7月12日写给格拉德温·杰布的信件

亲爱的杰布：

无论正确还是错误，我个人确信，在阿比西尼亚战争爆发之初，我国本来可以——通过采取果断行动——遏制整个事件的进程，本来可以在不用承担物质风险的情况下，实现这一目标。我们 66
本来可以设计出有效措施，然后邀请国际联盟出面，请求我们采纳那些措施。

通过这个途径，我们本可以拯救国际联盟，整个局势可能与现在的完全不同。但是，依我所见，我们对局势产生了误判。

您真诚的，
［这份复写件上签署了他的姓名缩写］J. M. K.

与此同时，凯恩斯与金斯利·马丁之间的通信继续进行。

金斯利·马丁1937年7月8日的来信

亲爱的梅纳德：

随信附上我寄给惠特利的信件的副本。我考虑再三，觉得自己尽管没有办法摆脱面对的困难，还是应该直言相告。如果一份报纸刊登广告，我简直无法想象它怎么可能具有真正的独立性！

我正在准备两份报纸的稿件，打算今天晚上直接寄给您。我希望，这样做所起的作用不是您所要求的"影响力"。这一期报纸正在排版过程中，甚至尚未完成您需要进行的更正，形成最终清样，因此难以达到那样的效果。

您的，
金斯利

金斯利·马丁1937年7月8日写给爱德华·惠特利的信件

亲爱的惠特利：

正如您知道的，我们在过去数年中，一直出版一期保险增刊。这主要是一份广告增刊，原封不动地采用客户编写的稿件，但是提供关于保险的真实、有用的信息。

对出版如此没有批判观点的关于保险的增刊，我本人并不满意，况且我还知道，正是在《新政治家》上，1915年出现了关于工业保险的著名的韦布增刊。有人(包括言辞最为激烈的阿诺德·威尔逊)提出，我们没有将整个保险
67 改革问题包括进去，所以没有尽到自己的职责。我认为，今年除了非常赚钱的商业增刊之外，我们可以出版这样一期增刊。考虑到目前的社会保险情况，它不会得到多少广告支持。它带有特殊的主题，由劳埃德承担，随信附上的文章就是已经取得的结果。另外还有两篇，一篇是拉斯伯恩小姐撰写的关于家庭捐赠的文章，另外一篇是罗布森撰写的关于整个问题的某些一般性侧

面的文章。

罗伯茨已经提出，这可能对广告商产生影响，我觉得应该将此告知董事会。所以，我给您写这封信，并且把校对稿寄给您。显然，在这些公司中，有的非常敏感，可能完全基于政治考虑，撤销它们预定的广告版面。他们看到，我们出版的普通保险增刊强调目前局势下购买保险的价值，他们所做广告的商业价值不会受到可能出现在报上的编者批评的影响。因此，他们在商业原因上肯定没有撤销广告的理由。即便作出微小改动是可取的，就避免出现撤销广告的危险而言，我觉得这样做没有多大用处。我还认为，我们不可能顾虑广告商的敏感心态，轻易改变本报奉行的政策，放弃真正具有政治意义的做法，放弃大量给我们带来声誉的价值。假如我们那样做，那将意味着，《新政治家与国家》与其他刊物相比，没有什么特别之处。因此，我认为没有需要改动的地方。但是，如果罗伯茨提出的看法有道理，刊登广告每年可能涉及数百英镑的进项，我觉得应该告诉您这件事情。

按照安排，这期增刊将出现在 7 月 24 日那一期上。我还要补充一点，威利森和罗伯茨自然担心，过去辛辛苦苦所做的工作可能付之东流，所以并不反对出版这期增刊。他们两位一致认为，出版增刊完全符合本报过去的传统，是独立报纸应该做的事情。但是，罗伯茨觉得，放弃这期增刊造成的经济损失真的可能严重，所以希望让我向您转达这一点。

您真诚的，
金斯利·马丁

又及：我也将此信抄送凯恩斯。

凯恩斯 1937 年 7 月 11 日写给金斯利·马丁的信件

亲爱的金斯利：

随信附上关于工人劳动保险的文章，考虑到您可能希望寄给惠特利看，所以一式两份。

就西班牙的局势而言，我欣喜地看到，我们的报纸刊登了一篇反映和平主义观点的文章——这肯定是数月里的第一篇。我们表
68 达了各自的观点，如果在今后的通信①中不出现新的情况，我没有什么可以补充的意见。

我对艾登担任外交大臣持欢迎态度，他比布雷斯福德更适合这个职务。所以，我希望您与我的看法相同。

你永远的，

J. M. 凯恩斯

凯恩斯 1937 年 7 月 11 日写给金斯利·马丁的信件

亲爱的金斯利：

社会保险增刊

依我所见，这些文章不温不火，罗伯茨对相关财务结果显得过于担心了。大概只有两篇文章可被视为给人堕落之嫌，一篇是关于工人补偿的，另一篇是关于丧葬保险的。

关于工人赔偿的文章主要是提出建议，厘清现存法规之中的

① 我对此有进一步思考，可能在今后提出相关看法。

某些不确定条款。在相关支出中，很大一部分来自诉讼费用，所以保险机构当然完全支持文章中讨论的这一点。在文章的结尾处，国有化问题被轻描淡写提出，仅仅作为不动脑筋、机械行事的人发出的一种信条之言。作为从事这类业务的公司董事，我本人应该表明，董事会听到这样的言论，受到的影响肯定不同寻常。本行业的业内人士认为，实施国有化的可能性很大。我认为，一般公司的董事会成员听到不动脑筋、机械行事的人提出的建议，而不是合情合理的支持改变的建设性论点，心里将会有如释重负的感觉。

就与丧葬保险相关的另一篇文章而言，应该记住的一点是，在
本报刊登广告的公司中，绝大多数根本没有开展这项业务。应该 69
说，只有两家相关公司可能使用一定经费，它们是珍珠保险和保诚保险（不过，我暂时没有想起，大英保险公司和庇护保险公司是否设有工人劳动保险部门。）珍珠保险在我们的增刊中占据半个版面，我记得我们曾与保诚保险有一些业务往来，但是最近他们刊登的广告不多。如果工人劳动保险部门的广告总费用每年达到 100 英镑，我不应感到惊讶。

此外，我怀疑，相关公司是否会感到过分惊慌？业界中存在的争论由来已久，广为人知，大家普遍觉得，自己有权表达意见。我在此再说一遍，相关人士看到废话连篇的人撰写的关于古老模式的文章，而不是执政的工党可能提出的包含最新信息的建设性计划，心里将会有如释负重的感觉。另外，就这个例子而言，依我所见，这篇文章的实际性质值得某些思考。我认为，如果保诚保险觉得值得作出回应，他们可能会发表具有毁灭性的意见。重要的事情是记住并且承认这一点：这个行业最近经过了全面改革，保诚保

险的操作方式在我国跻身领先行列;不过,我相信,如果相关立法强行要求,实施已在保诚保险推行的做法,所有其他公司都可能遭遇灭顶之灾。曾经风行一时的陈规陋习大体上已被废除,现在的主要问题是,如何对待收款产生的过多费用。正如我在讨论过程中可以更清楚地解释的那样,J. L. 科恩的做法完全不能令人满意,这篇文章肯定会遭到专家的审查。我深感怀疑,他提出的某些数字是否正确?依我所见,其中许多肯定不是最新数据。也许,您应该请斯威夫特看一看,特别注意其中可能出现的任何滑稽可笑
70 的错误。我觉得其中一两处显得可疑,我已经标注出来。我认为最好的做法是,要么对阿诺德·威尔逊的著作[1]进行仔细评阅,要么就如何实施阿诺德·威尔逊的计划的方式制定出具体计划。当然,科恩将工人劳动保险与丧葬保险混为一体,这样的做法显然是错误的。被保险人中途解约时的退保金额是一个非常重要的实际情况;在投保人心理上,这常常是有用的附加条件。

总而言之,依我所见,这些文章——无一例外——其实令人觉得乏味,属于敷衍之作,因此很可能给它们鼓吹的东西带来损害,而不是产生促进作用。但是,我应该考虑到,给我们造成的经济损失主要限于撰写这些文章本身的成本。

以上意见并不是说,我并不大力欢迎根据本报政治、经济和计划版面上的报道,出版关于社会保险的增刊。这是一个重要的题材;保险业已经变得杂乱无章,因此我们可能提出很好的计划,以

① 阿诺德·威尔逊爵士和 H. 勒维,《工业保险:历史和批判性研究》(伦敦:1937年)。

便将它的各个部门整合起来。我完全赞同您提出的主张:我们不应受到广告收益的限制;尽管我认为,认真研究这个问题对相关的所有广告商的触动更大,超过对这个广告商的影响。

你永远的,

[这份复写件既没有签名,也没有姓名缩写]

金斯利・马丁 1937 年 7 月 12 日的来信

亲爱的梅纳德:

谢谢您就保险增刊撰写的具有实用意义的信件。在刊出之前,我会仔细研究科恩文章所用数字的问题。(我已将那篇文章寄给了斯威夫特。)引用数字正确非常重要,不过如果科恩在这篇文章中使用的数字是错误的,我会觉得惊讶。科恩几周以前为我们撰写了关于阿诺德・威尔逊的那本书的评论,依我所见,文章包含最新信息,不管怎么说,科恩肯定对材料了如指掌。您将它与本报政治、经济和计划版面上的报道进行比较,提出了一个有意义的问
题。是否可以将真正的严肃研究与一份周报联系起来呢?在政治、经济和计 71
划版面开设之初,《周末评论》曾经计划这样做,韦布当初可能也在《新政治家》上这样做过。当然,韦布本人堪称能人,可以从事全面研究。我认为,您对这些文章提出的批评有言过其实之嫌;您忘记了,大多数人不可能像您这样,对这个问题非常熟悉。罗伯逊也熟知这个问题,并且告诉我说,他觉得这些文章相当不错。依我所见,他提出的总体建设性意见也许能够起到作用,符合您提出的批评意见。

本人是地地道道的和平主义者,觉得您提出的意见难以接受!依我所见,假如英国政府较早地采纳更强硬的政策,实现和平的可能性比目前的更大。我赞同您提出的观点:现在向意大利和德国表示厌恶态度的做法非常危险。但是我认为,如果在德国和意大利的动向进一步明朗之前,我们并不明

确表态，维持和平的可能性会更大一些。我很高兴地得知，您考虑再撰写一篇文章。我无需告知您，这对本报非常有益。

希望您康复期生活愉快。

您的

K. M.

又及：就目前的外交政策而言，我们两人之间的唯一分歧在于，如果英国将就西班牙内战，就维护法国和英国在地中海的利益采取强硬立场，那么，假装我们的态度不是如此或者延后明确表态的时间究竟有什么意义呢？我对外交部进行询问的结果显示，他们对将要采取的策略一无所知，面对实施不干涉政策可能形成的局面时完全失措，惊惶不已。导致这一结果的原因是，他们做事完全没有原则，并且破坏了原来存在的唯一处于萌芽期的国家体系。我对此深信不疑。我个人的倾向是，加入奥尔德斯·赫胥黎和罗素*等人领导的和平主义运动的行列！我个人将会对此感到满意——不过，这与政治没有什么关系。集体安全体系总体上已经失灵，为什么还要一起战斗呢？在这种情况下，《新政治家与国家》是否可以考虑这一点？您的意见呢？

凯恩斯 1937 年 7 月 25 日写给金斯利·马丁的信件

我亲爱的金斯利：

我很想知道社会保险增刊的具体进展情况。这一段时间，我身边没有秘书协助工作，所以没有回复您 7 月 12 日的来信。不过，我对特别增刊的意见其实和您建议的完全相同。我认为，将非

---

* 奥尔德斯·赫胥黎(1894－1963)，英格兰作家，著名的赫胥黎家族最杰出的成员之一。伯特兰·罗素(1872－1970)，二十世纪英国哲学家、数学家、逻辑学家、历史学家，西方最著名、影响最大的学者和和平主义社会活动家之一。——译注

常严肃的研究与周报联系起来的做法是不可行的。鉴于这样的事情可由责任团队完成，设立政治、经济和计划版面这个方法行之有 72
效。此外，如果形成了真正有价值的东西，它作为参考之作的意义该更大，影响力超过在一周之内出现的增刊。以增刊形式出现的文章可能浪费版面，不易理解。

但是，我从这一点得到的结论是，开设这类增刊其实是一个错误之举，我本人坚决反对。一般说来，这类增刊并不尽如人意；除此之外，读者认为它们是无聊之物，并且将增刊的刊头视为编者提出的一种警示：读者在这里看到的版面是无需、不应并且其实不值得阅读的东西。我从自己的经验得知的事实是，出现在增刊上的文章至少降低一半被我阅读的可能性。

我并不确定，您是否阅读《电讯报》。如果您不读，我随信附上我从本周报纸上剪下的两篇文章。《佩提尼纳克斯》* 显然很有意思。但是，真正使人觉得大吃一惊的东西是那份已经倒台的主要领导者名单。我深感困惑，无法对此作出解释，只知道斯大林正以系统方式，破坏原来的共产党。他看来取得了进展，但是我们尚不清楚他将如何收拾残局。莉迪亚撰写的关于俄罗斯的文章推测，在过去几个月里，在总数为 2,800,000 的苏共党员中，大约有 25％被处决、逮捕、流放或者解除职务。

目前，这场清洗自称是针对德国的。但是，依我所见，它最终会让人非常恐慌。斯大林的地位很快会与其他独裁者没有什么两

---

* 佩提尼纳克斯，罗马皇帝，公元 193 年在位，曾经使用“让我们战斗吧！”这一名言。——译注

样。由此判断，他推行的外交政策其实是机会主义的。只要他觉得合适，最后和德国达成协议并非是完全不可能的事情。

在另外一天发表的文章里，我谈到了两种意识形态，并且在引号中补充说，“也许可以承认，有三种意识形态”，但是其实只有两
73 种：一种是变得越来越难以辨识的极权主义的国家，另外一种是自由国家。后者认为，和平和个人自由处于至高无上的地位；其他国家认为，和平和个人自由无关紧要。

您的，

［这份复写件既没有签名，也没有姓名缩写］

次日，凯恩斯又给金斯利·马丁写了一封信，并且起草了另外一篇文章。这两样东西没有寄出，但是很有意思。

凯恩斯 1937 年 7 月 26 日写给金斯利·马丁的信件

亲爱的金斯利：

昨天深夜，我突然觉得，自己必须动手撰写关于外交政策的第二篇文章。随信附上文章。我希望像上次那样，看到本文的校样。

我不知道，您对这篇文章有何感觉。我必须等待您的反馈。不过，上周得到朱丽安①去世的消息，这让我有更多的时间思考这些问题，试图将它们一一厘清。

① 朱丽安·贝尔在西班牙驾驶救护车时于当年 7 月 18 日去世。

你永远的，

J. M. 凯恩斯

关于外交政策的再思考

我觉得，应该把自己在进一步思考过程中获得的结果公布出来，作为对三周以前在本专栏上发表的文章的补充，目的不是就这些问题进行超然思考，而是在可能的情况下进行更清晰思考。

一

“首相关注的是防止我国卷入战争危险，而不是阻止外部对佛朗哥的援助。工党和这家报纸[《新政治家与国家》]的编辑更关心的是，如何阻止外部对佛朗哥的援助？”这一点是否可以被人视为 74
公正的总结之辞呢？也许不能。其原因在于，对政府持批评态度的人可能会说，他们的政策将会减少发生战争的危险，而且无需目前去冒任何风险。但是，如果他们不用简单的语言，向我们说明可供他们选择的政策是什么，我们就无法判定这一说法是否真有道理。他们推行的所谓“更强硬的政策”究竟是什么呢？例如，他们是否希望英国海军对佛朗哥控制的港口实施有效封锁，在必要时甚至可以击沉任何给佛朗哥运送外国军人或者军火的船只？另一方面，如果他们完全反对可能形成这种行动的方案，他们的明确表态将会澄清相关气氛。其原因在于，如果排除所有主动威胁和发出最后通牒的可能性，他们与政府之间的差异相对说来较小，仅仅涉及方便性、细节和侧重而已。从根本上看，他们的政策是相同的，即让不干涉变为一种名副其实的事情（这样的事情可能并不多），任何一项被剥夺了武力威胁的外交政策都是能够实现这一点的。

这并不排除给政府提出富有成效的批评的广泛领域。在这个国家中，还有第三种政策得到一些支持者，即以牺牲西班牙民主制度为代价，谋求与希特勒和墨索里的友好关系。我们无法确定，我国内阁是否完全摆脱了这样的影响。如果一个政府包括像达夫·库珀这样的精神家园并不确定的人，那么，我们就必须对它持谨慎态度。也许，艾登先生有时候更需要的是支持性意见，而不是批评性言辞。接二连三的攻击——例如，诺埃尔·贝克尔[*]先生对交战法权问题的抨击——显然是有用的，重要的。但是，这两者之间存在着明确的分界线：一个是使政府继续保持不干涉政策做法，另
75 外一个是其实施过程可能我们需要进行干涉的威胁行为。我认为，我们的政策应该是文雅的，一丝不苟的，变动不大的，然而在其范围之内又是坚决的，不妥协的；它既不受反驳、指责和小刺激的影响，也不受恐吓和威胁的影响；但是，它同时具有模糊扰动、使人不安和步步逼近的特征；它总是以冷静的方式，根据对方前线的变动，对已方的前线进行全面的、大规模调整。如果这是工党执行的政策，那就非常令人满意了。但是，我恳求他们在思想和表达方面更加清晰，即使这意味着，他们承认本届政府有时候是正确的。

---

* 诺埃尔·贝克尔（1889—1982），英国政治家，裁军倡导者，曾于1959年获得诺贝尔和平奖。——译注

二

下面，我将讨论另外一个问题，它涉及我们的西班牙政策和重整军备的政策，不过还有一个更广阔的领域。下面这个观点受到工党左翼的青睐，并且常常出现在这份报纸之中：如果不涉及英国的直接利益，战争可能是正当的，必要的，一个很好的例子是捷克斯洛伐克保卫战；如果英国的利益是进行战争的部分动机，战争就是非正当的，例如，我们海军维护进入地中海的畅通无阻的通道的行为。看来，他们可能心存疑虑，在援助正义事业的过程中难以提及我国的利益。那位自称“批评者”的人写道：“由于英国和法国的保守分子开始发现，他们无法忍受意大利和德国人在西班牙的所作所为，工党保持高度警惕至关重要。”现在看来，如果不在某种程度上涉及英国利益，英国是不太可能参加战争的。因此，几乎可以确定的一点是，如果出现战争，持这一观点的人肯定会表示反对。由此可见，尽管他们长期以来在一定程度上赞成去冒战争风险，但是他们却不支持很可能出现的任何战争。于是，我们发现，他们以安全方式，将好战言辞与反对重整军备的态度结合起来。这一看法如被视为个人观点，确实可能有一定道理。但是，作为供全民考虑的实际政治理念，一般公众认为它是非常愚蠢的诡辩之辞。其 76
原因在于，它同时还暗示，支持这个理念的人可能——然而尚未处于——进入执掌大权的状态。有的公众可以理解不惜一切代价反对战争的做法；有的可以理解旨在保护英国的至关重要利益的战争；许多公众可能支持重整军备的做法，认为它有助于维持和平，将其视为一种安全保证，以免出现可能证明是最终无法避免的偶然事件。但是，好战政策的前提是，不涉及英国利益；裁军政策的理由是，只有触动英国的某种利益，才可能出现战争。如果两者结合起来，公众就会作出这样的判断：这些人的言论不应得到认真对待。

有人可能会说，这是一种不公正的讽刺。无论是否如此，这都是对公众得到的印象的一种公正分析。在过许多年的时间里，工党地位低下，现在依然如此。我认为，其原因在于，工党对和平与战争问题的态度给人留下的印象是，他们非常缺乏智慧和常识。

在试图公平对待某些人的可以理解的——常常可以辩护的——提出抗议的冲动的过程中，工党失去它的代表性特征。我说这番话的同时也承认，就其根本同情对象和目标而言，工党在大多数情况下是正确的。

三

上周，“批评者”以同情的笔触，论及这个国家为维护西班牙的民主制度所冒的风险。这个说法以可怕的方式，混淆了个人抗议的权利与国家政策标准之间的区别，可能带来灾难性后果，事实难道不是如此吗？

对世界各地出现的很多事情，许多英国人往往从内心感到愤怒。这是一种由来已久的国民倾向，我们常常对此感到自豪。这
77 样的感觉常常形成希望，让人参与某种形式的积极的个人抗议，例如，给《泰晤士报》写信，募集资金，在阿尔伯特大厅举行会议，甚至献出自己的生命，作为真正的虔诚烈士，如此等等。对这类狂热信奉个人判断的人——我们中的许多人天生如此——来说，表达个人抗议的权利是一种不可放弃的基本人权。没有谁应该——而且

一般说来没有可以——干涉个人最大限度使用它的权利。朱丽安·贝尔有权用自己的生命来表示抗议。他的行为与这一事实并不矛盾：在其他情况下，他可能是认真的反对者。恰恰相反，他的行为在深层次上是一致的，在两个事件中都符合他提出的不能废弃的主张：其一是个人判断，其二是个人责任。

但是，有些人并不以个人身份参与行动，然而却给国家提供建议或者代表国家。他们所处的地位完全不同，没有类似权利，不能仅仅依据自己的个人感觉，参与代表他人的抗议活动。只有当他们确信，自己的感觉也代表了大多数人的心声时，他们才会参与这样的抗议。

现在，非常明确的一点是，这位"批评者"为了西班牙的民主制度承担战争风险的意愿并未得到整个国家的民众的支持。假如就此进行全民公决，他的政策不会得到这个国家中的任何选区中的大多数投票者的支持——依我所见，甚至不会得到小村庄中的大多数人的支持，很难得到一个家庭中的大多数人的支持。人们有理由怀疑，是否大多数人有权将战争强加在少数人头上？在这一点上，战争类似于信仰和信念，与其他大多数公共政策的目标不同。不过，毫无疑问的一点是，少数人无权操控多数人，诱使多数人实现自己的意志。况且，即便反对者们对此非常认真，他们也无权让英国青年付出生命代价，捍卫一般英国人绝对不会表示赞同的事业。

这一批评意见基于的看法是，人们认为有可能爆发战争。如 78
果不存在这种情况，那么，这一意见就会没有意义，应该毫无保留地撤回。但是，我提出的问题是，我们应该知道自己的立场，不应以不负责任的态度，将含糊其辞的吹嘘作为释放情绪的途径。

J. M. 凯恩斯

下面这封信——不幸的是，它没有写完——里附有从当年 7 月 23 日《曼彻斯特卫报》上剪下的报道：

威斯敏斯特，星期四

今天，关注的焦点从下院转向上院。精神贵族和世俗贵族举行会议，对 A. P. 赫伯特提出的婚姻法案进行第二次审议。该教区的 15 位成员身穿灰色服装，头戴阔边帽，坐在风景如画的草坪上。

凯恩斯 1937 年 7 月 27 日写给金斯利·马丁的信件

我亲爱的金斯利：

为什么不以这种方式参与竞争呢？尽管这样做很愚蠢，不过您可能得到某些美的东西。

您是否真的确定，您——再考虑一下吧——希望不干涉政策就此终结？您是否真的认为，西班牙政府将会拥有财力，顺利购买和进口更多军火，招募更多人员，使其在数量上超过希特勒和墨索里尼提供给佛朗哥的无偿援助？您是否认为，英国和法国海军没有能力（也许您会说，不愿意）阻挡人员和枪支进入西班牙？如果您的论据值得一提，我希望听到更完整的说法。

在本周这一期报纸上，出现了三个词汇——鸡奸、交媾和娘娘腔的男子（我觉得，三个词语在一期之中同时出现，这是第一次）。

从发行的角度上考虑，您是否发现使用这类词汇的最佳比例？我有兴趣了解这一点——我只是[下一页没有保存下来]。

金斯利·马丁 1937 年 8 月 5 日的来信 79

亲爱的梅纳德：

(1)随信附上一张 7 几尼的支票，可是继而一想，却不能确定，这个数量是否足够？我还是把它寄给您，这样我们两人就可考虑这事情涉及的原则。显而易见，报社现在可以支付您更多稿酬；同样显而易见的是，对报社来说，您的大作价值还要更大一些。您是否可以考虑一个合理的数字呢？10 几尼？我觉得，我们应该就此作出某种安排，以便将来参考。

(2)没有得到您承诺撰写的第二篇文章，心里深感失望。您是否决定将它投给《标准晚报》？您手里是否还有一篇为我撰写的关于股票的文章？现在看来，在地中海其实已不存在发生战争的危险了。某种东西将被拼凑出来，它会让西班牙人民感到失望。

(3)我尚未确定保险增刊的稿件，希望在出版之前得到 100%的信心。我并不是说，这些文章总会让你觉得满意。就这个问题而言，这一点是无法做到的。但是，我必须确认科恩使用的数据是准确的。斯威夫特代我核对了一些数据，提出了一些问题。但是，我仔细盘问他相关理据，发现他闪烁其词。他开始时说，阿诺德·威尔逊的意见并不值得认真考虑。尽管他没有看到，他假设，科恩文章中使用的他无法理解的数据是从威尔逊那里得来的。所以，增刊付印之前，我将以相当独立的方式，全力进行核对。

希望您身体尽快康复，您去的那个地方确实不错。我身体没有什么问题，但是染上了疖子。我最近发现的疖子在右眼上，使右眼无法睁开，现在我对约伯深感同情。由于这个原因，这些天我脾气不好。

您的，
金斯利

刚刚读了斯蒂尔撰写的关于格尔尼卡[*]的精彩报道。斯蒂尔是《泰晤士报》派驻那里的记者，文章刊登在《伦敦水星》8月号上，真的很不错。

我认识斯蒂尔。他是南非人，在我看见他撰写的关于萨尔州[**]的文章之后，曾经请他为我撰写了一篇关于鲁尔区[***]的文章。接着，他去了阿比西尼亚，在亚的斯亚贝巴和一位法国记者结了婚，后来安全撤出阿比西尼亚。但是，她婚后很快死于疾病。我听说，他去了西班牙。有趣的人。

凯恩斯 1937 年 8 月 9 日写给金斯利·马丁的信件

80 我亲爱的金斯利：

我现在的想法与过去的不同，已经放弃了以写作为生的做法，所以您愿意支付的任何稿费我都觉得满意。请把您的多余经费用来支付那些依靠写作为生的人吧。

第二篇文章还在我这里，原因是莉迪亚——关于这类问题，我总是听从她的意见——觉得，文章尚未达到发表标准。

我很乐意听到您对科恩文章作出进一步探讨之后获得的结果。不过，我对该文感到不满的主要原因是，我认为就补救方式而言，他和威尔逊两人所走的路子是完全错误的。这里的问题在于，对工薪阶层来说，工人劳动保险是非常奢侈的储蓄方式，他们辛苦

---

* 格尔尼卡，西班牙城市，内战中纳粹德国对该城进行了人类历史上第一次地毯式轰炸。毕加索受西班牙共和国政府委托，为巴黎世界博览会的西班牙展区绘制了同名立体派绘画。——译注

** 萨尔州，德国西南部的一个州，首府萨尔布吕肯，与莱茵兰－普法尔茨州及法国和卢森堡接壤，同法国的洛林、卢森堡、莱茵兰－普法尔茨州和比利时的瓦隆一起，构成"萨尔－洛林－卢森堡大区"。——译注

*** 鲁尔区，位于德国西部北莱茵－威斯特法伦境内的城市群。——译注

赚得的钱很大部分被浪费了。不过我相信，如果有人设想，可以用强制性丧葬保险来取代支付给投保人的工人劳动保险，这完全是一种误解。现存的保险单仅仅在很少一部分情况下起到作用。政府可以降低允许支出所占的比例——这样做可能破坏这项保险业务，然后通过邮局，售卖政府推出的类似保险单。除此之外，我怀疑是否确实还有其他的解决办法。威尔逊和科恩写的文章如此糟糕，可是还得支付他们两人一大笔稿费！

我的身体康复缓慢，但是病情稳定，现在已经可以下午开车外出了。非常同情您的苦恼——还有您的坏脾气。我注意到，您觉得局势的发展没有如您当初预计的那样；战争将会爆发，所以您现在也很生气。对真正好斗的和平主义者来说，这不是什么令人愉快的事情。他们让您进退两难。就西班牙的局势而言，我非常肯定，没有将其领土作为战场，打一场波及整个欧洲的全面战争，这“让她深感失望”。

认真说来，这个情况当然取决于以下两点：其一，那些法西斯
主义国家是否会利用当前进行的谈判，把它们作为一种方式，在不 81
太丢面子的情况下撤退出来？其二，他们密谋的是否是另外的尚未透露的策略。作为一个乐观主义者，我仍然希望，这场战争可能以西班牙被划分为两个国家而收场。但是，我最希望看到的是，这场战争早日结束，而不是拖延下去。

随信寄上《每日电讯》刊登的关于俄罗斯情况的另外一份剪报。我注意到，您已经数周没有就这个问题发表看法了。是否存在可靠的消息来源，以便了解那里的真实情况？

你永远的，

J. M. 凯恩斯

凯恩斯寄送的剪报内容如下：

最伟大的历史学家告诉我们，当共产主义与法西斯主义——现在的做法是这样称呼它们——这类相互对立的意识形态使国民产生分歧时，或者说，当宗派精神——他使用的是这个名称——使国民产生分歧时，文字的通常意义就会遭到扭曲。“不计后果、漠不关心的态度被人抬高，视为对相同政治信念者的忠诚和勇敢之举；知道何时采取拖延策略的耐心做法遭人诋毁，被说成怯懦行为；适度的策略被说成对掩饰怯懦的表现；全面审视整个局势的能力被称为神经极度衰弱。”

这番话是修昔底德[*]在两千多年以前说的，在此恰如其分地描述了对政府政策的批评[1]。那些言论上个星期二比比皆是，星期三却明显遭到反驳。当年，在古希腊内战中，民主派请来了古雅典人帮忙，寡头派请来了斯巴达人协助。今天在西班牙出现了苦难，其原因与当年在希腊的克基拉岛和其他许多城邦国家中出现的情况完全相同。这位年迈的历史学家以不乏先见之明的口吻说，只要人性依然未变，同样的原因将会造成同样的可怕结果。

82 凯恩斯 1937 年 8 月 14 日写给《新政治家与国家》编辑的信件

先生：

在您撰写的关于外交部的政策[2]的头版通栏标题文章中，您

---

* 修昔底德（约公元前 460 年至公元前 400 年），古希腊历史学家，以《伯罗奔尼撒战争史》传世，该书记述了公元前 5 世纪斯巴达和雅典之间的战争。——译注

① 我对此并不赞同。

② 该文刊登在 1937 年 8 月 14 日那一期上。

提到了许多动机。可是，您没有提及对我国进行的迂回外交活动的最合理解释。这就是，一种愿望（无论它正确与否）占主导地位，试图尽可能让这个国家长期置身于麻烦之外。

您的，
J. M. 凯恩斯

9 月 28 日，《泰晤士报》刊登了关于日本侵略中国的头版通栏标题文章。凯恩斯就此撰写下面评论。

凯恩斯 1937 年 8 月 28 日写给《泰晤士报》编辑的信件

先生：

在今天的头版通栏标题文章中，您提醒日本：她受到“她赖以生存、无法回避的”全世界各国的谴谪。但是，公众舆论大大低估了在适当环境下严格实施的经济制裁威胁具有的效力。有时存在全然无助的默许，有时存在采取行动的契机。但是，难道美国、英国和其他 23 个国家今天没有责任警告日本：如果日本不改弦更张，他们将会断绝与日本的所有贸易联系，并且将会采取联合援助，对日本实施报复？至少存在 90％的机会，让这样的威胁取得成效；这样的成效不仅现在，而且将来也有很大价值。假如美国拒绝我们的提议，我们也毫无办法。但是，如果我们不主动采取行动，我们是无法逃避指责的。

您的，

J. M. 凯恩斯

83 次日，凯恩斯给格拉德温·杰布写了一封信件。

凯恩斯 1937 年 9 月 29 日写给格拉德温·杰布的信件

我亲爱的杰布：

您大概会在今天的《泰晤士报》上，看到我撰写的关于制裁日本的信件。我确实认为，目前是采取决定性行动的最明确的契机之一。这样做没有危险，肯定会取得成功，带来最富有成效的结果。

当初，阿比西尼亚爆发战争时，我也有这样的感觉。对西班牙我却没有这样的看法，其原因在于，当时的情况并不明朗。但是，目前的局势无疑是最明朗的。

如果美国不参与，那么，我们肯定无法操作。不过，至少向美国提出这个建议是一个不错的做法。应该迫使美国以某种方式担负起明确的责任。谁知道她是否会对制裁提议持欢迎态度呢？大约三周以前，我访问了华盛顿，当时西蒙是外交大臣。没有谁愿意和我对话（西蒙只希望讨论新政），他只探讨我是否可以就英国外交部拒绝在日本问题上与美国合作的问题，提供合理解释。我从总统本人那里，从摩根索*那里，从美国国务院那里，听到了相同

* 汉斯·摩根索（1904—1980），犹太人，美国政治学家，古典现实主义大师，国际法学中“权力政治学派”缔造者。——译注

的问题。他们甚至请求我就我国的态度,做出某种勉强合理的解释。我确定,世界各国大大低估了经济制裁可以取得的效应。当然,意大利的情况并不是相反的证据。众所周知,经济制裁从来没被充分使用过。假如已被充分使用,人们对它的态度就完全不同了。

您真诚的,

[这份复写件上签署了他的姓名缩写]J. M. K.

凯恩斯写了这封信件之后,还与阿瑟·索尔特爵士通了信。 84

阿瑟·索尔特爵士1937年9月29日的来信

我亲爱的凯恩斯:

与您认识的所有人一样,我对您的病况深感不安,希望知道您康复的消息。我相信,您今天在《泰晤士报》上发表的来信以及注明的伦敦地址可被视为这样的讯息。我一直想给您写这封信,谈一谈远东局势。但是,由于我不知道您究竟是否完全脱离了强加在您头上的公众事务,所以一直没有提笔。

看到您的来信,心中非常高兴,这显示您的健康状况已经好转,而且还说明了您对中国局势的判断。

您的来信让我深受鼓励,随信寄上几篇文章,希望您拨冗一阅。或多或少从事相同工作的人就这些问题交换看法,这是有一定好处的。

在这些文章中,有一篇概述与日本经济相关的某些明显事实。这里没有什么新的东西,您肯定已经知道了相关的一切情况。但是,您随手可以查阅这样的概述,也许方便一些。

我写这封信的主要目的是想建议,当前局势中的一个因素具有特别重要的意义。我认为:一、离开了美国的参与,就不可能采取有效的措施;二、如果美国的公众舆论没有非常巨大的改变，美国政府是不会采取任何行动的。我认为很可能的情况是，罗斯福（我和他没有私交）和科德尔·赫尔*（我与他有私交）两人都希望看到这样的变化，但是在变化没有出现之前，两人感到无能为力。

在中国，美国传教士的传教活动规模巨大，已经让整个美国家喻户晓。如果宗教团体充分利用国民对这一点的特殊兴趣，让愤慨情绪产生作用，我相信出现这样的变化是可能的。不同教派的传教士定期给各自教会发回报告，已经为可能出现的舆论变化奠定了基础，这样的做法在其他地方是无法见到的。一周以前，我与史汀生**聊过一次，他坚信这可能是一个具有相当重要意义的因素。

对英国政策在美国的隐藏之手，美国有很多人——特别是“中立派”中的人——持强烈的怀疑态度。最近，昆西·豪最近出版了一本著作，书名是《英国希望每个美国人尽责》，嘲弄了洛锡安和我本人。不巧的是，这个说法现在见效了。当然，您曾经产生了更为重要的影响，所以也曾经面对更为严厉的
85 攻击。因此，我已经做出决定，目前不会就美国的政治问题撰写任何文章；我还认为，英国人发表任何言辞有可能形成弊多利少的结果。

但是，这并不排除在确定通信对象的情况下保持私人通信。尽管存在出现上述危险的可能性，犹豫之后，我还是给科德尔·赫尔谢了一封信，现在将那封信的副本寄给您。① 当然，高度保密的不仅是这封信的内容，还有我写信这个事实；如果这一事实泄露出去，后果将是灾难性的。因此，我希望您阅读之后把这封信毁掉。

我觉得，您与富兰克林·罗斯福保持着密切的私人关系，对他有较大的影响力。我刚才想到，如果您确定，阅读您的信件只有他本人，您在适当的时候可以考虑给他写信。

另外，我随信还寄上一封准备寄给几个人的短信的副本，上面有我思考

---

* 科德尔·赫尔（1871－1955），美国政治家、1945年诺贝尔和平奖获得者，曾任美国国务卿。——译注

** 亨利·刘易斯·史汀生（1867－1950），美国政治家，曾为美国战争部长、菲律宾总督和美国国务卿。——译注

① 没有付印。

的同样观点，当然也在机密之列。①

我衷心希望，您将很快完全康复。如果您觉得可行，直接毁掉这些副本，不用给我回信。

你永远的，
阿瑟·索尔特

凯恩斯 1937 年 9 月 30 日写给阿瑟·索尔特的信件

我亲爱的索尔特：

我完全同意您来信中表达的观点。此外，承蒙寄来这些包含更全面信息的副本，深表感谢。您写给赫尔的信件堪称完美无缺。我也觉得，应该让那些美国传教士在美国本土上引起人们的关注。但是，您在信中说，英国进行的宣传任何活动都不合适，我对此深表赞同。在尚未采取任何实际行动的情况下，美国人鼓励英国率先“发出声音”。但是，长期经验让我确信，我觉得这些经验也让您确信，这其实是灾难性的。最好的做法是，要么我们提出一项公开建议，要么他们提出一项公开建议，然后光明正大地进行讨论。

此外，时间紧迫，采取的任何行动必须源于人们的直接感受。如果美国率先采取行动，当然就更好了。如果这一点做不到，我们
就提出建议——当然，这需要他们积极参加。《泰晤士报》今天停 86
止了关于这个问题的报道，媒体上出现了关于昨天内阁会议的传

① 没有付印。

言。我从这两点推测,内阁大概肯定不会采取什么行动。在后人看来,他们的举动将会引起深刻的内疚感——这种情况已经不是第一次出现了。

随信寄上另外一封信的副本,是我写给外交部的格拉德温·杰布的,以供您私下参阅。① 由于上面提到的原因,我犹豫再三,没有给美国总统写信。但是,我曾经考虑把我在《泰晤士报》上发表的文章寄一份给他,并且附上简短说明。

我康复很快,但是尚需时日才能恢复正常的生活状态。今天下午,我将离开英国。思考、阅读,甚至口述信件对我没有什么影响,但是我不得不把会客人数减到最低限度,尤其是要减少出席会议的次数。

您真诚的,

[这份复写件上签署了他的姓名缩写]J. M. K.

又及:随信奉还您寄来的两份非常私密的文件副本。

凯恩斯 1937 年 9 月 29 日写给金斯利·马丁的信件

亲爱的金斯利:

正如您今天可能在《泰晤士报》上看到的我信件所述,我完全

① 见前文,边码第 83 页。

赞同您在上周文章中提出的观点——对日本实施经济制裁。依我所见，局势非常清楚，采取果断行动没有什么危险；如果有足够多的国家参加，肯定能够达到预期效果。而且，公众舆论将会表示一直支持(必须记住，公众支持是采取果断行动的先决条件)。所以，我特别希望您继续加紧这个方面的工作。依我所见，有些人的判断相当奇怪，完全低估了经济制裁可能带来的效果。正如我们所知，实际上根本没有果断实施针对意大利的经济制裁。假如当初实施了经济制裁，情况就会完全不同。 87

我终于逃离我在威尔士所过的监狱般生活，健康状况大大好转。不过，大夫尚未允许我恢复正常的生活和工作。明天，莉迪亚和我将去蒂尔顿，但是不会在那里逗留很久。我们不打算回到剑桥的寓所，从蒂尔顿返回伦敦之后，可能在伦敦度过今年秋季的大部分时间。我们希望，回到伦敦时能与您见面。

你永远的，

J. M. 凯恩斯

金斯利·马丁 1937 年 10 月 11 日的来信

亲爱的梅纳德：

我昨天下午从西班牙回来。这一趟旅行很有意思，但是我的心情沮丧。我苦苦寻找机会，看一看是否可能获得进展，甚至开始形成某种解决办法。我认为，本届政府的人员非常正派，如果有适当的问题，他们愿意交换看法。但是，目前看来没有进行讨论的基础。我认为，我们一味拖延，没有正面反对意大利政府的做法，现在不大可能说服意大利政府在不冒危险——本届政府肯定不愿冒这样的风险——的情况下撤军。您对日本的看法让我深感欣慰，我内心真希望，您当初对西班牙也采取这样的态度。我认为，如果我们态度果断，西班牙过去可能——现在依然可能——获得挽救。尽管某些重要国家表面上保持一致态度，我认为日本的情况几乎毫无好转的希望。我不希望公开表达这一观点，弗雷达·厄特利[*]强烈反对我这样做。但是，我认为应该关注西班牙问题；如果我们愿意，在这个问题上是可以有所作为的。然而，如果让人们意识到，日本和西班牙这两个国家进行的实际上是一场战争，那将非常有利。

听到您健康状况好转，心里深感欣慰，希望很快在此与您见面，好好与您一叙。我刚刚拜见了德尔巴约[**]。我认为，自己对西班牙的情况比较理解，西班牙政府比我预想的强大得多。不过，该国的食品供应情况比我预计的更糟，然而可以进行补救。

我不知道是否有人已经告诉您，我们正在编辑一本可能真的很有趣味的小书。材料是从“英格兰见闻”专栏中选择的文章，配有洛绘制的插画，将会
88 作为圣诞礼品，可以在书摊上出售。我相信将会畅销。

顺问两位好。

您的，

金斯利·马丁

《泰晤士报》封杀了50封支持您关于日本局势的文章的读者来信，这您知道吗？这是我听说的情况。不过，我会查问这些信件的邮寄时间。

凯恩斯1937年10月18日写给金斯利·马丁的信件

---

* 弗雷达·厄特利(1898—1978)，英国学者、作家、政治活动家。——译注

** 胡里奥·阿尔瓦雷斯·德尔巴约(1890—1975)，西班牙政治家，记者，作家，时任外交大臣。——译注

我亲爱的金斯利：

我很有兴趣地拜读了您从巴伦西亚寄来的信件，想和您谈一谈。我虽然康复不错，然而眼下却无法与您见面。这里的气候非常宜人，我们想在这个国家尽量多待一些时间。

依我所见，日本与西班牙之间的差别并不在于两者参与邪恶活动的不同程度。我觉得，从一方面说，某些具体的做法如果加以实施，可能获得效果，赢得一般民众的赞同，成为实用的政治策略。从另一方面说，我从来没能看到这样的前景。我完全赞同弗雷达·厄特利的观点。就我记得的情况而言，只有很少的人对经济制裁抱有信心，似乎经济制裁令人觉得乏味。而且，这种谬见很有市场：经济制裁常常实施，但是往往徒劳无益。其实，经济制裁仅仅用过一次——用在德国——并且取得了成效。假如当初经济制裁在意大利得以严格、认真地实施，肯定已经大见成效。不过，我觉得这样做并不可取。无论经济制裁在实际上可能多么见效，这种方式并不激发人们的激情。

我尚未听说《泰晤士报》打算封杀那些信件的消息，不过相信实情确是如此，他们是在按照外交部的旨意行事。《泰晤士报》当初站在我的一边，我相信现在依然如此，不过认为服从权威是他们 89
的职责。

您建议出版圣诞读物听起来很有趣。

你永远的，

[这份复写件没有签署了他的姓名或者缩写]

金斯利·马丁 1937 年 10 月 26 日的来信

亲爱的梅纳德：

今天午餐时碰巧遇到赛德博特姆，对他成功引用修昔底德的贴切语录之举表示祝贺。我回到办公室之后，发现您寄来的剪报。这个问题仅仅是，您认为哪个场合需采取什么样的处理方式。我觉得，自己恐怕无法对几年之前出现的情况感到满意。当时，赛德博特姆让我支持对外国城市实施轰炸。我觉得，他那时声称，“漠不关心的鲁莽言论”受到称赞，被视为“忠诚的勇敢之举”，但是“耐心”遭到诋毁，被贬为“怯懦态度”，如此等等，不一而足。在我的一生中，对西班牙当时的局势记得最为清楚。如果当时英国是自由党和工党（在西班牙政府中甚至没有社会主义者）掌权，如果出现了达夫·库珀和莫斯利领导的、受到伦敦金融界和希特勒支持的造反行动，那么，面临的选择只有两个：要么实施全面的和平主义；要么投入战争。在这种情况下，关于耐心之类的评论就会毫不相关。从本质上看，这就是我对西班牙战事的看法。我相信，假如更多的人对西班牙的局势有这样明确的认识，我们可能已经帮助西班牙人民赢得了胜利，从而使法国、英国或者其他国家不大可能出现类似的情况。

所以，已经变得明朗的情况是：没有足够多的人持这种观点；他们也不会赞同您对日本问题的看法（我并不反对您的看法，不过仅仅觉得，我们可能不会得到很多人的支持）；推测未来的政策就更困难了。我的立场越来越倾向于和平主义。

请告诉我，什么时候可以见面一叙？

您的，

K. M.

凯恩斯 1937 年 11 月 7 日写给金斯利·马丁的信件 90

亲爱的金斯利：

本周报纸上的首篇头版通栏标题文章[1]显然是要激励中国战斗到最后，直至中国领土上没有任何日本军人。与此同时，它并未保留可能从外界得到任何有效援助的希望。在这篇文章后面，难道不存在将思想和感觉混为一谈的糟糕做法？就我知道的情况而言，下周您将提出咨询意见，让中国人采纳迪克·谢泼德的建议。

我越来越觉得，这份报纸让本来较好的事情显得比较糟糕，让人觉得它以弱智的方式，将智性与情感混为一谈，从而造成了难以估量的危害。加文至少有一个优点：他让糟糕的事情显得更糟。

不过我觉得，科尔撰写的关于工业地位的文章[2]非常精彩。

您的，

J. M. 凯恩斯

金斯利·马丁 1937 年 11 月 9 日的来信

亲爱的梅纳德：

谢谢您的来信，表达这一点很重要。我之前并不知道，您认为本报造成了危害。

---

① 《和平是否快要到来?》，见《新政治家与国家》，1937 年 11 月 7 日。

② 《工业的地位和原因》，同上。

您自己是抵制政策的主要倡导者，所以您的观点让我大惑不解。正如您知道的，我心存疑虑，不知根据您现在建议的这类理由，再次倡导这种做法是否明智？莫斯廷[1]的观点是：其一，相关政府应该实施抵制；其二，鉴于尚不清楚相关政府是否会这样做，我们至少可以避免染上背叛的污点，不会涉嫌实际上与日本幕后联手，共同瓜分中国。您是否对此表示异议呢？如果您表示异议，出于什么原因呢？我思考的时间越长，心里越发觉得，您的来信反映了您和我面临的难题。

就总体的外交政策而言，我认为在阿比西尼亚、西班牙或者中国问题上，本报的编辑方针缺乏连续性。《伦敦日记》专栏所持态度常常没有与头版通
91 栏标题文章保持一致，没有与我执行的政策保持一致。我将《伦敦日记》视为个人行为的产物。我以定期方式，揭示了这些困难和怀疑——支持任何外交政策的人如今肯定都会遇到它们。当然，对我来说，这在一定程度上是一种解脱，但在一定程度上也是深思熟虑的政策形成的结果。我相信，本报近年的影响力——我有证据说明，它确实拥有很大影响力——有所增强，在一定程度上应该归功于本报头版通栏标题文章态度明确，并且保持了连贯性。但是，这也显示出在形成政策过程中必须加以克服的一些困难和问题。

我们的基本方针一直是：在可能的情况下，保持让国际社会采取集体行动的希望；在力所能及的合理范围内，在这个希望遭到损坏时，鼓励对它进行重建的任何愿望。今天上午，在收到您的来信之前，我在早餐时碰巧与艾尔默·瓦伦斯*谈到了这个问题：现在我们是否可以做出最后断言，这类希望已经破灭？是否可以鼓动英国尽可能从中全身而退？这意味着试图形成一种斯堪的纳维亚心态，可能意味着不去挽救大英帝国。现在已经明确的是，另外一条路线已无回天之力。我认为，这样的变化是可取的，根据您在信中所谈判断，您会表示赞同的。这样做将涉及对总体政策的大量改变。

我当时认为，阿比西尼亚局势之中的机遇是实实在在的，通过在1935年阻止墨索里尼的行为，可以挽救当时的局面。所以说，我的内心非常痛苦。

---

① M.C.劳埃德，该头版通栏标题文章的作者。

* 艾尔默·瓦伦斯（1892－1955），苏格兰人，曾经长期担任《新政治家》的副主编。——译注

我现在知道，您也持这样的观点。现在，我本人和其他全然无助的民众一样，对艾登先生以及相关的其他的人的行为深表遗憾。我认为，绝望的形势源于过去所采取的糟糕行动，让人产生无助的感觉。然而，这并不成为理由，不应让人改变态度，转向支持自己没能阻止的邪恶一方行为。

我觉得您知道，我一直希望让莫斯廷去度一次长假。他需要带薪休假一年。现在，他终于做好安排，休息一段时期，时间从元月开始。我相信，报社董事会不会表示反对。

您的，
金斯利

您的来信没有注明“私人信件”字样；已经被人拆开，今天上午放在我的办公桌上。莫斯廷可能看过，很可能两名秘书也看过。我已经和艾尔默谈过您所说的事情。我们两人认为，这份文件非同寻常，或者说无法说明。你指名道姓地进行攻击，完全失去了您惯有的温文尔雅的风范，这不禁让我私下揣测其中的原因。您说我弱智，而且以那种文字侮辱谢泼德，什么样的动机让你决定这么干呢？我敢肯定，您的意思其实并不是要显得这么粗鲁，这么 92
（我情不自禁地认为）愚蠢。您这样做肯定另有原因，也许身体欠佳吧？究竟何故，我不知道。

凯恩斯 1937 年 11 月 10 日写给金斯利·马丁的信件

亲爱的金斯利：

上一封信没有注明“私人信件”字样，深表歉意。我写的是私人信件，但是忘记寄送的地址是机构，而不是个人。如果我接到注明“私人信件”字样的来函，一般情况下是借钱者或赌博贩子的信件。

关于主要问题，我随信另附一封信件。如果您愿意，可以让劳埃德和瓦伦斯看一看。

听说劳埃德将会离开在一段时间，深感欣慰。我向您抱怨——这些怨言确实也是冲着您的——过，但是常常更让我心烦意乱、深感不安的是劳埃德的文章，而不是您的文章。人们从报上了解中国人遭遇的悲剧，看到他们奋起抗击的英雄行为。我觉得，在这种情况下，写出上周刊登的那篇头版通栏标题文章是不妥的、无用的，是对世界现实的视而不见之举，超过了人的忍耐限度。它仅仅是又一个向艾登发难的机会——这就是报纸谈到当时局势时给人的感觉。

你永远的，

J. M. K.

凯恩斯所附信件的内容如下：

凯恩斯 1937 年 11 月 10 日写给金斯利·马丁的信件

亲爱的金斯利：

我的观点是：我国当时就应邀请美国联手，一起进行抵制。我理解反对这样做的理由，但是这些理由并不足以让我信服：(1)、我
93 国尚不够强大；(2)、整个局势非常危险，我国没有任何理由冒险分散力量；(3)、公众舆论尚未形成一致赞同的意见。而且，很可能出

现的情况是，即使我国采取了我希望的行动，美国也不会做出积极回应。

目前看来，进行抵制已经无望，中国已经保住了她作为一个国家应有的荣誉、地位和品格。从她的利益上看，最可取的情形是，和平尽快实现，即使这可能相当于要她割让很大一片领土也在所不惜。最后，事已至此，我们应该使用自己的手段和影响力，让她获得最好的条件。依我所见，如果可以获得任何能够忍受的条件，鼓励她继续对抗将是邪恶之举；况且，我们有责任让她获得最好的条件。

转向一个更大范围的问题，我认为唯一的、最主要的目的是确定我们最终要与法西斯主义强权进行对抗。正因为我认为局势严重，充满危险，所以我认为战略撤退是必要的，逐步巩固力量具有根本的重要性。在非常重大的问题上，我们必须在全球大多数国家之间形成一致意见，舍此没有获得胜利的机会。如对于这类重大的问题，英国的绝大多数人——而且我还期望美国的绝大多数人——愿意表示赞同。现在根本没有时间考虑少数人的意见，那些顽固坚持考虑少数人意见的人其实是帮助敌人。

另外，您总是召集抗议大会，这样做不仅常常针对敌人，其实主要针对朋友——如果不是朋友，至少是潜在的盟友。这样做的目的是为了挽救您的灵魂，让您自己免受各种污点之害。依我所见，这样做是不严肃的，徒劳无益的，其实有利于敌人。必须调动正确一方的各种动机，必须用适当的方式陈述这个问题，以便赢得公众舆论的支持——这样的效果完全可以实现。那些国家拥有世界上实际存在的军事力量；如果仅仅义愤填膺地加以声讨，同时心里保留最终逃避的权宜之计，面对咄咄逼人的敌人时趴在地上，完全放弃抵抗，这是没有什么好结果的。

我还有另外一种感觉，它可能是不通情理的。因为它在我的
94 心里起到非常重要的作用，所以不吐不快。一方面，我不接受不抵抗政策；另一方面，我强烈反对为了满足少数人的愿望，把普通人派去作战。无论是什么场合，无论是一次，还是多次，我都坚决反对。在战争与和平的问题上，大多数人的权利具有至关重要的地位。

因此，如果要让这个问题获得支持，必须有理由使头脑正常的大多数人团结起来。我们应该力争实现的就是这一点，而不是陈述宗派之间的差异和异端邪说，不是对自私动机进行的花言巧语的解释。

好吧，这就是我的感觉，这就是我常常觉得这份报纸对更好的事业持伤害态度的原因。我不确定自己是否应该就此写信，公开发表自己的意见，然后让您回信，阐述对立的意见。这就是说，如果您真的相信对立的意见，我对此表示怀疑。其原因在于，我相信我所反对的东西源于对少数人的意见的一种无法控制的考虑，源于这种陈旧的不从大流的冲动：拯救各人自己的灵魂。但是，我们目前处于世界事务的一个重大转折点上，这些美德全是罪恶。

你永远的，

J. M. 凯恩斯

金斯利·马丁 1937 年 11 月 12 日的来信

这封信很有用处，多谢了。

K. M.

两人之间的通信暂时中断，后来的一次电话交谈让两人恢复通信往来。

金斯利·马丁 1938 年 1 月 17 日的来信

亲爱的梅纳德：

您的健康状况仍旧很差，我在晚餐时打扰了您，深感歉意。希望莉迪亚能够原谅我。我当时没有时间概念，觉得没有什么问题，其实没有意识到您在 7:30 之前用晚餐。

韦布的事情[1]让我深感不安。韦布是《新政治家》的主要创立者，而且乔
治·萧伯纳站在她的一边，所以让乔治·萧伯纳在《旁观者》上发表关于她的 95
文章这个主意让人感到震惊。出了这样的问题，这是我的错。我觉得，您出面撰写一篇文章可能挽救局面的最佳方式。如果您能在她的第二个苏联青年出现之前想到她，您可以写一篇短文章，那将很有价值，让她觉得非常高兴。我觉得，发表几篇短小文章是唯一解决问题的办法。我设法让 H. G. 威尔斯说点什么，但是他没有给予肯定答复。[2]

就外交政策而言，回复您上一封长信需要阐述的问题很多，我在此暂时搁置一旁。讨论相关事宜意味着提起许多基本问题。我并不确定，这样做是否有益。不过，我非常愿意探讨这些问题，而且目前正在撰写一本阐述自己观点的著作。如果您愿意讨论，我愿意奉陪。

我仍然希望，您会觉得可以就韦布的问题做点事情。

请向莉迪亚问好。

---

① 比阿特丽斯·韦布的生日是 1 月 2 日。

② 威尔斯真的写了关于韦布夫人的文章，发表在当年 1 月 22 日那一期报纸上。

金斯利

凯恩斯1938年1月19日写给金斯利·马丁的信件

亲爱的金斯利：

我自然想到的唯一一个句子是，"韦布夫人——她本人并非苏联政客——设法活到了80岁。"但是我觉得，这个句子不行。实际情况是，她仍然健在，个性非常复杂，才华表现在各个方面。人们对她褒贬不一，这很难让人写出可供出版的著作。她是现在这个世界上活着的最独特的女性，我认为这一点毋庸置疑。但是，现在并不是进行坦诚审视的最佳时机，作为一位外交人士，她需要人集中精力进行研究，超过了我昨天自认为力所能及的范围。

外交政策以及类似的话题只有等到我们见面时再谈。自从我们写了上一封信件之后，我自己已经有了进一步的想法。

你永远的，

J. M. K.

96 莉迪亚·凯恩斯1938年2月6日写给金斯利·马丁的信件

亲爱的金斯利：

梅纳德让我给您复信，谈一谈关于特纳[①]的事情。他的文章是过去之

---

① T. W. J. 特纳常常在《新政治家》上发表音乐评论文章。马丁的这封信没有保留下来。

作，写的并不太好，不过依然思路清晰，对人世的看法不乏恰当角度。如今一流记者屈指可数，特纳尽管没有尽力而为，仍然堪称凤毛麟角。您是否可以和他谈一谈呢？

您真诚的，
莉迪亚·凯恩斯

凯恩斯 1938 年 2 月 23 日写给金斯利·马丁的信件

亲爱的金斯利：

没错，回顾过去的情况，我感到欣慰[illegible]外交大臣时我感谢上天，并且在有人攻击他是法西斯主义分子时出来为他辩护。[1]

已经发生的事件事关重大，其影响难以估量。但是，如果有人要从这个灾难性事件中得到任何宽慰，我在这个事实中发现，持这种想法的大有人在：在可能出现的最有利的时刻，形成意见分歧，让左翼获得了最大的影响力和最多的民众。在这类事务中，成为少数派的一员毫无用处；正如您所知道的，我对此感受非常强烈。我认为，避开这种处境的机会没有什么好处，但是与可能出现的任何其他分裂局面相比，与任何其他问题相比，存在这样的机会肯定要好一些。在我看来，应该强调的一点是，必须整合政府中左翼人士的全部意见，将其作为一种有效的力量。

---

① 安东尼·艾登不赞同英国政府的意大利政策，于当年 2 月 20 日辞去外交大臣的职务。

但是，工党在这场辩论中扮演的角色却非常可怜。[1] 他们的演讲没有哪一次表现出宏大、尊严或者重要性这样的要素，只有过时的论点和人身攻击。

我预计，将来出现的局面会使我们大吃一惊。我并不排除首相在直接问题上取得真正成功的可能性。如果墨索里尼希望寻找
97 一个机会，不履行各种各样的义务，这显然是一个天赐良机，他可以在不失声誉的情况下实现企图。如果这样，我认为任何人都无法否认，在最近的将来这个小舞台上，存在着益处。如果出现这样[illegible]，问题将会变得含混不清；当然，这样的情况也不会触及主[illegible]

我刚从里辛城堡返回，现在看来身体状况不错，一天可以预约一件事情，或者接待一位访客。我预计，我们将在这里逗留两三周时间。您什么时候可以过来看一看？本周五下午茶时间行吗？

你永远的，

J. M. 凯恩斯

金斯利·马丁 1938 年 2 月 28 日的来信

亲爱的梅纳德：

您是否遇到了什么具有讽刺意味的事情？一个月之前，您给《新政治家与国家》写了一篇文章，谴责我们在西班牙和意大利问题散播好战言论。您

① 工党在艾登辞职之后，于当年 2 月 22 日提出一项不信任动议。

还认为,艾登先生当外交大臣,掌权的政府如此热爱和平,我们肯定觉得高兴。现在,从艾登先生在议会进行的陈述判断,从我最近听他私下表达的一个观点判断,就在您撰文为他推行的政策辩护时,艾登先生其实在很大程度赞同我们对该政策提出的批评意见——那项政策他是被迫执行的。不干预委员会显示,该项政策其实是一种手段,其目的是为了破坏西班牙的民主制度,以便在西班牙建立意大利殖民地,艾登先生今天就此项政策在议会提出的批评一直是我们提出的批评。如果《新政治家与国家》今天支持艾登先生,您是否会就此撰文说,艾登是好战分子,我们乐意看到张伯伦执掌大权?艾登先生是否突然变得“不严肃了”,或者变成了好战分子?

争论让我内心深受伤害,毫无愉快可言;尽管如此,我还是非常希望您身体尽快痊愈。不过,我既不知道——因为我喜欢您,所以我希望自己知道——您的身体如何,也不知道是否应该写信给您,让您对各种各样的计划感到担心?

请代我向莉迪亚问好。

金斯利

1938 年 3 月 13 日,希特勒进入维也纳,宣布将奥地利并入德意志帝国。
金斯利·马丁将凯恩斯的文章以头版通栏标题刊出。在金斯利的鼓励之下, 98
凯恩斯又给《新政治家》撰写了一篇文章。

凯恩斯 1938 年 3 月 21 日写给金斯利·马丁的信件

亲爱的金斯利:

随信附上我写的文章。如果您将它作为头版通栏标题文章,我希望——假如您同意——用那首标注了下划线的小诗作为标题。不过,我在目录中写了一个标题。以供您不采纳上述建议时使用。

如果您明天给我寄12份校样来,我将不胜感激。我希望将文章样本寄给几个人,所以稿件最好印成页面,而不是活版形式。

我认为,您为本期报纸进行特别宣传这一做法不错。

您真诚的

J. M. K.

金斯利·马丁1938年3月22日的来信

亲爱的梅纳德:

随信附上大作的12份校样,其中一份有标题,其余的11份没有标题。当然,这篇文章写得非常精彩,正是当前需要的稿件,对本报编辑部来说很有价值。我认为,这篇文章将会引起很大关注,如《新闻记录报》已经承诺,在大作发表的当天上午刊登评论文章。而且,我还要给克洛齐尔以及《信使报》写信,让他们也刊登评论。

我尚不确定,是否将它刊登在头版通栏标题文章的位置上。您将会看到文章的版面效果。我觉得将它刊登在报纸上可能略显奇怪。

您能否在明天某个时候来电,谈一谈文章校样的情况?

您的,

金斯利

又及:在已经过去的艰难日子里,《新政治家》一直持相同观点(尽管所涉及的事实不同)。所以,鉴于您的大作将会作为本报头版通栏标题文章刊出,我觉得您应该在文章中提到《新政治家》。

摘自1938年3月25日出版的《新政治家与国家》 99

一项正确的和平计划

甜蜜的和平，你究竟在哪里？我谦卑地渴望，
请你让我知道
我在秘密洞穴中寻访，
询问和平是否在那里
沉闷的风声似乎回答，这里没有：
请到别处寻觅。①

我们面临的困境是自己一手造成的；我们的错误那时就显而易见。我们现在承认：我们签署的《凡尔赛和约》让人深感内疚；我们在其后十年中执行的对法政策让人深感内疚；我们其后的表现软弱，而且难逃背叛之嫌。然而，在此背后存在着另外一个起消解作用的原因——我们不是深感内疚，而是受到了欺骗。我们设想，消极和平主义既没有受到制裁的支持，也没有受到明确保证的支持，可能在对抗积极军国主义时占据上风，无论这种情况在何时何地出现均是如此。如果我们现在回顾过去，积极军国主义肯定是在某个时候，在某个地方产生的，这一点不是明摆着的吗？如果事件稍稍发生变化，积极军国主义可能不是在德国出现，而是在俄罗斯出现。日本发动的侵略大体上是独立于欧洲极权主义的。消极

① 这首诗题为《和平》，由乔治·赫伯特创作。

和平主义不大可能经受重压的考验。我们一直依赖幻想。

消极和平主义的工具在他们的手中破裂了，首相和他的团队似乎是在“秘密洞穴中”寻求和平，他们推行的政策并不会被人轻率地排斥。为了获得时间，为了不惜一切代价避免任何战争危险，有许多需要解释的事情！为了让我们的自由、生活和幸福完整无缺，为了在一个充满灾难的世界上真正独善其身，撤回自己的秘密洞穴，从科恩维尔郡转移到奥克尼郡，似乎转移到修道院。我们之中的许多人心甘情愿地采取行动，也许觉得那样做。但是，如果首相将那些在本能上对撤离深感兴趣的人集中起来，以便支持自己的做法，他吸引的追随者与他貌合神离，并且受到了他的欺骗。其
100 原因在于，这并不是他的本意。他并未做出这一决定：彻底放弃英国在地中海上的力量，以毫不抵抗的方式，把大英帝国中那些易受攻击的地区拱手让给敌人。根本不是如此。他这样做不是在躲避战争的风险，仅仅是为了确定，当战争来临时，我们既没有朋友，也没有共同的事业。他忘记了世界上存在着无法估量的因素；忘记了勇敢担当具有的力量，忘记了正义之举具有的权威；忘记了忠诚的言辞和建议给我们的朋友带来的宽慰和支持。他把所有这些无法估量的因素全都留给了敌人，让他们利用已经预见到、显而易见的局面，实施恐怖行径，维护他们自己的声誉。然而，具有政治家风范的建设性的行动可以引起多么良好的反响！是否可以架设一座桥梁，把“我不敢”和“我可能”连接起来？一个人如果拥有这样的力量，他会采取什么行动呢？

如今，在不抵抗主义与积极和平主义之间，不存在什么中间立场。因此，在现存的国际联盟的范围之内，我们必须着手签订一项

面对国际联盟的所有欧洲国家的新条约。经验已经告诉我们，如果没有明确的约束力，如果每个成员国拥有自由否决权，那样的联盟是毫无用处的。所以，新条约的缔约国可以互相做出明确承诺，并且有权根据大多数缔约国的意见采取行动。这样的欧洲联盟的宪章可能非常简单。如联盟中的三个主要国家，即英国、法国和俄罗斯，分别拥有10票；波兰和捷克斯洛伐克分别拥有4票；瑞士、荷兰、比利时、斯堪的纳维亚国家和巴尔干国家分别拥有2票；波罗的海和西班牙各省分别拥有1票。

所有成员国受到由此形成的保护措施的支配，在面临侵略事实或者即将发生的侵略时，服从多数票形成的意见，采取一致行动。就其他问题而言，成员国一般都应遵循现存国际联盟的程序和原则，但是无需对现存状态做出任何具体保证。基本的一点是，
所有缔约国都应从开头就遵守这一规则。在得到上述三个国家和 101
愿意加入的其他国家的认可之后，该条约应该立刻生效。

如果政治家们口口声声所说的维护集体安全的言论要表示任何意义，他们就有责任提出这样的建议。但是，目前有一个迫在眉睫的问题需要首先解决。英法两国政府出于对其自身利益和国际社会利益的考虑，必须要求立即在西班牙停战，在保证加泰隆尼亚和巴斯克各省独立的基础上，通过谈判实现和平。如果有的国家表示拒绝，英国就应终止“不干涉”政策，全力支持法国采取行动。从人类利益、政策和公众舆论等各个方面考虑，现在应该采取行动，结束西班牙战事。难道有谁对此持怀疑态度？

此外，作为新的安全保证的一个必要条件，捷克斯洛伐克至少应该努力与德国谈判，就如何解决居住在苏台德地区的德国人的

问题，找到合理的解决方法，即使这意味着更改目前的波希米亚地区的边界划分也在所不惜。如今，与地理和物理意义上的边界相比，按种族划分的边界更加安全，更加可取。但是，如果不能促使我们签署一项新的欧洲条约，按种族划分的边界也不会让我们长久放心。下面就让我们看一看这项新条约的细节。

新条约包含的制裁可以分为三个层次。第一，终止财政援助和关系破裂；第二，封锁；第三，全面军事联盟。但是，如果征得它们对具体问题的赞同，投票权少于四票的较小国家不应承诺参与任何制裁行动。当然，如遇涉及成员国之间的争端，新条约的成员国应该接受得到大多数成员国赞同的裁决结果，完全放弃诉诸战争的做法。就防空和封锁事宜而言，缔约国的总参谋部应该保持经常的合作。但是，它们应该关注实现和平的方法，努力成为新系统的核心，促进自由贸易和交流。这样，成为欧洲联盟的公民就意
102 味着可以重新享有传统的个人自由。我们自己应该在对等互惠的基础上，提供贸易自由、投资自由、汇款自由、人员流动和就业自由；在实现这一点之前，可以按照实际情况，在这些方面充分达成贸易协议和货币协议，仅仅受到与批发、资本或者人口的非正常流动相关的保护措施的控制。应该给德国提供机会，让它就居住在德国和奥地利的犹太人做出安排，允许他们移民或者在成为其他国家的公民。

新国联与旧国联之间是什么关系呢？新国联将是旧国联的第一个后代，它住在日内瓦，与它的上辈和睦相处，分享所有的共同利益，参与所有共同活动。不过，必须让旧国联摆脱不起作用的机构。与制裁相关的条款应该删除，欧洲的问题应该首先由新国联

处理。一旦欧洲联盟决定采取行动，应该邀请旧国联成员国，其中包括英联邦的自治领土，在自愿的前提下参与进来。希望将来会出现其他联盟，尤其是以美国为首的美洲联盟，也许在适当的时候还有太平洋联盟、非洲联盟、中东联盟和亚洲联盟。

这些主张没有哪一个是危险的，其整体目的就是避免战争。但是，我们如今正在遭受最糟糕的疾病——意志瘫痪症——的折磨。没有什么疾病比这种疾病更危险。我们已经无法提出建设性政策，无法采取决定性行动。我们没有信念，没有远见，没有保护我们关心的东西的坚决意志。我们仅仅需要稍微重整军备，稍微进行妥协，以便静观其变。我们口口声声说，必须维护集体安全的必要性，但是却全然按兵不动，不去实现这样的目标。我们的力量是巨大的，但是我们的政治家们却失去了能力，无法表现出自身的 104
强大。我们的最大危险正是存在于这种失能状态之中。我们打赢战争的力量可能取决于军备的增加。然而，我们避免战争的力量在更大程度上取决于恢复表现自身强大的能力，这是一个涉及意志和举止的品质。

丘吉尔先生理解这个生死攸关的政策要素，可是张伯伦先生看来忘记了它。独裁国家显得非常强大，民主国家表现出来不那么强大的状态，远远低于它们的实际能力。改变这种状态将会起到最有效的作用，从而维护世界和平。如果我们希望诱使对手走向灭亡，让我们磨尖牙齿，停止咆哮。但是，如果我们希望拒敌于国门之外，雄狮的怒吼比跳跃的力量更有价值。

我们正在学习，如何以超过以前的方式，尊重我们的先辈获得的成就，尊重他们在野蛮世界中创造出来的基督教文明和基本行为准则。我们看到和忍受的事件非常糟糕，超过有史以来人类见到和忍受的限度。如果我们依然承认差异——不仅是和平与战争之间的差异，而且还有善良与邪恶之间的差异，正确与错误之间的差异，我们就需要愤然而起，振作精神，勇敢承担起领导责任。

在此文发表之前，凯恩斯将校样寄给了菲利普·诺埃尔－贝克尔、R. B. 布特勒、罗伯特·布思比、罗伯特·塞西尔勋爵、温斯顿·丘吉尔、沃尔特·莱顿、哈洛德·尼科尔森、阿奇博尔德·辛克莱。他们的评论有的非常精彩。

罗伯特·布思比 1938 年 3 月 24 日的来信

亲爱的凯恩斯：

谢谢您寄来大作，我对您的文章非常赞赏。

我国已经在幕后进行了一场绝望的战斗。我仅仅希望，今天下午将会证明，它不会是徒劳的。

您的，
罗伯特·布思比

105 哈洛德·尼科尔森 1938 年 3 月 24 日的来信

亲爱的梅纳德：

非常感谢寄来的将在《新政治家》上发表的大作校样，我觉得它很有价值。

如果首相站起来说，“由于我的前任们的懒怠行为和乐观心态，我们已经让我国的防卫水平大大降低，不敢反对纳粹主义的行径”，那么，我对此应该完全可以表示理解。让我深感愤怒的是保守党分子居然声称，德国在东欧形成的支配地位没有直接给我国带来不利影响。

我完全赞同您提出的这两点意见:第一,在不抵抗主义与积极和平主义之间,不存在什么中间道路;第二,我们必须恢复让我国显得强大的能力。我清楚地看到,我们几乎不可能在中欧战场上恢复这样的能力,但是我们应该通过展示海上武力,在西班牙恢复这样的能力。我现在开始觉得,马克思的论断是正确的,政治人物的判断力受到他们自己的经济利益的影响。

你永远的,
哈罗德·尼科尔森

沃尔特·莱顿 1938 年 3 月 25 日的来信

我亲爱的梅纳德:

看到您的文章让我顿感欣慰,不过,我们怎么才能形成足够强大的舆论力量,从而改变现在的形势呢?这个国家的意志力量现在处于瘫痪状态,究其原因,是国民经济过于繁荣,还是岛民思维过于糊涂?

我希望您的身体稳步康复。请代问莉迪亚好。

你永远的,
W. T. 莱顿

阿奇博尔德·辛克莱 1938 年 3 月 26 日的来信

亲爱的凯恩斯:

您的电报和 3 月 23 日来信收悉,非常感谢。您星期一不能来参加午餐聚会,我深表遗憾。我希望您尽快康复,不过我觉得,您采取的做法是正确的:慢慢恢复工作,在完全康复之前不参加社会活动。

我怀着极大的兴趣,拜读了您的文章。我完全赞同您的看法,并且尽我所能，阐发了其中的主要论点：我们必须下定决心，在这两者之间做出抉择：一个是采取不抵抗主义政策，另一个是奉行建设性和平路线。我完全赞同您就此提出的大多数阐述。我并不否认，无论就对侵略进行集体抵抗而言，还
106 是就推行和平改良、实现您所建议的某种联合政府而言，联盟体系都将会顺利运转。共同安全要求共享主权，这样才能实现充分、有效的运作。

但是，我认为我们必须慢慢推进，才能实现这一目的。英国大臣们最近发表的言论受到官方舆论的支持，已经严重动摇了英国人民的信心——不仅涉及对现存国际联盟的信心，而且还涉及使它有效运转的可能性的信心。就您期望得到支持、距离德国更近的其他国家而言，那些地方的情况更加严重。民主国家软弱无力，优柔寡断；独裁国家反应迅速，行动果断。两者形成鲜明对比，令人感到沮丧。因此，我应该将您提出的建议视为一个目标，而不是一个方案。不过，我完全赞同，我们应该认真调整方向，努力实现这个理想。

我希望您能告诉我您何时返回伦敦。如果您什么时候可以和我们共进午餐，我们将会感到非常愉快。

您真诚的，

阿奇博尔德·辛克莱

凯恩斯 1938 年 4 月 4 日写给阿奇博尔德·辛克莱爵士的信件

亲爱的辛克莱：

3 月 26 日来信收悉，非常感谢。由于健康原因，我目前仍旧无法以活跃方式参与许多事情，就此深表歉意。

我赞同您的说法，我的上一篇文章提出了一个目标，而不是一个可以立刻付诸实施的方案。但是，从在野党的观点看，这是希望实现的东西。只有通过逐步树立那些小国的信心，我们才能让我所提出的计划获得成功。但是，如果可以采取任何行动，挽救国际

联盟,在一定程度上必须沿着这样的思路才能取得成效。我所希望的是,英国政府应该采纳这一点,将其作为基本政策思路,逐步做好准备,以便付诸实施。欧洲目前最需要的是心态上的变化。107
这样的心理变化肯定是任何有用的、具有建设性的政策的序曲。需要一定时间,需要对人进行教育。

与此同时,我觉得,积极考虑一个细节是有用的,这就是难民问题。在这一方面,罗斯福已经在一定程度上率先表态,不过我不知道他的态度是否足够强硬,将其付诸实施。我没有看到我国政府的回应。在这个问题上,我们至少可以采取宽容和积极的态度。

从更广泛的意义上看,我认为您应该让贵党在心理上和组织上做好准备,应对某种在细节上前所未有的局势。从根本上说,英国的进步势力目前在心理属于自由主义。自由党处于这一派的中心位置,应该是自由力量组成的新联盟的核心。当然,工党在实践中必须是新联盟中占支配地位的成员。但是,他们的自由主义倾向实际上越来越强,超过了他们的总体观点;因此,从名义上说,应该可以做出各种各样的让步。

在我看来,要么我们将会蹒跚前行,看到首相执行的政策取得某种经过修正的成功,看到目前的紧张局势在总体上出现缓解。在那样的情况下,没有什么必须完成的事情,实际上没有什么迫在眉睫的事情。要么一个新的局面将会出现,民众将会在舆论上分道扬镳,最近几周出现的巨大分歧将会固定下来。我们可能会看到,分歧的一方有大约四分之一的内阁成员,有保守党、全国工会和自由党中大约四分之一党员,还有大量自称独立人士的无党派人员,其中包括支持国际联盟的团体以及工党中的各个派系和外围团体。我认为,至关重要的是,应该在这个进步阵营的各种人群之间,建立足够的联系和互信。这样,在时机到来时,他们可以联合起来,协调一致,形成一种真正进步的政治势力。尽管它没有这
108 样的名称,它其实是自由党的一种复活。

目前的条件尚不成熟,无法形成这样的局面。依我所见,现在的重要任务是做好准备,避免出现任何可能阻碍这种力量联盟的情况,维护当下可行的最密切的联系。当然,这样说是不正确的:根据上述定义,在这个国家中眼下存在着可以表达自由见解的大多数人。但是,许多人反对为了任何事业的战争,以错误的方式,将首相视为代表他们的观点的斗士。首相已经成功地获得了他们的支持,所以大多数人不能表达自己的自由见解。在将来某一天,反对战争的人将会幻想破灭;届时,将会重新出现组成其他政府的可能性。

您真诚的,

[这份复写件上签署了他的姓名缩写]J. M. K.

凯恩斯 1938 年 3 月 25 日写给金斯利·马丁的信件

亲爱的金斯利:

除了菲施尔的文章之外,[①]这一期报纸非常不错。那篇文章

---

① 《危机之中的巴黎》,见《新政治家与国家》,1938 年 3 月 26 日。

的目的看来是要减少对法国和布卢姆的同情，倾向于形成有害的东西。我认为，戈培尔见到这样的文章是愿意支付稿费的。但是，我赞同其余所有文章表达的观点，其中当然也包括裘德的文章。[①]毫无疑问，他表达的观点是正确的：我们非常憎恨法西斯分子，恨不得搧他们两耳光，所以往往认为这项政策与和平密切相关，超过了它实际所起的效果。不过，本期文章总体上以令人赞赏的方式，109
论及了目前的局势。

对首相讲话所持的异议与其说涉及内容，毋宁说针对他的语气和陈述方式。完全相同的内容如果以不同方式表达出来，确实可以视为一篇非常漂亮的演讲。实际上，他给人的印象是，他对已经发生事情无动于衷，他不会履行他所做的承诺，他同情之心放在了错误的一方。不过，他还算聪明，提出了实际的建议，抛出许多人表示赞同或者一半赞同的实际提议，从而使反对意见完全失效。

在《凡尔赛和约的经济后果》（参见约翰·梅纳德·凯恩斯全集，第Ⅱ卷，第188－189页）中，我引用了雪莱的一首诗歌，但是没有注明出处，人们普遍以为我就是该诗的作者。我希望，这次不要出现相同的情况！这里还预备了一首诗，几乎与我引用的那首同样贴切。

后来，我到了一座花园，看见一朵艳丽的鲜花，
帝国皇冠。我说，这肯定没错，

① G. E. M. 裘德，《评不与法西斯主义对抗的观点》，见《新政治家与国家》。

和平肯定依赖它的根基。

可是我动手挖掘，发现一条蛆虫正在吞噬如此漂亮的东西。

您的，

J. M. 凯恩斯

本期上的广告非常不错。我希望制作的费用不会太高，至少将会带来一些回报。但是，过去的经验让人心生疑虑。也许，我们得到的益处是长期的，而不是短期的。

菲利普·诺埃尔－贝克尔 1938 年 3 月 29 日的来信

我亲爱的梅纳德：

承蒙寄来大作一篇，不胜感激。毫无疑问，我怀着极大兴趣，仔细拜读，赞同您提出的所有主要原则，当然在某些细节上我持保留意见。我本来打算
110 星期四晚上在议会会议上引用这些原则，但是发现艾德礼已经抢先说出了我准备使用的观点！

我衷心希望您尽快康复。

再次表示万分谢意。

你永远的，

菲利普·诺埃尔－贝克尔

又及：我党在议会中的表现非常良好，超过了某些报纸报道的情况。实际上，政府在最近三次辩论中的表现非常糟糕。

在《新政治家》刊登的署名为"社会主义者"的来信中，凯恩斯的那篇文章成了评述对象。该文欢迎凯恩斯转向国际和平阵线，并且询问凯恩斯是否接受政府提出的这个说法——"无论局势或者外交政策如何，政府都担负着独立捍卫整个大英帝国的'绝对'职责"。

凯恩斯 1938 年 4 月 3 日写给《新政治家与国家》编辑的信件

先生：

请允许我回答那封署名为"社会主义者"的来信，本人肯定不会接受这个说法——"无论局势或者外交政策如何，政府都担负着独立捍卫整个大英帝国的'绝对'职责"。让我在此引用我的文章之中的一首诗歌：

后来，我到了一座花园，看见一朵艳丽的鲜花，
帝国皇冠。我说，这肯定没错，
和平肯定依赖它的根基。
可是我动手挖掘，发现一条蛆虫正在吞噬如此漂亮的东西。

与我们的财产完整性相比，文明和自由是更具公平性的目标。但是，今天处于直接危险的正是文明和自由，而不是大英帝国。首相对它们没有表达出强烈的情感，所以倾向于以不幸的方式，从这个国家的许多人——他们也许以正确的方式，把和平作为高于一切的目标——那里谋求支持。那些支持者们忽视了这个事实：首相对大英帝国表示出强烈的情感。在这个方面出现危险时，问题 111

可能会变得非常复杂，热爱文明和自由的人将会发现，自己难以袖手旁观。所以，我们看来面对着两个世界之中最糟糕的东西。在这种情况下，抗议是徒劳的。“当务之急”——用金斯利·马丁先生的话来说——“是克服阻碍大众力量结合起来的党派之见”。

J. M. K. 凯恩斯

在地方选举期间，围绕捷克斯洛伐克局势，再次出现严重的紧张状态。就《新政治家》所持的立场，凯恩斯重新进行了评述。

凯恩斯 1938 年 5 月 28 日写给金斯利·马丁的信件

亲爱的金斯利：

我的健康状况现在大有好转，我就此所做的努力看来对我有利，而不是其反。我们将在这里待到圣灵降临日。如果您能在圣灵降临周期间驾车过来，那就非常好了。不过，请提前告知，以便我安排时间。我们在剑桥的电话号码是 54184。

我喜欢您撰写的头版通栏标题文章。[①] 我可以肯定，这是应该选择的方向。不过，我认为，与那些集权主义的政权开始实质性交往的时机尚未到来。当然，如果有人了解了您对其他国家所提
112 建议的核心内容，他们认为值得妥协的那一天可能会出现。在他们真正愿意接受妥协之前，我非常担心出现任何可能减缓它们的

① 《我们应该采取的行动》，见《新政治家与国家》，1938 年 5 月 26 日。

财政压力的情况。毫无疑问，财政压力在整个问题中所起的作用重大，就意大利的情况而言尤其如此。

您是否真的相信，德国人实际上正在给西班牙政府提供军火？莉迪亚给我讲述了她在俄语报纸上看到的相同谣传。但是，意大利人肯定了解了相关情况，这将抑止此类不择手段的反公理做法。

去年，本报的利润可观；除此之外，我看到发行量也在逐渐增加。

你永远的，

J. M. K.

那年7月下旬，马丁就他收到的一篇文章和凯恩斯商量，该文谈到理查德·托马斯公司在艾布瓦尔修建的新设施的事情。那家公司基本上由威廉·费尔斯爵士一手创立，受到政府施加的压力之后，同意在1935年开发那个项目。1938年，在所有账单得到清算之前，该公司面临破产管理。相关贷款银行——劳埃德银行——与英格兰银行进行了接触。经过一番调查之后，劳埃德银行和其他金融机构同意提供6百万英镑。由其他钢铁公司总裁和该银行行长组成的控制委员会接管了理查德·托马斯公司的管理工作。这件事情自然引起了诸多评论。

金斯利·马丁1938年7月22日的来信

亲爱的梅纳德：

随信寄来的关于艾布瓦尔的文章收到。① 此文作者对此并不感到满意，

① 那篇文章题为《艾布瓦尔事件》，1938年8月6日见报。

但是他本人已经尽力而为了。其部分原因在于,相关信息他是通过秘密方式获得的,所以无法加以使用。他建议我把这篇文章寄给您和其他一两个人,请您们提供批评和修改。我推测,难以做到小心谨慎,避免诽谤。

我星期六在蒂尔顿玩得很开心,打算在夏季结束之前再来度过一个下午。

您的,
金斯利·马丁

113 凯恩斯1938年7月25日写给金斯利·马丁的信件

亲爱的金斯利:

我觉得,从总体上说,您随信寄来的文章尽管语言显得不温不火,然而却不乏精彩。假如由我执笔,可能言辞会激烈一些。依我所见,还可以表达更多内容,根本不会出现诽谤之嫌。其原因在于,在这个问题上,列举事实就足以说明问题。我随信附上从《金融时报》剪下的几篇文章。从您寄来的文章判断,该文作者没有读到这些文章。在这些文章中,他可以发现许多有用的事实。不过,应该结合该公司董事长最近代表公司发表的声明,阅读这些文章。我手里没有那篇声明的副本,所以无法随信寄上,他手里肯定有一份。

可以请他注意的问题如下:

(1)有人提出批评说,如果"计划得当",该项目可能执行得更快,更省钱。我对这个看法深表怀疑。如果接受该董事长的说法,价格上涨幅度仅仅为10%至15%,上涨成本中的很大一部分是艾布瓦尔项目的施工难度造成的。

(2)就英格兰银行的情况而言,或者不如说就其附属机构 B. I. D.①而言,他们提供帮助的条件非常优惠——他们以高于市场两倍的价格,收购该公司的普通股。另一方面,五大银行提供的大部分融资条件显然非常苛刻,超过了这篇文章所说的情况。其原因在于,他们不仅当着大家的面获得证券,然后做出安排,从收入总额中得到快速偿还,从而使他们以4.5%利息,在风险可以忽略的情况下发放短期贷款。而且,他们还获得了长达数年的调换权力;在这种情况下,如果该项目运转不错,他们就可能在融资之后获得重要权益。总而言之,他们双管齐下,从而确保他们分享项目成功的收益,同时将风险降到了最低限度。 114

(3)他低估了新项目在技术方面具有的极端重要性。在我看来,他们不仅通过在我国其他地方无法获得的工艺流程,生产全国镀锡钢板工业所需的全部钢板,而且还能提供我国汽车工业所需的全部钢板。从总体上看,他们的潜在产量大约将占全国总产量的10%。鉴于他们生产的是专业化产品,其价值会大大超过总价值的10%。我国的汽车工业一直痛苦地抱怨说,现在提供的钢板价格高,质量差。这家新工厂将使我们成为世界上最廉价的钢板生产国,其产品可供贸易和出口,不仅限于镀锡钢板产业,而且还有汽车工业。我认为,建筑业和钢铁家具业也会受益。这家工厂系全新设计,采用全新技术,据说在世界上还没有其他国家拥有可以与之媲美的技术能力。

---

① 银行家产业开发公司。

(4)我认为,新的控制体系具有的特点看来会遭到更多批评,超过了其设计者的初衷。新的控制体系以两种形式出现。首先,成立了一个大概主要由英格兰银行控制的最高委员会;只有在该银行的利益面临困难时,它才会出面干预。我对此不持异议。它由公平、负责的权威人士组成,代表新老信用债券持有者和公众利益。会引起反对的在于是这一点:理查德·托马斯作为公司的董事之一,被迫接受其他三家钢铁公司的董事长职位。如果我的记忆是正确的(这一点需要查核),在这三家公司中,有一家并不是竞争对手,其立场可被视为公平,但是其余两家是竞争对手。这样做实际上承认,其目的是防止理查德·托马斯以不适当方式,与生产效率较低的公司进行竞争。其中的一个委婉说法是,这样做的目
115 的是让销售"有序进行"。这种安排的目的非常明确,就是要阻止生产成本最低的厂家引领钢板贸易,不让价格降至应有的水平。对理查德·托马斯来说,他面对的危险是,这将导致他领导的工厂开工不足,从而无法将成本降至应有的最低水平。我们得知,这些不参与管理的董事的职责是"进行监督,就所有生产钢板的厂家的份额而言,确保它们的共同利益得到充分保护,确保钢板产业整体上的沿着有序的方向发展"。

(5)有人提出批评说,由于技术方面的原因,南威尔士不会得到什么额外的就业机会。我对此表示怀疑。尽管我应该想到,这样巨大的工业项目将会带来大量的直接就业机会,但是我对直接就业的人数并不了解。不过,当地还生产煤炭,该项目还会带动当地的运输业、服务业,也许(我对此并不确定)还有钢铁冶炼产业。

你永远的，

[这份复写件上签署了他的姓名缩写]J. M. K.

1938年8月下旬，随着德国军队开始在捷克和法国边界地区进行为期10周的频繁调遣，捷克斯洛伐克问题引起了人们的关注，采取许多对应措施，其中包括部分后备军人被动员起来，应征士兵的服役期也延长了。与此同时，英国与捷克之间的谈判继续进行。

金斯利·马丁1938年8月25日的来信

亲爱的梅纳德：

莉迪亚告诉我，您的健康状况好一些。这至少是好消息。我准备问科尔，他是否可以撰写一篇文章，阐述您提出的关于贮存的问题。① 如果他有兴趣，他应该写得不错的。

《真实》报攻击我们刊登的广告，这让我觉得恼怒。② 当然，他们对那一则广告性质的解读没有错；我其实觉得，罗伯茨本来想得非常简单，没有恶意，应 116
该是对的。那则广告涉及的两个放贷者受到了审查；据我了解，他们在《泰晤士报》上刊登广告。不过，我认为，我们最好不要刊登借贷广告。您的意见如何呢？

目前的形势令人深感恐惧。我今天听说了从德国带到范西塔特的秘密报告的某些细节，我们距离战争只有一步之遥。希特勒很有把握，他有能力进攻，英国和法国毫无办法。德国军方反对希特勒的决定，但是底气不足——他们以前反对过两次，已被证明是错误的。这份报告由一位德国高层

① 约翰·梅纳德·凯恩斯全集，第XXI卷，第456—470页。

② 《真实》对《新政治家》刊登的一则个人广告进行攻击，认为它旨在为同性恋者幽会提供方便。该广告刊登在1个月以前的报纸上，一个年轻人希望寻找一个度假伴侣。那个年轻人声称，他“对女性不感兴趣”。

人士以紧急求救文件方式发出，要求西蒙向德国人民和希特勒说明，这将是一场世界大战。因此，西蒙将在星期六发表声明。我怀疑，假如事情真的如此，下一步将会发生什么呢？这份报告还说，希特勒并不希望亨莱因*在谈判中取得任何进展。但愿希特勒将会改变主意。

在空袭预防委员会举行的一次特别会议上，我与一位科学家讨论了这场战争将会带来的影响。说实话，我认为现在从理智角度考虑是可以承受这场战争的。我知道，某些意志坚强的人可以做到，我们在马德里和巴塞罗那看到了这一点。可是，我们这样的人要么死于非命，要么被扔进监狱（尽管我怀疑他们是否有那样的机会），要么在战争开始之后的头 12 个月中精神崩溃。我们无法帮助捷克人，这样的局势简直让人发疯；我们能够做的只有轰炸德国，然后自己被他们轰炸。我们应该采用一切办法，劝说希特勒不要进攻；如果我们的努力失败，应该设法拒敌于国门之外。可是，我们当然不会那样做。我听说，法国政府对此持怀疑态度，但是我敢打赌，法国参谋部将会把它视为最好的机会。如果仔细考虑事情的前因后果，我们应该明白，就捷克边界、鲁尔区和希特勒的行为而言，法国人其实应该受到谴责。除了我们自己的错误之外，我们再次为他们的错误做法付出代价，这是可怕的、具有讽刺意义的悲剧。假如这场战争来临，它让人唯一感兴趣的是警惕出现 1918 年那样的革命。然而，我认为那将需要数年时间。专家的观点是，我们有可能失败。希特勒现在食物短缺，原材料匮乏；如果战争爆发，他将很快把整个东南欧的资源据为己有。这是他掠夺资源的最快途径。

没有办法，我将在下周再次撰文讨论这个话题。如果您对目前的疯狂局势有任何私下看法或者公开评论，我希望洗耳恭听。

另外一点。如果我离开一段时间或者辞职，您是否考虑某个可以担任《新政治家与国家》主编工作的人选？如果战争爆发，这份报纸反正也会很快
117 遭到封杀。如果不出现战争，我急需一名编辑。瓦伦斯所起的作用非常重要，但是她大多数时间与比弗布鲁克待在一起。在我离开期间，劳埃德是有能力管理本报的人选，不过他的健康状况常常欠佳。现在，我没有别的人可以转交工作，所以他的作用是绝对不可或缺的，应该是的。其实，我已经拿定

* 康拉德·亨莱因（1898 — 1945），曾任第三帝国驻苏台德地区专员。——译注

主意,一旦这次危机过去,我就不再承担编辑这份报纸的工作了。其中有许多原因,我在此不便一一赘述。如果您想到了某个接替的人,请一定告诉我。

K. M.

凯恩斯 1938 年 8 月 26 日写给金斯利·马丁的信件

我亲爱的金斯利:

我觉得,本报成了刊登这类"私人广告"(还有其他以更隐蔽的方式出现的私人广告)的公认的廉价场所!我很想知道,究竟收到了多少反馈信件!就放贷者的广告而言,我会选择全部拒绝。

没错,捷克和斯洛伐克的局势让我感到头疼。我仅能给您提供的些许安慰,它们包括以下几点:

(1)俄罗斯在这个局势中起到关键作用;理所当然,它应该首先提供物质援助。(俄罗斯会吗?)

(2)德国同样容易受到空袭。

(3)如果没有得到外部援助,捷克可以在一定程度上解决自身的问题。

(4)不可避免的情况从来没有出现过,出现总是意料之外的情况。

(5)如果发生世界大战,希特勒将会失败,而且他心里明白这一点。我同意您的看法。我们应该大张旗鼓地显示力量;如果要求摊牌,应该立刻退出。与此同时,我认为应该在公开场合采取间接肯定的做法，装出乐观主义的态度。

就编辑工作而言，我不愿浪费自己的脑子，过早杜撰出一个继任者。但是，如果我说有人要接替您，这消息肯定会引起轩然大波，让您收回辞职决定。

爱您的，

J. M. K.

118 凯恩斯 1938 年 8 月 27 日写给金斯利·马丁的信件

我集中精力，考虑了捷克和斯洛伐克的情况，现在可以大胆预言：希特勒在纽伦堡发表的演讲①将会言辞激烈，相当于下一道准最后通牒，要求重新划定边界。在许多 parlez-vous（客气言辞）之后，肯定会出现这样的情况。希特勒将会再次给人取得大胜的印象。而且，实现这一点无需一兵一卒。我们应该努力实现的目标是，除了调整边界之外，尽力维持捷克和斯洛伐克的整体性。作为实现这一点的第一步，我们应该正式要求德国说明其意图，并且举行一次国际会议。如果德国拒绝，我们应该寻求与美国合作。

J. M. K.

当年 9 月 7 日，《泰晤士报》刊登一篇头版通栏标题文章建议，捷克政府

① 在德国国家社会党年会上的讲话，那次年会定于当年 9 月 5 日－12 日举行。

应该考虑调整边界，以便让捷克斯洛伐克在文化上成为更具同质性的国家。英国政府发表了一项声明，否认这样的观点是英国政府的政策。

金斯利·马丁 1938 年 9 月 9 日的来信

亲爱的梅纳德：

我很高兴赞同您的做出的决定，本周不就《泰晤士报》问题的正反两个方面的意见进行任何讨论。正如您所说的，在这个转折点上，无论这样做有什么抽象价值，其实根本不可能带来任何益处。不过，请您千万不要因为我不久前在《新政治家》提到这事，就把矛头转向我！正是您在以前告诉我，我们必须在某个时候讨论调整边界的问题。真实的情况是，在这类谈判进行过程中的任何节点上，没有谁可以肯定自己所做的事情肯定将起良好作用，而不会产生损害。显而易见的情形是，人们的所作所为往往形成相反的效果。如果我们开始考虑自己的意见可能产生的各种各样的反响，那么就难以表达任何意见。当然，《泰晤士报》已经造成了大量损害。我们当时就确信，如果迫使捷克人作出带有灾难性质的让步，本周唯一可能产生所希望的效果的行动就是站在他们一边。在这样的时候，《泰晤士报》提出了增大压力的建议，这有可能起到支持里宾特洛甫*的作用。根据坊间传言，他刻意对希特勒封锁消息，只让希特勒知道这个基本看法：英国不会介入。有人告诉我，当时那篇文章中的想法来自道森，并且得到贺拉斯·威尔逊和艾伦勋爵的支持。如果 119
贺拉斯参与了此事，张伯伦也可能参与了。不过，我手里没有相关证据。科伯恩将会在《周报》（该报的特刊今天出版）上撰文说，《泰晤士报》就此与德国外交部进行过磋商！

我认为，希特勒不会接受这些条件。他很可能采取的行动是，要么继续保持压力，要么要求举行公民投票。后一种做法可能是他采取的最聪明的做法。其原因在于，在这个问题上，很多人对此持犹豫不决的态度；即使那些看到其巨大影响的人也会觉得，捷克斯洛伐克有一件永久性敲诈武器，它几乎

* 里宾特洛甫（1893—1946），曾在 1938－1945 年间任德国外交部长。——译注

会带来同样的灾难，捷克人绝对不会以极端手段利用它。我们可以在下周的报纸上讨论这个问题。

如果我下周没有听到您的消息，我不会给您打电话。也许，面对这么多事情，让您觉得厌倦，我这样做是错误的。我担心，莉迪亚可能觉得，我这样说不过是听信谣传。那样看是错误的。在这样的时刻，真正重要的事情是，应该听取关心本报影响的有经验的人士的意见。我们很想听到您提出的客观意见。这里的每个人都接触到谣传，而且深受谣传的影响。在希特勒下周发表演讲之后，如果您愿意写信或者打电话，我将会感到非常高兴。不过，请告诉莉迪亚，我不会主动再给您增添麻烦。

顺问您们两位好。

您的，
金斯利

有人刚刚给我提示，总是向占星家请教的希特勒可能明天发动进攻，因为星期六是他的幸运日！这会与您的预测一致：意料之外的事情总是出现。

凯恩斯 1938 年 9 月 11 日写给金斯利·马丁的信件

我亲爱的金斯利：

请您不要胡思乱想，不要觉得考虑调整边界是否明智这个问题让我身体虚弱！但是，最近做出的让步使人觉得，与过去的情况相比，从长期着眼，调整边界现在是一种更明确、更安全的补救办法。我这样说仅仅试图强调您自己表达的观点：在目前这个转折点上，显而易见的一点是，我们必须支持捷克人，尤其不要向希特勒暗示，他可能得到更多的东西。

120 此外（我本来准备在电话中谈到这一点），尽管其他的自治措施取得了成功，但是我们不能完全确定这个办法是否也能带来良好结果。现在提出的建议在苏台德地区的人与希特勒之间嵌入了一个楔子。如今，成为德国公民并不是什么令人愉快的事情，苏台德地区的人可能真的宁可选择现在这个调整边界的计划，他们的领导人尤其希望这样做。并非不可能的情况是，在瑞士有望实现和平和友好关系。

在国际事务中，一个个因素形成因果联系，情况非常复杂，完全无法预料，所以我信奉随时调整的策略。如果能够采取措施，避开即将出现的邪恶，这就相当不错了。

您谈到刊登在《泰晤士报》上的那篇文章的背后推手，我无法想象还有什么样的团队比他们更令人作呕了，尤其是那个艾伦，他的所作所为多年以来让我觉得恶心。杰弗雷·道森的性格非常奇怪，无论他采用的方法显得多么邪恶，但是不乏良好的一面。

我认为，明天不大可能就这些问题找到解决方法。还有时间，不轻易表态很可能是睿智之举（金－霍尔本周暗示了这一点）。不过，对不知幕后情况的人来说，这是非常令人烦恼不安的。要是人们最终对内维尔和哈里法克斯保持信心就多了！尽管我并不排斥他们可能干得不错这个看法，不过我至少没有这样的信心。世界舆论的力量与日俱增，变得越来越强大。

在您打来电话前一分钟，我刚刚口述完一段比较长的文字，所以莉迪亚接电话的口气显得有些生硬。不过，在电话上交谈确实令人厌倦。

您的，

J. M. K.

金斯利·马丁1938年9月13日的来信

亲爱的梅纳德：

我对在捷克斯洛伐克内部解决苏台德问题带来的后果非常担心，我的感觉看来正在得到证实。根据今天下午听到的消息，在整个德语区中普遍出现了挑衅行为；根据伯林报界的描述，捷克人开枪射杀大量的德国人。在我看
121 来，法国参谋部预计，希特勒将在几天之内开始进攻。另外还有其他方面的消息。英国政府星期六的态度显得非常软弱，法国人几乎绝望。星期六夜间，我们在电话上恳求了6个小时，从他们那里得到了一份口气非常缓和的声明。甚至那份声明也经过达拉第*亲自动笔修改。这样做并非完全出于意识形态方面的原因。我今天从一个级别很高的消息人士那里得知，我国采取的战略和军事立场被视为几乎绝望。当然，其后可能有宣传方面的原因。但是依我所见，英国政府不仅认为美国不会立刻参与进来，而且认为德国空军的机群在很大程度上可能完成对英国的封锁；法国空军的状况非常糟糕，令人震惊。而且，英国政府认为理所当然的是，意大利将会封锁地中海。

今天，回顾过去的情况，我意识到，我两周之前提到了调整边界的办法，这是一个错误之举。有一个方式可能让捷克人考虑调整边界的建议。我认为，如果捷克人当初从英国、法国和俄罗斯人那里，得到绝对保证，在最后的紧急时刻，他们可能做好调整边界的准备，以便将德国人占居民总数90%的地区排除在捷克斯洛伐克的领土之外。我以最糟糕的方式提出了这个问题；与之类似，《泰晤士报》也在更糟糕的时候，显然以明确的权威方式提出了这个问题。这个建议现在得以考虑，不过可能为时已晚。我认为，我本周应该撰写一篇措施非常谨慎的头版通栏标题文章，说明这两个问题：其一，德国人

* 爱德华·达拉第(1884—1970)，法国激进社会党领袖，曾经三次出任政府总理(1933年、1934年、1938～1940年)。——译注

显然试图在捷克斯洛伐克使用爱尔兰共和军的政治组织新芬党采用的策略。希特勒正在边界上调兵遣将；面对这样的局势，我们不能相信德国人。其二，假如像我已经谈到的那样，从英国、法国和俄罗斯人那里获得保证之后，对捷克人来说，调整边界可能是更为全面的解决方式。依我所见，这是避免出现世界大战的唯一方式；我感到遗憾，自己在三周以前没有对此进行全面阐述。这并不是说，任何人都会注意到这一点！我们在今年3月以明确、有力的方式表达了这一点。从那以后，我多次提及这个问题。但是，我们没有充分强调让捷克人得到保证的必要性。

明天上午，您会读到本周的报纸。如果您对此有任何看法，请一定给我打电话。

您的，
金斯利

皮埃尔·科特[1]显然被挑选出来，作为下一场世界大战的饶勒斯[2]。德国、意大利以及现在的法国法西斯主义报纸把他弄出来。这样做显然经过希
特勒的预先策划和支持。在一次讲话中，希特勒把皮埃尔·科特称为战争制 122
造者，破坏法国空军力量的罪人。在色当*，有人打出招贴，声称要毁掉皮埃尔·科特。所以，有人不让他到那里去发表演讲。一份报纸说，他“应被枪毙”。他现在被关在家里，受到警方保护。

在撰写这封信件与下一封信件之间那个时段，英国首相分别在9月15、22和29日三天飞往德国，与希特勒会面。同样，捷克人在调动他们的武装力量，法国人也在调动部分武装力量。在英国，政府取消了议会会议，调动了海军舰队，在很可能受到轰炸的地区发放了防毒面具，并且在伦敦公园里挖掘战壕。

---

① 前法国航空部长。

② 让·饶勒斯是1914年以前的法国社会党领袖。尽管他是一名和平主义者，但是曾经在思想上起到重要作用，推动法国在第一次世界大战前重整军备。他于1914年7月31日遇刺身亡。

9月30日，英国、法国、德国和意大利政府在慕尼黑达成协议。根据该协议，捷克斯洛伐克将立即把苏台德的某些德国人聚居区割让给德国，并且在其他地区举行公民投票，以便确定捷克斯洛伐克的最终边界。

凯恩斯1938年10月1日写给金斯利·马丁的信件

我亲爱的金斯利：

以下是我迄今为止就这个问题形成的基本反思：

(1)对实现和平而言，这一解决方法的代价并非大到无法支付的程度。但是，只要政策诚实执行，和平其实绝对不会遭受危险。英国人的和平主义冲动已被明目张胆地利用，这个最终行为类似舞台监督，手段高明，本质邪恶。

(2)我们蒙受了有史以来最可恶的欺骗手段之一的侵害。这一骗局源于我们自己支持纳粹主义的态度，完全不讲道德，使诚实的国际政策遭遇挫折。但是，他们手段高明，我们需要采取超常谋略，才能进行应对。(《泰晤士报》表现出来的态度几乎让每个人心生厌恶之感。)

(3)俄罗斯(当然还有以不同方式卷入的法国)应该遭到大力谴谪。俄罗斯政府为什么不邀请我国陆军部的官员亲临现场，检
123 查俄罗斯人是否做好应战准备？俄罗斯人没有显示出任何可靠的迹象，俄罗斯的做法对张伯伦直接有利，让他轻而易举地采取忽视俄罗斯的策略。

(4)尚不清楚的是，这份协议从长远看是否是一件好事。客观地说，这份协议有许多值得探讨的地方。希特勒将要采取的下一

步行动既不清楚，也不容易，*这使我们很难作出正确反应。我们无法谴责这份协议本身，将其视为不合理的，可怕的。我们可以确定的是某种完全不同的东西，这就是说，不能让形成这份协议所采取的同情态度和方法继续处于控制地位。这一次，这样的态度和方法因为百年难遇的运气，实现了正派的人无法完成的必要事务。这意味着，对本协议本身采取正面攻击并非最明智的选择。

(5)我觉得，民众的情绪很快将会以大选的形式被人加以利用。直接形成的最重要的政治目标应该是，将反对张伯伦的力量联合起来。与形成人民阵线相比，这样的联合更为广泛，需要一种特殊的竞选策略。我认为，这首先应该纯粹是一次特别选举，既不需要联合政党，也不需要形成各方赞同的竞选计划。它的矛头应该直指张伯伦，在各个选区之内自由地互相让步，当选呼声最高的反张伯伦候选人应该得到我们大家的支持，党派背景不是考虑的因素。例如，温斯顿、艾登、达夫·库珀、布思比、尼科尔森等人不应遭到自由党或者工党的反对。所有反对张伯伦的现任议员都应得到所有反对党的支持。

(6)在这个关键时刻，人们的内心十分痛苦，五味杂陈。如释重负的感觉、得到满足的怯懦、愤怒和愤慨交织在一起，此外还有受骗
上当——整个国家受到史无前例的欺骗——之后的那种感受。 124

我们下周星期六返回伦敦。如果您有空并且愿意，本周任何一个晚上都可以到这里来，与我一叙。

---

* 我应该说，他肯定要联合波兰，以便侵略俄罗斯。

你永远的，

J. M. K.

凯恩斯也向《新政治家》提交了一篇文章。他收到校样之后，又给金斯利写了一封信。

凯恩斯 1938 年 10 月 4 日写给金斯利·马丁的信件

亲爱的金斯利：

您的印刷工人干得不错——我所作修改与他们无关，因为我希望让文字表述更清晰一些。另外，在一个段落中，我希望进一步展开论证。

我觉得，昨天那场辩论对张伯伦有些不利，今天这一场的结果可能更糟。看来，不大可能举行大选了。我不赞同您提出的法西斯主义力量在我国增强了这一判断。这些协议受到诅咒的一点是，从我们的自私并且短视的角度看，有很多应该加以探讨的东西。睿智或者善良的人不愿染指的事情也有可能形成良好的结果。可耻和肮脏的事情可能对其操作者有益。您是否相信世界上存在永恒的正义？我不相信。

如果您星期四下午心情不错，请来寒舍一叙。

您的，

J. M. K.

这里的人——这里的建筑师和朋友——的意见都是反对张伯伦的。举行选举可能并不是什么好主意。

以下这篇文章于10月8日见报。

摘自1938年10月8日出版的《新政治家与国家》

论张伯伦先生的外交政策

公众对这件事情的态度已经超过了提出批评的程度。但是，就最近几周出现的戏剧性事件而言，公众可能误解了背后的动机和目的。公众可能认为，一个人表现出了计谋、勇气和韧性，将和平从沸腾的战争大锅之中抢了出来。几周之前的形势很可能是这样的：首相以鲁莽方式，谋求实现他自己的目标，并且一再犹豫，没有采取必要措施，明确表达我国的最终立场，从而致使和平在最后时刻面临危险。但是，甚至这一点也不大可能；国民的和平主义冲动已被利用，以便为没有透露的目的服务。这样的目的如果已被披露出来，可能会受到一些人的支持，但是会遭到许多人的反对。几乎无人质疑的一点是，假如英国、法国以及俄罗斯协调意见，采取明确、一致的立场，在谈判的几个阶段中，都可能达成体面的协议，同时不会给和平带来任何威胁。这样的立场总是遭到反驳。首相根本没有为战争的现实性进行准备，在《白皮书》披露的通信中，只字不提我国采取军事行动的可能性。他避免与俄罗斯进行对话，在调动海军力量的过程中犹豫不决，动作迟缓，这样的行为难以其他解读的角度加以解释。首相或者希特勒先生从未在任何时候希望,这样的表演将会变为现实。其原因在于,如果有谁认为,在这两个精明的政客之中,一个极端草率,另一个精神失常,这无疑是错误之举。事件的实际进程已被这个事实所规定:希特勒先生和张伯伦先生希望实现的目标并不相左,而是相同的;与此同
126 时,俄罗斯人执行的政策让张伯伦轻而易举地忽视它的存在,实际上对张伯伦先生有利。

如果考虑到以下因素,我们就可以理解事件的进程了。希特勒先生早就解释说,他的终极目标是乌克兰。巴尔干半岛、西欧、欧洲人在非洲的殖民地也可能是他希望扩张的势力范围。但是,他已经公开宣布了不同的决定;在这些问题上,他是一个说话算话的人。然而,捷克斯洛伐克拥有100万装备精良的部队,与俄罗斯结成了联盟,防御态势强大,在位置上对希特勒的侧翼带来了危险。这样的局面无法忽视,必须首先加以解决。因此,秘密的外交游戏以下述方式形成:德国同意放弃建立舰队,在非洲殖民地低调行事,从而收买了我们英国;德国放弃西欧的目标(从德国的角度看,也许包括西班牙),从而收买了法国;德国避开巴尔干半岛,收买了意大利;德国通过(暂时)牺牲居住在西里西亚的德国人的利益,以及以分享俄罗斯战利品的希望为诱饵,收买了波兰。这样,只有捷克斯洛伐克成为牺牲对象。下一步行动可能是:德国与波兰结盟,以便夺取乌克兰,同时与日本一起,在西伯利亚冒险一战(但是,日本在中国中部犯下的错误严重危及了这个步骤)。墨索里尼心里非常清楚,自己已被搁在一旁;但是,对世界其他各国来说,那仅仅是一个细节而已。

对我们英国自己而言，这种策略的诱惑非常明显。我们的海上力量和海外帝国目前依然没有受到挑战；我们自己的和平可以在相当长的时间里得以保障；我们得到了时间，可以完善自己的防御体系；墨索里尼在地中海的目标受到重创；甚至西班牙政府也可能从中获利。最终，希特勒将会成为第二个从莫斯科撤退的独裁者。另一方面，如果信奉极权主义的资本主义者挫败信奉极权主义的社会主义者，有多少英国人会在意呢？蒙受外交失败的正是俄罗斯和意大利。英国和法国不过染指了这笔可耻的交易，失去的仅仅是自己的荣誉和对具有宗教信仰的文明国民作出的承诺。127
首相认为，我们付出的代价不大，可以问心无愧地吞咽一周时间里看到的表演。在那一周时间里，即使有时暂时让母亲们感到紧张，那场表演以分发防毒面具开始，以挥动花束收场。

金斯利·马丁的下一封信没有保留下来，但是那封信可能在某种程度上包含这个主意：发表马丁与各个阶层的公众人物之间的一系列信函。首先刊登的是温斯顿·丘吉尔、赫伯特·莫里森以及戴维·劳埃德·乔治的信件，接着是凯恩斯的这封信。此信题为《民主与效率》，刊登在 1939 年 1 月 28 日的报纸上。

凯恩斯 1938 年 11 月 23 日写给金斯利·马丁的信件

我亲爱的金斯利：

来信按时收悉，没有及时恢复，谨表歉意。但是，秘书不在身边，而且我事务繁忙，已经达到或者超过了大夫允许我眼下可以承担的限度。

我也觉得，您提出的想法值得付诸实施。就我而言，我愿意提供采访。我不确定用什么方式接近温斯顿最好。我怀疑自己是否是最佳人选，不过如果其他途径未能如愿，我也可以一试。鉴于温斯顿依靠从报刊得来的收入为生，支付费用相当重要。我倾向于首先得到其他人的名单，如果我觉得名单上的人不错，我会直接给他写信。他已经有机会了解了其他人的情况，他很可能会同意见面。

那天在剧院里，我从远处看到了您，当时真希望能够和您见
128 面。不过，我那天事务很多，[①]已经累得精疲力竭，只得服从命令，回去睡觉。

这并不是说，我的身体变得更糟了，情况恰恰相反。我的身体依然处于稳步康复的过程中。

你永远的，

J. M. K.

下一封信件是写给《新政治家》的文学编辑的。随信所附文章稍加润色之后，刊登在当年 3 月 4 日出版的《新政治家》的《伦敦日记》专栏上。

凯恩斯 1939 年 2 月 20 日写给雷蒙德·莫蒂默的信件

① 约翰·梅纳德·凯恩斯全集，第 XXI 卷，第 491—500 页。

亲爱的雷蒙德：

我觉得，您不再关注《在前线》的做法是正确的。① 反正已经上演了一部长剧。我认为，该剧的细节和演出不乏优点，音乐尤其值得称赞。但是，毋庸置疑的是，这一部剧是失败之作。该剧的作者肯定应该受到谴谪。他们年龄这么大了，竟然写出如此幼稚和业余的东西。

今天上午，我与金斯利通了电话，从他的声音中非常高兴地发现，他的病情已经大有好转。我向他提到，我写了一篇关于约斯芭蕾舞蹈团的文章，我打算寄给您，在《多角度批评》栏目上刊登。金斯利鼓励我这样做。我在这篇文章中使用的语言风格适合在该栏目上发表。撰写这篇文章的目的不是为了取代贵报戏剧版上最终将要刊登的评论文章，所以最好用在这个栏目上。当然，本文如果在戏剧版上刊登，必须重新修改。上周，我们终于在这里看到了约斯芭蕾舞团的表演。莉迪亚和我每天晚上都去看，这对我们两人来说都是罕见的做法。莉迪亚将新的芭蕾舞剧《克朗里卡》视为一道“雷电”，是一部非常重要、非常优秀的作品。迄今为止，我俩对这个芭蕾舞团持既友好又批评的态度。但是，从价值大小的角度看，这部新作完全不同，而且让人觉得一阵惊喜。 129

你永远的，

[这份复写件上签署了他的姓名缩写]J. M. K.

---

① 这部话剧由奥登和伊泽尔伍德创作，在剑桥的艺术剧院上演。凯恩斯试图邀请该剧团到伦敦西区演出。

上周，我在剑桥的艺术剧院，观看了库尔特·约斯芭蕾舞团举行的最新编排的《克朗里卡》的重要首演。5 月，他们将带着这部舞剧和另外一部最新编排的作品《春天的故事》，在老维克剧院盛大展现，伦敦人将会有机会享受这一艺术盛宴。当年，约斯离开德国，在达廷顿霍尔发现了一个临时住宿处，似乎已经迷上了那个地方。如今，过了相当长的时间之后，他重访那个地方，不仅实现了自己的承诺，而且远远超过了他以前的艺术成就。有人认为，这两部芭蕾舞新作应被放进一次世界大战以来最优美、最完整的作品之列。两部都是完整的芭蕾舞作品。《克朗里卡》长度为 75 分钟，没有幕间休息，是一出寓意深刻、表现力丰富的哑剧，舞蹈设计非常丰富，艺术形式精彩纷呈，以文艺复兴为背景，表现了一个独裁者的兴衰沉浮。观众本来以为，带着这样的主题，艺术不可能表达这个政治理念。但是，该剧实现了艺术升华；作为一件充满想象力的作品，它非常优秀，超出原来演出的《绿桌》十倍。在这部作品中，艺术家带着丰富的情感，成功地处理了当代的背景，淡化了痛苦和政治目的，呈现了美和尊严。我们看到的这个唯一范例由一个德国剧团呈献给观众，这是一件令人满意的事情。这部芭蕾舞剧风格独特，堪与马辛*后期创作的精品媲美。一位和我同时观看的评论家认为，这是一部优秀作品，在细节的完美性和情感的纯洁性处理上尤其见长。约斯是一位具有独立精神的艺术家，在这
130 一点上拥有的优势可能超过了马辛：他认为伴奏音乐所起的作用

* 里昂涅德·马辛（1895—1979），20 世纪 20 年代和 30 年代欧洲舞蹈设计和舞蹈表演的领军人物。——译注

并不重要。相比之下,《春天的故事》是最明快的童话故事,属于最轻松的一类,是一个最佳载体,展现了当代最优秀的舞蹈家之一汉斯·楚里*的无与伦比的艺术才华。这部作品成功赋予传统主题一种当代感和原创性。服装由卡琳斯卡夫人设计,让《克朗里卡》和《春天的故事》锦上添花。该剧团整体上在技巧方面取得显著进步,完全满足了舞蹈设计者提出的要求。如果说在艺术领域中有进步可言,约斯芭蕾舞团取得的新进展堪称佳吉列夫**去世以来的最佳体现。

下一封信件写于 1939 年 6 月,讨论了《新政治家》的版面安排问题。

凯恩斯 1939 年 6 月 23 日写给金斯利·马丁的信件

亲爱的金斯利:

那天和您见面之后,我考虑再三,对使用插图的做法持坚决反对的态度。我希望您询问一下各个方面的人士对这个问题的意见。我咨询的所有人都表示强烈反对,我现在倾向于赞同他们的看法。

我们觉得,使用插图所起的补充作用有限,反而会完全破坏报纸的特征。此外,现在每家报纸都在引入插图,其中有许多不惜倾家荡产,试图效仿《图片邮报》的成功做法。如果改版,我们给人的

---

* 汉斯·楚里(1914—),著名瑞士芭蕾舞艺术家。——译注

** 佳吉列夫(1872—1929),俄罗斯艺术活动家,在音乐、绘画、戏剧、舞蹈等各方面拥有很高造诣。从 1907 年起,他每年利用假期举办俄罗斯演出季,组织俄罗斯音乐家舞蹈家去欧洲主要国家巡回演出。——译注

感觉是现在做得很糟糕；其实，我们的报纸办得非常成功。如果把我们的资源用在导致惨败的做法上，如果进行的改动可能破坏本报已经拥有的特点，这将会是愚蠢之举。请您务必考虑这个问题。

131 如果我们愿意进行一次赌博，为了增加发行量每周耗费50到100英镑，我敢肯定，还有更多富于特征的方式去实现这一点。您认为，著名撰稿者提供的单打独斗的文章一般不会增加当周的发行量，我承认这个看法是正确的。但是，如果采取一贯政策，比如说，每周刊登一篇由报社之外的人士撰写的文章，我认为您的结论就完全不适用了。

无论如何，我觉得最好让您尽快知道，我经过激烈的思想斗争，采取了现在的立场。

你永远的，

［这份复写件没有签署了他的姓名缩写］

两人之间的通信联系出现了一段空白，到了当年8月中旬才恢复。那时，凯恩斯即将启程，前往法国霍亚接受治疗。

凯恩斯1939年8月14日写给金斯利·马丁的信件

我亲爱的金斯利：

我完全没有激情，所以不能动笔写作，回应您的刺激之作。①

① 《和平的条件》，见《新政治家与国家》，1939年8月5日。

就我能理解的情况而言，就您的大作作出回应的人也没有什么激情。在目前这个结点上，真的没有什么可说的。假如有什么合理的委屈之感需要面对，那将是另外一回事。现在没有，所以我觉得我们只得在机遇和命运送来无法预料的机会时，作出临时应对。

现在难以理解的一点是，怎样才能避免某种事态发展，以免在下个月导致一场危机？但是，如果由此得出战争迫在眉睫的结论，我会感到非常惊讶。希特勒说，他必须夺取但泽*，我觉得这样的说法不值一驳，因为它其实对他——或者说对任何人——没有什么意义。在适当的时候，但泽将被合并在德意志帝国之内，这将事实上使局势在实质上保持现状。

我的身体很好，每天做很多事情，而且进行大量锻炼。昨天， 132
在唐氏山丘顶部，走了很长一段距离，这是 3 年之中的第一次。不过，明天我们将离开这里，前往法国，在霍亚接受为期三周的治疗。那里是温泉胜地，许多人说对治疗的我疾病很有好处。

你永远的，

J. M. 凯恩斯

当然，就战争爆发的概率而言，凯恩斯的判断明显是错误的。当年 8 月 23 日，苏德互不侵犯条约签订；9 月 1 日，德国侵略波兰，9 月 3 日，英国和法国向德国宣战。

根据金斯利的自传，在第二次世界大战的前半段——到 1940 年中期为

---

* 但泽为德语名称，波兰语称但斯克，是波兰的波美拉尼亚省的省会，也是该国北部沿海地区的最大城市和最重要的海港。——译注

止——中，金斯利·马丁度过了一段“可怜的犹豫”时光。[1] 凯恩斯通过与马丁的交谈和来自诸如彼得·卢卡斯等朋友的通信，知道了以上情况。他的观点在写给爱德华·惠特尼的信函中反映出来。

凯恩斯 1939 年 10 月 3 日写给爱德华·惠特尼的信件

亲爱的惠特尼：

战争爆发以来，我仅仅见过金斯利·马丁一次，但是从那天的情况以及我得到的信息看，我觉得他的内心处于相当厉害的动摇不定状态，不时陷入极度失败论的困境之中。我几乎可以确定，他某一天可能突然在报纸上发表一篇头版通栏标题文章，要求立即实现和平，几乎可以不惜付出任何代价。

我强烈地意识到，只有经过董事会充分讨论，并且与报社其他成员协商之后，报纸才能在政策上出现这样的变化。在政策上出现出人意料的改变将会带来灾难性后果。

我希望听到您对这个问题的看法。我今天争取与金斯利见面，如果不行就给他写信。但是，如果可能，最好是通过交谈，告诉
133 他我的想法。

您真诚的，

[这份复写件上签署了他的姓名缩写]J. M. K.

---

[1] C. H. 罗尔夫，《金斯利：金斯利·马丁的生平、信件和日记》(伦敦：1973 年)，第 237 页。

后来，在那年10月4日，马丁请凯恩斯就乔治·萧伯纳的一篇题为《关于战争的不寻常观点》文章撰写评论。

凯恩斯1939年10月4日写给金斯利·马丁的信件

亲爱的金斯利：

我的观点如下：

(1)这篇文章有恶作剧之嫌，您写出的编者意见应该持拒绝接受的态度。我认为，它将会在两个方面带来损害，其一是实现和平的机会，其二是战争胜利的前景。

(2)不管怎么说，您应该首先听取审查人员的意见，然后再决定是否刊登(这并非就整个文章而言，而是针对其中一两个较大段落而言)。

如果在审读之后，您愿意出版，我同意您的看法，应该咨询其他人*——应该立刻与可以见到董事会的其他成员进行讨论，并且尽快与另外两人商讨。我还觉得，听取劳埃德和雷蒙德[·莫蒂默]的意见非常重要。如果我属于少数的一方，我依然保留采取行动的自由。假如我使用这项权力，我会要求辞去董事一职。

我相信，从您的角度看，这篇文章将会带来很大损害。

您的，

J. M. 凯恩斯

* 他们应该看到我的这封信件和文章。

昨天夜里，我给您写了一封篇幅短一些、但是内容类似的信件，并且寄了出去。后来，我才意识到，晚间邮局不发送信件。因此，再写了这封内容重复的信件。

明天上午 10 点 45 分至 12 点 30 分，下午 3 点至 5 点 15 分我
134 不在这里，其余时间都可以接听您的电话。

凯恩斯写给惠特利的信件继续了这个问题，谈到乔治·萧伯纳的文章于当年 10 月 7 日刊登时的情况。

摘自凯恩斯 1939 年 10 月 10 日写给爱德华·惠特利的信件

拜读了您 10 月 8 日的信件，了解了您对这个问题的看法，对我大有裨益。我上周去了伦敦，与金斯利·马丁进行了一次长谈。正如我所担心的，他处于非常极端的失败主义情绪之中，不过我和他聊了一阵之后，他总算同意，他在报纸上发表观点时应该小心一些。但是，就在那次谈话之后不久，出现了另外一个问题，我与他大吵一场。乔治·萧伯纳投了一篇稿件。我认为，那篇文章的有些段落带有恶作剧的意味，观点是不正确的。如果见报，可能造成很大损害。经过许多争论之后，我总算坚持了自己的观点，表明那些段落必须删除。乔治·萧伯纳本人没有表示什么异议，但是金斯利·马丁，以及马丁咨询的其他人认为，尽管我表示强烈反对，言论自由的原则要求，应该原文照登乔治·萧伯纳的文章。正如我所说的，我们最终达成了妥协。但是我觉得，在目前的局势下，我们没有义务在不加修改的情况下发表任何文章。况且，那篇带有恶作剧的意味，观点是不正确的。然而，如果我们自己不对刊登

的内容进行审查，我们肯定会损害我们与相关当局的愉快的合作状态。

您将会看到刊登这篇文章的报纸；我觉得它没有什么不妥，我对这份报纸整体上并不表示异议。

现在的问题是，金斯利·马丁的意见变动不定，一天一个样子，让人感到不知所措。我知道，报社的其他人员也有同感，劳埃德的感受最为强烈。我认为，这就是他那天离开报社时给我的感觉。但是，我知道了您的看法，能够依赖您的支持，我会静观情况的变化。不过，除非尽快见到金斯利·马丁，我难以保持静观 135
态度。

后来，凯恩斯提交了一封信件，回应了乔治·萧伯纳的文章。[①] 与马丁的争论通过信件继续进行。

金斯利·马丁 1939 年 10 月 10 日的来信

亲爱的梅纳德：

关于年轻人和志愿者的事情，在此表示谢意。这事我会处理的。

您的来信收悉，我深感欣喜。其实，我在一段时间里并未要求说明准确的战争目的，因为我与您一样，认为它们现在是无法界定的。我认为，我们应该发表声明，说明某些重要事情。但是我认为，政府不能公布“战争目标”的任何细节。印度有可能是重要目标，几乎很快就能在地图上看到。我发现，贺拉斯也认可印度的重要性，但是我没有看到达成任何令人满意的妥协方案的希望。目前谈判尚未破裂，不过进行得并不顺利。如果再次出现民众动

① 参见约翰·梅纳德·凯恩斯全集，第 XXII 卷，第 36—37 页。

乱、集中营以及诸如此类的东西，这将会给美国带来重大影响，而且还会起到帮助苏联的作用。

最近与内阁大臣们的谈话取得的结果让我觉得，如果部分内阁成员的意见占了上风，我们将会很快停止反抗希特勒的战斗，与德国联手，一起对抗斯大林——如果能够说服德国军队这样做的话！但是，这一派取得成功的胜算很小。情况非常复杂！

[这份复写件上既没有签署了他的姓名，也没有签署他的姓名缩写]

一周以后，凯恩斯对马丁撰写的题为《和平的条件》一文进行了评论。①

金斯利·马丁 1939 年 10 月 19 日的来信

亲爱的梅纳德：

我现在不记得我在上一封中究竟是怎么说的，所以我无法准确地回答您提出的问题。不过，有一两件事情我肯定还能回忆起来。

这件事情非常复杂。就集体安全问题恐吓政府，得到的结果不是你希望
136 的东西，而是保证不侵略波兰！如果不管怎样说，假如没有谁恐吓他们，他们可能晚一些时候投入这场战争之中。现在恐吓他们，结果将会足以阻止他们获得和平，但是并不足以使他们蓄意进行战争，或者为了可能的恰当目的进行战争。他们之中的某些人急切地希望和平，其主要原因在于，他们依然希望，希特勒将会转而反对斯大林。我在上一封信里写道，我相信理想的和平局势！

本周刊登的乔治·萧伯纳的文章没有什么危害而言。我与保持良好关系的外交部有过信函联系。那里的官员强烈支持我们发表乔治·萧伯纳的文章，并且建议我不要刊登威尔斯撰写的反对墨索里尼的文章。这反正是我本来要做的事情，但是我认为，让人觉得我们做这事是出于好心，这是一个不错的策略。我在过去几天里见过了霍尔和哈里法克斯。其中的第二位很招

① 参见约翰·梅纳德·凯恩斯全集，第 XXII 卷，第 37 页。

人喜欢，对吧？第一位——怎么说呢，他很能干——是一个野心家。

金斯利

这个问题一直存在，后来马丁向凯恩斯征求意见。

金斯利·马丁1940年1月27日的来信

字迹潦草，敬请原谅——秘书走了。

亲爱的梅纳德：

我希望听听您的意见。奥斯瓦尔德·莫斯利写了一本很有煽动性的小册子，标题是《英国的和平与获得和平的方式》。小册子的内容包括关于犹太人金融的常见话题，还有进行国际对话而不是国家建设的愚蠢行为。我认为，这个思路现在对很多人都有吸引力，因为很少人知道如何赢得战争，很少人知道和平可能带来比原来更好的东西。至少，这是通信者的共同看法，这给人的感觉仿佛是，我们其实将会形成大的集团，而不是小的国家或者国家联盟……不管怎样说，问题在于这一点，英国法西斯主义者联盟希望在《新政治家与国家》上刊登他们的时事评论。我们是为那些希望砍掉我们脑袋的人做广告呢？还是提供公开证明说，报界应该抵制莫斯利？是否刊登他们的广告这个问题非常棘手，我希望听听您的意见。

金斯利

凯恩斯1940年1月29日写给金斯利·马丁的信件 137

亲爱的金斯利：

这是一个让人深感困惑的问题。依我所见，面对敌人，我们有权不让他们获得他们试图从我们手里夺走的自由。但是，在一般情况下，我们希望尽量推迟行使这一权力。

就这个情况而言，我建议实施一种妥协方法，同意为他们做广告，包括刊登作者对其小册子的宣传、小册子的名称和价格等等，但是不要刊登任何吹嘘言辞以及类似文字。

上周，我出席了几个会议，讨论我提出的延付薪酬建议，①参会人员既有工党前座议员，也有劳工联合会议成员。前座议员并未给人留下什么深刻印象，让人难以理解他们继续存在究竟能够起到什么作用。但是，我与劳工联合会议成员的讨论非常有趣，非常负责，非常严肃，而且气氛也相当不错。他们显然持同情态度，不过他们是否愿意在这个问题上采取任何主动行为，那就是另外一码事了。这毕竟不是他们的事情。显然，正确的做法是让财政大臣采取主动措施，让劳工联合会议就细节问题进行讨价还价。如果领导得当，我认为，劳工联合会议不会立刻反对这个计划。然而，财政大臣就任何可以考虑的问题采取行动的概率看来几乎为零。

我应该补充的是，我已从工党的角度，大幅修改了这项计划，主要增加了三条：第一，完整的儿童津贴，从国家税款中直接支付给母亲；第二，如果领取人提出要求，延付薪酬应被信托，不是划入邮局储蓄账户，而是划入领取人所在的工会、关系友好的协会或者类似机构，这样的机构可以根据特殊目的的要求，有控制进行发放；第三，战争结束之后，由财产税补偿延付薪酬。

① 参见约翰·梅纳德·凯恩斯全集，第XXII卷，第91—99页。

我认为,增添这几条以后,如果工党拒绝这项安排,那将是非常错误之举。这项计划并不仅仅是解决战争问题的一个技术性措 138
施,而且也利用了战争条件,引入新的重要的社会改革,朝着平等迈出了一大步,超过了过去很长时间之内推出的举措。

不过,务请暂时保密。在劳工联合会议研究,达成意见之前,我不希望任何相关内容见报。在那之后,我将尽快拿出我自己的小册子。与此同时,我会让科尔和拉斯基两人充分了解时态的发展。

您的,

[这份复写件上签署了他的姓名缩写]J. M. K.

1940年5月,马丁前往都柏林,就爱尔兰对战争的态度,采访了德瓦莱拉。以下这封发自都柏林的信件表明,马丁那时仍旧对战争持犹豫不决的态度。参见约翰·梅纳德·凯恩斯全集,第XXII卷,第37页。

金斯利·马丁1940年5月25日的来信

我亲爱的梅纳德:

我要等到星期四晚上才能进行预定的最重要的采访,所以我将在这里一直待到星期五上午。我回去之后,会向您通报此行的情况。

我漫步都柏林这些熟悉的街道,不禁思绪万千,对许多事情的懊悔之情油然而生。有几件事情我想给您说一说。从总体上说,我觉得您上一个星期四抨击我神情沮丧,这是有道理的。但是,您说我沉迷于令人沮丧的无端假说,这是没有道理的。我在战争爆发之初说,那些小的中立国家将会落入德国的控制之下,我们会发现自己处于绝望境地,您还记得吗?您听到之后非常恼怒。如果我的观点过于悲观——我对此深感羞愧——而且常常判断错误,我自己可以克服这样的心态。但是,我的判断——让您去批评吧——竟然正确的,而且自从1931年之后某周都得到强化,真是难以置信。顺便说一点,就挪威的问题而言,我已经克服了悲观态度,以乐观口吻写出了文章。但是,结果对士气产生的压抑作用更厉害,超过了我感到沮丧时程度所写的文章所起的效果。星期四,我心里想着的全是法国发生的事情,然而报纸根本
139 没有刊登相关消息。除了拥有极大想象力的人之外,其他人会觉得这不可思议。这件事情的结果让我产生了一个想法,非常希望知道您和朗特里对最终政策的问题的看法。我知道,当局已经面对了这个问题,我们在很短时间里也有可能面对这个问题。就我个人而言,我愿意苦战到最后,因为我以及像我这样的人全被放在了执行死刑的名单之上。不过,这个借口并不足以把成千上万平民判处死刑。当然,那不是供公开讨论的问题,当然我们的见面也不是在大庭广众之下进行的。

我怀疑,对我这样的人来说,蹲监狱是否是合适的解决办法。我觉得,投身公众事务可能是一个更好的办法。我打算回到伦敦之后,立刻去打听一下,干一点实际的事情。回顾过去9个月的情况,我认为这份报纸鼓励读者去做正确的事情,总体上起到了正面作用。迪克干得不错,诺埃尔也是如此。我仅仅偶尔觉得忧虑——我觉得让我难以自拔的是自杀念头,当然这正是纳粹分子希望造成的效果。正是由于这个原因,我这个周末对自己的状态感到非常愤怒。我觉得,从总体上看,这份报纸表现勇敢,口碑不错,但是,在《伦敦日记》专栏上刊登的头两段内容——我当时认为那是勇敢的召唤,它呼吁人们在极大困境中奋起抵抗——现在看来带有恶作剧之嫌,恰恰是错误的。其原因在于,就纳粹分子的问题而言,他们不是火星人,仅仅试图表现得像火星人而已。在那些可怕的玩火者中,有一些卑鄙小人,他们已经魂不附体;在那些轰炸机上是一些惶恐不安的人,完全可被击败的。嗯,那篇文章是败笔,太情绪化,给人压抑之感。

人们把我撰写的文章奉为圣经,认真阅读,我每每想到这一点就觉得非常难受。在过去仅仅几天时间里,在伦敦与都柏林之间的不期而遇的地方,在工作和其他场合中,我偶然见到了好几位几乎堪称虔诚拥趸和读者。

嗯,如果能找到什么社会工作,那是不错的选择。

金斯利

金斯利·马丁1940年5月26日的来信

亲爱的梅纳德：

睡了一夜，觉得好多了。不会把自己的忧郁沉思传染给您。

明天去见德瓦莱拉，星期五返回。在此难以判断采访的情况如何。皇家空军看来创造了奇迹。

在这里，战争是一场爱尔兰式曲棍球比赛。所有的钱全都押在同盟国上，因此有人心里不快，觉得盟军看来没有表现出应有的实力。现在，有些人正在了解真实的局势。

K. M.

凯恩斯1940年5月27日写给金斯利·马丁的信件 140

亲爱的金斯利：

您的来信提出了许多问题，有的非常严重，我在这一封信里根本无法说清。我明天回去，预计待到星期五，有很多空余时间。在见到您之前，我希望说明这几点：

(1)我敢肯定，您在那里做的事情非常有用。我认为，报纸起到了很好的作用；随着时间的推移，独立的机会逐渐减少，它的用处很有可能进一步增加。如果您向朋友们倾诉忧郁和绝望的感觉，这对您大有好处。而且，他们绝对不会对您发出怨言。我相当清楚，您有责任感，会继续坚持现有的工作。

我觉得，本周这一期报纸有许多令人喜欢的地方。克罗斯曼撰写的头版通栏标题文章[1]堪称优秀，另外一篇文章[2]令人觉得非常温馨。我很赞成您自己就《批评者》栏目的第一部分提出的批评意见。不过，我认为它并非蓄意给人形成错误印象。

(2)我对那个可能性很小(或者我应该说脱离前提的，因为我说用这个词语的意思是不大可能的)的假定所持的反对意见是，它绝对没有用处，其实可能让人失去参与更加迫切的必要活动的能力。我说它绝对没有用处的理由是，必须了解所有未知细节之后才能形成的决定几乎没有什么意义。您不应设想，因为别人并不花费时间去讨论最糟糕的情况，他们心里就没有这样的想法。当然，他们其实要讨论，但是无论如何就我的判断而言，细节并不清楚，不能让这样的想法成为恰当主题，进而做出合理判断。

(3)您认为您拥有先知先觉，可以洞见所有将要发生的事情，这种想法其实是在欺骗您自己。如果在私下谈话中，一个人预测到可以想象到的所有灾难，当出现问题时，偶然发生的事情肯定会与作出的预测之一具有相似之处。您想起向我提起的那个预测的
141 事情，当时我觉得您的恐惧不合理的，后来事实上也证明不是正确的，与您所想的不同，与事实恰恰相反。您告诉我，您回想过去的情况，简而言之，所有那些中立国家的政府领导人都是支持支持德国的；面对第一个出现的严重威胁时，或者甚至说没有威胁时，他们都将俯首帖耳，听任德国人摆布。实际上，您还说，就连他们的

---

① 《传奇与现实》，见《新政治家与国家》，1940年5月25日。

② 《想入非非》，同上。

同情也常常是偏向德国的。其实，出现的情况恰恰相反。挪威、荷兰和比利时[①]已经站到我们一边。您肯定记得我当时回应说，这些中立国家可能受到恐吓，可能遭到敲诈，可能面对失败，但是说它们并不同情同盟国的事业，这是荒唐的。

(4)当然，对您这样的人来说，蹲监狱不是正确的解决办法。这就是说，这些想法私下只对我说就行。如果您把它们发表在报纸上，那可能就是另外一码事了。对您这样的人来说，合适的惩罚是每周发表坦诚的带有鼓励性的文章，让您的读者感受到启发，少一些幻想，多一些决心。

我希望，在我们见面之前，您能考虑一件事情，就是增加一个董事的问题。您觉得让莱昂纳多[·伍尔夫]担任这个职位如何？

你永远的，
J. M. 凯恩斯

凯恩斯还给理查德·克罗斯曼写了一封表示鼓励的短信。克罗斯曼1938年以来一直在该报工作。

凯恩斯1940年5月27日写给R. H. 克罗斯曼的信件 142

我亲爱的克罗斯曼：

写这封短信是想告诉您，我非常欣赏您在本周报纸上撰写的

① 尽管这些国家后来投降了，当初它们确实是站在我们一边的。

头版通栏标题文章。当然，您说的完全正确，那些电灯杆依然未被应该在那里的人照管。具体来说，财政部依然没有新官上任的迹象。

如果这种情况持续下去，可能出现非常强烈的焦虑不安的情绪。就我对形势的解读，所有这一切都得等待战争结束。这个问题不在急待解决的事务之列，必须等到其他问题稳定之后再定。我相信，唐宁街 10 号的随员们心存幻想。

我母亲一直在寻找一些老信件，那些东西是我上一次大战期间在财政部供职时写给她的。我在那些信函中发现，直至 1917 年年末，我仍旧处于激烈的愤怒心境之中，认为那些当权者办事无能，行为疯狂，用心邪恶。① 当时，我已经非常接近决策层的核心圈，每天与战时内阁的成员接触。然而，我那时显然认为时局非常糟糕，与我们之中的一些人现在作出的判断类似。但是，我们确实取得了那场战争的胜利。我觉得，其他人当时——尽管以不同方式表现出来——认为局势更糟一些。

无论如何，正如您在这篇头版通栏标题文章中所说的，我们这次已经更早越过了胜负的分水岭。

您真诚的，

[这份复写件上签署了他的姓名缩写]J. M. K.

金斯利・马丁 1940 年 6 月 2 日的来信

① 参见约翰・梅纳德・凯恩斯全集，第 XVI 卷，第 265—266 页。

亲爱的梅纳德：

随着真正危险的出现，我对生活的耐受性变得大多了。行动消除恐惧和内心挣扎，现实生活并不十分艰难。令人几乎无法忍受的是怀疑、挣扎，还有内疚感和责任感，尤其难以忍受的是这时期出现的混乱状态。在这样的时 143
刻，需要某种领导力量，现在人们似乎无法逃避这种渐进逼近的趋势：如果未必是灭顶之灾，看来肯定是可怕的结局。目前，局势显得非常清楚。敌方的下一步行动几乎肯定是进攻巴黎。墨索里尼会以某种方式，从法军背后进攻，让法军难以应对。皇家空军应该伸出援手，让我们自己受到轰炸，借此帮助法国军队。其实，整个结局将取决于法国是否能够对付以前取得大胜的同样战术。我觉得，他们不可能长久守住索姆河*防线，但是可能维持一段时间，让他们坚守第二道防线，保卫里哈佛①和巴黎。这样，如果德国的石油供应开始出现短缺，飞行员人数不足，那么法国人就有取胜的机会。避开宣传的言辞不谈，英国远征军的表现非常不错，而且，在比利时的法国军队显然没有什么问题。实际上，我认为他们其实作出了自我牺牲，以便让英国军队及时撤退，并且给予魏冈**一段时间来站稳脚跟。

这次攻击形成了积极结果，让我们取胜的机会更大一些。从长期战的角度看，僵持状态其实非常不错。上周开始时，我列出了所有肯定因素，并且要布雷斯福德（考虑到我通常所持的悲观态度，那一举动可能让他大吃一惊！）本周以《新政治家》的名义写一封信，一一描述所有这些给人希望的因素。我自己内心并不抱多大希望，但是我同意您的观点，详细讨论危险毫无用处，可能产生瘫痪性结果。英国在没有俄罗斯参与的情况下给波兰作出保证；从那以后，我对这场战争的看法一直没有改变，与劳埃德·乔治的观点一样。现在我依然认为——尽管我对此没有什么把握——我去年10月支持他的做法

---

* 法国北部河流。——译注

① 里哈佛，在法国上诺曼底大区所辖的滨海塞纳省。——译注

** 马克西姆·魏冈（1867—1965）法国陆军上将，二战初期时任法军总司令，曾在维希政府中担任过一段时间国防部长。——译注

是正确的。①

下面谈一谈关于本报的事情。毫无疑问，它的影响力很大。它坚持不懈地讨论问题和冲突，在一定程度上持和平主义和“左翼”立场，让更多的和平主义人士和具有左派思想的人转变态度——当然，没有使希特勒回心转意。长期以来，这是给我带来抑郁感的一个原因。我们这份报纸态度坦诚，超过了许多其他报纸，所以是政府宣传喉舌中最有价值的组成部分。此外，社会上存在着这样一种感觉：我们实质上一直支持丘吉尔和工党人士——或者说支持工党内部的一部分人。

那天，在利物浦机场看到一个有趣的场面。我到达那里，发现负责现场的伦敦刑事调查部的探员与一位移民局官员发生了争论，他们两人谁应先看《新政治家》。那位移民局官员扣了我的护照，一直不还给我，当时让我觉得莫名其妙。结果，原因是他希望有机会与他称为圣经的这份报纸的编辑说上几句！

再说一说忧郁和预言的问题——当然，现在讨论这个问题没有什么意义，而且有自负自大之嫌。也许，将来某个时候，我会以回忆录的形式，详细撰文说一说，以便调侃一下自己。我觉得，您对此并不太理解。其实，情况并不像您提示的那样。我并未声称自己拥有什么特殊的先见之明，我也没有预测所有灾难，以便证明自己是正确的。问题在于，我长期认为——这并不是
144 假设——德国如果得手，将会侵略整个欧洲。但是，如果要求抵抗，带来的结果将会是一场为时已晚的战争，这就是说，它将会非常危险，给文明造成令人震惊的危害。张伯伦显然决不会采取我们要求的建立集体安全体系的措施，俄罗斯和民主国家四处奔走，求助于反纳粹力量。我们提出了这些要求，其结果将会迫使张伯伦在争取到很少盟友的条件下，在最糟糕的区域中对德宣战。这就是让我内心饱受困扰的问题：我们反对他，但是不会看到政府采取我们希望的行动，至少应对这场战争承担间接责任。在我的朋友中，持这一观点的人寥寥无几，我似乎可以将它视为确定会出现的情况，这就是让我感到绝望的原因。由于没有其他的可供选择的行动方向，他们不去担心将来的

① 1939年秋，劳埃德·乔治曾经支持与德国签署一项勉强拼凑的和平协议。参见K.马丁，《编辑》（伦敦：1968年），第14章《劳埃德·乔治与绝望政策》。

情况；我觉得他们的做法是正确。我一直在寻找解决问题的方案。战争确实就这样爆发了（请看一看我在奥地利遭到入侵之际以及之后发表的一系列文章）。就此，我当时有——并且现在依然有——一种荒唐、可笑的内疚感。我对中立国家的观点也与之类似。您一直持非常乐观的态度。您说过，情况不错，所有的中立国家都会和我们结成联盟。与我通常的做法类似，面对乐观主义言论，我肯定夸大了自己的情况。但是，我知道：

（1）在每个中立国家内部，都有支持纳粹的人。就我现在知道的情况而言，他们受到我们的信赖，总是将英国参谋部的秘密透露给德国方面。

（2）由于英国以前做事常常半途而废，那些严格说来并不支持德国的人担心接受英国提供的支持。

（3）就现在的战争而言，直至爆发之前的最后一分钟，任何文明国家的大众都会千方百计，选择避免战争，而且（无论他们如何讨厌德国人）甚至将会像丹麦人那样，宁可被德国占领，也不愿去打一场毫无希望的战争。

我在很大程度上支持中立观点。自从签订慕尼黑协定以来，英国在各个国家中得到的支持已经非常少了——因为我们没有帮助波兰，大多数中立国家甚至对我们持强烈敌意。在我看来，您似乎对英国的力量、声誉和受人欢迎程度心存幻想。实际上，这些事情证实了我的看法：瑞典和挪威在芬兰战争中的作为令人失望；内奸们的行径非常恶劣；丹麦人采取接受态度；荷兰人与比利时人分道扬镳。

我本可以详细展开这方面的情况，但是我不这样做。我希望说的问题是，支持德国、支持同盟国或者反对德国，这样的划分已经不再具有现实意义。人们面对的选择是，要么投降（可能甚至成为叛徒），要么看到自己的城市和人民全然无助地遭到摧毁。我无法相信，我们仍有权呼吁那些小国在这样的情况进行抵抗；如果遭到入侵，我认为它们之中的许多成员都不会实施有效的抵抗。同理，我认为，假如我们要求它们这样做，我们也不会得到他们的支持。除了少数勇敢的狂热分子之外，肯定没有谁会支持我们。 145

以上所述足以说明问题。我并未暗示，我现在就应离开这个岗位。我的意思是，如果能行，我在本周末应该找一件制服穿上。这样，我就不会左顾右盼，浮想联翩，最终可以除去我心里的许多根深蒂固的焦虑。对于伞兵，对于某些不那么容易察觉的东西，我存在着许多可以察觉的想象。现在，在每条主干道上，在许多支路上，人们被拦下来，出示身份证件。在这个村庄里，所有强壮男子都被武装起来。我觉得，希特勒将会首先进攻法国，您的判断如何？那么，当他到这里——如果他要那么做的话——来，他可能会使用某种我们没有考虑到的手段和方式！我希望，我们派往德国的特工人员在战争爆发之初没有（像在法国那样）全被消灭干净。

你永远的，
K. M.

我另外寄来一封信①，谈到莱昂纳多的事情。他是最佳人选。我对您的建议感到高兴。

凯恩斯 1940 年 6 月 20 日写给金斯利·马丁的信件

亲爱的金斯利：

我给惠特利写了信，建议莱昂纳多进入董事会。他在回信中没有同意，建议 E. D. 西蒙担任此职。我回信告诉他，我对西蒙任职根本没有反对意见；实际上，我本人大约在 1 年之前曾经建议，让西蒙进入董事会。一方面，他没有满足我们的要求，另找一名需要时可以在伦敦发挥作用的董事。经验告诉我，西蒙很难接到通知就到场。因此，我接着建议，我们可以增补两名董事。也许，我们可以放弃巴里，反正巴里几乎出来没有出席过董事会会议。

现在，我收到了惠特利寄来的另外一封信件。他在信中说，下周星期五，在两家报社会议结束之后，召开的新政治家报社公司董

① 那一封信件没有保留下来。

事会上，他将提出西蒙和伍尔夫任职事宜，以供董事会研究。他还补充说，他听到的另外一个人选是J. B. 普里斯特利，并且将会了 146
解国家报社董事会对此的意见。我现在没有机会与他们商量，但是希望知道您的意见。当然，J. B. 普里斯特利也有他的优势，他头脑清醒，在某些场合可能相当可靠。另一方面，我觉得这样做的效果可能让董事会的构成更加多样化。就气质而言，他与本报之间存在着些许微妙的差异，这可能影响董事们表达真正的诚挚感觉。还是让我听一听您自己的意见吧。

你永远的，

J. M. K.

在下一封信中，凯恩斯对《新政治家》的员工因为战事离开报社一事有所反应，影响特别大的是R. H. S. 克罗斯曼的离职。

凯恩斯1940年8月10日写给金斯利·马丁的信件

亲爱的金斯利：

这消息确实让人感到震惊。我建议：

(1)韦农·巴特勒特必须撰写更多文章，不仅只给《新闻记录报》供稿。

(2)应该增加汤姆·哈里森的工作量。

(3)我已经提到康诺利，他可以承担一般事务性工作。

(4)如果科尔在一定程度上已经不再上班，可以考虑从《金融新闻报》找一个年轻人来接替他的工作。我一直不太记得住具体人员的名字，不过在《银行家》担任编辑的达西可能是不错的人选。另外，还有 W. T. C. 金，或者说奥斯丁·罗宾森，我们可以雇用她，找起来也比科恩维尔方便。

为日报工作的那些记者现在失去了通常的工作空间，也许在他们之中可能找到合适的人选。

您的，

J. M. K.

147 金斯利·马丁 1940 年 8 月 13 日的来信

亲爱的梅纳德：

今天，我收到了布雷斯福德寄来的一封准备在本报上发表的信件，[①]随信附上。他将在达廷顿逗留几天。他说，他“已经就这个问题，与利德尔、朱丽安·赫胥黎和埃尔姆赫斯特交谈，如果您觉得这个办法不错，是否交给那位能人看一看？”我觉得，最好的计划是在您负责的头版札记里刊登这封信，并且讨论其中的内容，尤其是朱丽安·赫胥黎在信中提到的问题。

今天上午，我不愿在电话里讨论您提到的各种各样的问题。原来，人们常常能够达成一致意见，并且坚持某些原则；现在，他们迫不得已在一个问题上形成一致意见——人们必须抵抗纳粹。因此，编辑的问题现在变得非常棘手。所有基础都变得滑溜溜的，每个人都在不同的位置上滑移，努力站稳脚步，维持某种程度的正派或者人性。其结果是，在我认识的人中，没有哪两个坚持自己不久以前说过的观点，或者真正对自己所说的观点持满意态度。而

① 《胡佛先生与食品禁运》，参见《新政治家与国家》，1940 年 8 月 17 日。

且,几乎不可能改写大家撰写的稿件。这样的问题说起来话长,不过我总体上对我们所做的工作感受骄傲。

您的,
金斯利

又及:迪克[·克罗斯曼]认为(1) 从在欧洲和美国进行宣传的角度看,提出一项谈判建议是重要的;(2) 如果可能,提出的建议应该是希特勒将会排斥的东西;这项建议应该让美国觉得,希特勒表示排斥是没有道理的。

凯恩斯 1940 年 8 月 14 日写给金斯利·马丁的信件

亲爱的金斯利:

我觉得,从实用的角度看,您随信寄来的[那封信件]简直满篇废话。信中建议,在德军占领区设立中立的委员会,核查送给占领军的食品数量。只有在疯子或者无耻地自我欺骗的人的脑袋里,才会出现这种异想天开的念头。即使在和平时期,我们几乎也不可能核对说这番的人的立场。

我们根本不可能建议这样的办法,其原因不是在于,如果付诸实施,结果是不会令人满意的。其实,无论德国反应如何,我们都没有把握确定将会出现什么的结果。 148

假如我处在您的位置上,我会努力劝说布雷斯福德收回这封信。不管怎么说,应该删除最后一个段落。那一段附在他的想法之后,我觉得非常有害。

必须面对的事实是,并不存在中间路线。封锁并不是什么人道主义的工具,我们要么必须放弃,要么最大限度地使用它。有些美国人的真正目的是迫使我们放弃封锁;如果我们不放弃,就有可能失去他们的同情。我觉得,我们不应给他们提供这样的口实。

实际上,难以想象出任何比这样做更有害的事情。我认为,即使他施加压力,希望将它发表,更好的做法是婉言拒绝,然后选择适当时机,以编辑部的名义讨论这个问题。在我看来,朱利安·赫胥黎自己的计划与布雷斯福德的完全不同,不会引来这样的反对之声。其实,这个问题带有双重或者三重特征。如果我们鼓励并且协助人们收集基本食品,计划将它们送往敌占领区中可以到达的位置,然后明确表示,这些食品将被立刻发放给德国实现有效撤军的任何地区,那么,这就既可以鼓励那些地区的民众,同时也让我们自己处于非常具有实际价值的有利地位:一旦救济食品到来,就可能展开行动,在组织方面不会出现任何重大的延误。在上次世界大战的头6个月里,我特别关注这个问题。那时出现了噩梦般状况:当全部障碍都被清除之后,出现了延误的可能性,必须花费3个月之间,才能完成采购和支付,以便运输任何有效数量的食品。然而,当时的局势万分紧急,要求做出决定之后,食品必须迅速送达。

你永远的,

[这份复写件上签署了他的姓名缩写]J. M. K.

149 金斯利·马丁1940年8月16日的来信

亲爱的梅纳德：

今天上午，我灵机一动，发现弗朗西斯·威廉是有空的，所以刚刚我见了他。我请他来帮忙，编辑下周的报纸，觉得他很可能是助理编辑的人选。他的很大优势在于，曾经担任过编辑，因此深谙此道，善于处理诸如诽谤之类的问题。我觉得，他自从离开《信使报》以后，已有很大提高。另外，与现在负责金融版面的戴文波特相比，从我们的角度看他可能干得更好。而且，他还与工党中的各部官员保持了良好的人际关系。这些因素让我觉得，没有谁比他更合适了。他的缺点是，写的文章索然无味。不过，我需要他协助编务工作，而不是撰写文章。我的扁桃体的状况看来非常糟糕，不得不将扁桃体完全摘除。这意味着，我得耽误三个星期，所以找人的事情应该很快确定下来。手术的事情我早就知道，但是曾经希望可以免挨一刀。如果扁桃体感染的结果是让我的晕眩病时常发作，我不得不尽快解决这个问题。

科尔不能承担多少工作，迪克这周将要离开报社，我们的人手显得很紧。

您的，

金斯利·马丁

凯恩斯 1940 年 8 月 25 日写给金斯利·马丁的信件

亲爱的金斯利：

我与弗朗西斯·威廉没有什么私交。尽管我肯定读过他写的许多东西，我却不记得任何一篇署名文章。不过，雇用他这个建议听起来很有道理。他为本周报纸撰写的短文尚可，不过除此之外，我也没有什么可谈的。我觉得，您决定摘除扁桃体的想法是正确的。我也有同样的病症；就我的情况而言，大夫们反对摘除。但是，您要年轻一些。我担心我们的父母当初在这方面有所疏忽。

也许，这封信还未到达，您已经暂时离开报社了。

本周的报纸上有许多我喜欢的东西。但是，我觉得，布赖恩·霍华德撰写的关于超级招贴画[1]的文章却有待商榷。我感到疑惑，您读过他写的东西没有？他建议“在伦敦的每条街道上贴满语
150 言尖刻、容易理解的招贴画和传单，证明德国正受到这样一个派别的奴役：他们是一帮虚无主义者，行为疯狂，野心勃勃，腐败透顶，完全丧失人性。他们组织严密的原因仅仅在于，他们对可能干扰该组织的法律和自然权利充满仇恨”。这样说不仅听起来愚蠢，而且恰恰与人们根据自己的经验所建议的大众意见背道而驰。

我还认为，克罗斯曼在《自由桥头堡》栏目上发表的文章也以非常危险的方式，散布空洞言辞。他这不是以变戏法的手段，试图找到解决办法吗？他继续撰写文章说，就我国在欧洲的目标，他提出了某些可以创造奇迹的具体陈述，艾德礼和丘吉尔现在应该将它们公之于世。但是，他从来没有告诉大家它们的具体内容，文章仅仅说“在未来，实现的和平都需要英国和欧洲建立密切的关系，那种关系与美国和加拿大之间正在建立的不相上下”。我无法理解这句话的具体意义。

你永远的，

J. M. 凯恩斯

凯恩斯 1940 年 12 月 10 日写给金斯利·马丁的信件

① 《西班牙招贴画给人的最后启迪》，见《新政治家与国家》，1940 年 8 月 24 日。

我亲爱的金斯利：

本周报纸的头版刊登了一封颇有失败论意味的短信，[①]但是在其他版面上，完全没有反映正在希腊发生的情况，也没有提及英国和希腊取得的胜利。难道您不觉得，这会给读者造成信息严重失衡的印象？看来报社有信奉弗洛伊德信条的审查人员，禁止任何正面的好消息进入读者的意识层面。

您的，

J. M. K.

金斯利·马丁 1940 年 12 月 10 日的来信 151

亲爱的梅纳德：

在两周之前的那一期上，意大利的新闻占据了几个专栏。需要说的很多，所以还发表了与之相关的头版通栏标题文章。本周，有了确切消息，很好的消息，报纸以头版头条形式刊登。上周，本来要刊登一篇短文，后来撤下了，因为既没有什么确切消息，也没有什么评论。各家日报没有刊登相关消息，而且需要版面刊登其他文章，所以撤下那篇短文是值得的。我同意您的看法，如果在第一篇短文中加上几句话，说明希腊的先遣部队正在推进，效果可能更好一些。

许多人似乎对本报深感兴趣，您仅仅在发现自己觉得不快的文章时才发表意见，这一事实是否带有弗洛伊德心理学的特征？您与我们的胜利失之交臂。

您的，

金斯利

① 《致美国人民书》，见《新政治家与国家》，1940 年 11 月 7 日。

得知您返回戈登广场，深感欣慰。

凯恩斯 1940 年 12 月 17 日写给金斯利·马丁的信件

亲爱的金斯利：

我今天才收到您 12 月 10 日寄出的信件。您可能已经发现，在这一段时间里，我找到了我喜欢的东西！

您的主要职责是提出批评，这使语气问题和平衡问题显得非常重要。我常常发现，自己几乎从内心里不喜欢听到批评意见。其实，我觉得，提出批评肯定是很有道理的，非常必要的。您的批评根据实际情况——尤其考虑到探讨这场战争的种种努力——提出来，支持您无论如何希望看到的东西。您假设，自己提出的批评可能对赢得这场战争起到促进作用，其实结果很可能事与愿违。我觉得，批评者如果希望在战时提出宝贵意见，干好本分工作，就必须在心灵上保持超常的、甚至很可能无法实现的谦恭有礼的状态。

你永远的，

［这份复写件上签署了他的姓名缩写］J. M. K.

下面几封信件涉及对英国空军部的这一做法的抱怨：他们雇用非职业记
152 者人员为报界准备新闻材料。题为《业余公报》的文章刊登在 1941 年 1 月 11
日那一期上。

金斯利·马丁 1941 年 1 月 17 日的来信

亲爱的梅纳德：

您直接把关于吉百利的文章寄给我，在此谨表谢意。本来不必现在提出来的两个问题是：第一，为什么英国空军部没有与我联系，而是使用这种拐弯抹角的方式？第二，为什么工党的相关人员也没有直接找我？您在本周这一期报纸[①]上将会看到，戴维·加内特所写的那一封信件可能会让英国空军部感到满意。本报记者经过全面审查，很可能将会做出回答，清晰地阐述任何突出问题。当然，这一情况由以下两个方面的人员争吵造成的：一方是空军情报局门的人员，他们希望实施强制性审查的；另一方是报刊从业人员，他们知道那样做对媒体是致命的，已经成立了一个机构，以便与新闻界打交道。就我了解的情况而言，空军部的人给吉百利提供的事实并不完全准确，引起这场争论的攻击言辞最初见于《泰晤士报》，该报曾经以非常强硬的措词，讨论了这个问题。

谢谢您就批评的功能所写的那封信件。正如您所说的，这个问题难度很大，用一封信的篇幅阐明有用的观点很不容易。

希望您尽快康复。

您的，

[这份复写件没有签署了他的姓名或者姓名缩写]

金斯利·马丁 1941 年 2 月 2 日的来信

亲爱的梅纳德：

多谢您的来信。[②] 空军部的人员直接找了我，谈到一篇文章中一个让他

① 《业余公报》，见《新政治家与国家》，1941 年 1 月 18 日。

② 那封信没有保存下来。

们觉得不安的说法。我希望澄清这个问题，与他们共进午餐，就整个情况进行了有趣的交谈。这是一个存在已久的争论，我当初并不知道其中暗藏很大麻烦，自己径直身陷其中。我感到欣慰，您和我一样，反对拐弯抹角的做事方式。

金融版相当难弄：如果我们不设金融版，罗伯茨认为，我们可能失去许多——甚至全部——关于金融的广告。他的判断可能是正确的。不过，戴文
153 波特两周之前撰写了一篇文章，谈到银行国有化问题（我对此表示赞同），这样的文章难以起到促进他们在本报刊登广告的作用。如果我可以说服弗朗西斯·威廉，他可能是最佳人选。实际上，我可以再试一试，看一看能否请他提供编务方面的帮助。这个问题让我觉得心烦。乔治·施瓦茨在许多事情上对我们很有帮助，但是我怀疑他是否能够胜任编务工作。布雷斯福德现在身体状态不佳，如果我因病或者其他原因需要离开一两周，难以确定由谁来负责报社的工作。现在难以让莱昂纳德离开农村，莫斯廷待在剑桥，没有接触时事。

最近神经炎复发，疼痛难忍，往往使我夜里无法入睡。这仅仅是警示症状。我曾经休息了一两周，没有承担任何工作；从那以来，已经过去很长时间了。我感到骄傲，自己已经控制了扁桃体的病程。但是，没有明确的人选来接替我的工作，我甚至无法休息几天，这些问题一直让我觉得困扰。我想到的人选，比如道格拉斯·杰伊，现在要么被人吸引到战争机器之中，要么已经当兵入伍。约翰·斯特拉奇可能已经服过兵役，但是现在收到了皇家空军发出的委任状。

本周的情况相当严重。星期二，我接到情报局的正式通知，在报纸中不能提到魏冈，而且要尽可能减少与贝当*相关的文章。这样一来，讨论外国局势就变得非常困难了。我们本来应该做的是讨论在法国出现的外国入侵情况，但是只能在头版上提到一般的问题，刊登星期四已经见报的过时消息。不过，这样的问题不可避免。罗伯茨告诉我，本报的发行量非常可观，半年订户的数量现在已经达到了32000份。但是，除了2000份左右的短期订户之

* 曾任法国维希政府元首（1940～1944），德军进攻法国后，1940年5月18日出任副总理，6月14日出任维希政府总理，推行投降主义路线。——译注

外，我们的实际发行量是 34000 份。

我希望，您觉得财政部的文章有趣，值得一读。请代我向莉迪亚问好。

您的，
金斯利

还有入侵问题。如果希特勒真的入侵，他使用的兵力可能很大，将会达到我们的将军和司令们估计的四倍。如果他们的准备充分，希特勒不会入侵的。他们认为，夜间使用运兵车最多可以运送 30000 兵力；如果他真的发动入侵，这就意味着，他已经准备了大约 10000 架运输部队的飞机，而我们只有几百架。他们是否可能从多弗尔后面进攻（并不担心伤亡问题），从后面夺取海岸炮兵阵地，在白天控制英吉利海峡？也许，德国人在爱尔兰、苏格兰和英格兰东部还有其他分散的登陆地点吧？我不知道。

金斯利·马丁 1941 年 2 月 6 日的来信 154

亲爱的梅纳德：

在 E. D. 西蒙那张著名的日历上，今天有一条 J. M. 凯恩斯语录。我把它贴在这个房间的墙壁上了：

言辞应该带着几分狂野，因为它们是对不思考者进行的思维攻击。（J. M. 凯恩斯）①

我把这条语录当作永恒的武器！

让我回到正题，谈一谈那天在信中给您提到的问题。惠特尼写信告诉罗伯茨，他身体不好，但是很想知道，在他不出席的情况下，董事会是否应该开会？我不知道这是否必要——出席会议的人很少——但是觉得必须想个办

① 参见约翰·梅纳德·凯恩斯全集，第 XXI 卷，第 244 页。

法，给我找一个助手。在我离开报社时，这个助手必要时可以完成我的工作。就目前的情况看，我做了大部分吃力的事情。只要布雷斯福德可以写文章，那就不太糟糕。然而，他的健康状况欠佳，用不了多久可能要去美国待一段时间。乔治·施瓦茨尽管有用，但是不会在编辑部充当候补角色。我们可能面对这样一个局面：一方面必须让某个人密切关注时事；另一方面必须让某个人坐在办公室里编辑报纸。我认为，我们可以支付高薪。我们的报纸发行量不错，可能会赚到大量金钱。当然，我们主要在工资上节省开支，例如，威利森去了供应部，整个报社的员工数量比以前更少一些。

我倾向于邀请里奇·卡尔德加盟。卡尔德不仅思维灵活，而且拥有丰富经验，掌握关于国内事务的一流信息。他常常受到卫生部和国内安全部邀请，处理与住宅和健康相关的问题，而且在社会上联系广泛，包括官方和非官方的。他年富力强，思维敏捷；假如一个炸弹落在我的头上，他可能按照他的方式，继续编辑一份非常优秀的报纸来。几天前，我给他打了电话，发现他有意离开《信使报》。他觉得，只要有机会在其他地方从事写作，甚至工资有所降低也无大碍。我觉得，我们应该给他每年 800 英镑的年薪。* 就目前的经营状况而言，我们支付这笔费用是没有什么问题的。我们与乔治·施瓦茨所签的合同完全是临时性的，现在每月支付 30 英镑，应该对相关安排进行修改。我们可以减少工资，或者采用按篇幅计算稿酬的方式。我觉得现存的困难在于：其一，在正常情况下，里奇应该提前 6 个月将离职打算告诉《信使报》（不过可能想法解决这个问题）；其二，如果他离开《信使报》，我们应该就他未
155 来的职位，提供合理的保证；其三，他是预备役人员，到本报就职可能有一些难度。就最后一点，我肯定会找专家进行咨询。

正如您知道的，我长期以来都在寻找人选，以便让我摆脱一些办公室事务。更为重要的是，如果我生病或者离开，有人接替我的工作。自从迪克·克罗斯曼离开报社以后，我无法找到任何合适的人。现在，我已经做出决定，里奇大概是最佳人选。您是否认识他？是否愿意见上一面？您可否与我共进午餐或者晚餐？如果您能来，我让里奇见见您。

我觉得法国的消息给人的感觉是，那里的情况非常严峻。

---

* 他现在的年薪在 1200 英镑以上。

您的，
金斯利

您对金融版面持何态度？
是放弃这个版面，还是继续刊登广告？此事涉及大量收入。

凯恩斯 1941 年 2 月 7 日写给金斯利·马丁的信件

我亲爱的金斯利：

西蒙日历上的那一条引文非常可爱。我已经忘记自己这样说过，不过并不感到羞愧。我愿意见一见里奇·卡尔德。下周什么时候，您和他能否与我共进午餐？星期三或者星期四 1 点半，在萨福克街的联合大学俱乐部，行吗？

但是，关于雇用他的事情，我有两点保留意见。首先，考虑到克罗斯曼的情况，我觉得没有理由给他提供保证。我觉得，就我们的目的而言，克罗斯曼比他好得多，如果克罗斯曼在适当的时候提出回到报社，我肯定不愿表示反对。毫无疑问，从长远上看，克罗斯曼是我们报社需要的人。

另外一个保留意见与卡尔德本人有关。我觉得，他是非常优秀的记者，而且我也喜欢他的有些文章。但是，依我所见，他确实更适合担任日报的记者，而不是周报的记者，因为他缺乏后者需要的那种反思精神。应该说，他天生就有说谎的本领，总是选择良好的原因，但是常常会让别人反对他自己。如果雇用他仅仅是缓解燃眉之急，我不应强调这些看法。但是，如果给克罗斯曼将来返回 156

报社设置障碍,那真的是一个很糟糕的做法。

另一方面,我像以往一样,完全赞同您的想法,找到一个可靠的、可以经常协助工作的替身非常重要。对此,我目前没有建设性意见。所以,真正的困难是您提到的应就卡尔德“未来的职位,提供合理的保证”。我觉得,这恰恰是我们无法给他的。

我们见面时,可以谈一谈金融版的事情。我们曾经认为,应该开设这样的版面,以便获得出版广告宣传手册的机会。我们从来没有得到这样的项目,而且现在看来将来也没有什么希望。我怀疑,这个版面影响的只有我们得到的非常少量的公司经营报告。对米兰银行这样的机构来说,这样的做法很难是明智的:刊登雷吉的讲话,以便在金融版上引起负面评论。应该说,我们现在还能得到经营报告的主要原因有三点:那些公司已经形成习惯;我们有它们的目录;那些公司的人觉得,就一般宣传而言,我们能够起到与其他报纸相同的作用。

但是我认为,完全放弃这个版面可能有些危险。是否可以每月出一版实质性较强东西,是否可以用《金融与经济评论》,或者诸如此类的名称?如果这样,我们就可以雇用《经济学家》编辑部的人,例如,泰尔曼。

你永远的,

J. M. 凯恩斯

金斯利·马丁 1941 年 2 月 10 日的来信

亲爱的梅纳德：

我已经让罗伯逊夫人预约，星期四与里奇见面。星期四我有时间。当然，我一直都想与您共进一次午餐！

克罗斯曼当然是我们希望请到的最能干的人，但是我觉得他不大可能回来。也许，我的判断是错误的，不过，他雄心勃勃，志向远大，已经进入完全不同的圈子。我不久之前给他打过电话，谈到这件事情，很想知道，假如战争在 157
一两年之内结束，他是否考虑返回报社。

里奇主要搞日报新闻，而且写的东西并不太好。我不确定您在信中提到的"说谎"是什么意思？他的思维方式以自然科学的为主，然而不乏创见，我觉得他非常希望摆脱日报记者的工作。他从非学院派角度，真的了解许多社会问题。也许，就他本人的情况判断，他不是什么最佳人选，比如说，他对外交事务一无所知。但是，我认为，仅仅考虑他在日报工作的经历是武断的，他在非常重大的问题上具有建设性思维。H. G. 威尔斯与里奇关系密切，看来觉得里奇可以继任这个职位，承担他的工作。我不知道这是否是褒奖之辞？这一点既引人联想，但又显得不大合理。里奇尽管正在积累经验，具有想象力，但是却没有 H. G. 威尔斯那种天赋。他的长处是思维细密，注重实际。这一点恰恰是 H. G. 威尔斯最缺乏的。我应该说，里奇有能力写出具有沉思性质的报刊文章。

了解了您对金融版的看法，在此谨表谢意。不管怎样说，我们星期四将会见面。

金斯利

我觉得，艾恩赛德撰写的关于上一次世界大战的信件是迄今为止的最佳之作。不过，我希望与谢泼德见面，或者听一听斯大林的评论。您是否读了我上周评述的克斯特勒撰写的著作？[①] 看到您对"金融骗子"评论，非常高兴。

---

① 《正午的黑暗》(1940 年)。

凯恩斯 1941 年 2 月 12 日写给金斯利·马丁的信件

亲爱的金斯利：

我们两人星期四也许无法单独谈话，所以写这封短信，回答您来信中所谈的问题。当然，我对克罗斯曼的计划一无所知。但是，如果他像我殷切希望的那样，决定从政，我觉得与每日辛劳相比，在伦敦的一家周报做一份兼职工作可能正好适合他的计划，而且可以给他一个生计，帮助他去实现自己的抱负。

您的，

J. M. K.

158 当年 2 月 22 日，《伦敦日记》栏目刊登了一篇文章，马丁发表一封信件。这引起了一场新的讨论。

金斯利·马丁 1941 年 2 月 20 日的来信

亲爱的梅纳德：

您几个月之前给我说了一句话，它常常让我深感困惑。您当时说，如果没有货船进入我国的港口，我们也拥有足够维持 1 年时间的食品库存。我最近与一些专家谈过这个问题，他们都不赞同您的说法。您做出这一估计的根据让我深感困惑。在我看来，食品和海运的情况非常严重。如果我的看法是错误的，让我知道错在哪里将会大有帮助！

您的，
金斯利

凯恩斯 1941 年 2 月 26 日写给金斯利·马丁的信件

亲爱的金斯利：

惊闻您在办公室罹患了坏血病，深感遗憾。这完全是因为，我是从别人的谈笑中听到您的消息的。

除非把在这一季里正在生长的庄稼计算在内，实际的食品贮备当然没有收获之后那么丰富。但是，我国通常拥有大量的大宗商品贮备，例如，小麦、食糖、榨油原料、鲸鱼油等等；就此而言，我知道我国的贮备情况不会出现任何严重问题。目前出现的短缺仅仅限于库存数量不大的东西，例如，新鲜肉类、熏猪肉、黄油、奶酪。除了新鲜肉类之外，其他东西其实并不属于大宗商品；在一定程度上，造成短缺的原因应归于我们节省美元的做法——这种短缺将会很快得到缓解。此外，真正的短缺被人夸大，对一种东西的需求影响了对另外一种东西的需求。例如，奶酪的消费量超过了原来的水平，但是仍旧不能满足从鸡蛋、新鲜肉类消费中转移出来的需求。

另外，甚至鲜肉短缺这个说法也是靠不住的，大体上是食品部计算造成的结果。根据估算，食品部的人做出了安排，在这个季节
喂养了大量牲畜，其中却没有一头可供宰杀。我们现在的牲畜存 159
栏数似乎达到 1 年以前的两倍之多。但是，春天到来之前，我们却没有催肥它们的饲料。

我个人的意见是,除非损失超过了现在的情况,我们没有理由担心将来的粮食供应是否充足。不过,您可能发现,内部和外部的统计人员——政府部门的人——可以提前1年发现严重短缺的情况,因此预先传播了这条坏消息,没有考虑到可能出现的补偿。外部观察者可以参考的一个实际测试品是《泰晤士报》以及其他报纸的版面数量。只要《泰晤士报》——该报所用纸张实际上全是进口的——每天编辑8至10版,物资供应的情况不可能太糟。其原因在于,尽管内阁中有许多喜欢看报的勋爵,尽管附近的民众喜欢看报,我们在饥荒出现之前大概会减少报纸的出版数量。如果以合理方式减少新闻纸的库存,进口新闻纸耗费的大量资金足以让我们的奶酪消费翻一番,而且同时让我们依然能够看到每天厚达数版的报纸。

通常,混乱状态加剧我们面临的麻烦,而时间在一定程度上可能消除混乱状态。当然,我们不能进口我们喜欢的所有东西,但是,没有什么短缺是无法通过合理的、在许多情况下可取的节约方式来加以克服的。

当然,以上所说的不供引用,仅仅希望让您放心而已。

您的,

J. M. 凯恩斯

两人之间的通信联系中断,直至凯恩斯当年8月从美国归来之后才恢复。当时,罗伯特·林德——一位经常撰稿的专栏作者——的问题冒了出来。

金斯利·马丁 1941 年 10 月 9 日的来信 160

亲爱的梅纳德：

有一件事情我希望听听您的意见。罗伯特·林德每周为《新政治家与国家》写一篇文章，已经持续了 20 年左右时间。我认为，大量政治兴趣不那么浓厚的读者习惯阅读他写的文章。我记得，几年之前，我有一次在一则通知中征求读者的意见，发现许多喜欢戴维·加内特的《普通书评》的人也喜欢阅读罗伯特·林德写的文章。我认为，相当多的女性读者也喜欢他，他无疑吸引了一批无法忍受过多辛辣的现实主义言论的读者。不过，我们不知这一批读者的准确数量。有人抱怨说，目前纸张短缺，罗伯特·林德每周都浪费版面；持这个意见的人显然越来越多。这条意见来自许多阶层，并非完全来自左翼，甚至也不是来自知识阶层。

可以采取的办法有几条：第一，让罗伯特·林德改为半月供稿，或者让间隔时间更长一些。我觉得这个做法可能行不通。对他来说，为《新政治家》撰稿已经成为一种习惯；他可能会回答说，如果连载中断，他宁可选择离开。这仅仅是一种猜测，不管怎样说，我可以试一试。第二，完全不雇用他。除了人际关系——这相对说来并不重要——方面的考虑之外，这样做可能有不利之处：我每周就得寻找文章，以便缓解报纸表现出来的政治意味；如今，文章写得很好、又能起到逗乐作用的撰稿者为数不多。就这一点而言，现在的情况是，由于罗伯特·林德的文章占据了版面，我们已经数月没有刊登科学和文学方面的文章。这两个方面的文章严格说来不是替代品，不会保证提供愉悦的东西，不能满足那些每周喜欢看到讨论哲学的精到文章的人。第三，我们可以保持目前格局，让罗伯特·林德继续供稿。第四，我可以请他压缩每周稿件的篇幅。我不知道，最后这个办法是否有用。他需要一定篇幅，才能展现他的写作特点。

如蒙就此提出您的见解，我将非常感激。我希望，您目前对俄罗斯形势的看法比我乐观一些。

您的，

[这份复写件没有签署了他的姓名，也没有签署缩写]

凯恩斯 1941 年 10 月 14 日写给金斯利·马丁的信件

亲爱的金斯利：

自从我们上次讨论了关于罗伯特·林德的令人烦恼的问题以后，我的感觉完全没有什么变化。我并不总是阅读他写的东西，但
161 是我已经形成了欣赏情趣，喜欢看他的文章。如果他离开报社，我将非常想念；而且，我相信，许多读者也会有此同感。我应该说，人们对他的文章并未达到非常喜欢的程度，但是他们已经养成了这种习惯，如被打破，反应会非常敏感。再则，假如他的文章完全消失，寻找某种类似的替代品对您来说也会是一件非常棘手、令人讨厌的事情。这并不意味着，隔周而不是每周刊登他的文章不是理想的办法。鉴于报纸版面已经压缩，这个办法尤其值得考虑。如果您能说服他，我会表示支持。不过，您应该记得，上次和他讨论这个问题时，他清楚地表明了他的态度：要么每周刊登一篇，要么干脆完全取消。我觉得，可能出现的情况是，随着年龄的增长，他现在可能不如以前那么勤快了。此外，他将会体会到大幅压缩版面之后形成的舆论力量。这样看来，也许可以试一试。如果这样做，我认为最微妙的方式是让他明白，如果他不愿意改变现在的做法，我们会继续沿用每周使用他的稿件的惯例。如果您能让他隔周供稿，这是最佳结果。

您的，

J. M. K.

金斯利·马丁 1941 年 11 月 7 日的来信

亲爱的梅纳德：

第一，报纸版面将会进一步压缩，从 22.5 版减为 20 版，而且增刊很可能也会压缩。这样做可能让人难以保持本报的特点。看来，还有可能压缩为 12 版。现在是我们据理力争的时候了。情报局对我们的情况依然持同情态度，但是我觉得他们的力量不够强大。依我所见，比弗[1]显然没有时间认真考虑这样的细节，然而可能是作出决定的人。就这个问题，《旁观者》、《时光》和我们报社都发出了备忘录，我将给寄上一份本报的备忘录的副本。备忘录寄给了供应部的相关官员、情报局，以及任何可能对我们有用的人。这件事情非常荒唐，因为保持现在版面所需纸张的数量很小，几乎可以忽略。这里仅举两个例子，在本周的一个书摊上，有 24 种妇女报纸介绍针织方法；各专业和技术报纸每周刊登数十版广告文章。这样的文章不可能让读者掏钱购买，刊登的目的仅仅是为了征收超额利润税。不过，相关说法您已经知道，在 162
此无需一一赘述。如果您能告诉我什么有用的人，以便我反映情况，或者想到别的什么人，以便我们就这个问题进行接触，我自然会感到高兴的。

第二，我觉得，我们应该召开董事会，讨论与报纸版面压缩和其他问题。我曾经给普里斯特利通了电话，从我的角度，问他是否可以出任董事，我觉得他听了之后显得高兴。这是一段时间以前的情况，应该就这个问题做出决定。

第三，从政治上看，普里斯特利领导的 1941 年委员会是一个非常重要的机构，而且与美国人建立了相当广泛的联系。在不久以前举行的一次周末讨论会上，我给该委员会的成员讲过话，谈到了“不受恐惧和缺乏干扰”一语的隐含意义，专门提到了战后英美合作、重建欧洲的计划。现在，有的人正在研究不同的美英合作方式，需要有人就如何使现在贮存的多余食品，就美英合作的其他问题，提出具体的指导性建议。有人问我，是否可以与您接触，让您到位于希尔大街的赫尔顿会馆待上 1 个小时，就这些问题提供一些意见。建

① 比弗布鲁克勋爵。

议在12月11日,不过那周或者那周之前的大多数晚上都行。如果您愿意,可以抽出时间,此事值得一做。您无需专门准备,可以提供一些有用的建议,帮助一大批使用奇怪或者错误方式处理这些问题的人。

我随信附上一本小册子。这本来是数月之前写的,后来进行了修改,但是结果并不令人满意,其目的旨在介绍俄罗斯战争和大西洋宪章。

您的,

金斯利

凯恩斯1941年11月12日写给金斯利·马丁的信件

亲爱的金斯利:

寄给供应部的信函副本已经收到。我觉得写得很好,很有说服力,希望它可以起到预期效果。

但是,如果不能,我认为正确的解决方法是减少发行量,而不是压缩版面。也许,压缩到14版可行,但是不能低于这个篇幅。
163 不过,我更喜欢保持16版。

电话中我忘了回答您来信中所写的关于普里斯特利的那一段。这个问题我们必须在下一次董事会上讨论。

但是,我考虑这个主意的越长,对它的兴趣变得越小。昨天晚上,雷蒙德和我一起共进晚餐。我发现,他听到这个主意后大吃一惊,认为普里斯特利对我们的所有观点均持反对态度,是国内反对高级知识分子的领军人物。

你永远的，

J. M. K.

凯恩斯 1941 年 11 月 13 日写给金斯利·马丁的信件

亲爱的金斯利：

我带着浓厚的兴趣，通读了大作《宣传之收获》[①]这是一篇非常优秀的论文，我仅仅有一处更正。使用"吵闹的拨号音"一语的是奥克兰·格迪斯爵士，而不是埃里克·格迪斯。在 1918 年举行的所谓礼券大选期间，奥克兰·格迪斯爵士在剑桥市政厅的一次竞选演讲中，使用了这个惟妙惟肖的说法。只有当地的报纸刊登了这条新闻。我母亲剪下那一则报道，寄给了我，让我记忆深刻，后来在撰写《凡尔赛和约的经济后果》一书时想起了它。假如不是如此，这个说法的出处可能记在别人的头上。

您引用的"表情严厉的男人"那个说法斯坦利·鲍德温最早使用，我是从他那里偷来的。礼券大选之后新议会开会的第一天，我坐在财政部的查默斯大厅里喝茶，时任财政大臣的鲍德温当时在隔壁的一个房间里，后来从门口探出头看着我们。我问他，"他们的模样如何？"他在回答时使用了这个非常著名的句子，"许多表情严厉的男人，他们那样子仿佛是刚下战场的胜利者。"那一场景如今历历在目。

① （伦敦：1942 年）。

你永远的，

J. M. 凯恩斯

我很高兴和1941年委员会的成员进行一次私下交谈，但是12月
164 9日或10日比12月11更合适一些。

金斯利·马丁1941年11月14日的来信

亲爱的梅纳德：

多谢您的来信，故事非常有趣。拙作将出美国版，我正在进行相关准备。也许，我希望再问您一两个实际情况。例如，汉米尔顿·法伊夫给我来信，批评某些细节，声称诺斯克利夫从未在美国进行过宣传活动，只是讨论财政问题。我肯定可以探明具体情况，可是不确定应该如何查阅这一点。我明确记得，诺曼·安杰尔曾经给我讲过，诺斯克利夫在美国进行了宣传活动，但是我很想知道您是否记得相关的任何情况。

我已经向1941年委员会转告了您的意思。他们承诺说，会见将会以严格的私下方式进行。我觉得，选定的日期是12月10日。您能否定下这一天？您同意见面，他们深表谢意。

我认为，您可以用审慎方式，与布拉肯或者莱顿接触，就报纸的事情进一步帮助我们。他们两人可能很不愿意着手制定新的甄别原则。但是，可能出现的情况是，如果不承认这个原则，他们可能不动声色地增加更多纸张。其原因在于，他们认为有的报纸无法依赖基本配额维持下去，所以已经给予了更多的纸张配额。我认为，配额将在12月底减为现在用量的12%，这就是我们应该争取的东西——不是要求改变基本配额，而是要求额外增加配额。我准备私下与哈洛德·麦克米兰见面，研究这个问题。我觉得，他是我们可能争取的另外一个人选；而且，我认为你和他很熟悉。

您提到14版，这是错误的。从技术上讲，我们只能减少4版。我自己非常清楚，我们应该减为12版，而不是牺牲发行量。压缩所有广告，我们可以出版12版，依然保持值得尊重的报纸应有的品质。如果低于12版，可能出现问题。我刚才收到惠特利的来信说，宁可做出其他牺牲，也不能减少发行量。罗伯茨对此持同样看法。我开始感到犹豫，如果报纸篇幅太小，给人的感觉是要么我们无力支撑，要么不值我们现行的定价。假如我们没有能力，我们就应该自动减少发行量，以便解决纸张不足的问题！但是，有人提出了强有力的建议，认为可以减少篇幅，甚至减到8版也在所不惜。如果真的减至8版，人们会关注我们的问题，觉得我们很可能会出现变化。此外，因为我 165
们现在没有零售业务，减少发行量非常困难；如果以平等方式给订户分配报纸，那样的做法看来会引起无法解决的问题。如果我们相信我们必须表达的东西具有重要意义，那么，最好的方式是向整个公众表达我们的意思，而不是仅仅觉得，自己的刊物是一份面对较少读者的文化报纸。在现在这种情况下，出版一份篇幅为8版、读者数量很大的报纸具有非常重大的意义，远远超过了篇幅为它的两倍、面向具有高度文化修养的读者的报纸。

普里斯特利的问题令人尴尬。我原来并不知道，雷蒙德的反应竟然如此强烈！我现在依然难以做出选择，不过倾向于采用对他有利的办法。

你永远的，
金斯利

金斯利·马丁1941年12月12日的来信

亲爱的梅纳德：

您星期三能来，我非常高兴。这事让您觉得重要，可能有所帮助。

就您在晚餐席间提到的第二战场的问题，我有许多看法需要表达。但是，就一件事情而言，我希望确认您掌握的信息与事实相符。在本报10月25日出版的那一期上，我们发表了一篇题为《业余战略者》的文章。该文明确指出，尽管我们为自己的观点提出了辩护，在欧洲开辟另外一条战线可能是正确对策，但是这样的可能性已经不复存在。从那以后，我们曾经一两次提到那场争论，并且建议说——我对此表示完全赞同——在选择利比亚时犯下了一个错误，但是我们并不提倡在欧洲开辟第二战场。我觉得，这一事实肯定让你觉得困惑：我们在 11 月 29 日引用了斯大林的讲话，指出媒体对他的报道有误。我觉得，您在这两点上是完全错误的：其一，您认为提出这一论点的原因完全是俄罗斯的虚假宣传；其二，您记得我俩早些时候就这个问题的那次谈话，我觉得您根本没有考察过相关情况。我本人确信，从技术角度提出的这些论据具有压倒性优势，支持在全欧洲范围进行攻击。我认为，当初没有进行这种尝试的原因在于这一判断：俄罗斯可能会立刻崩溃，这样做没有什么价值。您认为，这是受到俄罗斯影响而进行的一场不负责任的战役，我对此感到非常气愤。我在陆军部的朋友一开始就告诉我，所有的论证都支持西方进攻，但是对莫斯科具有的力量所持偏见非常顽固，认为我们的所有军队将会灰飞烟灭，不可能把希特勒的部队吸引到西线来。陆军部做出的这一判断已被证明是正确的。当然，如果俄罗斯可以在我们不参与欧洲战
166 争的情况下赢得战争，那也没有关系，但是，即便如此，我觉得这也是一场可能导致严重后果的赌博。

您的，

[这份复写件没有签署了他的姓名或者缩写]

凯恩斯 1942 年 1 月 5 日写给金斯利·马丁的信件

亲爱的金斯利：

我认为，您在 12 月 26 日[原文如此]那一期报纸上发表的关于对美关系的文章写得很精彩。① 依我所见，您对局势的分析富有灵感。

① 《太平洋上的混乱状态》，见《新政治家与国家》，1941 年 11 月 27 日。

我知道，星期五的会议在 12 点 15 分举行。一般说来，我将按时到会，待上一段时间，明确阐述我自己的观点。

您的，

J. M. K.

1942 年夏季，在凯恩斯与马丁之间出现了长时间争论，焦点集中在是否应在西欧开辟第二战场，以便减轻德国对俄罗斯的军事压力。那场争论始于刊登在当年 8 月 15 日出版的《新政治家》上的一篇文章，标题是《世界战线》。凯恩斯最初是以读者来信方式进行回应的。

凯恩斯 1942 年 8 月 22 日写给《新政治家与国家》编辑的信件

先生：

您在本周的头版通栏标题文章中写道："开辟第二战场绝不应为纯粹的军事行动；它是欧洲人掀起的一场反对法西斯主义的革命，无论我们喜欢不喜欢情况都是如此。开辟第二战场拖延了这么长的时间，这可能是其原因之一。"

您是否真的相信这一点呢？

凯恩斯

167

金斯利·马丁 1942 年 8 月 19 日的来信

亲爱的梅纳德：

我已将您的来信寄给了印刷厂，只写了一个单音节词汇，表示了同意付印的编辑意见。

我觉得，任何密切研究近况的人都不会质疑就这个问题做出的回应。我克罗斯曼和我 1941 年开始讨论在欧洲大陆上发动革命战争的问题；从那时开始，我们实际上一直都在努力，分析帝国主义战略的动机，而不是欧洲战略的动机。其实，其中一个动机是担心届时将会被迫支持革命力量；我那时应该想到，这种担心其实是确定无疑的。戴高乐甚至提出强烈的反对意见，认为在战争结束之前，不应使用法国抵抗力量参与法国境内的战斗。他解释说，届时需要使用那些部队来维持秩序，镇压共产党人。这是一个非常突出、目标明确的例子，可能得到许多其他例子的支持。

这让我想起了我俩去年冬天的一个晚上在赫尔顿会馆用餐时的那次谈话。[①] 我其实打断了您的话头，以强烈方式表达了自己的意见，认为应该在欧洲大陆上展开攻势。我那时知道不可能在短期之内发动进攻，但是觉得今年夏天在比弗布鲁克承诺向俄罗斯提供物资之后肯定能够实行。您当时暗示，我要求开辟第二战场的说法是不负责任的言论。我当时觉得，自己不能随意说出自己了解的情况，我现在知道了更多的详细内容。英国内阁的一名成员从专业人士角度，掌握了全面的情况，当时的看法和我的完全相同。就在德国开始进攻俄罗斯的那一周，他敦促英国在欧洲大陆发动进攻。假如当时采纳了他提出的建议，我觉得战争可能已经结束了。后来，另外两名内阁成员提出了不同的建议，对他表示支持。在看到本周报纸上发表的那封信件之前，我没有想到这件事情。那天和我们共进晚餐的其他人向我提起了这件事情，并且问我为什么没有坚持自己的观点。

有一个引人入迷的例子，不过不幸的是，我无法作为这篇文章的一个：在一次关于是否开辟第二战场的争论中，有人问英军参谋部的一名主要成员，如果不让英国军队在欧洲大陆上与革命力量并肩作战，他认为它有什么作用呢？他回答说，英国军队是来用战后占领欧洲的。总之，他接受了去年由哈

① 《太平洋上的混乱状态》，第 162 页。

里法克斯勋爵阐述、现在被轰炸机司令官哈里斯重新描述的方案。根据后者的说法，我们必须让德国人尝够炸弹的滋味，让他们精神崩溃。英国和美国军队就可以乘虚而入，占领欧洲。我觉得，这是让这场战争中走向失败或者陷入僵局的方式。我感到惊讶的是，您在来信中竟然表示，在这场具有划时代意义的争论中，您让自己与他们为伍。 168

您的，

［这份复写件没有签署了他的姓名或者缩写］

金斯利·马丁 1942 年 8 月 24 日的来信

亲爱的梅纳德：

您来信表示疑问的说法在很大程度上其实是一种有保留的陈述，所以令人稍感困惑。诸如此类的问题是无法以公开、详细的方式加以证明的，如我们无法引证说，戴高乐认为他的军队是用于在战后维护欧洲秩序的，而不是用来发动进攻的。我们也无法引证说，现在做出的安排旨在组建一种类似秘密警察的力量，以便进攻开始之后投入使用。我知道，在政治战司令部、在陆军部、在外交部以及其他一些部门中，有人研究这个问题。那些人会赞同说，在去年准备开辟第二战场的过程中，我们遇到的巨大障碍之一是这个事实：我们的所有情报工作、外交部的所有心思（更不必说当时依然在任的若干大臣）全都用在如何与共产主义展开持久的斗争。正如汤姆·温特林厄姆*所说，在欧洲发动进攻这个概念可能意味着，每个士兵携带三支枪，一支自己用，其余两支给可能是共产党人的工厂工人使用。实际上，这一直是一个难以付诸实施的观点，甚至现在也没有被人完全接受。我觉得，您没有关注在其表面之下的这场争论。英国广播公司欧洲频道的一名思想偏左的播音员以有趣方式，说明了这一点。那位播音员发现，他播送的节目让人得到勇气，

* 汤姆·温特林厄姆（1898—1949）英国记者，曾经在部队服役，后来从事军事历史研究，信奉马克思主义。——译注

向欧洲大陆的左派求助相当于得罪在英国的某个流亡政府，得罪英国外交部或者其他部门的某个重要人物。如您见过有人发表反对佛朗哥的言论时霍尔提出抗议的情形吗？

您的来信让我想起了我俩在去年冬天在赫尔顿会馆的那次谈话。当时您认为，我没有专业权威性，不能就开辟第二战场的问题提出建议。那时，三位内阁成员——三位大概对其可能性具有充分了解——支持这个建议，其中至少有一位态度坚决。假如《新政治家》当时表态说，开辟第二战场不存在什么技术上的困难，而且持反对意见的人又不算多，假如我们当时说，反对开辟第二战场的最重要的原因只是人们感到，与欧洲大陆的革命运动进行合作存在难点，我就应该看到提出批评意见的理由。但是，我认为，任何人听到讨论中提出的论点都不会怀疑，这一直是——正如我们所说的——其中的一个因
169 素。您记得我去年提出的观点是，使用“1 亿盟友”将会变得越来越难。①（顺便说一句，您是否读过迪克·克罗斯曼和我撰写的那本书呢？* 依我所见，早在 1940 年，我就相当清楚地预见到难以与那些同盟国合作的原因了。）雷蒙德对法国的局势非常了解，现在已经接受了我的这个观点。他强调说，人们越饥饿，他们与同盟国军队战斗的可能性就越小。我刚刚再次看到，英国外交部的人在内心深处依然犹豫不决，不愿接受与欧洲大陆上的革命者通力合作的必要性。当出现实际任务时，他们使用他们自己的联系方式通力合作，排开政治战司令部的人。不幸的是，那些人往往全都在支持贝当、支持佛朗哥的学校中接受过培训，对法国和西班牙的工人阶级持 100% 的反对态度。然而，工人阶级是这两个国家中我们可以联合的唯一的潜在盟友！

就此长篇赘述，深表歉意，不过我觉得，您可能希望了解更全面的回答，而不是简略的。

最近有人问我，是否愿意到美国去，见一见某些希望见到我的团体？如果我去，我不打算公开发表言论，希望逗留时间最多不超过三四周。我了解到，情报局负责这方面工作的人员支持我去。如果我表示去，并且在 11 月中旬回来，他们觉得可以在飞机上为我安排一个座位。我认为，这对我和报社都很有

① 西皮奥，《如果你决定，就可以出现 1 亿盟友》（伦敦：1940 年）。

* 克罗斯曼带有很强烈的反共色彩（实际上一直如此），在所有这些问题上都会赞同我的说法。1940 年，正是他在《新政治家》上最先使用“革命战争”这个说法。

好处，能否成行取决于莱昂纳德·伍尔夫是否愿意替我管理几周报社的事务。

您的，
金斯利

凯恩斯1942年8月28日写给金斯利·马丁的信件

亲爱的金斯利：

我很高兴收到您的来信。其原因在于，我在报上见到您的回复时，认为它是无伤大雅的小小谎言。显然，您不能说相反的东西——我认为，大多数读者也会得到这样的结论。现在我明白了，您其实真的希望表达非常不同的意思。

在我看来，您的真正意义是这样的。您认为，当这个时机出现时，如果我们在法国、西班牙和其他国家中组织共产主义革命，这
将在很大程度上有利于我们在第二战场上取得胜利。现在，假如 170
您开口说，我们其实没有在欧洲国家中组织共产主义革命，你可以提出强有力的证据，支持您所述观点的真实性。我认为，山姆·霍尔并未组织——甚至也没有鼓励——反对佛朗哥的共产主义革命。我国正在——至少表面上——与戴高乐的合作，我从来没有听说有谁说他带有同情共产党的倾向。我国与威廉敏娜女王和伯恩哈德亲王*领导的政府保持密切接触，我认为他们根本不像共

* 威廉敏娜(1880—1962)，荷兰女王(1890～1948)，第二次世界大战时在英国避难但仍坚持鼓励荷兰人抵抗外侮。伯恩哈德(1911—)，1937年1月7日与威廉敏娜的女儿朱丽安娜结为伉俪。——译注

产党人，诸如此类，不胜枚举。

除此之外，还有一点我觉得也是实情。人们很难在这两者之间划出一条明确的界线：其一是鼓励或者支持共产主义革命，其二是给敌人制造混乱局面。很可能有人在相当低的层面上做出决定，画出这条界线，他们的立场与您完全不同，很可能与我的也完全不同。但是，如果考虑到各个方面的情况，把握两者之间的界线显然不是一件容易的事情。

现在，如果您提出，我们应该在欧洲组织共产主义革命，以便有利于开辟第二战场，其实我们却没有这样做，对这个观点我可能不会表示赞同，但是对这样一个合理的意见，我却无法表示反对。然而，这并不是您表达的意思；就我知道的情况而言，这一点依然显得相当古怪。我同意您的说法，我拥有的知识根本说不上全面，也许我涉及的领域与您的来源重合部分不多。但是，在一两个我可以与您核对的问题上（恕我无法进一步具体说明），我根据自己确知的信息判断，您是错误的。

我有兴趣知道，在不远的将来，鼓吹在条件不成熟的情况下开辟第二战场的舆论是否将会暂时偃旗息鼓？不过，这两者之间根本没有联系：一个是在条件不成熟的情况下开辟的第二战场，另外
171 一个是出现早的可行机会开辟的第二战场。

还有另外一件事情：伯纳德·斯威辛班克。[①] 他是我的一个老朋友，一段时间里曾经在缅甸的勃固市担任区专员，现在已被任命为缅甸事务大臣的顾问。他对缅甸的未来局势持有他自己的见

① 伯纳德·斯威辛班克是凯恩斯上伊顿公学时结交的朋友。

解——您可能会表示赞同——但是对官方舆论的倾向并不太满意。他喜欢有机会与您见面。您是否可以去见他，或者让他到这里与您会面？您可以致电缅甸事务办公室，或者去函与他联系。我觉得，他目前在办公室里并未承担全职工作。

您的，

J. M. K.

此信是看到本周报纸以前写的。我看到了您这次表示的否定回答。这看来更合理一些。另外，您对自己真实意思做出的解释证实了我上面表述的猜测。

金斯利·马丁 1942 年 8 月 28 日的来信

亲爱的梅纳德：

我希望您已经看到了亨利·卢斯财富增刊上讨论的关于战后重建中英美关系等问题。我认为它很有意思，于是请约翰·斯特拉奇替我进行一次分析。随信附上的两篇文章就是分析结果。它们包括了本世纪的一种新的奇特的 cujus regio(领土管辖)理论。我觉得您对此会感兴趣，并且非常希望听听您的观点。如果您拨冗一阅，我将非常感激。

再谈一谈您来信提到的问题和我所做的。当时，我并不觉得自己那样做有失礼貌——那个，似乎与信件的精神大概一致。但是，我将它视为相互“修正”之作。如果真的有失礼貌，我表示道歉。言辞粗鲁是没有什么意义的。我希望，应是我在本周这期报纸中增添的这个。

您的，

金斯利

172 金斯利·马丁 1942 年 9 月 4 日的来信

亲爱的梅纳德：

您给我引荐了著名的斯威辛班克，在此深表谢意。我的缅甸朋友提到他的名字时，眼里露出的神情类似尊崇。他将在星期二与我一起共进午餐。

不，这不是什么“小谎”。您当初提出的问题从两个方面得到解读，第一个方面的回答是“肯定”，第二个方面的回答是“否定”。就这个问题与我交换过意见的人大概一分为二：那些认为我的观点显然是正确的人觉得，因为我们的人无法从支援革命的角度考虑问题，所以开辟第二战场的事情被推迟了；那些认为您的观点是正确的人觉得，政治考虑现在已经不再推迟开辟第二战场的事情了。我写了署名为 W 的第二封信，以便澄清这一点。

我现在写这封信，希望请您就一个迫在眉睫的问题提供建议。我可能要去美国待一个星期。莱昂纳德和我达成一致意见，在我离开期间，最好请一个完全不同的人来担任《伦敦日记》专栏的撰稿人，以通常圈外的人选为佳。我听说，鲍勃·布思比(已经和温斯顿说好)准备离开空军，重新投身政治。我请他在我离开报社期间，为《伦敦日记》撰稿。他已经给我来过电话，表示愿意承担此项工作。因此，我预计在星期一午餐或者晚餐时间见他。后来，有人向我暗示，他过去在财务方面出了一些问题，这让他的名誉大受影响，我们不应让这样的人在报纸上发表言论，否则会给报纸的声誉带来不良影响，等等。这一点很重要。我本人并不这样看。但是，如果其他人持此观点，我可能立刻告诉他，要么给他解释，要么要求他撰文时使用假名。我自己的意见是，他必须恢复自己的名誉，他是一名非常优秀的记者，他的名字会让人产生兴趣，对我们无害，对他自己有利。请您星期一来电，告诉我您是否同意？假如您对他持强烈反对意见，我将把它视为非常重要的因素。

K. M.

金斯利·马丁 1942 年 9 月 9 日的来信

亲爱的梅纳德：

我觉得，我们受到了《交流报》造成的影响。也许，那个女孩以为，争论不会形成结论。实际上，您现在的意见让我大惑不解。自从 1940 年刊登了迪克撰写的关于法国沦陷的文章之后，我们在报纸上一直都在讨论援助革命的问题。陆军部的一位先生曾经给我打电话，询问是否我愿意在西班牙组织一场反法西斯主义的革命运动。陆军部的人甚至动用情报局第五处的人对我进行审查，让我作为官方代表，把可能的称职领导者们组织起来。* 接着，那个阶段过去了。后来，采取了另外一个步骤，希望以同样的方式帮助第五次 173
战役。如果您分析欧洲不同国家中的抵抗运动，您会发现，有时候参与者几乎全是民族主义分子，如在挪威，有时候可能由共产党人主导，法国的情况可能就是这样。我觉得，这些问题我们已经谈过许多次，并且我明确表示，我们期望的这种入侵需要适当的政治宣传，需要向那些愿意战斗的人提供武器。在这方面已经进行了一些试探性工作，不过政治上的反对意见肯定是没有我国全力投入的一个因素。

从您的来信以及那天在电话里表达的意思看，我无法确定，您觉得这个观点是愚蠢的，还是有道理的？不过我认为，关于这个问题不存在什么需要澄清的因素。就"政治偏见"而言，这个问题——如您所知——非常复杂。依我所见，由于受到某些因素的制约，我国采取了分散策略，而不是开辟欧洲战争。我们一旦确定，俄罗斯人抵抗侵略的力量非常强大，这些因素就带有实际政治的色彩了。就在德国开始入侵俄罗斯的那一天，比弗布鲁克和我（我和他站在一起，这让我觉得难堪）力主直接制订计划，在欧洲开辟第二战场。正如我们谈过的，这样的进攻被人推迟，政治偏见是其原因之一。但是，我不知道，您是否在这一点上与我看法相左？您是否——由于某种原因——希望争论一番？实际上，甚至在战争爆发之前，我就敦促我国政府，把尽量多的真正的反法西斯主义力量组织起来，其中包括民族主义者和共产党人。许多因素阻碍了这一点的实现，在"1 亿盟友"这个说法中，您将会发现对这一点的概括性解释。这本书现在需要修改，以便包含最新信息。但是，我觉得其中

显然以秘密方式进行。

的主要论点依然完整无缺，而且德国和俄罗斯之间的战争在很大程度上增加了这本论著的重要性。

您就布思比的问题提出了非常明智的建议，在此深表谢意。我并不确定我的美国之旅最终是否能够成行。您可以休假几天，我觉得欣慰。这时还烦您审阅斯特拉奇撰写的文章，表示歉意。我觉得，他的观点出现了很大变化，从左翼转到了右翼。您返回伦敦之后，我希望说服您，改天与我和普里斯特利共进午餐。

您的，
金斯利

去年，在是否与俄罗斯合作的这个问题上出现了明显分歧。哈里法克斯曾经发表讲话，概述带有莫尔－布拉巴宗色彩的方案，计划在没有俄罗斯共同参与情况下，让取得轰炸行动的胜利。

174 凯恩斯 1942 年 9 月 10 日写给金斯利·马丁的信件

亲爱的金斯利：

我觉得，斯特拉奇撰写的文章意思相当混乱，他也许没有涉及首要的基本问题。

他在第一篇文章的第一页上解释说，在财富计划的框架下，各种货币都可自由转移，美元和英镑将会以固定价格兑换为黄金。但是，他对如何实现这一点却只字未提。假如该计划将来以某种方式得到顺利实现，我怀疑，是否将会出现斯特拉奇提出的那些具体困难。或者用更适当的言辞说，这些困难出现的唯一前提是，尚未透露的实现方式包括的国内政策与他认为我们将来作出的国内安排产生冲突。例如，假设一个国家同意以无息方式，向另外一个国家无限期提供借款，以便让两种货币以固定汇率进行兑换，我们应该在国内政策中享有非常大的自由度。另一方面，如果所建议的安排需要各种方式的干涉，我应该觉得，它们很可能像对社会主义形成的干涉一样，干涉资本主义的功能。在这项计划的制定者们透露他们所考虑的那种技术之前，一般说来，根本不可能从斯特拉奇选择的角度，对该计划作出什么评论。也许，布艾尔先生的“经过缜密论证的报告”透露了所有相关信息。我没有看那份报告。如果该报告确实起到这样的作用，在这种情况下，那应该是该计划要点的重要部分。

除此之外，我还怀疑，这个财富计划是否值得人们如此认真地对待？从我听到的消息判断，该计划在美国没有引起什么具体的反应。而且，就我了解的来自官方圈子的倾向性意见而言，我可以很有把握地说，情况根本没有朝这篇文章所建议的方向发展。毕竟，与我们一起讨论战后安排的那些官员们都是彻头彻尾的新政 175
拥护者。

我已返回，非常乐意与您和普里斯特利共进午餐。届时，我们可以讨论一下，我们的撰稿人在面对事实时，他们的幻想和非理性是如何扩散的，而且还可以讨论一下如何纠正这种情况。

K

金斯利·马丁 1942 年 9 月 12 日的来信

亲爱的梅纳德：

您不厌其烦，审阅斯特拉奇的文章，在此深表谢意。我发现，难以判断卢斯提出的反对“美国世纪”的意见究竟有多重要。

我会与普里斯特利联系，确定相关时间。对“幻想和非理性”，我不抱什么希望。如果我需要有人提出论点，说明政治与战略没有关系，与诸如此类的幻想没有关系，我可能请您匿名发表文章，支持我的观点。实际上，我尚未清楚地了解您的论点。您的上一封信表明，关于这些事实，您不持异议：其一，您抱怨的原因在于这一更为模糊看法，即《新政治家与国家》肯定应以适度的方式，尽可能使用事实来据理力争；其二，您现在才决定以某种古怪的方式表示不同意见。我不知道您这样做究竟是何目的。

我本月末前往美国，打算在那里逗留三四个星期。

您的，

金斯利

金斯利·马丁 1942 年 9 月 21 日的来信

亲爱的梅纳德：

反复考虑您的来信，觉得这也许是一个不错的主意：写一个短小的备忘录，总结一下我的观点。我没有就此花费很长时间。这个备忘录不求完备，但是可以提供一个大概的轮廓。

在本书(第 6 页)的页边空白处，我增添了当时想到的一个新观点，可被视为支持另外一方的论据。我从土耳其人和其他国家的人那里得知，在东线作战的德国人行为野蛮，令人发指，这提供了新的论据，反对让我们的士兵与他们对垒。显而易见，他们之中的许多人已经变成带着兽性的杀人机器。亲眼目睹了克里米亚屠杀场面的人说，那里真的变成了一片废墟；德国人竟然进行那种破坏，做出那种惨绝人寰的事情，简直超过了人的想象限度。我认为，这一点可被用作证据，让我们打一场纯粹的防御性战争，尽量通过轰炸去取得胜利。我还从最可靠的法国消息人士那里得知，法国进行的抵抗在1942年夏季之前卓有成效，但是现在获得积极抵抗的机会可能已经不复存 176 在。给我提供消息的这位戴高乐派人士是最坚决的抵抗战士之一。他认为，在纳粹的压迫下，法国现在四分五裂，明年春季开辟第二战场肯定太晚了。如果情况真是如此，我去年提出的论点将被证明是正确的，不过同样正确的一点是，1943年发动入侵的唯一希望是以北非和意大利为突破口。

如果您能拨冗看一看这份文件，并且来电告诉您的看法，我将不胜感激。我今天通宵消防值班，当然明天也有时间。您来电时，我只希望您告诉我一点。您曾经敦促我在报上论证我的观点。我可以根据这份备忘录的大体轮廓，一一详细阐述。您是否认为，发表这份备忘录的概要是一个不错的主意？当然，这些观点已经在报纸上讨论过多次。

相关手续尚未完成，但是我打算去美国待三四周，可能下周成行。我希望星期三1点15分在常春藤餐厅与您见面。

您的，

金斯利

为什么没有开辟第二战场？

为了准确地回答这个问题，就需评估一下技术和心理两个方面的因素。我认为，自己没有能力完成这样工作，这正是我们提出开辟第二战场的要求时如此谨慎，如此低调的原因。然而，在很大程度上，这是德国人所说的willensfrage（意欲问题），而不仅仅是我准备满怀信心、运用知识强调的一个技术问题。

请注意，这类问题总是在willensfrage（意欲问题）之列。在这场战争中，已经完成了许多事情；然而，根据现有的条条框框，这些事情从技术层面看是不可能实现的。德国人一直都在做这样的事情。这是因为技术难点在这种情况下反而让位于坚定的意志。所以，拿破仑和其他将军们总是强调说，在战争中，根本没有不可能这个词汇。战争史话中不乏这样的例子：有的人在资源可能有效发挥作用时，果断地加以利用，从而取得了胜利；有的人按照教科书上的规则办事，等待武器运到、人员齐整和物资充足时再采取行动，结果往往以失败告终。劳埃德－乔治理解这些问题，早在德国入侵俄罗斯的那一天就说过，现在——并且只有现在——是最佳时机，我们可以获得看似无法
177 取得的胜利。但是，如果没有给总参谋部下达命令，要他们以现有力量，不惜一切代价开辟第二战场，我们根本不可能夺取那样的胜利。如果我们开辟第二战场，各个方面的生产将会飞跃发展。迪耶普突击*——它曾被视为开辟第二战场的首次行动——发生之后，生产出现明显增加，以令人瞩目的方式证明了这一点。如果我们开辟第二战场，现在用来运送食品等物资的海运空间实际上将会转而用于运输军需品。如果我们开辟第二战场，在人们普遍同意的情况下，我们将会实施必要的战时节俭政策——如果我们不在空前的程度上，以更深入、更紧迫的方式，处于"战争状态"，人们是根本不可能以这样的方式生活的。如果我们现在问海军部、海运部、陆军部以及相关专家，从技术角度看这样或者那样做是否可能，我们得到的回答是不可能三个字。只有在政治上作出采取行动的决定之后，才能克服技术层面上面临的问题。

我们从若干渠道了解到，非技术因素已经支配了技术因素。罗杰·凯斯爵士用非常准确的语言，描述了这种情况：由于参谋部的某些成员胆小怕事，他认为完全可能、肯定可取的重要行动结果遭到了否决。他没有声称政治因素产生了作用，而是认为相关人员没有能力捕捉机会，果断决策。诸如此类的非技术因素比比皆是，至少在某种程度上应归于政治原因、意识形态原因、阶级方面的原因——这样的影响不一而足。

让我列举几个我确知的例子吧。德国入侵俄罗斯时，开辟西线战场的机遇并非仅仅是某些左翼意识形态工作者提出的理念；一位内阁成员和内部的某些专家以对相关事实的充分掌握为依据，立刻提出了这个问题。我不能具体一一说明，在此仅仅举一个例子：我们可以夺取布雷斯特半岛；我们可以不用付出很大代价，从陆上和海上摧毁位于洛里昂等地的潜水艇基地。与之相反，我们动用了大量飞机，轰炸洛里昂，试图炸沉德国的巡洋战列舰格奈森瑙号和沙恩霍斯特号，结果收效甚微。但是，攻击的相对有效性并不是进行那

* 有报告称，德国的东线部队已经达到了惨绝人寰的野兽状态，这种说法强化了通过轰炸来赢得战争的论点。这一论点非常奇怪，竟被用于防御策略！

次远征的主要理由。主要理由是建立一个立足点，将德国军队和飞机牵制在西线，从而成为我们开辟第二战场的首战。专家和大臣们经过详尽讨论，支持开辟第二战场，支持开辟可能在欧洲形成的其他战场。

这类建议一一遭到否决；在评估其原因时，我们不可能疏漏下面所列因素：

(1)据我所知，将军和大臣们表达的观点暴露出对任何此类行动所持的非常致命的偏见。一名高官最近反复使用的一个句子让我难受，我觉得不吐不快："我们不应为斯大林火中取栗。"这个说法显然重复了斯大林在 1940 年对我们所说的话，重复了美国人在珍珠港事件之前对我们所说的话。这一直 178
是一个致命的观点，暴露出在主权国家结成的同盟之中建立真正关系的难度。就俄罗斯的情况而言，它暴露出专家们内心深处存在的偏见，而这样的偏见让合作变为不可能的事情。莫尔 - 布拉巴宗在那次广为人知的谈话中说，希望俄罗斯与德国两败俱伤，互相毁灭。他在遭到抨击时曾经告诉我的一位朋友说，他只不过是把内阁私下讨论的内容在公众场合中表达出来而已。然而，我在此并不希望过分强调任何一位大臣的言论，只是希望指出这一点：让两个集权强国不顾死活地互相残杀，这个想法多年以来一直是我国政治领域中的两大主要因素之一，在慕尼黑会议上让世人(其中包括 J. M. 凯恩斯)得以清楚了解。依我所见，它现在依然是我国的军事决定和政治决定中占主导地位的因素之一。我们没有理由把它视为非常陌生或者非常邪恶的东西；对这个小岛上的居民来说，有时需要以坚定方式作出努力，才能摆脱这种想入非非的思维方式的诱惑。

(2)有些人曾经积极奉行这条反斯大林路线，并且据此反对开辟第二战场；如今，他们已经不在政治领域中居于显赫地位。但是我认为，他们的势力依然强大，在外交部中尤其如此。在决定是否开辟第二战场的关键时刻，那些人起到举足轻重的作用。马杰森和哈里法克斯曾经分别撰文，概述了一个可供选择的想法，希望通过轰炸来赢得这场战争。那篇文章使用的语言让人明白，虽然与作者进行过磋商的那些人高兴地看到，俄罗斯人正在消灭德国人，但是他们已经作出决定，不希望与俄罗斯人一起赢得这场战争。

(3)此外，有人曾经毫无顾忌地说，俄罗斯最多只能坚持六周时间，然后举手投降，与德国人讲和，让我们英国人再次面对敦刻尔克那样的局面。有人已经告诉我，直至最近访问莫斯科之前，丘吉尔先生都相信这一点。因此，我有理由认为，这个因素在 1942 年起到重要作用，与我知道的 1941 年的情况如出一辙。

(4)1941 年，我在熟知这类技术因素的部门进行过调查，我当时了解的情况是，存在着重大困难，只有勇敢的人才能克服它们。那些人头脑清醒，没有受到任何反俄情绪的负面影响。但是，给我提供资料的人士认为，如果苏联坚持下去，撑过冬季，这些困难肯定是可以克服的。如果俄罗斯能够支撑下去，今年春天肯定可以开辟第二战场。为什么没有见到第二战场呢？海运遭遇到更大的困难，出现了利比亚灾难，以及其他诸如此类的因素？这些说法显然难以成立。虽然情况非常糟糕，在 1942 年，德国的所有力量全都留在了东部战线，我们的资源独一无二。无论海运情况多么糟糕，与 1941 年的局势相比，我们的状态肯定好了许多。假如在 1941 年冬季开始认真进行准备，
179 我们就不可能 1942 年在欧洲大陆上一无所成。战场规模可能受到技术因素的制约；无可争辩的事实是，我们拥有开辟第二战场的能力。

(5)诚然，日本造成了压力，利比亚的形势出现了逆转，这些都具有重要意义；但是，其中的决定性因素也是非技术性的。依我所见，相关原因如下：

a. 彻韦尔和特伦查德——我不知道在这个问题上能对丘吉尔产生影响还有别的什么人——非常成功地让丘吉尔相信，通过进行大范围轰炸，可以打败德国。空军的发展已经成为与海军和陆军分离开来，轰炸机究竟应该作为整体战役的组成部分，还是用于单独的轰炸行动？这已成为一个重要因素。我们了解到，关于在如何分配轰炸机力量这个问题上，部门之间出现了很大的争论。没有俯冲轰炸机，没有鱼雷轰炸机，没有用于入侵行动的运输机，但是用于对付平民的轰炸机却源源不断地制造出来。从技术上讲，我相信这是一个灾难性错误，不过我显然没有资格提出专业评论，仅仅根据争论中出现的情况，表达个人的意见。我引用这一点的原因在于，去年冬季，我们没有全力准备开辟第二战场，我们没有强调轰炸的重要性这一做法本身既是其原因，又是其证据。

b. 从自然心理倾向上看，参谋长联席会议成员全都反对在欧洲大陆上进行远征。我们没有按照欧洲模式训练出来的大量兵力，所以从未考虑过派兵到大陆作战的问题。我们将人力投入制造业、海军以及现在的空军。法国沦

陷，敦刻尔克撤退，德国人取得的胜利让人产生了自卑心理，这些情况自然在很大程度上强化了这一传统做法。一位密切接触将军们的人士说，“我们显示了卓越本领，培养出一批信奉和平主义的将军”。另外一位有过类似机会的人告诉我，我们没有开辟第二战场的主要原因是，我们的将军们“害怕德国人”。他们两位这样说很有道理。我在这里仅仅罗列原因，并不评述或谴谪。

c. 那些将军们深谙这一传统，其自然本能是把一切资源用于帝国防御，依靠封锁，依靠其他国家来打败德国。于是我们看到，英国军队被人消灭，纷纷投降，在世界的遥远角落被人扫地出门。我们看到，在利比亚，一个只有次要意义的战场分散了大量运输能力和物质，耗费了大量的海运、吨位和航行时间。与此同时，取得欧洲战事胜利的机会却遭到忽略。在一个战场——法国——上，如果说空中保护不是取胜关键，它无疑起到至关重要的作用，至少可以将德国空军和其他力量从俄罗斯吸引出来。然而，空中保护却被人忽 180
略。与此同时，我们的力量分散在若干区域中。如果俄罗斯军队保持强力态势，如果敌人从中心发动进攻，他们可以轻而易举地重新收复那些地方。我认为，这一做法将会被历史学者视为战略愚行，几乎到了令人难以置信的地步。如果我们——我们之中的任何人——认为不是如此，这仅仅说明，要让一个国家面对新的情况，摒弃看待民族问题的传统方式是多么的困难！

d. 还剩下一个因素——在我看来，这是最重要的因素。我们在偏远国家进行防御和征服，这种习惯分散了我们的力量。由于在这方面存在的传统原因，戈林尝试的已被证明以失败告终的轰炸取胜论神话依然占据上风，符合针对作为可靠或者有力盟友的俄罗斯的偏见。所以，这种战事以及在欧洲大陆上进行解放战争所需要的思维习惯都要求英国人改变心态，而这一点是我们的参谋长联席会议成员难以接受的。关于这一点，可以引用的例证不胜枚举。自从法国沦陷之后，除了联合欧洲大陆上的反法西斯人士之外，已经难以设想以任何其他方式来实施联合行动。这意味着，在某些地方，反法西斯力量完全由民族主义分子构成；在有的地方，反法西斯力量包括社会主义者、共产党人，也许甚至还有无政府主义者。这意味着，放弃若干体面的、有时甚至是信奉天主教的“政府”。这还意味着，在俄罗斯参战之后，我们与国内外“左派”结成更广泛的联盟。这一两难困境在国内形成冲突，让外交部中信奉天主教的保守人士深感棘手;在将来的某一天,人们将会讲述这一段史话。有时候,采取行动的一方往往会取得胜利。例如,我们曾经制定了计划,以便激起并且帮助在西班牙和意大利的革命活动。那些计划最终被人放弃,我认为其原因不在于技术方面,而在于它们不符合一大帮享有特殊利益者的胃口。那些人脑袋里考虑的不是如何打败德国人,而是战争带来的政治结果。随着这种解放理念直接被人接受,技术问题改变了性质,数量也越来越少了。我们采取的空中、海上和联合行动将给举行起义的人民送去武器,在尽可能多的地方巩固立足点。在这种情况下,德国人就会被迫撤回空军和陆军力量,以便对付他们,对付在整个欧洲四处开花的支持盟军的起义。在起义力量最强大、我们采取的登陆行动最成功的地方,这种局面肯定已经形成,第二战场很可能已经开辟出来。圣纳泽尔袭击*取得成功,让人深感鼓舞,觉得登陆可能取得成功,而且可能获得大量支持。但是,最重要的是应该注意到,没有必要取得全胜。这样的一个战场或者一系列战场肯定对盟军大有好处——假如在今年夏初开始采取行动,希特勒面对的就是两个战场。我发现,没有任何人否认这一点。实际情况非常清楚:这类游击战在中国、俄罗斯
181 和南斯拉夫发挥了非常重要的作用。但是,这一点没有出现在英国军事科学的手册中,我们的保守本能对此持极端排斥态度。在马来亚,"当地人"(以中国人为主,他们已经战斗了5年)开展了游击战;在印度,也出现了游击战,但是看一看英国人对此持什么态度吧。在欧洲,存在着同样的针对非正规战士的偏见——如果那些战士可能某种革命者,偏见尤其严重。

(6)我得出的结论是,根据目前的情况判断,即使俄罗斯人可能坚持下去,吸引了大量德国军队,1945年在欧洲也不会出现第二战场。无论程度如何,1942年阻碍开辟第二战场的那些因素明年将会继续产生作用。毋庸置疑,明年将会出现可怕的新说法,反对在1942年完全可能实行的做法;德国人在西线将会更加强大,俯首称臣的盟军执行力不足,信心不足,饥荒频现,抵抗能力将会进一步削弱。关于这一点,研究欧洲问题的专家们,其中包裹塞缪尔·霍尔爵士,全都表示赞同。我认为塞缪尔·霍尔爵士已经提出,欧

* 圣纳泽尔,法国港口。1942年3月28日,英军在那里对德军重兵防御的船坞展开了两栖攻击,获得了巨大成功。——译注

洲如果得不到我们的援助,最终肯定只有举手投降。如果我们不迅速采取行动,一切将会为时已晚。另外,来自法国的紧急报告显示,抵抗力量在1942年春季已经做好协助开辟第二战场的准备,现在也表现出[在]1943年春天放弃军事努力的迹象。如果出现这种情况,将会导致全面性悲剧结果。在军方高层中,很多人表现出冒险心态,认为德国内部将会出现裂痕。但是,德国拥有已被征服的俄罗斯的广大地区可以利用,看到我们的大量潜在盟友死于饥饿时良心上无所顾忌,所以我认为,在德国不大可能出现这样的裂痕。因此,除非实施多年的轰炸能够产生很好效果,使这样的情况首先在德国——而不是在英国——出现,那么就根本不存在打败德国的任何可能性。

(7)英国和美国现在不愿——在可能的情况下——冒险在欧洲大陆上作战,其思维逻辑是接受德国统治之下的欧洲,从而实现和平。我的一些朋友仔细研究了德国人的思维,他们告诉我说,德国人具有充分信心,如果我们在1942年不发动进攻,这样的和平肯定将会出现。这就是德国人的思维逻辑。逻辑思维不是我们的强项,所以我认为这样的情况不会出现。实际上,我们很可能在长达数年的时间里继续这种较量,实施大规模破坏性轰炸和封锁,结果却不能取得胜利。霍尔提出了警告:应该尽快打赢这场战争,以便让胜利具有意义,以便挽救我们希望挽救的东西。他的警示恰恰说明了这一点。

马丁从美国返回英国时,建议《新政治家》制作美国版。1943年1月8 182
日,董事会讨论了这个问题。

金斯利·马丁1943年1月8日的来信

亲爱的梅纳德:

多谢您今天提供的帮助。但是,我对董事会的担心得到了证实。董事会反复研究,但是没有真正解决这个问题,反而撒手不管,让罗伯茨去面对所有的技术难题,相关争论远远没有结束。董事会结束以后,我让惠特利和洛留下来,惠特尼显然不太满意。毕竟,他并不知道沃尔什夫妇的情况,自然心存顾虑,不知是否应把我们的订户名单全交给他们。而且,我们应该作出非常明确的法律安排,以便确保我们的收益。我不知道您是否认识沃尔什一家?他与《新共和》,与我们知道的其他人保持密切的工作关系。我不知道您是否可以说明沃尔什是完全可靠的,以便让董事会成员放心?他们是与我关系密切的朋友,不过我当然无法提出证据,说明理查德·沃尔什是一个诚实的人。我并不是说,惠特尼将会违背他投出的表决票,但是他确实希望就合同事宜,在法律上进行非常明确的规定。这样做没错,但是并未触及真正的问题。我们对这家公司一无所知,如果我们作出的安排仅仅依赖双方可以实施的法律条款,我自己觉得应该三思而后行。

还有大量细节需要落实;如果到时依然不能让罗伯茨信服——这一点说明,有必要召开一次董事会全体会议,用两个小时讨论这个问题——执行这个计划确实难度很大。不过,我会找时间与他仔细谈谈,我们将会草拟一封信件,寄给董事会。

我完全理解,您非常繁忙,让您拨冗出席了如此费时的会议,在此表示谢意。但是,在短短几分钟时间里,有些问题是无法借助智慧的力量一一解决的。其原因在于,如果解决方案具有实际价值,它应该既是大家一致赞同的意见,又是取得成功的方法。

您的,
金斯利

183 凯恩斯 1943 年 1 月 12 日写给金斯利·马丁的信件

亲爱的金斯利:

您敲定与美国版相关的合同细节之后,请让我看一看,然后再提交董事会。也许,这样做有些作用。

那天,罗伯茨的做法让我大惑不解。而且,我心里觉得不快,我作出了解释,为什么他那么激动,那么恼怒呢?他提出的理由完全让人无法接受，其中大多数纯粹是杜撰出来的。他的真实动机是什么呢？我只能进行非常没有把握的推测。这个新情况意义十分重大，让他与董事会保持一致非常重要。我并不认识沃尔什一家，只是听说过这个名字而已。但是，我觉得，罗伯茨的反对态度并不是基于对他们的任何具体的反感。

您的，

J. M. K.

凯恩斯 1943 年 1 月 24 日写给金斯利·马丁的信件 183

私人信函

亲爱的金斯利：

我收到了惠特利寄来的一封私人信函。他尽管没有提出新的说法，但是他对美国项目的观点看来出现了明显松动。我觉得，罗伯茨同时也在尝试改变他自己的看法。他建议说，应该再开一次董事会来讨论这个问题。如果我们有一份事先准备的合同以供讨论，这样做没有什么不妥。顺便问一下，合同的事情进行得如何？

您的，

K.

应该尽快解聘布雷斯福德。

184 金斯利·马丁1943年1月26日的来信

亲爱的梅纳德：

我也收到惠特利寄来一封内容相似的私人信函。我同意您的看法，如果有更明确的计划需要讨论，应该召开一次董事会。上次董事会结束几天之后，罗伯茨给沃尔什写了一封公务短信，提出了以下几点：第一，制作直接影印版需要多长时间？第二，他是否完全明白，任何协议都意味着，战争结束之后，包括订户名单在内的所有资料都要系数交还我们；第三，战争结束之后，我们可能会取消相关安排。我觉得，罗伯茨希望确定，沃尔什夫妇其实不可能同意这一点。

我给沃尔什写了一封长信，进一步说明了某些问题。不过，我当然明白，相关安排必须由罗伯茨处理。我告诉沃尔什，他必须给罗伯茨写信，说明这些问题。这里的一个大问题是时间因素。罗伯茨将会提出，从最乐观的情况看，我们可以在两周半至三周之内，把报纸送到纽约读者手里。但是，这一改动没有什么价值。如果两周之内能够送达，情况肯定会好得多。还有一个问题显然难以确定，让人心生疑虑。我正在进行咨询，看一看我们究竟能够把时间缩短到什么程度。几天前，我与美国作战新闻处的人员见了面。他们告诉我，如果我能够请英国政府作出正式安排，他们相信，在常规服务出现问题的情况下，我们在美国的代理人可以从华盛顿借到提前寄出的优先副本，用来制作直接影印版。换言之，有一两份报纸以优先发送的邮件寄出。现在的问题是，我们究竟能够将优先地位的提高到什么程度。关于这个问题，我准备再次与克鲁克香克会面。

就您提到的合同而言，我们现在等待沃尔什的来信——我觉得，这需要两个月时间！我其实不可能将关于这个项目的公务安排事宜从罗伯茨手里接过来，所以在这个阶段不知道如何加快办事进程。您有什么高见？您是否觉得我们应该采用电报方式？

我很想知道，是什么原因促使您在来信结尾处提到布雷斯福德的事情，这引起了我的好奇心。您究竟讨厌他的哪个方面？是他对德国的看法，或者还是别的什么东西？我并不总是赞同他的观点，不过依然认为他是英格兰本土上写作能力特别强的记者。他撰写的关于饥荒的文章[①]不错，这一点您肯定会表示赞同的。上周的头版头条并不是他撰写的[②]。我很想知道其中的缘故。

几天前，罗伯茨想到了一个非常明智的主意：我们应该提高雷蒙德·莫 185
蒂默的薪水。雷蒙德·莫蒂默是我们聘请到的最佳编辑，但是他的工资比以前几位文学编辑的低许多。惠特利同意每年给雷蒙德增加200英镑，即便如此，与他每周给《星期日泰晤士报》或者《观察家》报撰一篇稿件的所得相比，增加的数字还是要少很多。不过我知道，您会对此表示赞同的。加上稿费、奖金等等，他的年薪还是不到1000英镑。（我倾向于这个看法：董事会应该重新考虑其他人的薪资待遇。我自己每月收到的支票现在为10英镑！）

您的，
金斯利

凯恩斯1943年1月28日写给金斯利·马丁的信件
私人信函

亲爱的金斯利：

正如我在上次董事会上所说的，我同意这个看法：问题的关键是可以节省多少时间。关于这一点，我们应该尽早明确。但是，在我看来，罗伯茨认为这是一个有利之处，可以用来反对这个项目，而不是让他表示反对意见的原因。

---

① 《印度的饥荒》，见《新政治家与国家》，1943年1月23日。
② 《世界的计划，当下的事实》，见《新政治家与国家》，1943年1月16日。

我完全赞同您的意见，应该给雷蒙德增加薪酬。但是，这不应在召开董事会之前操作吧？我觉得，根据分享利润的财务安排，其他一些人的薪酬本来就应自动增加了。不过，我希望确认，这一点已经得到落实。

我在上一封末尾增添了关于布雷斯福德的一行字，这表达了我长期以来不断增强的不满感觉。在我看来，他的毛病太多了：所知不多，信息误导，轻信几乎可以证实的错误传言，偏见很重，让人心生厌恶，观念固执，没有任何全面判断或者睿智可言，破坏了本报在不同话题之间保持的平衡。

让人感到震惊的是，我们刊登的出现了一些问题，常常让本报的名誉受到损害，成为人们嘲笑的对象（有人往往认为，这全是您的过错；也许，您应该因其中的大多数问题受到指责）。当我核对
186 我修改的稿件时，结果发现这些问题全都出自他的笔下。

您提到他撰写的关于饥荒的文章。当然，这篇文章愚蠢，无知，简直到了无以复加的程度，不过我并不是在强调这篇文章的问题。也许，我们可以看看一两周以前刊登的那篇文章的第一段。在我看来，华莱士先生提出了关于新世界的美丽蓝图，其他人有的袖手旁观，有的从中阻挠。如果一个人对世界上正在发生的事情几乎一无所知，闭上自己的嘴巴难道不是更明智的做法？

我说这番话时语气非常强烈，在此谨表歉意。不过，我觉得布雷斯福德的文章中肯定存在某种病态的东西，影响了本报的声誉。我的这一感觉越来越强烈：当人们试图发现本报有什么东西让他们产生反感时，他的文章就是主要原因。

您的，

凯恩斯

又及：我通读了这封信，觉得以下各点可能是我情绪如此激烈的原因。从本质上看，布雷斯福德大都站在右翼立场上，支持他们的事业。然而，他的文章产生的效果几乎总是引起我的极大的反感，使我不再同情他所倡导的东西。他使本来良好的事情给人糟糕的感觉，没有谁比他更精于此道。人们很不喜欢看到世界上的某些最美好的事情遭到如此贬低。

金斯利·马丁 1943 年 2 月 5 日的来信

亲爱的梅纳德：

罗伯茨和我都不希望等待召开下一次董事会才提出给雷蒙德加薪的问题。其原因在于，我们两人认为，在出版《海峡邮船》①一书之后，很可能出现的情况是，他会收到一家周报的加盟邀请。看来更好的做法是，我们立刻增加他的薪资，而不是在出现某种竞争性压力之后才被迫这样做。我深信这是明智之举。《观察家》报正在纠缠雷蒙德，迄今为止的主要目的是劝说他到北 187
非去，担任该报驻那里的特约记者。可能出现的情况是，他到那里去为这两家报纸工作。

您就布雷斯福德的问题表达了非常有趣的看法，对此我可以说的有很多。我觉得我理解您的心情。从性格上看，你们两人是对立的。他在很多方面属于多愁善感之人，不乏浪漫主义的色彩。我觉得，许多读者对他的文章的反应与您的恰恰相反。他常常以清教徒和预言家的口气写作，这常常让您

① （伦敦：1941 年）。

觉得扫兴。您在例子中提到了那篇关于饥荒的文章，我对此感到困惑。我已经验证，尽管他就财务方面表达的意见可能显得偏颇，但是我发现那篇文章所说的情况相当准确。依我所见，他在道德方面对印度所持的激情让您反应强烈。您在他的文章中发现言过其实之处，于是作出判断，认为整篇文章全是废话。实际上，他非常仔细地观察了印度的情况，这对于不在印度事务部供职的人来说，已经很不容易了。他常常掌握印度事务部工作人员认为不适合公开的事实。我觉得，如果把您介绍给诺埃尔，让你们两人互相了解，那样做没有什么益处——他生性腼腆，不愿展示他的睿智。在我认识的人当中，只有一个人能够在这方面与之比肩。我常常删除他的文章中可能惹您恼怒、让我难以忍受的段落。他属于相信未来的那一代人，在出现思想幻灭的情况下依然坚持那样的信念。我一直留心一般读者对本报的反应，我得到的信息并不支持您的判断。布雷斯福德对德国的情况非常了解，如果您就此提出异议，我觉得克罗斯曼会赞同诺埃尔的观点。正如您所知道的，克罗斯曼是英格兰本土上非常熟悉这方面情况的专家。关于华莱士的观点，我觉得那些改动出自我的笔下。他两年以前身在美国，是华莱士和年轻的新政拥护者的挚友，犯下这样的错误也在情理之中。

最后，我并不觉得本报总体上的“声誉受到影响”；恰恰相反，我认为本报如今在全国影响很大，与以前相比堪称倍增。我的证据不仅见于与日俱增的公众读者数量，而且见于政府官员表达的众多好评。我知道，本报只在两个地方遭到“嘲笑”——一个是工党的执委会，另一个是财政部！

您的，

金斯利

188 凯恩斯 1943 年 2 月 9 日写给金斯利·马丁的信件

私人信函

我亲爱的金斯利：

怎么说呢，我觉得我们两人不可能就布雷斯福德的事情达成一致意见。诗人有权表达他的情感，几乎可以完全不管事实，可是记者呢？我觉得，他现在已经到了这个地步：利用任何符合他的先入之见的所谓信息，以非常卖力的方式，排斥其他所有信息。这种情形让人见了觉得颜面丢尽。他的文章表达的情感越多，让人读后越感到不安。

我再看了看那篇关于印度的饥荒的文章。不知道有多少人像我一样，对印度政府的所作所为不持赞赏态度，不知道有多少人像我一样，觉得这篇文章将这一点与其他大多数事实混为一谈。而且，这篇文章对某些事实进行了错误的解释，大体上与它就囤积居奇的做法作出的完全正确的判断互相矛盾。在这种情况下，在谈到他所建议的解决囤积居奇问题的做法时，他却忽视了这个事实：在总督府中，印度人占了大多数。布雷斯福德应该得出的结论是，自从对总督府实施印度化以来，至少从行政方面看，曾因工作效率备受称赞的印度公务员制度和政府制度大体上已经不复存在。这以令糟糕的方式预示了我们完全撤离印度之后那里将会出现的情况。从个人的角度看，我本人已对印度感到非常厌烦，希望英国政府尽早无条件从那里解脱出来。但是，很可能出现的情况是：假如我进一步了解相关的具体事实，我其实不会根据我的感觉行事；在这种情况下，我觉得我将会成为布雷斯福德的一派胡言乱语的受害者。

无论如何，我只能重复这一点：我觉得这篇文章可能削弱我的斗志，而且我不是唯一有这种感觉的人。它属于某种不体面之举，把处于歇斯底里状态的某个人的心境置于光天化日之下。

你永远的，

J. M. K.

189 金斯利·马丁 1943 年 2 月 11 日的来信

亲爱的梅纳德：

您有这样的感觉，这一事实让我觉得非常重要，我将会给予应有的关注。我同意您的看法，H. N. 布雷斯福德对印度局势的表述带有很激烈的情绪，而且我发现您对此也感觉强烈。从战争爆发的第一周开始，他和我就认为，这是最关键的问题之一。而且，我认为，我们当初在没有与印度人商量的情况下贸然宣战，而且以鄙夷的态度排斥尼赫鲁发出的这一令人钦佩的呼吁：英国应在冲突开始几周之后提供全面协作。对于这种做法，我们两人都深表遗憾。尽管进行了所有这些讨论，我们都知道这一点：如果可能避免，温斯顿·丘吉尔并不打算在印度采取任何行动。现在，甘地进行的绝食活动让局势变得越来越糟。您对那篇关于饥荒的文章谈了一些看法，我并不完全理解；然而重要的一点在于，我认为得到控制的情感在那篇文章中迸发出来，对您产生了强烈影响。我觉得，诺埃尔的判断近来并非总是正确。在我认识的人当中，很少有人提出的判断能够禁受过去五年的压力，得以幸存下来。我从自己身为编辑的角度看，假如能有更多的人可以使用，为本报撰写头版通栏标题文章，我的工作会容易一些。这么几个人必须就若干问题撰写文章，如果想让他们在看法上保持连贯性，这需要一个人全职投入才能做到。

来自新闻界和其他方面的信息让人隐约觉得，在华盛顿出现的事态背后，您肯定经历了某种艰难的挣扎过程。如果目前可以与美国就战后协议做任何有用的事情，我很想听到相关情况。我知道，您觉得这些问题严格说来不应私下进行讨论。如果您觉得与我们几个人进行一次非正式的谈话有用，我很希望安排一次小型的午餐聚会。

您的，
K. M.

关于印度的两点看法：

1. 雷蒙德是个人主义者，非常不喜欢苏联。他认为俄罗斯将来是印度的唯一统治者，还表达了其他一些观点。

2. 我(私下)问过比卡内堡*的主管潘尼卡对俄罗斯的看法。他是一名严守教规的印度教信徒！他赞同这个说法，可能只有苏联才能解决印度的问题，其原因在于，只有布尔什维克才能采取无情的铁腕手段，不加区分地摧毁印度教神殿和穆斯林清真寺。写这样的文字真让人觉得可怕。

当年 3 月 15 日刊登了一篇头版通栏标题文章，题为《希特勒的政治攻势》，引 190
起了凯恩斯的注意。

凯恩斯 1943 年 3 月 15 日写给金斯利·马丁的信件
个人信函

亲爱的金斯利：

本周报纸的头版首篇文章是一个让人丢脸的例子，您不应让这样的东西见报——suggestio falsi(虚伪的暗示)，不可原谅的无知。它不仅与隐秘的现实相关，而且甚至暗示确实存在这样的可能性。如果有谁真的知道的或者怀疑的仅仅是内部情况，那么，他就应该保持沉默。文章的最后一段显得肤浅，但是没有什么不妥之处。

---

* 印度拉贾斯坦邦沙漠中的一座著名的古城，建于 1486 年，曾是古代贸易的中心区。——译注

你永远的，

J. M. K.

金斯利·马丁1943年3月17日的来信

亲爱的梅纳德：

您的来信让我觉得困惑不解。您说的是整个头版，还是那篇题为《希特勒的政治攻势》的文章？我无法理解，为什么它们"让人丢脸"，不知道您究竟想说什么意思。也许，《希特勒的政治攻势》使用了太多内幕信息：在我看来，头版没有什么问题。但是我知道，您肯定有所暗示，否则您是不会这样写的。

金斯利

金斯利·马丁1943年3月18日的来信

亲爱的梅纳德：

对您表示的怨言，恐怕我无法解释。而且，我觉得，任何解释也无法改变我们已经说过的意思。我从有关部门的高调宣传中了解到，期望已久的突尼斯战役刚刚开始，而且我早就知道，大批支援力量正在向蒙哥马利*靠拢。但是，就迫使德军从俄罗斯战场撤退而言，非洲战场没有什么意义。我与最优秀的专家们讨论过这个问题，他们总是坚持认为，为了达到迫使德军从俄罗斯撤兵的目的，必须在北欧展开攻势。如果正在进行这样的准备，我真的
191 对此一无所知；当然，这会改变我们在通信中所谈的局面。从总体上说，我认

* 伯纳德·劳·蒙哥马利(1887－1976)，英国杰出的军事家，英国陆军元帅，战略家，第二次世界大战中盟军杰出的指挥官之一。著名的阿拉曼战役、诺曼底登陆为其军事生涯的两大杰作。——译注

为本报对英国与苏联的关系的表述相当明确，非常适当。那段关于在华盛顿流传的大军学校的文字是我自己添加的，反映了我在华盛顿与有关人士谈话时了解到的情况。我记得，我回国时与您谈到了这一点，当时发现您完全表示赞同。那时，罗斯福已经压制了最极端的意见；我现在可以说的是，他当时应该作出让步。不过，这个问题可能涉及政治操作，我没有加以了解。在我看来，与我交谈的信息更为灵通的人士认为，我们与苏联的关系相当糟糕。我不知道，我应该采取什么方式，改进我们的头版通栏标题文章，以便向英国公众说明这一局势。您肯定记得，大量英国公众开始觉得，问题完全出在我们这一方。我本人并不这样认为，但是那些公众却知道许多情况。

我觉得，艾登的访问①可能起到重要作用。我本周还听说，他和美国国务院的人员进行了交谈，取得可喜的进展。如果我们在突尼斯快速解决战斗，然后进攻西西里岛和意大利本土，您是否觉得，这将大大缓解俄罗斯战场的局势？我在军方的联系人认为，希特勒将会把意大利战局交给意大利人自己处理，不会从俄罗斯调去一兵一卒。

您的，

[这份复写件没有签署他的姓名或者缩写]

金斯利·马丁1943年3月21日的来信

亲爱的梅纳德：

德斯蒙德·麦卡锡星期五打来电话，我觉得他那样做没有其他具体的原因，仅仅为了问我一个问题。

德斯蒙德·麦卡锡：什么时候开辟“第二战场”？

金斯利·马丁：我认为，本周周末，突尼斯战役将要打响。有人告诉我，蒙哥马利得到了大量增援部队。如果德国人撤离突尼斯，我认为我们将会进攻西西里岛和意大利本土。

---

① 艾登先生3月12日至29日在美国访问。

德斯蒙德·麦卡锡:不过,这不是我问的问题。西线战场的进攻什么时候开始?我们必须尽快让希特勒的部队从俄罗斯撤出来,否则一切将会为时已晚。即使这样做意味着我军遭到重大打击,我们也必须采取行动。这样做根本不是为了俄罗斯,而是为了赢得这场战争的胜利。

现在,德斯蒙德是一名保守分子,反对共产党,根本"不问政治"。但是,我觉得,他在电话中表达了大多数《新政治家》读者的心声。我听到的俄罗斯发表的声明非常正确,哈尔科夫*失守之后,希特勒(或者不如说德军参谋
192 部)有能力从法国调来许多个师的部队,投入到东线战场。丘吉尔曾以轻描淡写的口气预测,我们肯定可以在明年或者将来某个时候,轻轻松松地赢得这场战争的胜利。现在看来,他的话肯定证明了我本人、劳埃德·乔治、斯大林以及其他许多人自从1941年夏季所持的看法!我一直认为:除了俄罗斯之外,欧洲大陆上的其他抵抗运动——在外部力量的援助下——是取得胜利的有用力量;等待美国做好准备之后参战的这一做法将会带来致命危险。我持这样的看法,根本没有什么后悔之感。我当初提出,持相反观点的那一派人在很大程度上担心俄罗斯人在欧洲大陆上取得胜利;这一看法在许多方面已经得到证实。1941年,莫尔-布拉巴宗无意之间说出了他的愿望:俄罗斯和德国将会毁灭。他后来还表示,他只是公开表达了所有内阁成员私下表示的愿望。与英国的情况相比,美国也有同样的担心,甚至对此保持缄默。(在您以完全没有必要的粗鲁方式评论的那篇文章中出现的)关于华盛顿的大军学校的那一句话是我添加的,反映了我在华盛顿与人谈话时了解到的情况。我记得,我回国时与您谈到这一点,发现您当时完全表示赞同。

我认为,在德国进攻俄罗斯之前,我国就制定了轰炸、封锁和等待这一总体战略。其实,这当时是我们可以采用的唯一方案。早在1941年之前,我们就完全有可能取得胜利,但是由于我们对俄罗斯持有戒心,所以这样的可能性没有得以实现。那些计划没有充分修改,无法实现与俄罗斯联盟然后在欧洲取得胜利的希望。两周以前,我问了赫伯特·阿加(您可能知道,他现在是怀南特的私人助理,两个月之前和怀南特一起访问了美国)关于大军学校的

* 乌克兰第二大城市。在1942年5月进行的该战役中,苏军第6集团军、第57集团军、第9集团军主力被歼,被俘人员多达25万,损失坦克600多辆,多名高级将领阵亡。——译注

问题。他刚刚从美国回来。他回答说,他们看来取得了胜利。我问他,这支部队是干什么的?他说这支部队只关心美国的胜利。他的态度依然肯定无疑,认为俄罗斯将被打败,随后需要成千上万的美国大军在世界各地打一场美国的战争。赫伯特在世界观上属于天主教,在原则上强烈反对苏联。在很大程度上,我的观点不是基于对苏联的依附关系,而是对这样的可能性深感惊恐:让欧洲人面对饥饿,最后被迫屈服;我们进行战斗的所有目的全部落空;善良的欧洲人要么遭到屠杀,要么以其他方式被处理。欧洲人焦灼不安,等待我们曾经承诺给予的援助。我相信,这样的援助我们早在1943年就可以用有效的方式加以提供。俄罗斯给了我们挽救危局的机会,我们却选择到北非作战。也许,我们在意大利展开的攻势可以取得预期效果;我希望如此。在很大程度上,这一点取决于在西西里岛和意大利本土上展开的攻势是否能够在实质上"给俄罗斯减压"。我今天询问的两位专家就此持不同意见。但 193
是,肯定不会很快达到减压的目的。为什么没有利用在法国的空军后备力量?我见到的空军人士对此感到困惑不解。您掌握了关于开辟另一战场的信息;我了解的信息是,这一点在计划之中,但是不能与俄罗斯人今年作出的努力同步实施。我希望自己的判断是错误的。我确实注意到,形形色色的反对苏联的偏见仍然具有不小的影响力,这样的证据正在不断积累。在他作出的重要演讲中,丘吉尔甚至不会提及——当然肯定不会感谢——欧洲大陆上的抵抗活动。在我看来,在这场战争中,抵抗运动所起的作用比其他因素更为重要。

您心里想到的可能完全是别的问题。如果不是如此,您就没有理由认为,一个非常合理的表述(顺便提一句,这一表述包括了经过慎重考虑之后提出的观点,即俄罗斯总是能克服自身的怀疑心理)"令人感到羞耻",也没有理由使用其他令人伤心的辱骂性说法。

今天,罗伯茨和我从沃尔什那里听到了关于发行美国版的消息。罗伯茨满意地看到,各项条件全部具备。不幸的是,我无法保证用通常的方式将报纸送往美国。这件事情今年夏季可能办妥,不过情报局的克鲁克香克——他提供了许多帮助——告诉我,他依然无法保证,今年冬季的情况将比去年冬季好一些——即便采用优先副本的方式可能也会出现问题。在这种情况下,这件事情大概没有取得成功的希望。

金斯利

这封信全是我自己打出来的，字迹不清，请您原谅。

凯恩斯 1943 年 4 月 1 日写给金斯利·马丁的信件

我亲爱的金斯利：

您不知道相关计划的情况，不知道什么因素影响开辟第二战场的时机。如果开辟第二战场的时间和地方与您希望的不同，您也不知道是什么原因促成的。所以，您的深受宣传影响的脑袋转而依靠一个想法。您认为，有关人员在无意识里常常害怕俄罗斯在欧洲大陆上取得胜利，这在很大程度上影响了军事行动。就我们的情况而言，这个想法肯定大错特错。

194 诚然，我国有许多人认为，如果俄罗斯不在欧洲取得全面胜利，我们就能在欧洲发挥自己的作用，战后有权表达我国的意见，这样情况可能更好一些。可是，您没有看到，局势完全朝相反方向发展，这是怎么一回事呢？当然，对俄罗斯统治过分担心的人急不可待地对此表示关切：我们自己应该在战场上有所作为。您在来信中没有点名的人抱有的那种疯子心态绝对不存在。

我不知道关于美国的最新信息。不过，正如您知道的，我赞同这个说法，美国的“大军”计划确实可能产生负面作用，影响人们以适当方式关注 1943 年的局势。

但是，与其说我反对的是您表达出来的幻想，毋宁说是它们在报纸的字里行间里遮掩窥视的方式。假设您在报上写了一篇文章，直截了当地表达您在来信中给我讲的观点，我当然不会表示赞同。但是，我可能会觉得，这样的问题以遮遮掩掩的方式说出来，我应该表明自己的态度，以便把它摆放在桌面上。假如您用这么多文字的目的是说，在这个国家中，可以对军事事务产生影响的人一门心思考虑的是让德国打败俄罗斯，而不是让俄罗斯打败德国，大家就会知道他们所读的是什么东西了。

不过，话得说回来，其实您非常谨慎，不会写出这样的文章。您希望自己的文章在两个方面都起作用：一方面，它让您或多或少以心智健全的社会成员的面目，出现在公众的视野中；另一方面，您可以让自己在视野之外稍稍沉迷于病态之中，但是让这样的病态心理以伪装或者模糊方式进行窥视。我在您的来信中看到，这种疾病已经进一步恶化。它现在给人的感觉是，只有在欧洲大陆海岸线上的某些位置上登陆作战，入侵欧洲的行动才会算作开辟第二战场；如果在其他位置上进攻，就不会算作开辟第二战场。

您的，

J. M. K.

下面这次通信与比阿特丽斯的讣告相关。

金斯利·马丁 1943 年 5 月 5 日的来信 195

亲爱的梅纳德：

我一贯遵循的规矩是，如果发表私下进行的谈话，必须让当事者有机会看一看相关内容，即使我确定没有反对意见时也是如此。随信附上我撰写的关于比阿特丽斯·韦布[①]的文章校样。校样已经修改，是否可以请您一阅？如果您星期四上午没有来电，我可以认为您对此文没有什么意见吗？

您的，

金斯利

凯恩斯1943年5月6日写给金斯利·马丁的信件

私人信函

我亲爱的金斯利：

您对比阿特丽斯的评述让我感到高兴。在本周的报纸上，您刊登了许多关于她的文章，对她一生所作的贡献表示应有的赞扬，这个做法非常好。有的报刊发表的文章既没作用，又欠适当，让我深感沮丧，只有迈斯基撰写的短文值得一读。不过，这当然太有parti pris(偏见)之嫌。我同意您的说法，她是我们这个时代中最

① 马丁撰写的比阿特丽斯·韦布的讣告刊登在1942年5月8日的《新政治家与国家》上，包括了下面这个关于一个女士把自己的名字卖给广告商的故事："我简直无法重复下面这段谈话；这显示了在场的所有人的特点。她当时非常在意自己的道德形象，梅纳德·凯恩斯以捎带一点恶作剧的口吻说，'不过，您显得太严肃了。如果给的价钱足够高，我们都应用自己的名字换取金钱。如果有人出100万英镑，您自己也会这样做的。'愤怒的韦布夫人还没有来得及开口表示否认，一贯注重实际的西德尼·韦布已经理解了符合常识的回答，于是开口说，'亲爱的，假如有人出100万，我们当然应该出售自己的名字。可是，我们应该以自己的方式做广告，这样就不会让自己觉得羞耻。''你的意思是，'凯恩斯说，'您会说，在烟草工业国有化以前，这是人们希望得到的最佳香烟。'"

杰出的女性。我希望,我自己能够为《经济学刊》做点事情。[①] 但是,现在完全没有时间去写一篇像样的文章。也许,战争结束之后,我会考虑这个问题。

我认为,您上周对波兰与俄罗斯问题的处理方式非常正确。[②] 196
人们得知,俄罗斯人在另外一个地方开枪射杀了这里所说的那些人。这一点肯定证实,关于斯摩棱斯克*的报道是虚假的,对把德国的杀人案转嫁到他们头上的做法,俄罗斯人自然感到愤慨。同样,波兰人也感到愤慨,被杀害的军官不是 8000 名,而是 16000 名,其中 8000 名被敌人杀害,8000 名被另外一方杀害。但是,波兰人的软肋在于,他们早在数月——甚至数年——之前其实已经知道了俄罗斯人在这一事件之中扮演的角色。

您的,
J. M. K.

1943 年 5 月,报社人手不足的问题变得尖锐起来。

---

① 《经济学刊》刊登的文章分别由莱昂纳德·伍尔夫(参见 1943 年 6 月和 7 月合刊)和 G. D. H. 科尔(1943 年 11 月)撰写。

② 《坦诚相告的事情》,见《新政治家与国家》,1943 年 5 月 1 日。这里所说的问题是卡廷惨案。

* 斯摩棱斯克,俄罗斯古城,距离莫斯科 360 公里,斯摩棱斯克州首府。1941 年和 1943 年苏军与德国军队在此两次展开大战。1943 年 4 月 13 日,攻入苏联境内的纳粹德国军方宣布,在斯摩棱斯克市附近的卡廷森林地区发现了被苏联军方屠杀的波兰军人万人坑。1990 年 4 月 13 日,在波兰总统雅鲁泽尔斯基访问苏联之际,苏联正式承认对卡廷事件承担全部责任。——译注

金斯利·马丁 1943 年 5 月 25 日的来信

亲爱的梅纳德：

随信附上弗朗西斯·威廉的来信。这封信件解释了这件事情的前因后果；而且我觉得，它非常准确地说明了当前的问题。就我所知，他将要离开，唯一重要的事实是，考虑到布拉肯与格里格之间的关系，这种做法非常糟糕，而不仅仅是没有用处。

如果您觉得您可以给格里格写信，那么，我说一说《新政治家与国家》的状态也许可能有用。战争爆发之初，克罗斯曼担任副主编，卡尔德和艾尔默·瓦伦斯两人也经常协助，另外有布雷斯福德和科尔帮忙。后来，艾尔默去了陆军部，那里的人认为，政治战将会发挥重要作用。1940 年，克罗斯曼和卡尔德相继离开报社，正如您知道的，在政府中担任重要职务。从那之后，我让报社的工作勉强维持下来，因为科尔保持了稳定的文章数量，布雷斯福德的工作量也比以前大大增加，而且我经常有一两名助手分担办公室的工作。来这里的人全都是临时替补，过去两年中给我帮忙的弗雷达·怀特已经离开。这本身就足以带来很大困难，但是现在的情况真的非常严重：在过去一段时间里，科尔的身体完全跨了，不得不离开两三个月时间。此外，布雷斯福德的
197 岁数越来越大，健康状况不佳，工作上很不可靠。他罹患严重的心脏病，我既不能催促他，也不能叫他做办公室工作，只能让他在待在家里写文章。这意味着，我现在单打独斗，没有人帮我处理办公室事务，而且现在给报社撰稿的人寥寥无几。以前经常来稿的那些人要么过于繁忙，要么无法供稿。这样的局面简直无法维持下去。例如，万一我下周生病，我真的不知道如何让报纸正常出版，唯一的办法是打电话请伍尔夫离开乡下，到这里来。如果我星期三生病，这个办法也行不通。印刷厂一周之中只给我们两天时间(现在，可以使用印刷机的时间大大缩短)，我待在这里的两天之内必须处理许多问题。其结果是，其一，我很可能出错，这样事情在正常情况下绝对不可能发生；其二，我几乎无法认真思考报社的政治理念，也无法制定什么计划。

我努力寻找具有工作经验的人来报社工作，得到的结论是：我必须正式提出要求，让有关部门放人。从许多方面考虑，艾尔默是最佳人选。首先，他

今年51岁，考虑到他在部队服役参加战斗的问题，从劳工部的角度看，他调动工作不会带来什么影响。他本人愿意到报社来，觉得他现在所做的事情不像他原来估计的那么重要。也许，还有一个实际情况：军费委员会已经要求减少人员数量，陆军部的人可能把他视为可以弃用的人选，解雇他不会给其他工作造成什么重大影响。

我觉得，格里格对《新政治家》没有什么热情。尽管他上任时我们持非常欢迎的态度，他在最近一两次交谈中使用的言辞显得有些欠缺礼貌。我本人仅仅见过他一次，但是知道关于他的许多情况。当然，从人际关系角度上看我们应该说相处不错。不过，眼下的问题是，无论他是否喜欢这份报纸，他都可能赞同我的观点。这份刊物规模较大，影响很广，如果主编没有人协助承担政治和经济方面的编务工作，这简直是荒唐可笑的事情。

如果您希望了解关于报社人员的进一步情况，请给我打电话。我在这封信里仅仅写下自己想到的最基本的问题。

您的，

金斯利·马丁

又及：您在来信中说到您对欧洲未来的看法，这让我既感到担心，又觉得有趣。我就此进行了大量的思考，越想越觉得不安。也许，改天您可以抽空和我聊一聊，或者也可以找四五个人讨论一下。我目前正在准备关于欧洲问题 198
的系列文章，其中德国是重点，所以希望了解您提到的那一派人的想法。从表面上判断，那项建议让我困惑不解。昨天晚上，我遇见了R. A. 布特勒。正如您知道的，他自己在考虑欧洲的重建问题。我发现，他的思路确实完全不同。我肯定希望更清晰地了解您视为具有现实可能性的东西，然后再决定本报将要采取的策略。我刻意避免现在作出决定，但是这件事情再也不能拖延下去了。

再及：罗伯逊夫人打这封信件时，布伦达·布拉肯给我打来了电话，问我是否愿意去澳大利亚待6周——在6周之后将要出发！他似乎希望我加入那个前去访问的记者团队。我觉得，伍尔夫可以在这6周中承担本报编辑的工作。如果艾尔默有空，这事就可以进行安排。布拉肯说得有道理，此次旅行对我和报纸都有好处。

我请您决定，此项邀请是否可以作为一个附加的理由，看一看格里格能否帮忙？

K. M.

该信所附的信件内容如下：

弗朗西斯·威廉 1943 年 5 月 21 日的来信
私人信函

我亲爱的金斯利·马丁：

我与陆军部的相关部门负责人见过面，讨论了这个问题：是否可能让艾尔默·瓦伦斯离开那里，到《新政治家》协助您工作？我觉得，如果我告诉您他们愿意放他走，这可能让您对此事期望过高。不过，我现在可以告诉您，他们理解您面临的困难，表示愿意以同情的态度，考虑这个问题。当然，这在很大程度上取决于，是否能够找到人来顶替他现在所做的工作。在我看来，在某些方面，他的工作现在具有的重要性超过了从前。

如果凯恩斯勋爵愿意，最佳的方式是请他给陆军大臣写信，说明《新政治家》现在面临的困难，无法找到像艾尔默·瓦伦斯那样的具有必要条件的合适人选，所以需要瓦伦斯到您那里去工作，问陆军大臣是否愿意放人。他们向我承诺，如果陆军大臣收到这样的信件之后，找到直接负责的高级军官了解情况，他们会非常仔细考虑这个问题，肯定不会立刻表示否定意见。不过，正如我所说的，他们当然无法保证说，他们可以让陆军大臣放人。这个问题
199 取决于若干需要考虑的因素。

无论如何，我得到的印象是，这事肯定值得您一试。我无法给您更明确的答复，谨表歉意。

顺致最良好的祝愿。

您真诚的，
弗朗西斯·威廉

凯恩斯1943年5月26日写给詹姆士·格里格爵士的信件

亲爱的格里格：

我以《新政治家与国家》公司董事的私人身份，给您写这封信件。我们报社在聘请高级职员问题上面临很大困难，由此出现的一个问题是，艾尔默是否可以离开陆军部？

情报局对此事持支持态度；我推测，艾尔默现在担任的工作并非至关重要，如果失去他，他的顶头上司大概不会感到非常孤单。但是，我们认为只有得到您的同意，离任之事才有可能顺利完成。

如果瓦伦斯能够返回报社，报社的事务就可正常进行，我将感到非常满意。我认为，如果您同意让他离开，这对公众利益也有好处。

我不知道您是否可以拨冗了解相关细节，这个问题的大概情况如下：在战争爆发之初，金斯利·马丁是编辑，克罗斯曼是副编辑，卡尔德、艾尔默·瓦伦斯、布雷斯福德和科尔等人也在报社担任工作。后来，瓦伦斯去了陆军部，人们那时认为，政治战将会起到更加重要的作用，这超过我当时预料的情况。1940年，克罗斯曼和卡尔德先后被负责政治战的人员调走。科尔留下来工作，但是他因为劳累过度，最近健康状态每况愈下，将要被迫离开工作岗位。布雷斯福德年事已高，而且身体非常不好。根据我的判断，布雷斯福德有一个奇怪的想法，认为本报过多依赖他提供服务的做 200

法是很不适当的。科尔身体垮了，布雷斯福德难以使用，现在的情况让编辑无法维持报社正常运转，他的身边没有可以委以重任的人选。如果他生病，报社将会面临非常尴尬的局面。此外，他也无法临时抽身，从事任何其他工作，例如，情报局常常要他承担的工作。瓦伦斯现年51岁，是一位经验丰富的记者，有能力统领全面工作。《新政治家》现在的发行量很大，对国内外舆论都有巨大的影响。依我所见，让这份报纸正常出版具有重要意义。

因此，假如瓦伦斯在贵部所做的工作并不非常重要，并非不可或缺，我非常希望您能同意放人。

您真诚的，

［这份复写件上签署了他的姓氏缩写 K.］

金斯利·马丁1943年5月27日的来信

亲爱的梅纳德：

我在电话里忘记了我想说的一件事情。考虑到将来可能出现的情况，他们觉得重要的是，陆军部不愿意让艾尔默完全丢下在那里的工作，但是他们可能同意让他离开一段时间，比如说6个月。这样，在他们需要时，可以让他回去工作。我这样说的根据是最近听到一些情况，可以将它们视为这样做的先例。

您的，

金斯利

凯恩斯1943年6月3日写给金斯利·马丁的信件

亲爱的金斯利：

昨天，我碰巧遇到了格里格本人。他告诉我，他们正在考虑一项新的任务，只有瓦伦斯能如期完成。如果最近该任务定下来，他们必须让瓦伦斯留下来。但是，如果该任务没有定下来——我觉得这一点根本无法确定——格里格同意让瓦伦斯离开。

您的，

J. M. K.

金斯利·马丁 1943 年 6 月 3 日的来信 201

亲爱的梅纳德：

谢谢您转来的格里格的信函。我同意您的说法，这仅仅"在一定程度上令人沮丧"。我私下了解到，尽管艾尔默眼下没有什么重要事情可干，有计划在进攻开始之后派他到欧洲担任管理记者的工作。不过，其他人也在争取得到这个职位，所以我对他回到本报尚存一些希望。

昨天，布拉肯要我去见他。他告诉我，他的计划是派 4 个与报界有联系的人到澳大利亚去，由沃尔特·莱顿带队。他和情报局的"帝国项目"的负责人热尔韦·赫胥黎正在努力促成此事。我告诉他们，除非我能把艾尔默调来，我肯定无法到澳大利亚去。如果艾尔默能来，我还得与董事会成员协商，回报整个情况。布拉肯说，他将以他们需要我去澳大利亚为理由，把调动艾尔默的问题提交给弗朗西斯·威廉决定。如果陆军部不放艾尔默，我根本不会考虑去澳大利亚的事情。我非常小心，没有作出承诺，这就是现在的情况。

您的，

金斯利

有一个 21 岁的男青年夏天到报社来接受“培训”,我看一看是否有可能录用他。不过,在这一段时间里,这样的安排既对我们有用的,也是我们的责任。

下面这个问题源于当年 7 月 27 日刊登的一篇头版通栏标题文章,标题是《西西里岛的军火》。

凯恩斯 1943 年 7 月 27 日写给金斯利·马丁的信件
私人信函

亲爱的金斯利:

就本周报纸上,布雷斯福德撰写了头版头条通栏标题文章,对弗朗西斯·罗德发表了无知的诽谤性攻击。我作为罗德的老朋友,就此表示强烈抗议。他的妻子毕业于牛津大学,这一事实让他心理上深感压抑。毫无疑问,他认识意大利的每一个显赫人物,所以也认识博尔皮。我知道,博尔皮曾经担任过意大利的财政部长。
202 但是,在墨索里尼眼里,罗德是 persona non grata(不受欢迎的人),坚决不与意大利政权同流合污。我甚至可以补充说,他具有强烈的非正统倾向,在英国银行行长眼里,肯定也是 persona non grata(不受欢迎的人)。布雷斯福德的整个说法都是荒唐、可笑的。

除了这一点之外,这篇文章也是另一个进行捏造、贬低和病态心理的例子。我们不应与信奉法西斯主义的人说话,我们不应与天主教徒说话。但是,我们应该支持得到大多数人支持的政府。我认为,对这种说法的解释是这个挥之不去的幻想:某个规模很小的地下团体其实代表了大多数人。这完全没有什么真实性可言。但是,鉴于报纸有权发表非真实的言论，这并不是我写这封信件的意思。

所以，您应该明白，我依然希望您作出决定，停止让他供稿。我认为，如果真的存在着让人表示抗议的具体东西——这种情况很可能迟早都会出现——您将不会发出什么激烈反对的声音了。

您的，

J. M. K.

金斯利·马丁1943年7月29日的来信

亲爱的梅纳德：

您来信相当欠缺考虑；您表示强烈不满的那篇文章之中的具体文字不是出自布雷斯福德之手，而是由我经过仔细询问之后根据雷蒙德的建议添加的。实际上，雷蒙德给罗德的姨妹打过两次电话，核对了相关情况，发现她周末出席了在他家举行的牛津校友聚会。弗朗西斯·罗德在场，谈到了伦理与勤劳等问题。后来，罗德夫人显然高调表示关注，我确定弗朗西斯·罗德那时已经离开了。根据雷蒙德·莫蒂默的建议，我添加了那个句子（印刷工实际上犯了一个错误，把"博尔皮"一词后面的那个"支持者"变成了"支持者们"）。根据关系密切的熟人提供的证词，我可以就罗德的问题发表更多看法，但是也许这样做没有什么必要。其原因在于，真正的问题与之完全不同。刊登在头版上的匿名文章其实是头版通栏标题文章，是经过仔细斟酌之后形成的结果。由此可见，无论这篇文章是我、布雷斯福德还是别的人写的，这都 203
没有什么关系。我们五六个人——其中包括一位著名议员和来自财政部的一名官员——一起，首先详细讨论了这个问题，然后才动笔撰写了这篇文章。

我觉得，您使用的那种表达强烈情绪的语言带有挑衅性，是完全没有道理的，难以在政府部门中见到。使用类似的语句作答，这样做对我来说不应是什么难事。但是，发泄的对象是谁呢？您甚至没有仔细考虑过您提出的观点。在那篇头版通栏标题文章中，没有那个地方暗示说，我们绝对不应“与信奉法西斯主义的人说话”；恰恰相反，在文章中间接表明的，在下院和其他场合强烈表达的是这一点：存在的危险是，我们在意大利的作为太少，致使我们进行的干预并不适当，不能唤起民主力量，尤其是在意大利国内的民主力量。这并不是什么怪诞异常的观点，肯定不是出自布雷斯福德的笔下。

您的，
金斯利

在马丁来信的上面空白处，凯恩斯写道：

已经回复：对不起，不过其实弗朗西斯·罗德现在不是而且从来不是什么牛津校友，不是法西斯分子。K.

凯恩斯出席了在美国举行的英美两国关于战后计划的谈判，回国之后收到了下面这封信件（参见约翰·梅纳德·凯恩斯全集，第XXIII卷，第276—301页；第XXV卷，第339—392页）。这封信件谈到1943年10月16日刊登的题为《上帝的礼物》的文章。

金斯利·马丁1943年11月5日的来信

亲爱的梅纳德：

204 我听说您已经回国，就美国的态度提供了经典的评论，进行了经典的说明。我希望你们两位美国之行比上一次愉快。

您过于繁忙，不能出现董事会会议，我表示遗憾，但是并不感到惊讶。出席的人太少，不得不取消这次会议。您大概已经听说了，我们卷入了可能是史上最严重的诽谤行动。我觉得，董事会成员应该全面评估相关事实，所以写了随信附上的这个高度机密的备忘录。① 极为重要的一点是，不能让对方

① 该备忘录没有付印。

知道备忘录中所列的这些事实。您将会看到，这篇文章出版之前经过了一名律师的非常仔细的审阅，该律师面见了文章作者和作者提供的证据。您阅读之后最好毁掉这份备忘录。

出了这个问题，我深表歉意。但是，看来它可能与打败德军的消息同时出现，因此没有引起多少人的注意。

您的，
金斯利

凯恩斯 1943 年 11 月 9 日写给金斯利·马丁的信件
私密信函

我亲爱的金斯利：

我回来之后，看到了您的来信。多么糟糕的事情！我同意您的看法，如果可能，应该召开董事会会议进行研究。

我认为，如果可能，此事无疑应该进行庭外和解。但是，如果对方律师看到这一点，他们可能因此提出更高的索赔，得到高于法庭判决的金额。如果进入诉讼程序，我觉得最好采用您来信第 11 页上所列的第三个备选项，这就是说，持完全认输的态度，不要进行任何辩护。在这种情况下，在我看来，重要的是一揽子全部解决问题，而不是对簿公堂。其原因在于，如果上法庭，我方肯定被会问到，采取了什么措施证实那一则报道？在这种情况下，整个说法——正如您所说的，这将难以让人信服——会让人处于非常被动的境地。

我应该说，您来信第 11 页上的第四项和第六项[1]没有继续进

① 第四个备选项是针对一家调查这个问题的侦探机构采取行动的方案，第六备选项是可能采取的辩护策略。

行的价值，但是我担心，可能出现您在第五项[①]中所担心的情况。鉴于您所说的关于华盛顿的政治和个人性格方面的情况，第八项也有危险。当然，假如那种情况出现，有利之点是显而易见的。[②]

您估计这个案子最快什么时候审理？

您的，
J. M. K.

金斯利·马丁1943年11月11日的来信

205 亲爱的梅纳德：

来信收悉，深表谢意。我同意您在信中所说的每条意见。

随信附上我刚刚寄给惠特利的信件，我在信中谈到了他提出的几个问题。[③]

您的，
K. M.

那个案子没有进入司法程序，但是《新政治家》同意公开道歉，并且支付该案涉及的那两位女士总额为850英镑的赔偿款。

在那段时间里，两人之暂停通信联系。后来，马丁收到一篇关于《布雷顿

---

① 这里所说的担心有两个：其一，对方律师可能发现撰写这篇文章的匿名作者；其二，可能有侦探机构参与案件调查。

② 采取一切方式，尽量避免对簿公堂。

③ 该信没有付印。

森林协定》的文章。

金斯利·马丁 1944 年 9 月 14 日的来信

亲爱的梅纳德：

我相信您认识哈默斯利。我随信附上他寄来的一篇供《新政治家》发表的文章。我觉得，我们必须刊登这样的文章，读者真的需要对这个问题的解读。我认为，只有您有能力审阅这篇稿件。

今天，《每日先驱报》派驻华盛顿的记者阿瑟·韦布与我共进午餐。他对您在布雷顿森林会议期间表现出来的才华深表敬畏，并且告诉我，您给到场的记者们解释了相关问题，言简意赅，效果非凡。在英国，尚未见到有人进行这样的解释，只有等您亲自出马，发表权威性陈述。在我看来，通常撰文讨论这个问题的人不希望就重要的事情提出批评意见，但是满怀疑虑，所以不愿意这样做。如果您太忙，不能赐稿，这可以理解。但是，如果您不写，哈默斯利的这篇文章发表之后，可能出现大量文章和信件，有的支持他的观点，有的为布雷顿森林协定辩护。也许，根据我的判断，那是您不愿见到的情况。请告诉我，您是否可以就此做点事情。我打算下周刊登哈默斯利的文章。《每日快报》正在发起攻击！

上次和您见面之后，发生了许多重要的事情。其中之一是，德国战败几个月之后，克罗斯曼确定会回到报社来。我知道，您对此会感到高兴的。 206

您的，
金斯利

那天晚上见到你们两人，我很高兴。

凯恩斯 1944 年 1 月 15 日写给金斯利·马丁的信件

亲爱的金斯利：

依我所见，这篇文章应作退稿处理。它完全没有达到发表的水准，大体上基于对那份文件的错误理解，而且出现了严重的信息错位。我的回应只有两个方式，第一个方式包括两个句子，认为它毫不相关，根据的是对该文件的错误理解。另外一个方式是详细解释那份文件的真实意思。如果那样做，就需要相当大的版面。

没错，我认识哈默斯利。在我去布雷顿森林之前，我让他接受了联合声明。他认为，联合声明与布雷顿森林计划之间的唯一不同之点在于，前者采取了正确的方向。如果我和他一起待上两个小时，我完全可以让他改变看法。不过，让我做这样的事情根本没有什么可操作性。然而不幸的是，我也没有时间写文章。

如果您希望从根本上了解是否需要回到金本位这个问题，不妨读一下上一期《银行家》杂志。艾因齐格撰文说，应该回到金本位，达西撰文作出了回应。我相信，在下一期《银行家》上，将会出现艾因齐格撰写的反驳文章，还有达西提出的更多评论。如果您看到那些文章，您就会明白，这样的问题您是不愿一周接着一周地给予大量版面进行讨论的。而且，这个问题也无法以简略方式进行处理。

因此，我的建议是这样的。财政大臣已经表示同意，我可以在查塔姆大厅给一部分人经过挑选的作一次讲座，其条件是不能进
207 行宣传报道。在这种情况下，麦克亚当挑选了三十人左右，讲座定于 10 月 4 日下午 5 点举行。我准备给他建议，让他邀请您和哈默斯利两人。这可以让您向哈默斯利建议，在他有机会出席上面这

次讲座之前,他应该推迟发表那篇大体上基于错误理解的文章。

听说克罗斯曼可能回到报社,这让我感到非常高兴。

您的,

梅纳德·凯恩斯

又及:我还可以补充两点,其一,哈默斯利、布思比和其他许多人偏离了正确方向;其二,大批能干的经济学家云集布雷顿森林,其中包括英国代表团中来自不同学派的人士,例如,罗宾斯、罗伯逊和我,还有许多国家的大批学者。与会人员一致认为,主张金本位的想法没有任何理由。任何具有专业能力的人在充分理解了所提建议的内容之后,都不会继续坚持这个立场。

凯恩斯与马丁之间的通信再次中断。1945 年 5 月 14 日刊登了一篇题为《波兰问题上的理智》文章,让凯恩斯表达了若干不满意见。

L. J. 卡德伯里 1945 年 5 月 14 日的来信

亲爱的梅纳德:

在正常情况下,我应该直接给金斯利·马丁写信。但是,马丁不在报社,我不知道是谁在担任《新政治家与国家》的编辑工作。我担心,在这些问题上,布雷斯福德具有很大的影响力。

本周这期的质量非常糟糕,编者按尤其难以卒读。我很想知道,是否您和我一样,对这期报纸持批评态度?如果您也有同感,我们这些人虽然身为小股东,难道不应做点事情来改变这种局面?

在阅读编者按的过程中,我心里想到了讨论英美俄三国之间关系的那个 208

板块。上个星期五下午,我与保罗·温特顿长谈了一次。温特顿从 1941 年以来一直担任《新闻记录报》的代表,其间只有短暂时间告假离开。他无法继续坚持下去,于是上周辞职回家。

出现下面这些句子的原因究竟何在呢?

> 但是,艾登先生怂恿斯特蒂纽斯开展了一场活动,其目的旨在诽谤俄罗斯并且(顺便)在大选前夕分裂英国的左翼政党,这样做确实有过分抗议之嫌。重要的一点在于,假如莫斯科对西方的怀疑态度最近没有加深,俄罗斯人很可能不会劳神费力地逮捕这些人。

莫斯科的怀疑态度加深的原因之一是,我们拒绝战后给苏联提供他们所需的大量物资。当然,这是一种外交方式,它罗列了我们从来没有期望得到的物品。十分难以理解的是,为什么我们应该去完成这样的任务,拒绝根据这些条件向苏联运送物品呢?我们要求国内的人省吃俭用,以便恢复我们在外贸市场上的地位,希望能够按照商业规范,重新开始和平时期的正常贸易。

虽然这仅仅是一个微不足道的因素,但是我们无法完全忘记这一点:就俄罗斯的情况而言,根据我参与谈判的协议,我们运送了大量军用物资,甚至还有原材料,我们却没有得到任何赞扬。

苏联显然比以前更为强大,在欧洲大陆上的影响总体上超过了英国,而且可以在不用过多费力的情况下,几乎达到完全自足的水平。然而,如果苏联愿意与我们合作,我们可以给她提供非常多的帮助。如果我们要鼓励她与我们合作,我们应该尽量避免的事情是执行一成不变的讨好政策。但是,《新政治家与国家》看来正是倡导这样的东西。

我们是否可以改变《新政治家与国家》的做法?我国与苏联的关系眼下正处于关键时刻;有鉴于此,这个问题尤其重要。

您真诚的,

L. J. C.

凯恩斯 1945 年 5 月 15 日写给 L. J. 卡德伯里的信件

亲爱的劳伦斯：

我完全赞同您对《新政治家与国家》星期六刊登的那篇关于波兰的可耻文章的看法。我当初阅读之后就觉得，应该给担任执行编辑的莱昂纳多·伍尔夫写信，问一问他，刊登如此可怕的评论文章，他究竟应该承担什么责任？但是，我当时忙于其他事情，那封 209
信件没有写成。金斯利·马丁从旧金山寄来的关于相同问题[①]的文章论述合理，言辞得当，确实非常精彩，所以那篇编者按愈发显得没有必要。

您来信提到的那篇编者按其实不是布雷斯福德写的，而是出自艾尔默·瓦伦斯的笔下。

我准备把您的来信寄给莱昂纳多·伍尔夫。在我看来，这份报纸最近刊登的几篇文章超过了行为规范的限度，但是您提到的这篇是其中最恶劣的。请您不仅将它与金斯利·马丁从旧金山寄来的非常优秀的稿件比较，而且与《经济学家》上一个星期六刊登的内容精彩、言辞审慎的评论比较。

您真诚的，

［这份复写件没有签署姓名或者缩写］

维奥利特·波纳姆－卡特 1945 年 5 月 15 日的来信

---

① 《旧金山的阴影》，见《新政治家与国家》，1945 年 5 月 12 日。

我亲爱的梅纳德：

我必须写这封短信告诉您，本周《新政治家》（头版上）刊登的头条文章谴责艾登“怂恿斯特蒂纽斯诽谤俄罗斯”，这样的言辞令人震惊。

如果他们这么无知，他们不应继续在报界混下去了。或者说，他们掌握了大家都知道的情况，然而却竟然写出如此之烂的文章，他们表现出来的思想上的不诚实应该面对更加糟糕的命运。

我觉得您拥有力量和权威，可以给他们提出建议。您怎么可以听任他们这样的“信口开河”呢？他们的做法真的让我觉得恶心，不禁替他们感到羞愧。

你永远的，

维奥利特

向您和莉迪亚致以问候。欧洲的战事已经结束，马克仍然活着，这让我深感宽慰。耶稣受难节以来，他历尽艰难，一直英勇战斗。一个星期之前，在他的那个连队，两名军官兄弟阵亡，其中一个与他的关系非常密切。

210 凯恩斯1945年5月16日写给维奥利特·波纳姆－卡特的信件

我亲爱的维奥利特：

我完全赞同您对《新政治家与国家》星期六刊登的那篇关于波兰的可耻文章的看法。金斯利·马丁从旧金山寄来他本人撰写的关于相同问题的文章论述合理，言辞得当，确实非常精彩；相比之下，那篇编者按愈发显得没有必要，而且不可原谅。

那篇按语让我觉得，与这份报纸保持关系是令人羞愧的事情。但是，董事们的处境已经变得相当困难了。继承前《国家文艺》报社董事职位的人在董事会中只占少数人,他们自己对此无能为力。董事会很少开会。我们形成了一个传统;当然,从许多方面看,这个传统是有益的:董事会并不干涉编辑部对稿件的处理方式。不过,我同意您的看法,这篇编者按非常恶劣,确实超过了行为规范的限度。在我看来,它并不是第一个显示出思想不诚实的例子。

我现在准备给莱昂纳多·伍尔夫写信——马丁在旧金山逗留期间,他担任报纸的执行编辑。我从与他的交谈中得知,他同意我的看法,对以前刊登的某些稿件感到羞愧;有鉴于此,我无法想象,他怎么会让这样的东西刊登出来。

我希望您对选举的前景持相当乐观的看法。我向您,向[自由]党表示良好的祝愿。无论如果保守党或者工党在此次选举中取得大胜胜利,我会觉得担忧的。

顺便说一句,我听说您现在是萨德勒斯威尔斯剧院的理事之一。身为理事,您会了解通过考文花园计划实施的 CEMA[①] 活动的一个方面。我自己作为考文花园管理委员会的主席,密切关注这方面的情况。今天上午,我与戴森谈过话,深受鼓舞,觉得我们最终将会制定一个真正令人满意的计划,让各方觉得可以接受。

但是,主要的问题是,我们真的必须恢复考文花园剧院,以便进行国家水平的芭蕾舞和歌剧演出。我们已经成功地说服财政 211
部,通过音乐与艺术促进会的渠道,对该场地进行建设投资。但是,我希望得到您的支持。

顺问您和布吉好。马克一切平安,谨此表示衷心祝贺。我觉

① 音乐与艺术促进会,凯恩斯当时担任该机构主席。

得，我们可以期望，他们会放他回来休息一段时间。

你永远的，

［这份复写件上签署了他的姓名缩写］J. M. K.

摘自约翰·罗伯茨 1945 年 5 月 15 日的来信

我“觉得”，您对这份报纸的不满情绪已经持续了一段时间了。近来，我时常发现自己在不同程度上，与该报表达的某些观点相左。尽管我不能像您那样，使用所掌握的知识和信息来支撑自己的看法，但是我依然强烈感觉到，该报常常对事实评估不足，或者对事实采取视而不见的态度。这样的事实如果以更超脱的眼光观察，其实可以加以考虑的。夏普曾在一份传单中这样评价《新政治家》：“如果事实与理论不符，理论肯定遭到摒弃。”在我看来，该报的某些撰稿人常常颠倒了这一点，把理论置于高于事实的位置。正如您所说的，这样的稿件肯定不是出于一个人的笔下。例如，我讨厌该报最近刊登的裘德发表的华而不实的言论。

摘自凯恩斯 1945 年 5 月 16 写给约翰·罗伯茨的信件

谢谢您 5 月 15 日的来信。我担心，上周刊登的瓦伦斯撰写的关于波兰的编者按真的让问题超出了可以忍受的限度。我收到许多表示抗议的信件，内心深感羞愧，不堪与这份报纸有染。我准备给莱昂纳多·沃伦写信，讨论这个问题。我觉得，如果报社的董事们无法免于责任，这就出现了问题。

金斯利·马丁从旧金山寄来他本人写的关于相同问题的文章论述合理，言辞得当，确实非常精彩；相比之下，那篇编者按愈发显得没有必要，不可原谅。

雷蒙德·莫蒂默[1945年5月]的来信 212

亲爱的梅纳德：

下周如有可能，我争取与您见上一面。我在报社的状况变得非常令人尴尬。上周刊登的关于波兰争论的评论超过了我的忍耐限度。当然，金斯利回来之后，我肯定将尽快与他谈一谈这个问题。我希望，在我看到金斯利之前，您不要对他提及此事。但是，如果报社因为奉行支持俄罗斯的政策，反对自由民主国家和英格兰，它最终将会面临困境，我觉得自己无法继续与它保持关系。

你永远的，
雷蒙德

凯恩斯1945年5月18日写给雷蒙德·莫蒂默的信件

我亲爱的雷蒙德：

您的来信并不让我感到惊讶。那篇编者按让我深受震动，深感恐怖，从个人角度看羞于与该报的人为伍。收到您来信之前，我已经阅读了其他相关人士寄来的表达强烈抗议的信件。我已把那些信件转交给了莱昂纳多。金斯利·马丁回来之后，我觉得我们应该采取相应的措施，着手解决这个棘手问题，切除病根。我认为，此事不应单独处理，而应作为引起极端愤怒的系列问题之一加以对待。

我简直无法想象，这篇稿件莱昂纳多是怎么审阅通过的。可能出现的情况是，稿件在当天的最后一刻写成，那时他刚刚离开了办公室。金斯利撰写的关于相同问题的文章论述合理，言辞得当，而且非常精彩；相比之下，那篇编者按愈发显得没有必要，非常可恨。

我眼下的感觉是，瓦伦斯已经没有资格继续给报纸供稿。而且，我还觉得，布雷斯福德也好不了多少。当然，从深层次看，金斯利本人应该承担责任。另一方面，从我修改的文章看，我发现的不当段落很少出自金斯利的笔下。我常常与金斯利意见相左，不过那是另外一码事。我发现，与他所吸引在身边的那一帮社会渣滓
213 相比，他的文章并不常常令人感到气愤。

我们下周谈一谈吧。您是否愿意改天与我一起共进午餐？或者那天晚上在我家共进晚餐？（您是否也向莱昂纳多提出了这个问题？）

你永远的，

［这份复写件上签署了他的姓名缩写］M. K.

凯恩斯 1945 年 5 月 15 日写给莱昂纳多·伍尔夫的信件

亲爱的莱昂纳多：

随信附上我写给劳伦斯·卡德伯里的信函复写件，您看了就会明白它的意思。正如您看见的，如果有人与我的看法相同，您觉得应该采取什么行动？我希望您阅后将此信寄还给我。

你永远的，

[这份复写件没有签署他的姓名或者缩写]

又及：写了这封短信之后，我看到维奥利特·波纳姆－卡特随信寄来的信件。这确实是一个非常恶劣的段落，真的让人觉得羞于与这个报社的人为伍。

再及：写了这封短信之后，我又收到了一封与报社关系密切的人寄来的抗议信件。我觉得，如果您不采取行动，切除病根，您不可能指望人们继续忍受下去。

莱昂纳多·伍尔夫 1945 年 5 月 19 日的来信

亲爱的梅纳德：

尽管我当然应该承担责任，不过我完全赞同您对那篇编者按的看法。我上周处境困难，可以这么说，回顾当时的情况，我做出了错误的决定。上周中间，放了两天假。这意味着，所有的校样必须在星期四阅读完毕。我的安排是，瓦伦斯应该写好头版需要的文章，星期四上午一早交给印刷厂。结果是，在出校样之前，我无法看到文章。报社的所有人星期四在印刷厂里待了一整 214
天，全部文章直接付排。我们的理解是，如果没有重大修改，印刷厂只能在星期五开印。印刷厂的人承诺说，刊登我没有审阅的材料的那几个版面在 2 点 30 分弄好。但是，头版到了下午 5 点才弄好交给我审阅。我读了那篇编者之后的感觉与您的相同，于是告诉了瓦伦斯。那篇编者按最初的内容比现在看到的更糟。当时面临的问题是，那篇文章应该完全重写。但是，就印刷工人当时的状态看，那样做意味着，他们星期六要重新开始所有工作流程，很可能在星期一页无法把报纸印刷出来。我那天也有安排，必须搭乘 6 点 45 分火车到刘易斯市去。最后，我告诉瓦伦斯，他必须进行修改和补充，以便让那篇编者按的文字和内容可以让人接受。但是，我承认，他们没有那样做。假如重写那篇编者按并且推迟印刷时间，结果可能会好一些。

就您按照自己的职责采取的行动而言，我认为把这个问题与任何不利于金斯利的事情混为一谈是错误的。应该在董事会上提出这个问题，但是责任全部在我，不应把账算在金斯利头上。

就总体情况而言，过去四周的经历告诉我，雇用麦肯齐是错误的。我喜欢他，他很聪明，但是让共产党人待在“重要岗位”上是毫无希望之举。不过，我认为他不会继续干下去。我不理解瓦伦斯的做法。这件事情发生之前，我一贯认为，他是一流记者，在其他方面属于二流，但是也值得信任，在一定程度上是讲道理的。

您的，

莱昂纳多·伍尔夫

凯恩斯 1945 年 6 月 29 日写给金斯利·马丁的信件

亲爱的金斯利：

您从美国回来之后，我一直打算哪天请您共进晚餐。但是，我一直身体不好，无法安排，只好往后推迟。您下个星期四，也就是 7 月 4 日，是否可以到戈登广场来和我共进晚餐？

我认为，您从美国寄来的稿件确实写得非常精彩，堪称显示了
215 您的最高水准。但是，正如您可能已经听说的，最近报社出了一些事情，让我感到非常沮丧。

您的，

J. M. K.

金斯利·马丁 1945 年 7 月 21 日的来信

亲爱的梅纳德：

那天晚上，您对科尔提出了批评。现在，迪克回来了，报社人员增加了，我有机会改进这里的工作，我希望您提出更具体的建议。迪克看来知道许多"秘密"信息，了解的情况超过了他所写的东西。但是，毫无疑问，他对这些东西并不十分熟悉，如果能得到您的建议，让他知道它们是些什么样的材料，知道找谁可以得到帮助，这对他来说是有价值的。

如果您能提出建议，对报社的价值将会十分巨大。我知道存在着大量差距和错误，非常愿意接受意见。本周科尔撰写了一篇很好的文章，谈到了英美互助协定的第七条款和布雷顿森林协定等问题，但是，我们可以利用更多的接触，解决国内问题。在您看来，需要谁？哪些部分较弱？报社很快就有新的人员。

我希望，在我们难得拥有的讨论报社问题的一个场合，没有浪费时间去互相伤害，相互争吵。我并不理解您在这个问题上采用的技巧。不管怎么说，H. N. B. [1]即将退休，就我进行的考察而言，在您提到的那些特殊问题上，我们两人是可以达成一致意见的。另外，在所有主要问题——例如，俄罗斯问题，苏联问题——上，也可以达成一致意见。但是重要的事情如何办好这份报纸，为此，我对任何具体建议均持欢迎态度。

您的，
金斯利

凯恩斯 1945 年 7 月 25 日写给金斯利·马丁的信件

① 布雷斯福德。

亲爱的金斯利：

我当时记得知道，科尔对某些情况了解得不够充分，不过具体是什么情况，我现在想不起来了。我觉得，那些情况并不十分重要，不过这说明科尔并不像从前那样，密切关注时态的发展。我认为，最好的方式应该是，在下面几周时间里，我从那个方面观察一下报纸的情况。如果出现任何问题，我会请您加以关注的。

216 关于惠特利持股的事情，有什么新消息吗？

您的，
J. M. K.

两人之间的第二封信件出现在《美国贷款协议》签订之后。

金斯利·马丁 1946 年 1 月 1 日的来信

亲爱的梅纳德：

我一直难以确定，究竟给予报纸多大篇幅，刊登听到的来自华盛顿的内部说法。我非常急切地咨询您，希望听听您的意见。我觉得，刊登我来信附上的内容至少没有多大问题，您说这样的话不会给人有失公允的感觉。我希望增加大量的内容。我已经收到了来自华盛顿和英国本土的篇幅相当长的文章。如果我没有听到您的消息，我计划把这篇文章作为《伦敦日记》中的一个段落。

我担心，对您来说，这次回国之旅肯定让您觉得相当觉得恼火。

您的，
金斯利

随信寄去的稿件如下：

对我国来说，关于美国贷款的争论已经告一段落，至少暂时如此。但是，在美国，有人继续表达了针对英国的尖刻言论。当然，华盛顿的官方圈子理解英国的情况。阻碍达到双方满意的结果的原因是，美国国内政治斗争不断，缺乏政治领导力量。有人告诉我，凯恩斯勋爵用了三天时间，给一批美国专家说明英国的战后立场。他的说明不乏大师风范，非常具有说服力，达到了前所未有的水平。他将对技术问题的精湛把握与道德诉求和常识结合起来，水平无人能及。在说明会结束时克雷顿先生发表的讲话说明，他知道50亿美元的贷款，仅仅收取正常的利息，这样做对美国和英国双方都有利。从经济上看，请允许我重复，以及从心理层面上说，这对美国有利。后来，乔治参议员跳了出来，威胁要带领南方人，反抗英国试图算计美国的做法。后来，美国谈判人员回来了，贷款的数额小了许多，利息为2%。假如美国有态度强硬的领导人，乔治参议员的言行不会起到什么作用。我们再次意识到罗斯福先生逝世之后出现的悲剧。我们英国人必须记住，美国人至今依然无法 217
面对这个事实：英国在战争中独自奋斗了一年时间，失去了许多生命，其数量肯定超过了人口是自己的三倍的美国；大多数美国人缺乏经济学常识，仅仅从金钱角度考虑问题，而不是从现实角度思考；他们觉得，提供无偿资金援助已经是慷慨之举，以2%的利息借钱给任何人在任何时候都是慷慨之举。

凯恩斯1946年1月3日写给金斯利·马丁的信件
私人信函

亲爱的金斯利：

我觉得，自己难以回复您的来信，难以就随信寄来的这段文字发表意见。我认为，这段文字作为印象式概括，与事实有所出入，和人们通常在报纸上见到的说法类似。从最粗略的轮廓上看，它大体反映了实际情况。另一方面，其中的许多细节并不准确，尤其是下面这几点：

（1）克雷顿没有发表您在文中提到的那样讲话。其他人在私下谈话中说了在一定程度上与之相似的内容，但是没有任何美国代表在会议上表达诸如此类的意思。

（2）诚然，乔治参议员影响不小，造成了麻烦。但是，这涉及贷款规模，而不是利息高低。在那位参议员表达看法之前，美国方面已经提出他们希望的利率。

（3）乔治参议员的重要作用不是在于他可能领导南方人出来反抗，而是因为他是负责审查贷款方案的参议院委员会主席。

（4）当然，您说美国缺乏强力领袖，这一点相当正确。不过，假如罗斯福活到今天，我们是否真的可以获得好处呢？这个问题我心里一直没有明确答案。假如他的健康状况良好，并且处于其政治力量的巅峰时期，我的回答很可能是肯定的。但是，假如他没有
218 去世，其他方面的情况与现状相同，我们得到的结果可能更糟。让我们假设，温斯顿·丘吉尔也活到今天，毫无疑问，他们两人之间可能频频交流。很可能出现的情况是，罗斯福会利用他的权威，让我们得到好一些的条件。然而，其结果很可能是重复威尔逊和国际联盟在上一次世界大战之后的做法。假如罗斯福在目前的局势下给我们提供好一些的条件，超过美国舆论愿意接受的程度，我可以想象，美国国会几乎以会绝对无误的方式，一一加以否决。在这种情况下，我们会得到什么呢？我相信，目前达成的方案的好处在于，美国政府已经与国会中的重要人物达成了一致意见。现在，贷款方案在提交审议时可能出现许多反对的噪音，然而最终将会获

得通过。

(5)按照我的判断,您稿件中的最后一个句子所说的意思完全正确。我认为,同样正确的情况是,如果与我们打交道的那些美国人判断,公众舆论拥护,他们愿意给我们更好的条件。但是,正如我在上文中所说的,这方面的情况并不明朗,与您在稿件中所说的截然不同。

一方面,从我们的角度看,某些我们看来至关重要的因素被美国人以顽固态度忽视。我认为,也有某些因素被英国人以顽固态度忽视,以下面四点为例:

第一点,这不是为战争债务筹款。美国人已经同意,一笔勾销战争债务。这是一笔新的款项,我们利用它来增强英国在政治竞争中的力量。这一点具有非常重要的意义,与上一次的战争债务根本没有任何可比性。

第二点,协议中的相关豁免条款比表面显得的要好许多,它明确规定说,在完全恢复经济,具有偿还能力之前,我国其实不需要支付任何利息。我的估计是,至少在我国的出口总量达到战前水平的60%之前,我们根本不用支付什么利息。

第三点,尽管大多数英国人对此持不同看法,美国人在这个问 219
题上非常谨慎,并不是要通过给我国施加经济压力的方式,强求政治方面的让步。就优惠问题而言,我们仅仅同意按照多年前签署的英美互助协定的第七条款执行。实际上,如果有什么区别的话,在新建议的框架下,我们做出的承诺比原来的要少一些。美国人面临较大的压力,难以将贷款的使用与美国的施压集团可能感兴趣的民航、基地、海运以及其他项目挂起钩来。

第四点，接受贷款的国家并不只有我们英国，美国人对这一点比我们更敏感。他们希望给我们很好的条件，超过其他任何国家。但是，他们并不愿意看到，给别国的条件与给我国的条件相比差异过于明显。在实际操作中，他们让法国支付的年息在借款期的头几年中大约为要求我们支付的两倍，而且没有任何豁免条款（我记得，我在讲话中指出了这一点）。

我认为十分重要但在公开场合没有明确强调的是；其一，美国人以绅士方式对待我们；其二，他们和我们一样，抱有不让英美亲密关系出现裂痕的强烈愿望；其三，在他们的地方政治舆论可以允许的范围内，美国人尽量给我们提供优惠的解决方案。

您的，

梅纳德·凯恩斯

又及：

第五点，我回国之后发现，至少在某些圈子之内，人们对布雷顿森林协定给使用英镑的地区规定的过渡期心存疑虑，超过了对这笔贷款的经济条件的关注。我认为，这主要产生于对相关安排的误解。与他们给其他国家提供的贷款不同，美国人给我们提供
220 的贷款是我国可以自由使用的资金，没有限定必须在美国进行采购，我们可以在世界上任何地方使用。对这笔贷款的用途在数量作出了规定，我们仅仅需要使用其中大约一半用于我们在美国的支出，另外一半用来释放我们在世界上使用英镑的地区之中的收益。这样，我们从那些地区购买物资之后，可以支付美元，他们转

而可以使用那些美元，在美国进行采购。现在看来应该清楚的是，大约一半贷款被明确规定用于释放在英镑的地区之中的收益，其他方面根本没有什么约束。在这种情况下，反对布雷顿森林协定所说的两三年过渡期的理由欠缺说服力，实际上不可能获得支持。大多数人看来相信，美国人要求这笔贷款悉数用于我们在美国进行的采购。然而非常确定的是，实际情况并非如此。

最后还有一点想法。假如当初谈判破裂，我们没有获得这笔贷款，我认为本届工党政府无法支撑一年时间。我有时不禁很想知道，在那些看来期望谈判破裂的人之中，有的是否期望出现这种情况？我个人认为，这是坚持达成协议的另外一个理由。如果工党政府再度被外部经济形势摧毁，尽管难以被人视为应该为此担负主要责任，它可能已经演变成为一个现实的灾难。当已经出现的情况变得非常明晰时，我不应去考虑它所带来的结果。我怀疑，可怜、愚蠢的英国内阁当时甚至完全没有像我这样，看到这种可能性或者或然性。其原因在于，我觉得他们之中的大多数成员那时几乎完全忘记了相关的事实背景。

金斯利·马丁 1946 年 1 月 7 日的来信 221

亲爱的梅纳德：

让您面对混乱状态，深感歉意。我本以为自己已经采取了正确的预防措施。您的来信很有意思。正如您所说的，相关的总体效果是确实的，就强调程度而不是就实质而言，提供的事实是错误的；有鉴于此，进行更正并非易事。您写了这封富于启迪的长信，在此表示谢意。

在这篇文章中，我试图陈述可以采用的首要选项，以便取代这笔贷款；在接受这一点的基础上，讨论了政府可能做出的选择。我现在认为，其一，我比较明确地阐述了这一点；其二，我让人知道，这个选项可能涉及另外一个“付出鲜血和汗水、需要艰难劳动的”时期；其三，政府需要表现很大勇气，度过那个阶段。按照我可能对局势作出的判断，内阁当时考虑了这一点。

祝你们两位在 1946 年一切顺利。

金斯利

凯恩斯 1946 年 1 月 9 日写给金斯利·马丁的信件

亲爱的金斯利：

我同意您的看法，没有必要作出更正。其实没有造成什么危害。我写了这么多字，我觉得自己可以及时给您提供材料。

在我看来，许多东西处于危险之中，所涉及的不仅仅是另外一个付出鲜血和汗水、需要艰难劳动的时期。假如它最终形成某种有益的东西，很可能出现的情况是，我们必须做好心理准备，忍受这样的局面。我相信，可能出现的结果非常糟糕，超过该过程带来的影响。在那种情况下，世界将会以持久方式分裂成孤立的经济集团；我国的经济就像建筑在沙土之上，非常脆弱，几乎肯定会在短时间之内崩溃。对我们来说，无论如何都会是一个重大灾难。

我认为人们尚未意识到，问题并不仅仅在于这个选项难以获得，而且从我们的角度看，并不存在任何可取的或者可以接受的形式。对我国在世界之中的真实地位，人们的想法非常混乱，与总体
222 上占据上风的昏迷状态混在一起，盛行于我们生活的虚幻的天堂

之中。

您的，

梅纳德·凯恩斯

两人之间的进行了最后一次通信，谈到凯恩斯受命出席在美国萨凡纳市举行的布雷顿森林机构的第一次会议的事情。

摘自金斯利·马丁 1946 年 1 月 21 日的来信

我希望这次任命是您希望得到的东西。我有一种不安的感觉，您在最近一次来信中正确地指出，英国人现在生活在虚幻的天堂之中。如果说有人能够在经济方面让我国度过难关，您就是这样的人选。

您可能已经在今天的《每日电讯》上看到了一个愚蠢的段落。我不知道，是否可以采取任何有用的措施，阻止或者回应这种愚蠢言论。

摘自凯恩斯 1946 年 2 月 22 日写给金斯利·马丁的信件

我受命担任布雷顿森林体系的理事，这个职务是装饰性的，没有其他方面的意义。负责实际工作的人是执行董事，这个职务的人选尚未提名。我再次开始奔波，这其实是我自己犯下的错误。不过，这是一次形式意味很强的会议，没有什么工作可做，而且会议在气候温暖的美国南方举行。我的大夫认为，到那里去是一个不错的主意。除此之外，我在组建这些机构的过程中耗费了大量时间，付出了许多精力，我有一种难以割舍的心绪，希望见证它们问世时的情景。我离开英国的时间不会超过四五周。

我听说,《每日电讯》刊登了什么东西,让人觉得您的事情该我负责——但愿不会如此！不过,我尚未见到那篇文章。毫无疑问,我们应该采取不理睬的态度。

第二章　凯恩斯关于古代货币的著述

在1920年至1926年期间，凯恩斯数次研究了古代货币史。在1924年以及1925年至1926年期间，他在与莉迪亚的通信中多次谈到，这个问题突然出现，涉及大量工作，让他不能完成《货币论》的撰写任务。①

尽管后来的研究已经说明，凯恩斯所说事情的许多细节需要修正，②来自他的研究的片段本身就有足够意义，可供发表之用。它们显示，凯恩斯当时把心思转向一个出人意料的研究方向。

从凯恩斯在那个阶段所作努力中我们知道，幸存下来在最早片段是从1920年开始见诸文字的。

论索伦进行的货币变革*

根据加德纳教授提出的具有权威性的解释，安德罗提翁**认

---

① 参见约翰·梅纳德·凯恩斯全集，第XXIX卷，第1—2页。

② 例如，就与他们个人相关的情况而言，对菲敦和索伦进行的通货变革的整个论述现在必须加以否定。有关类似观点的最近陈述和基本文献，请参见M. M.奥斯丁和P.维达尔－纳凯撰写的《古希腊经济史和社会史导论》(伦敦：1977年)，第56—58页和214—217页。

* 索伦(约公元前638—558年)，雅典政治家、立法者和诗人，曾经推动立法，对抗雅典在政治、经济和道德方面的衰落。——译注

** 安德罗提翁(公元前410—340年)，雅典政治家，因写出8卷的《阿提卡史》受到处罚，被放逐到麦加拉。——译注

为，索伦对厄基那币制中的德拉克马(73:100)进行了改变；根据亚里士多德的说法，索伦进行的变革将厄基那币制中的德拉克马变为优庇亚币制的德拉克马。加德纳教授认为，亚里士多德的说法是正确的。所以他相信，索伦把标准从厄基那币制变为优庇亚币制，从优庇亚币制到阿提卡币制的变革是50年之后由庇西特拉图*完成的。我没有见到任何直接证据可以说明他所说的这一观点：庇西特拉图主导了对货币标准的进一步改变。

我认为，加德纳教授误解了亚里士多德的说法，安德罗提翁的说法与亚里士多德的说法实质上并无矛盾之处。

224 这里的误解源于这一假设：古希腊货币单位米那保持不变。然而，如果假定索伦引入了新的米那和新的德拉克马，让塔兰特保持不变，那就显得更有道理。根据亚里士多德的说法，索伦引导了两次变革。他首先将新米那定为旧米那的63/60，然后将新米那分为100个新德拉克马；与之相比，旧米那曾被分为70个旧德拉克马。于是，1个新德拉克马就等于

$$70/100\times63/60\text{ 旧德拉克马 }=73\times5/100\text{ 旧德拉克马}$$

这几乎与安德罗提翁的做法一致，后者就索伦的两次变革形成的新德拉克马与旧德拉克马的关系，进行了综合陈述。

根据这个解释，亚里士多德比较的是数量，一个是新米那中

---

* 庇西特拉图(约前600年—前527年)，古希腊雅典僭主，两次被放逐，制定过一系列奖励农工商的政策，主张大规模进行海外贸易，建设雅典文化。——译注

的新德拉克马的数量，另一个是旧米那中的旧德拉克马的数量；安德罗提翁比较的是价值，即新德拉克马的价值与旧德拉克马的价值。通过这一假定，我们就可以解释这两位权威之间的所谓差异了。

以上计算以足够准确的方式，与那些银币的重量一致。根据加德纳的说法，在厄基那币制中，1 个德拉克马的重量是 94 格令，根据里奇韦的说法，在厄基那币制中，1 个德拉克马重量是 93 格令。经过索伦的变革，93×73.5/100 形成了 68.35 格令，作为新德拉克马的重量，与阿提卡币制中的 1 德拉克马重量近似。

这个问题也可进行如下表述。厄基那币制是

70 德拉克马＝1 米那

63 米那＝1 塔兰特

索伦用以下比例关系进行取代： 225

100 德拉克马＝1 米那

60 米那＝1 塔兰特

塔兰特的重量保持不变。这种算法与后来在雅典实施的币制完全一致，所以看来是合理的。加德纳提出的看法是，索伦让 63 米那等于 1 塔兰特，而不是旧币制中的 60 米那等于 1 塔兰特；与之相比，这一算法更有道理。如果情况真的如此，那么就有必要对庇西特拉图的重量表进行变革，有必要改变德拉克马的标准。我注意到，里奇韦对亚里士多德文献中的这段话的解释与加德纳的恰恰相反，符合与以上理论。加德纳看来并不是要让他论述的其余部分与他对亚里士多德关于米那的表述保持一致。

加德纳在这部著作的第149页上提到，在旧的厄基那币制中，1米那重量为6585格令，这证实了，在厄基那算法中，70德拉克马兑换1米那。如果这是厄基那币制中1个米那的重量，如果94格令是厄基那币制中1个德拉克马的重量，那么，1个米那就等于70德拉克马。在这种情况下，这三种币制的标准如下：

	厄基那币制	优庇亚币制	阿提卡币制
德拉克马兑换米那	70*	100	100
米那兑换塔兰特	63	63	63
相应的德拉克马重量假定三种币制中的塔兰特保持不变	100	70	73.5

安德罗提翁说，“一方面，当人们偿还的银币在数量上相同，但重量要少一些时，他们实际上占了便宜；另一方面，收款人并未受到损害。”我认为，此说法的根据源于这个事实：货币贬质可能需要较长
226 时间；即使物价上涨，可能也与货币贬质没有相关性。如果物价没

* 在亚述人用楔形文字刻写的石碑上，1个米那兑换60德拉克马。——译注

有随着货币贬质上涨，债主得到的法定货币德拉克马的数量与他们放贷时相同，所以根本没有吃亏。只要物价没有受到影响，如果一个人收回的德拉克马数量与贷出的相同，即使德拉克马是重量较轻的银币，他也没有受到损害。

在保存下来的早期片段中，根据凯恩斯书写所用纸张判断，有一张标注的日期早于1923年。这些片段看来颇有意思。

几乎在全部有文字记录的历史中，货币的价值一直都在降低，这一点应该加以概括说明。如果说不是相继出现的话，货币价值的降低出现在两个方面：一个是制造货币的金属供应量增加，一个是货币单位中的金属重量减少。为了方便起见，前者称为贬值，后者称为贬质。如果历史和自然的进程没有引起前一种情况，人们一般转而依靠后一种情况。

最初，当货币的使用取代了以货易货的交易时，硬币仅仅以金银的数量表现出来，银币上面的标志可能证实金银的数量，表示金银的质量，但是仅仅以其金银的价值进行流通。在那个初级阶段，没有贬质的临时手段。后来，随着合约的出现，有了记账货币的概念，国家发行的硬币获得法定货币的特征，享有 cours forcé（强制流通）地位，作为该记账货币表示的债务的法偿物。正是在那个阶段中，我们现在所理解的意义上的货币开始进入人们的活动。

由于这个原因，货币的历史始于索伦。他是有文字历史记载

的第一位政治家，运用法律的力量，使一种新的标准硬币适应当时
227 存在的记账货币。① 在古希腊，贵金属缺乏，这肯定在他那个时代中引起了那种标准硬币的增值，这就是说，形成物价降低的趋势。与现代社会的情况类似，在古代社会中，有一个阶层使用借贷的货币，从事农业生产；对那个不可或缺的阶层的人来说，货币增值形成的负担非常沉重。②

与后来时代中出现的情况类似，标准硬币的增值要求采取贬质的解决办法。索伦以睿智的目光看到，在这样的情况下，社会的利益要求资本发挥重要作用，对在职工匠的严重不利影响应被减轻。所以，他率先采用了那个做法。后来，在私人资本的各个时代

① 这就是说，当时采取了许多措施，解除债务人的责任，历史和种种混淆说法形成的相关谜团可追溯到古代。这一说法基于对此进行的解释。最初的权威文本包括两点：其一，亚里士多德（在《雅典宪法》中）和（被普卢塔克在《索伦传》引用的）安德罗提翁对索伦进行的变革的直接、简短的评述，时间在该文本描述的事件发生250年之后；其二，索伦当时创作的诗歌；不过，我们从那些作品中只能推知相关变革的性质。索伦肯定实施了两项明显不同的措施，一项是针对债务人的解负令，另一项是对货币标准的改变。现在尚存争议的一点是，那项解负令——或者用古代权威文本的语言来说，"减少债务"——除了释放因为债务入狱的相关人员之外，是一笔勾销全部土地抵押贷款，撤销部分债务，还是仅仅减免了应该支付的利息？货币标准的改变包括采用新的德拉克马作为阿提卡的法定货币。与以前流通的厄基那币制的德拉克马相比，新的德拉克马的重量轻27格令，或者说30%。那种做法的实际效果是，减轻了货币的金属重量，债务人有权扣减以德拉克马为单位计算出来的账面负债。目前尚不确定的是，究竟是索伦本人采用了古代的阿提卡币制的德拉克马，还是他采取的措施包含将已经存在的优庇亚币制银币作为法定货币，取代当时使用的厄基那币制？古代的阿提卡币制的德拉克马与优庇亚币制的德拉克马兑换比例为73∶70。我本人倾向于支持前一个假设的论点。在后一种假设中，阿提卡币制的德拉克马是由庇西特拉图（前550—前527年）采用的。

② 大量货币退出流通，转而成为居住在卫城中的雅典人的财富，这可能是索伦当时着手解决的基本矛盾。

中,政治人物——列宁是该传统的最近一位——要么以明智方式,进行贬质,要么以鲁莽方式,削弱硬币的基础。根据传奇中的说法,最早进行贬质、以便促进公民的社会福祉的哲人以适当方式被挑选出来,向囤积大量财富的克罗伊斯王提出告诫。索伦以恒久的方式,代表了欧洲的天才,堪与体现亚洲的金银资产的迈达斯比肩。

在索伦(大约在公元前590年)采用最原始的硬币贬质做法以后,泽克齐斯*在公元前5世纪通过分发波斯的财富,[①]通过让白银贬质,允许物价上涨,以维护阿提卡标准硬币的等值地位;伯罗 228

---

* (约前519年—前465年),波斯帝国的国王(前485年~前465年),大流士一世与居鲁士大帝之女阿托莎的儿子。——译注

① 从公元前6世纪到发现美洲,欧洲的货币史一直受到东方贵金属波动的支配。在和平贸易的时代,贸易平衡总是(与现在的情况一样)对亚洲有利。无论如何,在工业革命之前,欧洲人对棉花的需求数量非常巨大,迫在眉睫,亚洲人可以满足欧洲人需求,超过了我们欧洲人给他们提供的东西。东方的物产价值很高,便于大篷车运输,超过了贵金属之外的其他东西。作为回报,西方向东方运送贵金属。普林尼谈到,根据那时的产品数量,每年从罗马帝国流失大量贵金属,流到印度的多达40万英镑,流到整个东方的多达80万英镑。色雷斯、西班牙和德国的矿业产量几乎无济于事,从罗马的卡勒卡勒皇帝时期起,黄金和白银大量流向东方,外加购买奴隶的花费,贵金属的供应数量大幅度减少。罗马帝国晚期的每一位史家都撰文谈及这种情况。在发现美洲大陆之前,欧洲没有哪一个时期得到充足的黄金供应,所以无法提供正常的价值标准——唯一的例外是东罗马帝国使用的金币,但是那个区域仅仅勉强算在欧洲范围之内。在英国,1816年通过的法案确立了英国金镑,它是不是欧洲历史上第一种使用单金属的金本位呢?另一方面,如果说贵金属流向东方形成了没有间断的硬币贬质的历史,从奥古斯都一直延续到亨利八世,那么,在近代,同样的需求获得了多余的供应,首先是来自西班牙统治的大陆美洲的黄金,然后是来自美国科罗拉州的克里普尔河、澳洲的巴勒拉特的黄金,以及南非货币兰特的黄金,从而让欧洲免于可能经历的更大贬值。只有在德国战争之后,美国才能与亚洲一比高低,争得占据首富位置的权力。

奔尼撒战争通过让保存在希腊神庙中的大量财富恢复实际流通，为下一代人起到相同的作用；到了公元前4世纪末期，这种力量被消耗殆尽，亚历山大统领的征服战争利用在亚洲获得的战利品，使地中海沿岸国家中通货膨胀。①

229 这些事件产生的巨大影响在物价上涨的过程中体现出来，在长达几百年的时间里，排除了让硬币进一步贬质的必要性。从索

① 根据传统和猜测，古代流通的贵金属数量时常变化，有时极度缺乏，有时按照我们现在的标准算是比较充裕的。普林尼宣称，高卢人（公元前390年）要求支付赎金，罗马能够弄到的黄金数量不足1000磅（大约3万英镑）（关于罗马在其他时间中持有的黄金数量，可参见普林尼的著作《博物志》，第XXXIII卷）。希罗多德提到几个例子，说明古希腊在公元前5世纪缺少黄金的情况。然而，根据同一本著作中的资料，泽克齐斯的储备为4百万磅（粗略的计算，1个古波斯金币达里克大约值1英镑）；那位波斯国王的每年收入的黄金和白银的大约价值为350万英镑（在这个注释中，白银是以原来的英国等值货币计算的）。根据伯克的说法，在伯里克利大兴土木，装饰该城之前，或者更严格地说，在雅典人以1.2的票面利率，向神灵贷款之前，雅典卫城的银币储备价值235万英镑，此外还有金器和银器。（修昔底德估计，雅典卫城在公元前431年拥有的金银币总量价值150万英镑，低于以上数字。）克罗伊斯王送给传达德尔斐神谕的使者的黄金价值50万英镑。斯巴达从波斯得到的补贴高达100万英镑（1793年至1816年，英国给欧洲提供的补贴为5700万英镑；1914年至1918年，英国给欧洲提供的补贴为17亿英镑）。德尔斐向亵渎神灵的佛西斯人支付财宝，价值接近250万英镑。传统上所说的这些数字（有关情况，可参见伯克的著作《雅典的公共经济》）看来不乏道理，相互之间具有可比性，显示了那个时期的大体规模。如果我们相信史家们的记载，到了亚历山大大帝时期，我们看到了另外一种规模。征服者在苏萨、波西丝、帕萨尔加德和波斯波利斯这四个城市搜掠的财宝价值440亿英镑（从中分出了20万英镑，用于对亚里士多德的科学研究）。根据阿皮安的估计，托勒密·费勒德福斯（公元前284—前247年）拥有的财富为4500万英镑。伯克有理由说，假如数量如此巨大的贵金属没被囤积起来，没有被做成器皿，对物价造成的影响肯定猛烈得多，超过当时出现的情况。在后来几个世纪中，亚洲人夺回被抢夺的财富。根据猜测，到了中世纪末期，欧洲的全部黄金储备价值并未超过1200万至160万英镑。1492年至1731年期间，西班牙从美洲进口的黄金和白银价值6万亿英镑，另外还有没有申报的进口数量。

伦[1]的年代到雅典陷落，阿提卡币制的德拉克马在重量和品质上保持不变，美名长久流传，与君士坦丁堡的金币、1601年发行的英格兰先令和西班牙发行的金币齐名（这里提到的最后一种金币与后来发行的几乎与之相同的硬币齐名，这就是墨西哥金元和奥地利的玛丽娅·特蕾莎发行的金元）。

阿提卡币制的德拉克马是银币，几乎与法郎等值。[2] 我们可以采用可以理解的方式，大致看一看总体的物价变化。古代论者们得出的宽泛结论是，如果从索伦时代（公元前590年）开始计算，物价到了伯里克利时代（公元前450年）翻了一番，到了德摩斯梯尼时代（公元前340年）增加了三倍。[3] 在相同时段中，实际工资

---

① 如果忽略从优庇亚币制的德拉克马转换到阿提卡币制的德拉克马之后的微小差异，如果索伦采用的是前者，而不是后者，我们就完全可以否定这个看法（参见加德纳，《古代货币史》，第148页）：索伦推行的硬币是后者的两倍，大小被希庇亚斯（公元前510年）缩减了一半。

② 因此我认为，如果不考虑这一过程中所涉及的黄金与白银之间的完全正确的等值，阿提卡币制的德拉克马与英镑之间兑换比例为25∶1。

③ 这一点可以从以下数据看出来。根据普卢塔克所著的《索伦传》，在索伦生活的时代，1麦斗（1.5蒲式耳）小麦的价格为1德拉克马；根据阿里斯托芬所著的《伊克里西苏塞》，在公元前392年，1麦斗的价格为3德拉克马；根据德摩斯梯尼的说法（contr. Phorm.），公元前330年，1麦斗的价格为5德拉克马。有一段铭文显示，在公元前329或者328年，政府以1麦斗6德拉克马的价格出售小麦。据称，一只羊的价格在索伦时代是1德拉克马，到了伯罗奔尼撒战争结束时的价格为10至20德拉克马。在雅典，观看《伊克里西苏塞》的费用最初为1欧宝（＝1/6德拉克马），公元前390年已经涨到了3欧宝（＝1/2德拉克马），到了德摩斯梯尼时代之后，上涨了1德拉克马。一个非熟练工的日工资在索伦时期是1欧宝，在伯里克利时期是2欧宝，过了50年变为4欧宝（这也是阿里斯托芬所说的搬运工和运送粪便的普通工人的日工资）。以上所说的小麦价格和非熟练工的日工资大概相差不多。根据伯克的说法，在雅典的最佳时期，中等阶层的一名节俭成员1年花费25英镑，或者说使用两名非熟练工的工资，供养一个人数不多的家庭。德摩斯梯尼年轻时，他的母亲、妹妹和他自己三人1年的花费为28英镑，当然这不包括他的学费。在伊丽莎白女王时代，英格兰的物价和收入可能差不多也是这个水平。

230 大体保持不变。看来,在所有这些年代中,一名非熟练工一周的工资大约购买 1.5 蒲式耳小麦。[①] 我不知道,史学家们是否已经谈到,在历史上的很长时期中,这个数字大致保持不变。在英格兰,从金雀花王朝到斯图尔特王朝,这个数字是正确的,这与雅典从索伦时期到亚历山大时期的情况类似。[②]

在我看来,到那时为止的 250 年间,雅典使用货币的情况是令人满意的。货币的价值稳中有降(在整个时期中,贬值的平均比率为最初价值的千分之三)。这就是说,物价一直保持上涨,其速度对实际工资没有损害,也没有造成任何危险的经济后果。然而,由

---

① 大麦与小麦之间的价格比相当稳定,前者为后者的二分之一到三分之二。古代人在很大程度上依赖谷物为生,大麦和小麦价格这个指标相当准确。在雅典,一名成年奴隶一天的收入为 1 扣尼克斯(1/48 麦斗);根据波利比乌斯的记载,一名罗马士兵得到同样的收入。按照这个水平,雅典奴隶或者罗马士兵的年收入大约为 11 蒲式耳;与之相比,近代法国人的年收入大约为 9 蒲式耳,英国人或者美国人的年收入为 5 到 6 蒲式耳。从消费角度看,一名有三个家属的雅典劳工至少要将一半的收入花费在谷物上。

② 有人推测出下面这些的数字,认为它们反映了特定时期英格兰的通常物价和工资水平(参见沃尔福德的《社会统计数字》,1879 年)。

	1.5 蒲式耳小麦的价格	每周的工资
1400	1/6 便士	1/6 便士
1450	1/—	1/—
1500	1/4.5 便士	1/6 便士
1550	2/9 便士	2/6 便士
1600	5/9.5 便士	5/2 便士
1650	9/3 便士	7/6 便士
1697—1702	8/8 便士	8/8 便士

价格的稳定性令人惊讶,而且,推测这个表格中提供的数字时,并未考虑文中的论点。

于这个水平足以(在不伤害债权人权益的情况下)[1]减轻债务人的负担,为企业提供了必要的刺激,所以后来的雅典人再也没有遇到索伦当时面对的问题。在那些条件下,那座城市可以避免货币贬质的情况。而且,在历史上,没有哪个阶段像雅典那样,其货币的 231
难以预测的变化几乎没有带来什么麻烦。

从波斯运来的贵金属造成了影响,亚历山大在广大地区征讨,从而促进了贵金属的流通。但是,假如波斯国王的财宝分散在整个帝国境内,而不是主要纳入亚历山大以及其继位者的储备库房中,[2]贵金属带来的影响根本不会那么剧烈,那么迅速。从那时开始,很少留下精确的数字。然而有一点是清楚的,公元前 330 年之后,物价迅速攀升。

下面两章是用打字机书写的,其中有的段落经过重写(参见本书边码第 244 页)。

I. 巴比伦米那、埃及卡特、利迪亚米那、罗马镑

在公元前 20 世纪至公元前 15 时世纪的尼尼微,人们传统上使用的重量标准是由第三乌尔王朝的国王但克大约在公元前 2456 年制定的。莱亚德在尼尼微的宫殿中发现的某些砝码上刻有但克的名字,根据塞斯教授的记录,一个巴比伦时期的砝码上有

① 在古雅典,12%的年率被视为中等水平。因此,如果 1%的一小部分被视为偿债基金,以对付记账货币的贬值,对放贷人来说,这不会带来什么损害。当货币贬值时,货币利率应被视为包括了偿债基金的因素;利息是根据债务定期支付的,债务经过一个长时期后往往会一笔勾销,这不是什么坏事。

② 参见边码第 228 页上的脚注,其中提到上文所说的托勒密·费勒德福斯的储备。

这样的铭文:1弥那砝码,默斯达克-萨-伊坦尼的财产,巴比伦国王尼布甲尼撒制作的砝码的复制品,严格按照前国王神圣但克规定的重量制作。

后来,考古人员在乌尔附近的苏美尔人遗址进行发掘,发现的物品证实了这个传统说法。特别值得一提的是,发现了两件物品,一件出自但克本人在位时期,另一件出自他的孙子吉密尔-辛(公元前2387年)在位时期。这两件物品上都有它们应该代表的古代砝码的名称。这个砝码与1000多年之后制作的尼尼微砝码基本一致。

232 姆那——或者称为米那——是但克在公元前25世纪中期为乌尔制定的,是我们现在可以确知的最早的重量标准。但是,后来的考古发现将有组织的经济生活的起源大大提前,远远早于以前的时期。在但克之前数百年,甚至数千年,肯定就已经有了砝码。在但克统治时期,货币、利息、合同、收据甚至汇票都已充分使用,苏美尔人创造的古代文明在这些方面非常发达,大大超过之前的文明。

我们不仅知道但克时期使用的姆那的大概重量,而且还知道当时普遍使用的重量单位表。这个表的具体内容如下:

1塔兰特 =60姆那

1姆那 =60津或者契克尔①

1契克尔 =60津一图尔或者小契克尔

1小契克尔=3息或者格令

姆那砝码的最早证据如下:

① 契克尔出苏美尔语的闪语译名。

(1)在但克统治时期使用的狄奥莱特砝码上,标刻的重量为1/2 姆那,重 248 克。那么,1 姆那=496 克。

(2)在吉密尔－辛统治时期使用的狄奥莱特砝码,标刻的重量为 5 姆那,重 2510.975 克。那么,1 姆那=502.2 克。

(3)1853 年,莱顿发现了巴比伦王国时期使用的砝码。它们(有铜质和石材)数量不少(大约 30 件),其中许多标明了重量,并且协调一致。发掘地域间接表明,它们具有权威性。这些砝码非常重要。

(4)在豪尔萨巴德发现的那尊铜狮表示 1 个大塔兰特,现在保存在罗浮宫博物馆,标明 1 姆那等于 502.5 克。苏萨铜狮标明,1 个姆那为 506.4 克。苏萨铜狮最重,受到的磨损很可能最小,因此 233
是最可靠的证据。

(5)古希腊金币斯塔特尔的重量为 1/60 米那。权威人士们都认为,1 个斯塔特尔重量为 8.42 克(130 格令),证实了上面提到的这个数字,说明 1 姆那等于 505.2 克。

巴比伦王国使用的姆那的重量在 505－506 克之间;实际上,没有哪种原始砝码像姆那砝码这样,得到了充分证实,具有如此一致的认可度。所有权威人士一致认为,这种标准重量应该定为这个数字。

尽管还有各种各样的猜测,[1]我觉得没有什么理由去怀疑这个重量标准的基础。姆那的重量就是这样的,即 60×60×3 息或

---

① 例如,有的人认为,它表示一定体积的水或者石头的重量;有的人认为,它表示某种天文意义。

者格令小麦。同理,容量的单位卡就是1卡中息的数量所占据的空间。因此,通过计算小麦的格令,就可得到重量单位。由此可见,息的重量肯定

=1/10800(502—506)克

=0.046—0.047克

正如我们在下面将要看到的,这个数字恰恰是古罗马人使用的传统的1镑砝码表示的小麦重量,是我们现在知道的具有很高精确度的砝码。而且,这也是里奇韦教授研究的那些小麦的精确重量。①

依我所见,这些数字以无可辩驳的方式确立了这一点:巴比伦王国使用的砝码是以一种以六十为单位的重量制度,其单位重量为0.047克小麦籽粒。②

234 人们发现,古代世界还有另外两种重量尺度:(1)埃及卡特,(2)利迪亚或者优庇亚米那。

(1)卡特。(就我所知的情况而言)相关文字证据几乎为零,来自现存砝码的证据互相矛盾。弗林德斯·皮特里教授提出,有两

① 参见《货币的起源》,第182页。

② 索罗-丹金研究了这个解决方法(《亚洲学刊》,VOL. XIII,1909年,第79页),后来转而认为,姆那是某种体积的水的重量(与基于计算麦粒数量的重量相比,这个想法更先进一些),其部分原因在于,他将姆那——而不是息——视为最基本的单位,部分原因在于,他获得小麦和大麦的相对重量的方向不对。还可参见《亚述学刊》,VOL. XVIII,(1921年),第133页。莱曼-豪普特似乎完全忽视了古代重量制度的单位。

种卡特，一种的重量为142格令，另一种的重量为150格令。但是，这些砝码非常小，根据将最大重量的砝码视为最精确的砝码的原则，鲍利砝码中的100奥屯（即1000卡特）最为可取。这样，1卡特就大约等于214息。如果我们假定有百分之一的损耗误差，用216息代替，那么，1卡特＝6×6×6息，100卡特＝1个巴比伦姆那的两倍。这种算法采用的是以六十为单位的制度，所以是合理的。

（2）利迪亚米那或者优庇亚米那．利迪亚砝码或者腓尼基砝码，在希腊被称为优庇亚砝码，造型为阿比杜斯雄狮，在形态和外观上与尼尼微雄狮非常相似。它表示1塔兰特，重量为25675克。这样，如果不考虑损耗，1米那的重量就为427.6克。根据希罗多德的记载（第八卷，第89页），巴比伦王国采用的塔兰特等于70优庇亚米那，那么，427.6这个数字与其密切对应。因为1巴比伦塔兰特等于60巴比伦米那，根据希罗多德的说法，1优庇亚米那等于6/7个巴比伦米那，即433克。但是，大多数近代批评者——包括勒曼－豪普[1]——认为，希罗多德所说的70这个数字是一个笔误，实际上应为78。我在下面章节中将会讨论这一点。

就利迪亚米那或者腓尼基米那的起源而言，我不知道现存任 235
何说法。但是，我提出以下猜想（我的依据为希罗多德提出的利迪亚标准与巴比伦标准之间的比率为6∶7这一正确论断）。

根据索罗－丹金[2]的记载，1卡或者说60契克尔的容积为60

① 在写了上述文字之后，我发现勒曼－豪普修正了他的观点。他现在提出的解释实际上与以下提到的非常类似（参见保利的《百科全书》中的相关条目）。

② 《亚洲学刊》，1909年，第93页。

×60×2 息或粒，而不是像历史上采用的米那那样，为 60×60×3 息或者粒。他还强调说，实际发现的容量的大小大约可以容纳 60×60×2 大麦粒。他根据这一点提出，2 大麦粒是容积卡的单位；并且进一步提出猜想，可能存在一种与之对应的原始砝码姆那。[①] 这样，但克形成的创新在于，他用 3 小麦粒作为该制度的单位，而不是 2 小麦粒。如果我将 3 小麦粒作为埃及卡特(见上文)的基础是正确的，那么，鉴于埃及卡特肯定在但克之前已经存在，但克实施的变革相当于让巴比伦标准与埃及标准保持一致。

将来进行的考古发掘可能以某种方法确定，在但克之前，已经存在着数量如此巨大的姆那。如果我们能够假定，这样的标准真的存在，值得考虑的问题有两个：其一，在小亚细亚地区流通的这种利迪亚－腓尼基姆那是否是从它发展而来的？其二，但克进行的创新没有取代在巴比伦王国之外的遥远区域中使用的重量标准？

如果(按照希罗多德的记载)以 2 大麦粒为基础的利迪亚姆那是以 3 小麦粒为基础的巴比伦姆那的 6/7，那么，1 小麦粒＝7/9 大麦粒，或者说 0.777 大麦粒，即 13 小麦粒等于 10 大麦粒。这个数字非常接近传统的(误差在百分之二以内)3/4，即小麦粒的重量
236 与大麦粒的重量比为 0.75。不同品种的小麦和大麦在重量上有

① 约翰斯博士发现，在公元前 7 世纪的亚述文献中，与银质砝码不同，数量小于米那的黄铜砝码或者青铜砝码从未与契克尔进行换算，而是用卡来进行换算的。卡是一种容量，源于巴比伦时期使用的卡。因此，大麦标准可能实际上用来计算黄铜的重量，新的小麦标准用来计算白银的重量。约翰斯博士认为，1 卡黄铜的重量与 1 契克尔白银的重量相等。但是，在这种情况下，这个术语就显得多余了。

所不同，以上数字非常接近人们期望的范围。

这样，利迪亚标准与巴比伦标准之间的关系类似于金衡制砝码与传统的度量单位之间的关系，金衡制的粒是1个大麦粒，传统度量单位的粒是1个小麦颗粒。在前一种情况下，单位分别为2大麦粒和3小麦粒。[①]

因此我猜想，巴比伦塔兰特的单位在古代的大多数时期中是2大麦粒。但是，埃及制度是以3小麦粒为基础的。由此可见，但克进行的变革引入了埃及制度，将3小麦粒定为塔兰特的单位。另一方面，利迪亚制度或者优庇亚制度仍然是以2大麦粒为基础的。

罗马磅

在讨论的这个阶段，方便的做法是引入最著名而且历史最悠久的砝码——罗马磅。罗马磅被分为1728长角果粒，1长角果粒等于4个细粒或者颗粒。因此，根据定义，1罗马磅的重量为1728×4＝6912小麦粒。1罗马小麦粒的重量＝0.047克以上，正如我们已经看到的，这个数字实际上与巴比伦米那的单位重量相同。

因此，巴比伦米那的重量据说为10800小麦粒，罗马磅的重量据说为6912小麦粒。根据人们普遍接受的这两个标准砝码，两者之间的实际比率其实为10800∶6912。我认为，这看来是一个有力的证据，说明这些度量衡的单位正是当时记载的那样，而不是完 237

① 对亨利八世统治时期使用的格令度量单位的法定定义为，“1个英格兰佩尼，称为斯特灵，圆形，没有剪取，重量为一年之中的32颗小麦粒”。1个佩尼包含24金衡制格令，这样就使小麦与大麦之间的比率为3∶4。

全基于假设的理论——巴比伦米那是特定体积的水的重量。

因此，我得出的结论是：

(1)巴比伦米那(B. M.)为 60×60×3＝10800 小麦粒(w)，1 斯塔特尔(1/60 B. M.)为 180 w。

(2)埃及卡特为 60×60×6 w，所以 100 卡特＝2 B. M.

(3)利迪亚米那(L. M.)为 60×60×2＝7200 大麦粒(b)，利迪亚契克尔或者腓尼基契克尔(1/60 L. M.)为 120b。

(4)罗马磅为 1728×3＝6912w，这样1 罗马磅＝32 卡特

1 B. M. ＝50 卡特

1 罗马磅＝16/25 B. M.

II. 小麦与大麦、黄金与白银、白银与黄铜的比率

我们已经看到，巴比伦米那的单位是 1 小麦粒，重量不超过 0.047 克，比如说 0.0465 克。罗马磅的单位为 1 个小麦粒，超过 0.047 克，比如说，0.0475 克。如果我们将小麦与大麦之间的比率定为 10：13，最早的(利迪亚米那)的大麦粒重就是 0.0604 克；如果将小麦与大麦之间的比率为 3：4，大麦粒重就是 0.06175 克。如果我们将小麦与大麦之间的比率定为 3：4，罗马大麦粒重就是 0.0633 克。巴比伦米那的单位和罗马磅的单位都是通过当时的界定——而不是经验性假设——的小麦粒重。与之类似，根据当时的界定，度量单位格令是中世纪的小麦粒重，金衡制的格令是中世纪的大麦粒重。所以，如果将中世纪标准确定的结果与上面所说的古代标准确定的结果将以比较，这是有趣的事情。金衡制的
238 格令的重量为 0.0648 克，因此旧的度量单位的格令为 0.0486 克。

这样看来，如果我提出的论证是正确的，从公元前2500年至公元前500年，小麦和大麦的粒重增加了大约2%；从公元前500年至公元1500年，小麦和大麦的粒重又增加了大约2%；

罗马单位的比巴比伦单位重2%，中世纪单位比罗马单位重2%。近代的进展更为快速！

如果我们从大麦粒与小麦粒之间的传统比率，转向黄金与白银的十倍之比，我可以指出这个有趣的事实：它们曾经是相同的，这就是说，大约为4∶3。如果接受小麦换算成大麦之间的传统比率为3∶4（即0.75），白银换算成黄金的比率为3∶40，那么，重量为10大麦粒的白银在价值上等于重量为1小麦粒的黄金。同样可以成立的是类似的传统比率，即小麦与大麦的比率10∶13（0.77），白银与黄金之间的比率1∶13——这两个比率希罗多德同时使用或者暗示过。因此，希罗多德所说的优庇亚塔兰特为巴比伦塔兰特的6/7这个说法需要小麦与大麦之间完全相同的比率，以便证明上面陈述的这个观点：两个度量衡的单位为2大麦粒与3小麦粒之比，他在同一个语境中提出了这个比率，与黄金与十倍白银之间的比率一致。也许，在这两个近似值中，13∶1这个比率最古老，使用的范围最广；40∶3这个比率是后来形成的，在精确计算时最方便。度量衡学中最古老的事实可能是，13粒小麦与10粒大麦的重量相同。货币学上最古老的事实是，重量为10粒大麦的白银与重量为1粒小麦的黄金等值。后来出现了一种倾向，有人试图摒弃不太方便的13∶1，转而采用更加方便的40∶3，认为4粒小麦习惯上与3粒大麦重量相等，而且不用打破10粒大麦的白银与1粒小麦黄金之间的等值关系。 239

如果在这里提及我提出的论据可能暗示的一个结论，也许对读者有所帮助。我认为，小麦与大麦的传统重量比可能从 0.77（即 13∶10）变为 0.75（即 4∶3），这两种谷物的绝对重量也出现了缓慢的轻微上升。但是，除此之外，从最初时期到公制的引入为止，西方文明中采用的基本重量标准从来没有出现重大变化。从苏美尔文明和埃及文明以来，公制的使用是度量衡领域中出现的第一次真正的革命。在巴比伦、巴比伦尼亚、地中海盆地和欧洲，古代和中世纪使用的所有重量标准的单位要以小麦粒为基础，要么以大麦粒为基础，更高级的砝码通过使用方便的乘数 2、3 或者 10，都是从这两种单位派生而来的。我认为，古代世界在这方面表现出保守的一面，这并不令人觉得惊讶。在现代谷物品种被引入之前，小麦和大麦的粒重相当稳定，变化幅度不大。同理，既没有出现合情合理的动机，让人们改变重量单位，也没有出现任何明显或者具有优势的单位来替代它们。

但是，当我们考察货币问题时，情况就完全不同的了。黄铜与白银的价值比，白银与黄金的价值比实际上完全不是稳定的，而是依赖于这三种金属的变化不定的相对充足性或者客观需求。在这三种金属起到重要作用的古代，它们之间的比率在特定时段中往往会出现变化，这既是形成货币问题的根源，也是让钱币学者对货币标准的复杂情况感到困惑不解的原因。在具有历史意义的时期中，相对于黄铜与白银的价值比而言，黄金与白银的价值比给学者们带来的困难稍小一些。古波斯帝国成功地实施了金银二本位制，维持了黄金与白银的价值比的稳定性。后来，亚历山大大帝不仅撼动了波斯帝国，同时也改变了黄金与白银的价值比。然而，没有出现类似的影响来稳定黄铜与白银的价值比。我认为，早期货币标准让人困惑不解的原因可能基于两个事实：其一，在公元前7世纪至公元前6世纪，古希腊首先经历了从黄铜单本位制到松散的铜银二本位制的转变，然后又经历了到白银单本位制的转变；其二，在那个转变时期中，以黄铜来计算的白银的价值出现了贬低的趋势。在整个时期中，通货改革者们可能一直进行着尝试，希望让货币单位适应一种历史悠久的常规做法：1个白银德拉克马与1个黄铜米那等值。那个常规做法难以撼动，堪与英国的这个习惯做法相比：即使先令是银质的，英镑已经变为黄金，20先令依然等于1英镑。 240

让我们首先看一看黄金与白银的比率，最方便的出发点可以在波斯帝国建立的著名的金银二本位制中找到。大流士一世铸造了金达立克和银契克尔，银契克尔的重量是金达里克重量的4/3，10个契克尔与1个达里克等值。根据以上提出的假设，白银与黄金之间的价值比为40∶3。在亚历山大大帝摧毁波斯帝国之前，那一比率保持不变。希罗多德提到的数据代表了流行的说法，将那一比率大致表述为13∶1。13∶1可能是40∶3的约数，也可能表示一个历史更为悠久的惯例。在这两种情况下，真实的情况应该是，10粒大麦重的白银与1粒大麦[小麦]重的黄金等值。

40∶3或者13∶1这个比率究竟使用了多长时间呢？方便的做法是赞同莱曼-豪普特提出的假设，这是一个远古的比率。不过，我们并不那么爽快地同意他的说法，认为这一比率是根据天文学确定的——因为黄金代表太阳，白银代表月亮；太阳的周期与月亮的周期之比大约为40∶3。莱曼-豪普特声称，白银与黄金的

40∶3这个比率源于巴比伦度量衡，但是我并不知道他的提出的
241 证据是什么。① 不幸的是，现存的文献记录并不支持这个比率，也不支持远古时期中的任何恒定的比率。希尔（《亚述学刊》，1920年，第XVII卷，第208页）引用了巴比伦王国早期文献中记载的以下比率：

1. 阿卡德时期　8∶1
2. 伯尔辛统治的第8年　10∶1
3. 吉密尔－辛统治的第6年　7∶1
4. 汉穆拉比王朝的第35年　6∶1

我并不确定，他对相关段落进行的这些阐释是否全都可靠。② 但是，如果说它们是可靠的，看来并不存在什么方式，将它们缩减为统一的习惯做法。毫无疑问，随着时间的推移，许多别的文献将会被人破译出来，这个问题将以某种方法加以解决。但是我并不知道，存在着任何文献，显示40∶3或者13∶1出现在公元前6世纪中叶之前，只有希尔（在上述引文中）引用了新巴比伦王国帝国时期的纳波尼都思王朝的第11年留下的文献，上面有关于12∶1的记载。后来，在波斯帝国时期，金银之间出现了稳定的40∶3这个比率。但是，亚历山大大帝挥霍了波斯帝国囤积的黄金，似乎在之

① 关于这个问题，相关学者们中流行的证据标准是，莱曼－豪普特声称，40∶3仅仅是巴比伦王国早期的官方比率。这已经成为黑暗的虚假陷阱。（就我知道的情况而言）其原因在于，这个官方比率是2000年之后在另外的地方出现的。当人们发现了明确证据，说明存在其他比率时，莱曼－豪普特却提出，市场比率并非必然是官方比率，借此避免正面回答出现的问题。

② 根据这里所说的文献看来，伯尔辛统治时期留下的10∶1的记录看来是可靠的。

后许多年时间里，将两者之间的比率降低为10∶1。[①]

在古埃及，黄金的作用一般说来非常重要，用于皇室和宗教目的；在古代巴比伦，黄金可能与白银一起，被用作价值标准。[②] 但是，在古代，黄金作为货币主要出现在波斯，希腊的货币是以白银 242
单本位制为基础的。在波斯的强盛时期，波斯拥有大量的黄金，在维持固定比率的过程中可能并未遇到什么困难。然而，很可能出现的情况是，除非当局在税收或者宗教钱款中以法定比率，接受这两种金属，从而对其起到支持作用，固定比率是不会得以维持的。

不过我认为，第一，40∶3这个比率往往对黄金估价过高；[③]第二，它可能用来解释这一现象：黄金在波斯占据优势地位，白银在其他地区占据优势地位。[④]

---

① 就后来的情况而言，在狄奥多西统治时期的比率为18∶1。在中世纪晚期发现美洲以前，英国流行的比率要么是11∶1，要么是10∶1。在16世纪，两者之间的比率为12∶1。18世纪初期，牛顿对英国货币进行了改革，经过很大波动之后，白银的价值降低，两者之间的比率为16∶1。在19世纪前75年，欧洲的金银二本位制是以14.5∶1为基础的。现在，金银二本位制解体，黄金单本位制被广泛采用，在亚洲之外的区域，白银不再作为标准，价值有些降低，两者之比为100∶3。

② 但是，从总体上看，白银作为价值标准，在巴比伦尼亚占据支配地位。约翰斯发现，在公元前7世纪亚述人留下的文献中，肯定可以看到这样的情况，文献中的价格从未用黄金标示出来。

③ 我看到了一个说法——我不知道这一说法依据的是哪一位权威人士的观点——是，10∶1这一比率早在古希腊的柏拉图时期就开始通行了。希尔也引用了一位权威人士提出的10∶1，认为该比率早在阿契美尼德王朝为波斯确定40∶3之前就开始流行了。

④ 在波斯神庙贮存的金银被挥霍之后，黄金与白银之间的比率降低，这一点说明：波斯人贮存的黄金数量高于白银的数量。希罗多德告诉我们，根据坊间的说法，皮堤俄斯——泽尔士时代的利迪亚百万富翁——拥有2000塔兰特白银，还有多达4000000枚金达里克（即1000塔兰特黄金），他拥有的黄金的价值是其白银的8倍。

从巴比伦王国之初，一直延续到亚历山大和恺撒的世俗统治时期，大多数黄金和白银贮备被神庙控制，祭师从宗教目的和宗教费用的角度，确定它们的价值，肯定在一定范围之内控制了金银两种金属的比率。一方面，有人认为那种定价在许多时代中保持不变，源于天文学方面的因素；另一方面，10 粒大麦重的月亮金属与 1 粒小麦重的太阳金属等值，这种做法给人们提供了方便。因此，如果得到证据——目前尚未发现相关证据——支持，这两方面的情况都是可能的。

如果允许进行概括，我可能会提出两点：其一，金银之间的传统比率在很多情况下为 10∶1，而不是其他任何比例，在波斯帝国出现以前和之后均是如此。其二，如果不将这一比率解释为 10 粒
243 大麦与 1 粒小麦之比，在古代世界的长期判断中，波斯人提出的 40∶3 就会过高估计黄金的价值。

就黄铜和白银的情况而言，有关权威人士普遍接受的比率为 120∶1。这个比率与这一事实完全吻合：就巴比伦米那、利迪亚米那和埃及卡特而言，它们分别有两种标准，其中一个是另外一个的两倍。如果我们假设，重米那用于称黄铜，轻米那用于称白银，我们就会得到一个便于易于记忆的结果：1 个重黄铜塔兰特值 1 个轻白银米那，1 个重黄铜米那值 1 个轻白银契克尔，如此等等。①

① 在公元前 7 世纪的亚述文献中，"国王的"米那和"国家的"米那看来重一些，"卡赫美士的"米那和"商人的"米那轻一些(参见约翰斯，《亚述契约和文献》，第Ⅱ卷，第 269 页)。但是，看来可能情况的是，卡赫美士米那是另外一个标准，与"国王的"和"国家的"不同，即并不是"国王的"米那和"国家的"米那的一半。在这种情况下，它可能是轻利迪亚－腓尼基米那。

这是原始的比率，我愿意接受它，将其视为合理的。但是，我担心关于它的明确证据并不完全是人们设想的情况。约翰斯博士认为，在公元前7世纪的亚述，黄铜与白银的比率可能在100∶1至180∶1这个范围内。我在后面一部分中将会提出，白银的供应变得比较充裕，促成了朝向白银单本位制的转换。

最后一部分文稿是凯恩斯对原有稿件进行的修改，其中有一个目录。

第Ⅰ章　巴比伦米那、埃及克德特(?)以及波斯达里克和契克尔

第Ⅱ章　利迪亚－优庇亚制的米那

附录　A 小麦与大麦的比率

B 白银与黄金的比率

C 青铜与白银的比率

第Ⅲ章　货币的起源

附录　D 古代谷物的现货溢价

第Ⅳ章 原始的希腊标准

第Ⅴ章 菲敦和索伦进行的改革

第Ⅵ章 阿提卡标准

第Ⅶ章 罗马标准

第Ⅰ章　巴比伦标准 244

在公元前2000年至前1500年，在尼尼微，传统上使用但克——大于公元前2456年开始的乌尔王朝的一位国王——制定的重量标准。在莱亚德在尼尼微宫殿里发现的砝码中，有的上面镌刻着但克的名字。根据塞斯教授的记录，一枚巴比伦砝码上刻写了这些字样："1个弥那标准砝码，默斯达克－萨－伊坦尼的财

产，是巴比伦国王尼布甲尼撒——即巴比伦国王那波帕拉萨尔之子——严格遵照前国王但克钦定的砝码重量复制而成的。”

后来，在乌尔附近的苏美尔人遗址中发掘出来的文物证实了这个传统。具体来说，人们发现，在出土的三件文物中，有两件是但克本人统治时期留下的，有一件是他的孙子吉密尔－辛(公元前2384年)统治时期留下的。这三件文物上镌刻着它们应该表示的古代砝码的名称。这些砝码的重量与1000多年之后在尼尼微使用的砝码相当一致。

这种姆那——或者说米那——是但克在公元前3000年中期为乌尔制定的。根据我们现在知道的明确资料，它们是最早的重量标准。在但克统治时期，已经有了完整的货币、物价、利息、合同和收据；古代苏美尔文明在这些方面更为发达，超过了以前出现的文明。然而，最近的发现将有组织的经济生活的起源时间往前推进一步，大大早于学界以前的估计，例如，在但克在世之前数百年，甚至千年之前，人类肯定就开始使用砝码了。

现在，我们不仅知道但克姆那的大概重量，而且还知道当时使用的这个重量单位表：

245　1塔兰特　＝60姆那

1姆那　　＝60津或契克尔[①]

1契克尔　＝60津一图尔或小契克尔

1小契克尔＝3息或格令

① 契克尔是那个苏美尔语词汇的闪语音译。

关于但克姆那的重量，最佳证据如下：

(1) 但克统治时期留下的一个狄奥莱特砝码（它在魏斯巴赫的清单中位列第三）上刻写的数字为 1/2 姆那，重量为 248 克，这样，1 姆那＝496 克。这个砝码轻微损坏；如果完好无损，它的重量估计应该增加 3 克，那么，1 米那＝502 克。在乌尔的诺马尔神庙中，发现了一个在那一时期使用的类似标准的砝码（它在魏斯巴赫的清单中位列第二）。那个砝码是献给诺马尔的，重量为 999 克，由于轻微损坏，完好时的重量大概应为 1004 克。

(2) 吉密尔－辛统治时期（公元前 2384－前 2378 年）留下的一个狄奥莱特砝码（它在魏斯巴赫的清单中位列第四）上刻写的数字为 5 姆那，重量为 2510.957 克，那么，1 姆那＝502.2 克。

(3)莱亚德 1853 年发现的尼尼微砝码具有重要意义，它们（用青铜和石材制作）数量较多（约 30 枚），多数上面标有重量，协调一致，而且其发掘地说明它们具有权威性。

(4)在豪尔萨巴德发现的一个青铜狮子重量为 1 个大塔兰特（120 克），现在藏于罗浮宫博物馆，将 1 姆那的重量定为 502.5 克。那个苏萨青铜狮子（240 姆那）将 1 姆那的重量定为 50604 克。最后的这一个是迄今发现的最重的砝码，因此可能磨损的程度最低。

(5)在大流士・海斯达比统治时期的两个石材砝码中，一个（为 1/2 姆那）显示，1 姆那重量为 500.172 克，另一个（看来为 400 白银契克尔）显示，1 姆那为的重量为 500.24 克。两个砝码的品相不错（参见魏斯巴赫的清单），损失的重量不可能超过 1/10 克。

246 (6)现在的学者一致认为,1 个达里克[①]或金斯塔特尔为巴比伦米那的 1/60,重量在 8.34 至 8.42 克之间(130 格令)。那么,1 米那的重量在 500.4 至 505.2 克之间,[②]前者为现存样本的平均重量,后者是现存样本中的最大重量。这些情况进一步证实了前面所列的数字。

其实,在原始重量标准中,巴比伦姆那经过最充分的证实,引起的争议最少。巴比伦姆那的重量在 500 至 505 克之间——在苏美尔时期的常规重量为 502 克,以后的时期可能在 505 至 506 克之间。

尽管存在着各种猜测,[③]我认为,就这个重量标准的基础而言,我们没有什么可以怀疑的理由。姆那就是它所标明的重量,即 60×60×3 息或小麦粒重。与之类似,容量的单位卡表示 1 卡容纳的息的数量。这样,重量单位是通过计算小麦粒数来确定的。由此可见,息的重量肯定

=1/10800(502−506)克

=0.046−0.047 克

① 与有的人设想的不同,这个名称并不是源于达立克王,其出现的时间在他之前。这种金币从来没有贬质,一直都在铸造,直至波斯帝国末期。它先于恺撒时期使用的阿雷乌斯,所以是迄今为止使用的大多数金币的鼻祖。古希腊人没有自己发行的、用来流通的金币,所以金达立克也在古希腊大量流通,是古雅典使用的金币,重量与阿提卡银德拉克马相差无几(24∶25)。

② 在以下讨论中,我们将会进一步研究这个问题:米那的理论重量在 500 至 505 克之间,斯塔特尔或达里克的重量为 8.34 至 8.42 克。关于斯塔特尔或者达里克的重量在钱币学上的证据,菲德班特在《古代度量衡》(1923 年)中以方便查阅的方式加以搜集,请参见第 27 页。在分别称重的 182 枚金达立克中,159 枚的重量在 8.27 至 8.41 克之间,255 个金达立克和双倍金达立克的平均重量为 8.245 克。

③ 例如,它表示特定体积的水或者石材的重量,或者具有某种的天文学意义。

正如我们在下面将要看到的，这个数字与罗马磅所表示的小麦粒的传统重量完全相同。我们知道，这个重量具有很高的精确度。另外，这个数字也与里奇韦教授判定的小麦粒重完全相同。[①]

依我所见，这些数字似乎以无可争辩的方式确定，这些巴比伦砝码是以一种以六十进制为基础的度量衡，作为其单位的小麦粒重大约为 0.0465 克。[②] 247

两种派生而来的标准具有某种重要的意义：

(1) 重米那

在新巴比伦和亚述时期，存在着一种度量衡，刚刚是 500－505 克巴比伦标准的两倍，重契克尔和重米那（不过，迄今为止尚未发现大塔兰特）。在许多权威专家的著述中，似乎该重标准与正常标准同时存在。但是，菲德班特指出，[③]没有该标准在公元前 8 世纪之前存在的证据。我认为，这个说法是有道理的。

在那个时期中，青铜与白银的比率为 120 [④]，1 个重米那包含 120 个契克尔，所以我猜测，重标准是用来计算青铜的，1 个青铜米那值 1 个轻白银契克尔。

---

① 参见《货币的起源》，第 182 页。

② 索罗－丹金研究了这个解决方法（《亚洲学刊》，第XIII卷（1909 年），第 79 页），转而支持姆那是特定的体积的水的重量这个说法（与基于计算麦粒的观念相比，那是一个更为先进的看法）。他这样做的原因有两个：其一，他将姆那——而不是息——作为最基本的单位；其二，他恰巧把小麦与大麦的重量弄反了。可参见《亚述学刊》，第XVIII卷（1921 年），第 123 页。莱曼－豪普特似乎完全不理会古代度量衡使用的单位。

③ 参见前面引用的著作。

④ 相关证据可参见以下的第二章。

(2)波斯银契克尔

就我所知的证据判断,波斯银契克尔是后来从巴比伦标准派生出来的,是波斯帝国的产物。在波斯帝国时期实施的是一种金银二本位制,这两种贵金属之间的比率为 3∶40,直至帝国被亚历山大破坏时均是如此。为了方便期起见,当时铸造的银契克尔较大,10 个银契克尔兑换 1 个金达立克。于是,银契克尔的重量为 40/3÷10,即 4/3 金达立克。由于金达立克为 1/60 米那,由此可
248 见,波斯契克尔或西格劳斯为 1/45 米那。有的人有时声称,还有一种波斯银米那,价值为银契克尔的 50 倍,但是我不知道这一点的相关证据。

读者将会注意到,这两种派生物(正如我将要论证的那样,与大多数标准形成的复杂情况类似)可能是货币金属之间流行的价值比造成的,重米那是白银与青铜比率的产物,银契克尔是黄金与白银比率的产物。

就此而言,一切都显得简单,实际上真的简单。但是,德国的某些论者——以莱曼-豪普特为首——设计出了复杂的度量衡。我们如果有耐心了解其细节,结果会发现这一点:尽管其创立者博学多才,那些体系本身并不合理,而且并不得到相关证据①的支持。这既浪费他们的时间,又浪费别人的时间。莱曼-豪普特采用以下三个方式,将上面界定的三种相关的度量衡——即标准米

① 特别说明一点,这些说法覆盖大约 2000 年时间,几乎没有考虑相关证据出现的时间。例如,莱曼-豪普特认为,重米那至少与轻米那一样古老,甚至历史更长,但是最近发现的证据并不支持这个看法;他还认为,阿契美尼德帝国时期的黄金与白银之间的 40∶3 的比率可以追溯到公元前 3000 年,然而实际情况并非如此。他似乎并不考虑,他使用的证据究竟来自公元前 6 世纪、8 世纪还是 21 世纪。

那、白银米那和重巴比伦米那(或者有人所说的黄金、白银和青铜巴比伦米那)扩大,变为了 24 种:(1)在这三种的基础上,增加了价值 100 达里克(而不是 60 达里克)构成的金米那;(2)假设在重量级和标准级两个层次上,都存在着白银米那、他声称的黄金米那和标准米那;(3)假设由此获得的这六种标准之中的每一种均在四个相关的级别上存在,即"普通"级别,在分别比普通级别重 1/20 、1/24、1/36 这三个级别上存在。依我所见,这些全是凭空臆造之物,在此还是少说为佳。[①]

比但克引入的米那略重一点的米那的证据难以找到,其原因在于,砝码、起源和时代都毋庸置疑地显示,所用的证据样本代表了阿提卡标准或者优庇亚标准所用的银币第得拉克码,与巴比伦 249
标准毫不相干。[②] 不过,还有一组事实尚未提及,它们需要进一步加以解释:在苏美尔以及以后的时代中,存在着一组砝码,那些砝码看来符合一个标准,比但克使用的大约为 490 克(准确说来是 489－491 克之间)的这个标准(即轻 2%)。在那一批砝码中,有的属于新巴比伦时期使用的标准,但是至少有一个看来始于拉格什王朝(约公元前 2950－2500 年)。

考虑到古代砝码的性质,考虑到现在已知砝码的广泛分布,我并不清楚的一点是,不同时代和不同地域的砝码之间仅仅 2%的差异是否足以让人推论说,存在着一种独立的规范。不过,菲德班

① 关于某些有力的批评言辞,请参见菲德班特的《古代度量衡》,第 1、2 章。

② 与巴比伦标准中的斯塔特尔或者达里克相比,优庇亚－利迪亚标准中的斯塔特尔或者第得拉克码(1/50 米那)差异在 4%之内。在考察可能存在两者之中的任何一种的地方或者时代时,我们难以确定,现存的硬币究竟符合其中哪一种标准。

特(参见前面引用的著作,第 18—20 页)的确提出某些似乎有理的证据,将这些重量略轻的砝码与马尔都神庙和巴比伦联系起来。而且,他还提出,在很长时间里,巴比伦的马尔都神庙标准可能比在乌尔的诺马尔标准——后一种是我所说的重量为 502—505 克的但克米那——轻一些。

他的这个说法肯定是猜测之言,与有的证据一致,于是他可以假设两点:其一,根据定义,这种米那为 10800 小麦粒重;其二,在不同时期和不同地方,这可能形成一种重量大约为 500 克的米那,变化幅度为轻 2%至重 1%。在一个长达 2000 年的时段中,甚至这个变化范围也表现出几乎令人难以置信的稳定性;就小一点的重量单位而言,其最大变化幅度代表的差异几乎是无法区分的。

为了将巴比伦标准与历史上出现的其他标准进行比较,我认为,从实际研究方便起见,不妨采用 501 克这个数字。依我所见,
250 全面的理论标准更高一些,也许在苏美尔时期是 502.5 克,在阿契美尼德时期是在 505—506 克以下。无论如何,现存砝码和达里克说明了这一点。但是,为了与类似样本——例如,阿提卡德拉克马或者罗马德纳里——进行比较,我们对一批比较好的达里克样本的重量进行逐一核定,发现它们实际上大约为 501 克(即每个达里克重 8.34 克)。在本章的附录中,我们将进一步讨论现存标本的可能分布与理论标准的关系问题。

第Ⅰ章附录:现存样本与理论标准之间的关系

钱币学界尚未下定决心面对这个问题。可以采用三种方法,

从现存砝码和硬币提供的证据中推知完整的理论标准。这三种方法都有各自的追随者。

(1)选择已知最重的样本；

(2)从保存比较完整的样本中，计算出它们的平均值；

(3)(就硬币而言)采用现存样本最常见到的数值，然后(可)增加 1%，以补充损耗等因素减少的重量。

在处理硬币的过程中，我们面对的许多问题取决于古代在什么程度上根据口头定价接受它们，在什么程度上根据重量接受它们。关于这一点，我手里没有直接证据。从一般的情况看，我们似乎有理由设想，在数量较大的交易和对外贸易中，黄金和白银是根据重量来进行支付的，但是在国内的零售中，也许在支付税金、官方或者宗教费用时，可能根据面值，接受看似不错的硬币，即 1 个德拉克马就算 1 个德拉克马，1 个契克尔就算 1 个契克尔。在古代，便携式小秤不大可能是人们普遍拥有的物件，人们也不大可能在每个场合中普遍使用它。其次，当政府本身没有使用新近铸造的硬币支付时，政府可能会坚持说，在交易中应该根据面值接受老 251
硬币。

在这种情况下，负责硬币铸造的部门很可能受到诱惑，收取适量的货币铸造税，其目的大概仅能减少铸造硬币的花费，税金的数额以公众习惯上接受的程度或者公众舆论允许的数量为限。我认为几乎可以肯定的是，存在某种偏好，反对发行超重或者重量足够的硬币。或者说，如果没有这样的偏好，兑换硬币的人也会将超重或重量足够的硬币分拣出来，另做它用或者加以熔化。于是我们看到，甚至处于流通中的或者积攒的品相非常好的硬币(大都)比理论重量轻1%或者2%。这样的差异普通人在日常交易中是无法分辨的。

在这种情况下，采用以上所列的第二种方法显然会使计算结果偏轻。除此之外，这种方法也没有考虑到不可避免会出现的损耗。另一方面，以上所列的第二种方法往往依赖数量非常小的样本。样本可能并不反映硬币的常态，因为古代人采用的铸造工艺并不完全一致，偶然可能会出超重的硬币，而且硬币上的氧化物有时也会增加其重量。在我看来，第三种方法不乏可取之处，需要解决的问题是，在最常见的重量上，应该增加多大百分比，以便补偿发行偏轻硬币这一偏好和损耗造成的不足，从而获得完整的理论标准。

大英博物馆的G.F.希尔先生成功地采用了第三种方法。[①]他得出的结论是，在他列出的频率表中所给的最常见的数值上，增加1%的重量。对损耗等因素造成的重量减少这一问题而言，这个数量可能是适当的，然而我不确定的是，是否它也能补偿发行偏轻硬币这一偏好造成的不足？所以，增加1%至2%之间的某个数值，这样做可能得到更可靠的结果。[②]

---

① 《频率表》，见《钱币编年史》，第5系列，第IV卷(1924年)，第76页。

② 就古代计算重量的精确性问题，希尔先生也提出了有用的评论。他研究了同一时期储存的利西马科斯的金斯塔特尔，发现那些金币没有明显磨损，计算出的平均值为2.3%。“这一批硬币属于同一个时期(公元前323—前281年)，当时计算硬币重量的方法已经达到很高水平，不亚于古代任何时期。”于是他得出结论说，“我们没有理由假设，古希腊人在乎砝码的重量轻了0.05克。”0.05克超过了1个德拉克马的1%，不到1个达里克的1%。

现存砝码提供的证据与硬币的不同，证实了这一思路的正确性。就砝码的情况而言，我们没有多少理由考虑重量偏轻这一因素；当砝码为石材并且形状规则时，我们常常可以准确地估计损坏所减轻的重量。结果，与硬币提供的大多数证据相比，砝码提供的大多数证据表明的数值明显高于标准数值。不幸的是，如果砝码是用铅制作——尤其在古希腊，这是常见的做法——的，可能出现低于标准数值的情况。其原因在于，如果长时间暴露在空气之中，铅的重量会增加。 252

从某种意义上说，1%或者 2%均在误差幅度之内，所说的这个绝对值在实践中其实没有什么关系，所以这个问题的意义不大。但是，在这一点上它也有一定重要性：正如在本书中常见的情况，我们研究的是不同标准之间的理论关系，所以我们必须在两种情况下采用相同的方法。具体来说，在比较从砝码推知的证据与从硬币推知的证据时，我们必须谨慎操作。在研究大多数古代时期的情况时，我们完全依赖砝码；在研究其后时期的情况时，我们依赖的主要是硬币。所以，在下面的讨论中，我将把巴比伦米那的重量定为 501 克，以便进行比较；我同时相信，它的完整理论重量应该高于这个数值。

第Ⅲ章　货币的起源

如果一件物品具备以下这些因素，它至少可被视为具有货币的具体特征：(1)常常用于表示对某些常见价值——例如，宗教会费、惩罚或者奖励——的评估；(2)用作表示贷款和合同的术语；

253 (3)用作表示价格的术语;(4)用作交换的习惯媒介。在前三种情况下,该物品是记账货币中使用的术语;在第四种情况下,该物品被用作实际货币。现在,对大多数重要的社会和经济目的而言,起到重要作用的是记账货币;其原因在于,合同和习惯性义务正是用记账货币来表达的。具有重要作用的通货变革就是那些改变记账货币的变革。

当我们考察古代的实际记录时,我们发现,在希腊历史的最早时期,人们在货币使用方面非常原始;但是我们也发现,在最早的巴比伦历史时期,人们在所有这些方面已经非常先进了,甚至在公元前3000年以前的古老记录中,也可见到这些例子。具有个性特征的资本运用和经济实践与那个系统联系起来,无疑在巴比伦尼亚就被发明出来,并且被发展到很高的程度,其时间远远早于考古学家们已经探索的年代。来自希腊的部落是北方人,拥有的(部落或者封建)社会制度与具有个性的资本制度迥然不同(同理,古埃及的神权奴隶国家的社会制度在相反方向也与它迥然不同)。在希腊人到达巴比伦之前,古巴比伦的军事力量早就被一扫而光了;但是,它的经济制度延续下来,没有出现多少变化,贯穿于亚述时代和新巴比伦时代,在波斯帝国时期在相当大的程度上很可能渗透了整个小亚细亚。

在小亚细亚,古希腊人发现了以衰退和混乱形式出现的具有个性特征的资本运用制度。该制度可以追溯到其源头,追溯到支撑它的经济实践。于是,他们逐步调整原始的部落经济,以便适应那一高度发达、历史久远的复杂制度。也许,从一定程度上说,我们可以在那个过程中发现线索,从而了解从荷马时代到公元前5

世纪的那一段希腊历史。与欧洲人的文艺复兴的情况完全相同，古希腊人在小亚细亚发现了传统做法，发现了古老知识的碎片。在那些发现者的手中，所发现的东西统统变为工具，促成了具有革命性意义的思想创新。那样的做法与偏离封建主义、转向具有个 254
性的资本主义的强有力的经济交流一拍即合。索伦是一位具有文艺复兴特征的人物。

我认为，有的历史学家低估了这两者之间的鲜明对比：一个是公元前 7 世纪或者 8 世纪在希腊大地上出现的经济发展，另一个是在巴比伦的影响之下在那之前出现的经济发展。在公元前 6 世纪或者 7 世纪，小亚细亚人首先铸造了一种带有印章的货币或者硬币，有人因此认为，在小亚细亚出现的货币经济特征的时间比古希腊早不了多久。然而，制作带有印章的货币的装置作为一种发明，其实没有多大的意义。从本质上看，根据巴比伦人的实践形成的最早重要发明是非常现代的，即发明了代用货币。在金属硬币上加盖一个地方的印记，这只是一种大胆的行为，显示名利、爱国感觉或者广告之举，没有什么深远的意义。这种行为从来没有在重要的商业领域中流行起来。埃及人在托勒密时代之前没有铸造钱币；中国（宽泛地说）也没有铸造银币——直至现在，白银在中国仍然是价值标准。迦太基人不愿铸造硬币，除了对外活动之外，可能从来没有铸造过硬币。古希腊和小亚细亚的城邦国家使用的硬币重量各不相同，而且非常容易被人剪取。因此，提出这样的假设是不合理的：这样的硬币（即使在国内流通）在它们的狭小领土之外作为法定货币流通，必定在所有重要交易活动中被人按照重量接受。如果没有秤，商人或者放贷者是不会外出

交易的。[①] 可能性更大的情况是,在硬币上加盖印记的做法旨在
255 证明金属的成色,而不是表明其重量。一种硬币可能得到公认,获得交易价值,被人视为具有标准品质,但是并不一定拥有标准重量。铸币构成真实的货币发行行为,因此可以这样说,对货币的不准确特点和潜在问题,形成货币经济、并且对货币经济的发展表现出特殊才能的民族持特殊的怀疑态度,并且以不情愿的心态铸造硬币,优先选择金银所具有的直接性和简单性。许多研究者推测,在没有硬币的场合,肯定存在以货易货交易;这一观点与真实情况大相径庭。

另一方面,在受到巴比伦文明的影响的地域内,贵金属以普遍方式得以全面使用,为本章开始时提到的四个基本目的服务,那种情况延续的时间至少超过了 2000 年。货币开始使用,从而使带有时间因素的贷款和合同得以问世。从这个意义上说,巴比伦尼亚已经出现了非常高级形式的货币,在其发源的各个地区中使用,一直延续到索伦时期。那一段时间很长,相当于索伦到皮尔庞特·摩根先生之间的年代。

巴比伦经济模式传入了古希腊,其证据是什么?显然,在荷马时代,个人之间进行交易时,没有多少使用货币的情况。相关文献

① 除了这一点之外,希罗多德记载的关于利迪亚硬币跻身历史最早之列这个传统说法本身并不确定。约翰斯博士提出一个明显例子,但是并不否认这个看法:带有伊斯塔的头像的金属徽章可能是公元前 7 世纪之前在尼尼微铸造的。他——并非在没有证据的情况下——提出猜测,那些硬币被称为伊斯塔硬币,相关的希腊语词汇 σταηρ 要么源于伊斯塔一词,要么源于亚述人使用的阿斯塔特一词(《亚述契约和文献》,第Ⅱ卷,第 278—291 页)。不过,可能性更大的情况是,这个希腊语词汇的发音与原词类似,逐渐被人用于表示这种小亚细亚硬币。

中提到价格时语焉不详,这符合当时的情况。那时在希腊出现的交易根本无法与巴比伦模式或者华尔街模式相提并论。本章开始时提到了货币的最早用途,即表示对某些常见价值——例如,宗教会费、惩罚或者奖励——的评估;如果采用著名的荷马奶牛标准,或者甚至认为那一标准可被推广,超出这类最早的用途,那就是对 256
这一标准的错误理解。我认为,那种原始状态以及朝着真正的货币经济的衍变过程如下。

在青铜时代和铁器时代的农业社会中,除了土地和奴隶之外,可转让财富的主要物品,即可交换的主要原材料包括牛、羊、谷物、铁、铜、马、黄金、白银、毛、食油和葡萄酒被视为舶来品,比较稀缺的物品或者次要商品。在那些物品中,有的比较重要,以通常的单位进行交换,具有常规性的价值等次,甚至就习惯的目的而言,具有常规性价值关系。例如,一头奶牛价格较高,可以支付比较严厉的罚款,可以用作比较大的献祭物品,超过了一只绵羊、一个黄铜锅或者一定数量的大麦,如此等等。当时的人们可以觉得,如果在一个习惯上需要支付一头奶牛的场合中没有现成的奶牛,那么,10只绵羊或者一定数量的铜或者铁可算是合理的等价物。这并不必然形成这样的概念:奶牛或者绵羊应是具有不同价值的标准牲畜,它们的市场价格在所有时段中应为严格的 10∶1 的关系。实际上,显而易见的是,这两种条件其实严格说来均不是真实的。然而,对许多半经济目的而言,这些模糊标准完全是令人满意的。例如,人们可以说,一个富人值若干头奶牛或者若干只绵羊,正如在公爵们依然在名人录中宣称,他们拥有多少英亩土地。人们也可以用这些东西,根据特定的犯罪行为,来确定一个等级的惩罚或者罚款。人们还可以用这样的东西来表示颁发给奥林匹克运动会优胜者的奖品。同理，人们也可以用这些东西来确定，在特定的场合，应该献给某个神殿多少祭品才合适。就这些目的而言，这一标准包含的模糊因素没有什么大的影响。如果体育比赛的获胜者得到一头瘦骨嶙峋的牲口，那个地方的资助人可能背上吝啬的恶名。祭师可能会拒绝接受一头带有瑕疵的牲口，但是那可能是最糟糕的情
257 况。在这样的条件下，除了公众舆论对什么东西在特定场合最为合适作出判断之外，没有什么有效手段来保证移交的物品的品质和正确价值。在近代，有的原始民族尚未与追逐利润的发达经济社会发生接触，在他们的交换中，有人发现了大量带有类似模糊性的例子，无法确定精确的交换价值。例如，在通过交换"礼物"来进行贸易的习惯做法中，被交换的"礼物"在公众眼里的价值应该大致相等。

另一方面，在严格的经济学意义的恰当交易中，双方都希望获利，希望得到交易"收益"，或者实现在市场中进行日常交换的目的。我认为，在那样的情况下，根本不可能使用所谓的奶牛标准。其原因在于，除了上文概括的第一个用途之外，奶牛标准完全缺乏基本特性，不能作为货币使用。首先，奶牛太大，不能作为通常使用的单位，并且没有明显较小的相关单位。[①] 于是，我们马上得接受绵羊、特定数量的小麦、铁条或者铜条——这些东西与交换开始使用的奶牛之间没有稳定的市场价值关系，其实是可供选择的标准。其次，一个明显的反对理由是，奶牛不是标准物品，标准物品

① 拉姆在他的非常有用的精彩著作《论货币》提出，在宴会上，从烹制好的奶牛身上割下一份牛肉是最初的较小单位。一口表示的不是唾沫本身，只是可以从大锅中取出的一份牛肉。但是，这肯定是钱币狂想象出来的另外一个主意而已。

的价值可在不参考具体物品的条件下，加以概括和表示。如果一个商人要把一些奶牛送到市场上去出售，他也得根据每个具体的购买行为的情况，交换一头奶牛——这就是以货易货交易。没有谁可以在不参考具体物品的情况下，用奶牛给物品定价或者预付货款。最后，还有一个非常重要的反对理由，不过这个理由没有引起足够的注意：某一头奶牛在一年时间里没有稳定的价值，而是随着季节变化、找到草料的难易程度以及产下牛犊的时间上下波动。
我认为，如果考虑价值标准这个术语的全部意义，不管在古希腊还 258
是在其他任何地方，无论奶牛神圣与否，从来都没有用作货币或者整体意义上的价值标准。与之类似，在英格兰，火鸡或者梅子布丁也不可能用作这样的功能。

以上所说的这些反对理由适用于大多数商品，只有金属除外。小麦几乎可以不受最后一条之外的其他理由的限制。但是，收获的时间不同，小麦的价值会出现季节性波动，这带来特殊的困难。可以这么说，在古代世界[①]中，这样的困难众所周知，在签订小麦购买合同时，都会考虑时间因素。

不过，就整个目的而言，这些困难并不是致命的。就带有年度特征的许多目的而言，特定数量的小麦仍然是很有用处的价值标准。例如，用于支付以年为单位雇用的劳动者的薪金，或者用于支付在收获时兑现的农业租金。已经发现的大量证据显示，谷物被用来支付薪资和租金，这种做法从巴比伦时期开始，一直延续到了中世纪才结束。与奶牛相比，小麦或者大麦在更多情况下真的被

① 参见《古代小麦的现货溢价》一文的注释。

用作货币，但是没有用于缺乏规则的带有年度特征的交易。

到了公元前8世纪或者7世纪，希腊地区已经脱离了无需借助货币本身来从事交易的原始状态。那时，希腊人已经是知名度很高的商人，开始与已经使用金属价值标准数十年甚至数百年的人进行交易。各种各样的商业实践快速破坏了封建习惯和宗教习惯；有许多证据显示，贷款、抵押、债务和利息当时正在成为确定的生活特征。巴比伦经济已经在相当大的程度上征服了位于欧洲的地中海沿岸地区。

因此，我可以确定，希腊人大约在公元前8世纪时已经采用金属价值标准，将其用作交易活动之中。当我们谈到什么金属被用作价值标准这个问题时，有充分的证据显示，与意大利的情况类似，最初在希腊使用的金属是生铁或青铜（或者黄铜[①]），而不是白银或者黄金。我认为很可能（在后面讨论中将会提到某些带有证
259 实性质的证据）的情况是，该标准的基础与在意大利中西部古国伊特鲁里亚和意大利流行的相同——具有历史意义的罗马标准就是源于那个标准。

因此，我认为，在古希腊，三种货币或者准货币同时使用：

(1) 一种使用奶牛和绵羊的标准源于更早时代开始的传统，被用于炫示、宗教、奖赏或者惩罚。

(2)一种使用谷物的标准被用于支付农业租金和薪资；而且根据巴比伦模式，还可能还用于在农作物收获之后支付的所借

① 由于人们往往使用同一个词汇表示黄铜和（通过添加锡获得的）青铜，使用这两种东西的分界年代有些模糊。不过，早在古希腊出现很久之前，青铜——而不是黄铜——已经在亚述用作标准的金属。我不知道古希腊在这方面的相关证据。

的谷物。[1]

(3)一种使用生铁或者青铜的标准,用于市场交易以及常见的商业目的,而且还可能用于借贷。

而且,我还认为,货币的形成过程同时沿着两个不同的方向发展。其一,这是正常的适应过程,即在那个过程中逐步实现金属标准,废弃其他标准;其二,希腊与小亚细亚使用白银的国家进行的 260
商业接触,劳里厄姆(和其他地方)出产的白银数量不断增加,因此有了一种倾向,便于携带的金属得到青睐,首是青铜取代生铁,后来是白银取代青铜。[2] 早期的通货变革者(如果说菲敦推行的变革尚存怀疑,那么索伦实施的是确定无疑的)面临的问题就是从这两种倾向中产生出来的。他们所在的社会相对说尚不习惯巴比伦经济,债务问题日益严重。也许,这造成了他们需要同时解决的难题。

第Ⅴ章

菲敦和索伦进行的变革

自从发现亚里士多德所著的《雅典政制》之后,对这本著作中有关菲敦和索伦进行的通货变革已经成为度量衡学领域中一个受到青睐的核心问题。这个段落的具体内容如下:

> 在他的法规实施之前,他(索伦)一笔勾销了全部债务,随

① 在意大利,没有出现最后这两种情况,所以过渡期出现的时间要晚一些。
② 例如,可参见胡尔奇《度量衡学》,第 188 页。

> 后扩大了计量单位、砝码和通货。其原因在于，在他的领导之下，计量单位比菲敦所用的大一些，原来重量为 70 德拉克马的米那增加了重量，包含 100 德拉克马。（但是，原来的硬币名叫第得拉克码。）此外，他还根据这种硬币，制定了重量标准，规定 1 塔兰特重 63 米那，多余的米那按照比例，增加到斯塔特尔和其他砝码上。

直至最近，就实际的硬币而言，尚未发现可靠证据，确定菲敦推行的德拉克马——或者说雅典在索伦进行变革之前使用的德拉克马——的实际重量。老派的钱币学者认为，菲敦使用的德拉克马包括多种多样的现存硬币，那些硬币上有海龟的设计图案，肯定是厄基那人铸造的。但是，古代的厄基那德拉克马在伯罗奔尼撒和
261 希腊的其他地方广泛流通，其正常重量已被钱币学者确定为 6.2 克（96 格令），那些带有海龟图案的硬币并不是根据一个标准铸造的，重量（大约）在 5.96 克（92 格令）至 6.87 克之间浮动。因此，考古学者们可以选择的范围较大，往往根据自己的需要，确定某种硬币的数值。例如，里奇韦教授在《货币的起源》一书中根据其不同论点的需要，说法各不相同，在第 217 页上说，最重的厄基那硬币超过了 100 克；在 306 页上说，它的重量为 92 克；在 307 页上说，它的重量为 87 克，在 311 页上说，它的重量为 90 克。

后来，钱币学学者塞尔特曼经过细致研究，为这个问题提出了最合理的基础。[①] 他逐一考察研究了最早的古雅典硬币，结果发

① 参见塞尔特曼《雅典的历史和钱币制度》。

现了这一点:在索伦实施变革前夕的硬币标准重量为6.2克(这其实是胡尔奇所说的正常厄基那德拉克马的重量);另一方面,实施变革之后遵照的标准为4.34克(这其实是学界承认的雅典在历史上使用的德拉克马的重量)。[①] 这提供了应有的确定的事实根据,让我们据此构建理论。

而且,这也恰巧证实了亚里士多德在上文第一部分中表达的意思。其原因在于,4.34刚好是6.2的7/10。而且,4.34克刚好是现在人们熟知的利迪亚-优庇亚米那的1/100,6.2刚好是那种米那的1/70。我认为现在已经不再有理由怀疑,将利迪亚-优庇亚米那分为70份,得到菲敦德拉克马;将将利迪亚-优庇亚米那分为100份,得到索伦德拉克马。 262

但是,依然存在两个问题。首先,菲敦肯定不是利迪亚-优庇亚米那的创造者。在这种情况下,著名的菲敦标准究竟是什么呢?希罗多德写道,菲敦"为伯罗奔尼撒人制定了标准"。斯特拉堡引用了伊福鲁思的话语,形成的大意是"在厄基那,菲敦首先铸压了白银","他制定了被人称为菲敦标准的计量单位,制作了砝码和铸压而成的通货,既有另外一种,也有银质的。"根据帕洛斯大理石上的记载,"阿耳戈斯人菲敦没收了所有衡量工具……然后重新规定,在厄基那铸造了银币"。根据《大辞源》一书的记载,"阿耳戈斯

① 我认为,塞尔特曼先生对损耗的重量的估计偏轻。显而易见的是,保存最完好、重量最大的硬币——而不是平均重量的硬币——才是确定标准的线索。不过,以上的每个数字都与他所考察的保存较好的样本正常价值一致。就本章的目的而言,我把厄基那硬币和阿提卡硬币分别定为6.2克和4.34克,以便保持论点的明晰性。肯定存在保存良好的硬币的标准值,但是,我在本书其他讨论中将要提出,全量论理论标准应该比它重1%。

人菲敦最先在厄基那铸造硬币，把它们供奉给赫拉。”亚里士多德撰写的一个片段证实了这一点——据说亚里士多德在世时，在阿耳戈斯的赫拉神殿中依然可以见到菲敦供奉的硬币。

其次，亚里士多德的这个片段的最后一部分的大意是，索伦“还根据这种硬币，制定了重量标准，规定1塔兰特重63米那”，这一点至今仍然让人觉得难以理解。依我所见，没有人能够对这一段文字提出逻辑上一致的解释。[①] 不过我相信，如果解读这一段文字的字面意思，可以发现相关线索。他的意思是说，63个新米那的重量为1个旧塔兰特，还是说1个新塔兰特重63个旧米那？他接着还说，索伦使用的计量单位比菲敦的大一些，只有第二个解释具有融贯性，这就是说，如果我们不采纳以下将要论及的G.F.希尔的译文，1个索伦塔兰特的重量为63菲敦米那。我们首先看一看这个等式：

1索伦塔兰特＝63菲敦米那

那么，1菲敦塔兰特

263 ＝60菲敦米那

＝60/63索伦塔兰特

＝60/63×60×100索伦德拉克马

＝60/63×60×70菲敦德拉克马

＝4000菲敦德拉克马

① 在本章附录中，我将分别提到对亚里士多德这段论述的不同解释，它们是分别由玻西·加德纳教授和G.F.希尔教授阐述的。

亚里士多德提出了两点:其一,索伦德拉克马是菲敦德拉克马的十分之七;1 个索伦塔兰特等于 63 菲敦米那。由此可见,如果综合考虑,只需通过简单的计算,这两点间接说明,菲敦塔兰特等于 4000 菲敦德拉克马。

就索伦德拉克马是菲敦德拉克马的十分之七这一点而言,我们在塞尔特曼先生提供的硬币普查清单中找到了准确的考古证实材料。是否存在考古证据,支持 1 个塔兰特等于 4000 菲敦德拉克马这一说法呢?

在这一方面,塞尔特曼先生进行的细致研究也提供了合理的证据,肯定了这一说法。他发现,查尔斯·沃尔斯顿发掘的菲敦在阿尔戈斯的赫拉神庙献祭的著名铁条和小铁叉是以两个标准为基础的,一个是包含 6 欧比洛伊的"德拉克斯",重量为 400 菲敦德拉克马,另一个是包含 10 德拉克斯(即 60 欧比洛伊)的塔兰特,重量为 4000 菲敦德拉克马。[①] 这一证实性证据拥有额外的优势(其原因在于,一个人步入度量衡学这个邪恶领域时,肯定对每个人,对一切事物都持怀疑态度),说明塞尔特曼虽然得到了 4000 这个数字,但是却没有意识到它与亚里士多德所说的意思在算数意义上是一致的。而且,他还接受学界通常的观点,认为菲敦献祭给神灵 264
的那些小铁叉代表了他自己引入的标准重量。那么,塞尔特曼先生就无法将他本人考古发现的结果与文献中记载的亚里士多德提

① 那些铁条和小铁叉锈蚀相当厉害,塞尔特曼先生比较了它们与遭到同样锈蚀的菲敦德拉克马的重量。如果我们将没有锈蚀的菲敦德拉克马的重量定为 6.2 克,那么,重量为 3 个塔兰特的大铁条的实际重量应为 74400 克。经过 2500 多年锈蚀,它的实际重量为 73000 克。那些小铁叉锈蚀的情况更为严重一些,重量与之非常一致。

供的证词联系起来了。

我得到的结论是,考古发现提供了机遇,让我们以相当大的信心,重构菲敦和索伦推进变革所采用的整个方法。据此,我最好放弃自下而上的阐述方式,转而采用自上而下的描述方式。

根据已经给出的理由,我认为古利迪亚－优庇亚米那的重量为 434 克(它出现的时间可能早于重量为 505 克的巴比伦米那),是厄基那和迈锡尼人使用的原始重量标准,也是(正如我在本书后面一章中将要阐述的)意大利和伊特鲁里亚人使用的重量标准。迈锡尼人制作的黄金环使用重量为 8.68 克的标准,这一重量正是古利迪亚－优庇亚米那的五十分之一。我赞同里奇韦教授提出的观点:这一标准代表了古希腊世界使用的原始的黄金斯塔特尔。古希腊世界拥有的白银数量很少,就流通货币而言,是以黄金和青铜为标准的。

后来,陶立克人带来了生铁,建立了黄金一生铁标准,在他们统治的地区中用它取代了金一青铜标准。[①] 他们使用的常规等量值表显示,1 个金斯塔特尔等于 1 塔兰特生铁,将生铁与黄金的比率定为 3000∶1。正是由于这个原因,荷马将金斯塔特尔称为金塔兰特,即一定数量的黄金与 1 塔兰特生铁等值。

因此,在荷马时代,陶立克人使用的常规等量值表如下:

1 塔兰特生铁＝1 头牛＝1 金斯塔特尔

1 塔兰特生铁＝10 德拉克斯奥贝洛

---

① 关于这一说法的证据,参见第 IV 章。

1 德拉克斯生铁＝1 只羊＝1 麦斗*谷物＝1 斯塔特尔(或双米那)青铜

1 德拉克斯生铁＝6 奥贝洛生铁

1 奥贝洛生铁＝1 赫突斯谷物＝1 天工资

1 奥贝洛的重量为1 米那青铜 265

50 斯塔特尔黄金

60 契克尔白银

以上所说的塔兰特、米那、斯塔特尔和契克尔所依照的全都是利迪亚标准。陶立克人发现并且采纳了这一标准，同时将塔兰特、德拉克斯和奥贝洛这几个使用生铁的单位引入了传统的等量值表。

公元前 7 世纪，菲敦希望改进的正是这个标准。我认为，尽管假设他希望完全废除生铁标准的想法是错误的，他的主要目标是使用白银取代黄金，可能还希望使用青铜取代生铁，将二者作为占支配地位的价值标准。恰恰相反，我们发现的证据支持这一说法：在受到菲敦影响的区域中，人们使用小铁叉作为货币，那一做法在菲敦逝世之后延续了两三百年时间。我们知道，它们在斯巴达境内使用，所以塞尔特曼先生补充说："在其他城邦国家中，也有使用它们的记录，但是仅仅限于根据菲敦标准铸造银币的国家"(同上，第 120 页)。在引入白银货币的过程中，菲敦实际上引入了已在小亚细亚流行的货币标准，该标准更适合当时情况，更适合希腊的经济关系。

但是，除此之外，很可能出现的情况是，原来常用的金属之间

---

* 1 麦斗等于 52.3 公升。——译注

的等价关系已经过时，不再与市场价值完全一致了。具体来说，它们可能低估了白银的价值；如果不提高白银的价值，它就不可能在希腊流通。由此可见，菲敦标准在于，将利迪亚－优庇亚币制的米那分为70份，而不是原来的60份，以便使用白银单位，让一种新的生铁塔兰特为新的白银标准的4000倍，从而取代重量为旧白银标准的3600倍的旧塔兰特。很可能的情况是，早已确立的利迪①
266 亚米那被继续使用，以便确定白银和青铜的重量。新塔兰特采用了新的划分办法，仅用于生铁，在当时存在的生铁标准之间起到连接作用。

就这一点而言，菲敦推行的新银币标准和新的生铁德拉克斯－奥贝洛标准的目的之一在于确保这一点：他的新银德拉克马应是新的生铁德拉克斯的一种常规等价物，也许还应是基于利迪亚标准的青铜重米那的常规等价物，类似于旧银契克尔可能是（不再与市场价值一致的）旧生铁德拉克斯和青铜重米那的常规等价物的情况。这就是说，菲敦改变了传统的等值比，形成以下等量值表：

	旧比率	新比率
生铁一白银	360	400
青铜一白银	120	140
生铁一青铜	3	2.86

① 在巴比伦的势力范围之内，这种白银标准一直流行。在公元前7世纪，小亚细亚是否铸造银币呢？关于这个问题，我不表示任何观点。

利迪亚标准

塔兰特＝60×434＝26040 克

米那＝434 克＝60 契克尔＝50 斯塔特尔

契克尔＝7.23 克

斯塔特尔＝8.68 克

菲敦标准

塔兰特＝5000×6.2＝24800 克

铁德拉克斯＝2480 克

铁奥贝洛＝413 克

银德拉克马＝6.2 克

因此，旧铁塔兰特的重量是旧金斯塔特尔的 3000 倍，是旧银契克尔的 3600 倍；新铁塔兰特的重量是新银德拉克马的 4000 倍。与此同时，菲敦标准的铁德拉克斯重量为 400 克，价值为 1 个菲敦德拉克马。[①]

如果这一说法是正确的，菲敦在阿尔戈斯赫拉神庙中供奉的 267
那些小铁叉和铁条并不是像具有权威的《大辞源》所说的那样，是被人丢在那里的旧标准，作为一种不可思议的研究古物之举。其实，它们是他引入的新标准。它们被放在神庙中，记录在册，进行安全管理，那样的做法符合古代东方人的习俗，那种漂亮的生铁砝码或者卡农是标准的 3 塔兰特砝码。这一解释不仅更有道理，而

① 塞尔特曼先生赞同这个观点：菲敦确定的生铁和白银之比为 400∶1（同上，第 119 页）。

且能够让人更好地理解该传统。我们知道，菲敦是为伯罗奔尼撒人制定这些度量衡的；伯罗奔尼撒人在他去世两三百年之后还继续使用生铁奥贝洛。菲敦发明了砝码以及称为菲敦钱的铸币，所谓的“另外一种和银币”。这里所说的“另外一种”以前没有人解释过，就是重量为4000德拉克马的铁塔兰特。菲敦没收了当时使用的度量器具，“然后重新制作”。他进行的变革重新确定了重量与以前不同的塔兰特、德拉克斯和奥贝洛。

另一方面，索伦进行的变革重新使用具有国际性质的利迪亚-优庇亚标准，该标准可能一直用来计算黄铜和白银的重量。他大概受到这个优势的影响：回到希腊世界之外的区域使用的标准，这样就无需同时使用两种标准了。此外，小铁叉在非陶立克人统治的中心城市中已经不再流行，菲敦确立的白银单位与生铁单位之间的换算关系在实际生活中已经不再具有什么重要意义了。也许，还有一个原因在于，劳里厄姆银矿的产量增加，使菲敦对白银的定价过时了。正如亚里士多德的这一段文字所暗示的，如果索伦让新的第得拉克码与菲敦确定的德拉克马等值，将其视为青铜重米那的常规等值物，那么，他实际上改变了菲敦确定的青铜与白银之间的140的比率，将它变为100。后一个比率更加恰当地反映了公元前6世纪希腊世界中白银供应量相对充足的状态。

268 由此可见，索伦放弃了菲敦确定的塔兰特及其相关的较小单位，重新启用利迪亚塔兰特，同时把米那分为100份（或者不如说，为了使用第得拉克码，分为50份），以便推行白银货币，而不是像菲敦所做的那样，分为70个份，或者像在小亚细亚使用的契克尔那样，分为60份。而且，将米那分为50份的做法还有一个优点：

它使索伦确定的银第得拉克码的重量与古代使用的传统金斯塔特尔完全一样。

索伦重新启用的利迪亚塔兰特重量为 26040 克，菲敦确定的塔兰特的重量为 24800 克，在这种情况下，我们进行的说明就完全符合亚里士多德在这段文字的说法了：索伦“增加了重量”。在那之前使用的青铜重米那的重量与菲敦确定的德拉克马相等，前者重 8.68 克，后者重 6.2 克；如果与我们在上文中设想的一样，索伦让他自己确定的第得拉克码的重量与青铜重米那相等，那么他实际上增加了第得拉克码的重量。此外，索伦将利迪亚米那分为 100 个份，而不是像菲敦所做的那样，分为 70 个份。最后，就证实性价值而言，1 个索伦塔兰特重量为 63 个菲敦米那。

我没有发现任何证据说明，索伦提出的货币变革措施与他采用旨在免除债务的措施有任何联系。根据亚里士多德的说法，索伦首先实施的是免除债务的措施。索伦关注的目标有三个：其一，恢复厄基那人使用的国际标准；其二，废除陶立克人因为偏爱生铁而使用的带有强烈地方色彩的做法；其三，纠正青铜与白银比率的波动性。

第Ⅴ章 附录

一、玻西·加德纳教授认为，亚里士多德的这段文字总体上可被解释为，索伦德拉克马为菲敦德拉克马的 63/60×70/100，即，米那的重量增加了百分之五，然后被分为 1 份，而不是 70 个份。这个分数等于 0.735，这样就可使亚里士多德的这一段论述与普卢塔克在《索伦传》中所说的安德罗提翁提出的论述一致了：索伦确立了一种新的德拉克马，使 73 个旧德拉克马的重量等于 100 个
269 新德拉克马。此外，它也与这一说法保持一致了：1 个厄基那德拉克马的重量大约为 5.96 克（92 格令）；其原因在于，阿提卡德拉克马的重量与 5.96 的 73%相差不多。这一解释其实与亚里士多德的这一论述的第一部分并不一致，所以乏善可陈。但是，假如厄基那德拉克马的重量真的是 5.96 克，它可能值得我们重新考虑。但是，最终的异议是，5.96 克其实不是原始德拉克马或者菲敦确定的厄基那德拉克马的重量。

二、G. F. 希尔先生的理论（《索伦对阿提卡标准的改革》，见《钱币编年史》，第 3 系列，第XVII卷，1897 年，第 284 页）需要进行更为详尽的考察。① 希尔翻译了亚里士多德的这两段论述，译文与我采用的并不一致：

1. 第一段译文如下："这种米那以前的重量为 70（新）德拉克马；他将它的重量增加至 100（新）德拉克马。"这就是说，希尔排斥菲敦将其分为 70 份这一理念，设想菲敦米那米那的重量为 100 菲敦德拉克马，认为亚里士多德其实用新德拉克马来表达旧米那和新米那的重量。于是，根据希尔先生的理论，亚里士多德在这段文字中并未使用旧米那来比较新德拉克马与旧德拉克马，而是使用新德拉克马来比较新米那和旧米那。他提出这一看法的主要依据是，"如果我们认为，米那的重量被保留下来，德拉克马的重量被降

① 我这样说的原因不仅在于希尔先生具有的高度权威性，而且因为这一理论还被用于桑德斯编辑的亚里士多德的《雅典政制》（第 41 页），用于马蒂厄和奥松利埃尔翻译的亚里士多德的著作，用于阿德科克编写的《剑桥古代史》。

低了，我们必须看到，亚里士多德这里所说的米那并不是菲敦米 270
那。”我同意这个说法，但是也考虑另外一个方面。我的结论是，这里所说的米那是利迪亚-优庇亚米那，那种米那一直被用来计算白银和青铜的重量。在亚里士多德的论述的第二部分——而不是这一部分——中，我发现索伦米那比菲敦米那更重的相关细节。

我认为，希尔先生的译文假设了一个意义上牵强附会、难以处理的习惯用法。但是，除此之外，这样做迫使他杜撰了两个标准。其中的一个是被分为100个厄基那德拉克马的菲敦米那；就此而言，他根本没有提供任何相关证据。另外一个是被分为200个阿提卡德拉克马的索伦米那（根据他的说法，索伦米那仅仅比菲敦米那重一些。他的假定是，索伦米那包含100个第得拉克码）；就此而言，他提供的证据差强人意。其原因在于，尽管发现了这一重量的双米那，但是这样的单位不叫米那，而是称为斯塔特尔，并且常常被这样标示出来（可参见珀尼斯著，《古希腊度量衡》，第83—84页）。我认为，唯一的材料是在希腊雅典卫城博物馆里陈列的很早开始使用的10斯塔特尔砝码（珀尼斯，第82页），其重量大概是正常斯塔特尔的两倍。[①] 然而，这并不是有力证据，无法证明索伦米那像大量证据所显示的那样，重量是菲敦米那的两倍。

我们必须看到以下难以轻易质疑的事实：

(1)利迪亚-优庇亚米那是以前已经存在并且广泛使用的标准

① 10斯塔特尔砝码可能是半个斯塔特尔，所以它并不证明什么东西（珀尼斯，第81页）。

(2)厄基那德拉克马的重量为这种米那的 1/70

(3)阿提卡德拉克马的重量为这种米那的 1/100

鉴于这种情况,我认为原有的亚里士多德著作译本意义明晰易懂,与以上事实完全相符,所以我们没有权力偏离这一译本。

271 2.第二段译文如下:“他还制作了商用砝码,依据的是铸币使用的重量。根据那种标准,塔兰特的重量为(铸造出来的)米那的360倍。”根据希尔先生的译文,这就是说,索伦采用不是一个标准,而是两个:一个是新的货币米那,重量为旧米那的 10/7;另一个是新商用米那,比新的货币米那重 5%。于是,希尔先生认为,索伦做了一件完全没有意义的事情,同时采用两个通用的标准,造成了不便;而且,它们几乎相等,容易造成混乱;刻意搞出这样一种系统,似乎没有什么明确的目的。除此之外,在一个崇尚贸易的国度中,假如索伦采用的商业米那的重量仅仅比历史悠久的、在国际上广泛使用的利迪亚-优庇亚米那重 5%,这会是一种荒诞之举。但是,还有一点希尔先生没有注意到,这在一定程度上对他有利,一定程度上对他不利:如果索伦真的像希尔先生所说的那样,采取了那样的举措,索伦的新商业米那的重量正好是希尔先生设想的菲敦米那的一半(新商用米那=63/60 新通用米那=63/60×10/7 即 3/2 旧通用米那)。这就是说,它的重量为 150 菲敦德拉克马,[①]而且——顺便提一句——刚好是 210 阿提卡德拉克马。这对希尔先生有利的原因是,它让人可以更好地理解索伦采用的方

① 根据加德纳的理论,索伦采用的货币标准重量为菲敦标准的 63/60×70/100;根据希尔的理论,索伦采用的商用标准的重量为菲敦标准的 63/60×100/70,即菲敦标准的 3/2。

法;与此同时,这对希尔先生不利的原因是,它就那些砝码提供了不同的解释:他将它们的存在(如果它们确实存在的话——我对此表示怀疑)视为他所说的商用米那的证据,换言之,他认为它们的重量仅仅为 150 厄基那德拉克马。

我认为,这两种都可视为站得住脚的疑问。这里的问题在于对原文的不同理解。根据第一种理解,索伦为两种砝码制定了标准,与硬币标准一致(即相同),然后将这一标准与以前存在的砝码标准进行了比较,以前的标准与硬币标准不同。根据第二种理解,索伦制定了与硬币标准不同的砝码;根据那种货币(即 63 通用米 272
那),1 个塔兰特重 63 米那。我认为,原文采用的说法并不是表达"63 通用米那"的自然方式。但是更重大的异议也许在于,在后来的时代中,或者说在任何涉及是否存在一种重量为 210 阿提卡德拉克马的阿提卡米那的传统中,我们根本找到任何相关证据。[①]

因此,我更喜欢这一理论:索伦确定的重量标准比菲敦标准重 5%,与他确定的硬币标准相同。这就是说,他重新使用了利迪亚—优庇亚标准,而不是采用比他自己制定的硬币标准重 5%、为厄基那德拉克马的多倍(150)的标准。

我的观点是,在索伦之前,古代的利迪亚-优庇亚标准仍被使用,给货币金属,如黄金、白银,也许还有青铜计算重量;菲敦标准

---

① 读者在下面一章的论述中将会看到,我将这些传统与阿提卡标准联系起来,而不是与货币标准联系起来。希尔先生认为,在阿提卡文化中,存在着一种双米那(它与斯塔特尔不同,其重量当然为两个米那)。我认为,这一看法依赖于他所接受的这一理论:希庇亚斯将索伦推行的所有标准一分为二。不过,这一理论如今已经普遍被人摒弃。

用于计量生铁，用于制作商用砝码。那么，在这个句子中，亚里士多德描述了索伦进行的变革，在讨论商用砝码时候，将索伦德拉克马与利迪亚－优庇亚标准联系起来。他还补充说，索伦用来制作商用砝码的标准与他的货币标准一致（即相同），因为索伦恢复了利迪亚一优庇亚标准，将其用于货币，用于制作商用砝码。

最后，我必须提到这一情况：希尔先生声称，通过参照珀尼斯提供的清单中存在的砝码，发现了一种阿提卡米那，它比货币米那重5%。但是，珀尼斯本人提出的意见并不支持这一看法。他收集的砝码形成一个连续系列，重量在507克至414克范围之内，这就是说，从超过阿提卡货币标准的16%到低于该标准的10%。在这些砝码中，最重的（看来）与巴比伦标准一致。令人并不感到意外的是，在这一范围之内，希尔先生可以发现，某些砝码的重量超
273 过了货币标准的5%。不过，这并不是他提出的全部论点。如果我们不考虑那些显然受到磨损的砝码，那么，它们的平均重量肯定超过了阿提卡标准所列的重量。珀尼斯看到了这一点，并且进行了解释。那份清单上所列的阿提卡砝码几乎全是用铅制作的，铅长期接触空气会增加重量。珀尼斯提到在庞贝发现的铅质砝码，以便说明这一点。那些砝码显然是以罗马镑为标准制作的，但是现在肯定超过了原来的重量（大多数重量超过了5%至10%），重量在罗马镑基础上增加的幅度类似于这些阿提卡砝码在货币标准基础上增加的幅度。其次，考虑到这些阿提卡砝码的情况，可以通过参考其中不适用于上说法的少量石材砝码（不过珀尼斯本人并未这样做），便可验证这一结论是否正确。所有这些证据均不支持这一说法，即存在着比货币标准重5%的标准。在这些样本中，保

存最为完好、最重的三个(珀尼斯清单上的第275、276、278号砝码标示的重量分别为8米那、5米那和3米那,也是最突出的例子)的重量分别为446.6克、442.82克、440.47克。它们的平均重量为443克,或者说比434克重2%。这些数字对希尔先生没有意义,但是支持我的这一总体观点:与钱币学研究者根据现存硬币推知的标准相比,其完整理论重量标准超出了1%,甚至2%。现存的砝码往往——这根本不会令人觉得惊讶——形成比现存硬币显示的标准稍重一些的标准。

在与C.T.塞尔特曼和F.E.阿德科克的通信中,凯恩斯讨论以上某些章节的内容。

C.T.塞尔特曼1926年1月27日的来信

亲爱的凯恩斯:

这真的很有意思,而且我觉得完全具有说服力。我怀着强烈兴趣,很想知道这一章什么时候能够完成,并且对其前后章节的内容充满好奇心。

在我兴趣盎然地阅读五遍之后,心里想到了以下这些问题: 274

第1页最后一行:毫无疑问,这些带有龟类爬行动物图案的硬币肯定是厄基那人制作的,因为后来(公元前5至6世纪)的样本有时候带有字母AIΓ。

第2页第1行:可否用“设计”或者“标识”,而不是使用“符号”?在菲敦时代(其实不是始于公元前404年),它不是玳瑁,而是乌龟。

第6页:这一页写得非常漂亮。

第8页第4行:陶立克人采用3000∶1的生铁与黄金比率的原因是,在迈锡尼时代，这曾是青铜与黄金之间的比率？我已经努力证明这一点（《古雅典》，第 114 页）。

第 8 页："1 个奥贝洛重 1 青铜米那。"这个说法让人佩服，我被说服了。

第 8 页倒数第 6 行：我可否建议，在这里加上"利迪亚－优庇亚标准"。这样就可以避免读者得到的印象：陶立克人必须到小亚细亚去，以便发现这一标准。其实，该标准在他们到来之前已在古希腊使用了。

第 9 页第 11 行："在小亚细亚已经流行了一种标准。"我觉得这一点语焉不详。没有任何证据显示，在菲敦之前，任何地方出现过铸造用银（如果接受尤尔和我提出的银币出现的时间——银币的全盛期大约在公元前 668 年左右；我还注意到，韦德－杰里在《剑桥古代史》中接受了这个说法）。几乎不可能将造币用琥珀金出现的时间定在公元前 700 年以前。鉴于其成分非常低，只有 1/96，从实际样本获得的证据显示，这可能是利迪亚人在长达 140 年时间里使用的唯一金属；大约公元前 620 年（这是猜测的年份，不过晚于菲敦的时代），希俄斯岛的居民开始使用白银铸造硬币；在那之前，爱奥尼亚人一直使用这种金属。

由此可见，菲敦应该是最早铸造银币的人。我意识到，菲敦标准并不是出现在爱琴海的小亚细亚一侧，不过时间更晚一些。我在《钱币编年史》上发表过一篇文章，认为这一标准从厄基那开始，穿越爱琴海逐步传播，形成了一条岛链。我在那篇文章中说明，它如何一度与"利朵－米利都"标准"对抗"，后者如何将它排挤出局。但是，在巴比伦文明的影响之下，银条或者银块作为一种受到人们青睐的货币，确实在那些岛屿上流行过。

第 11 页：写得很精彩，完全说服了我。我赞同您的观点，那些小铁叉看来是他的新标准的样本。和它们一起供奉的还有重量很大的砝码或者卡农，这一
275 事实难道不就此提供了更多支撑证据？

最后一页第 8 行：是否增加一点，比如说，尽管《大辞源》的相关此条称，"厄基

那塔兰特比阿提卡塔兰特重一些”，但是这一说法是后来提出的，不会给取自亚里士多德著作的证据造成什么影响。

您让我有机会阅读大作中非常有趣并且具有启迪的一章，再次表示谢意。我希望大作很快面世。

您的，
C. T. 塞尔特曼

凯恩斯 1926 年 1 月 31 日写给 C. T. 塞尔特曼的信件

亲爱的塞尔特曼：

来信收悉，十分感谢。我本想给您谈一谈这本书的全部情况，现在仅就其中两点说说我的看法。

一、在前面的一章——我希望很快把它寄给您——中，我说明了我为什么不接受您提出的这一论点（《古雅典》，第 114 页）：青铜与黄金的比率为 3000：1。所以说，我在此提出的不同观点是正确的。我希望了解您对我的这一观点的看法。我的主要观点是，您假设的青铜的价值与其他证据完全不符——也许，唯一的例外证据是关于罗马人使用的利布拉尔的某些说法。就最后这一证据而言，我尽管并不十分确定，但是对这两点持怀疑态度：其一，重量为 12 盎司的最早的利布拉尔是一种生铁单位，与奥贝洛非常类似；其二，青铜或者黄铜利布拉尔从来没有 12 盎司那么重。

二、我在文章中说，作为一种标准的白银那时已在小亚细亚地区流行。我的意思并不是要暗示，在那之前已经出现了银币，仅仅想说，白银这种金属已被用作价值标准。但是，约翰斯提出的这一论点实际上给我留下了深刻印象：对是否在亚述存在更早的铸币这个问题，我们应该持开放的态度。

276 三、在后面的一章中，我就《大辞源》中出现的那个关于厄基那标准比阿提卡标准更重这一说法，提供了自己的解释。

四、就德拉克马和其他单位的砝码在理论上的完全标准重量而言，在我寄给您的那一章中，我采用的是基于保存最完好的硬币的通常数据。但是，考虑到整个证据，我倾向于认为，那些硬币的理论重量可能比样本重1%左右。这其实并不影响这些标准之间的关系，所以对我提出的论点来说没有多少意义。但是，正如我希望解释的，存在某些理由，说明承认1%的增量可能恰当一些。即便在刚刚发现时，那些硬币的重量也比理论重量稍轻一些，不可能超过其理论重量，更不用说经过了长达2500年时间的磨损。例如，我希望将阿提卡－优庇亚－利迪亚米那的重量定为428克，而不是434克。您是否觉得，这是不能接受的？

您在来信的开头谈到了我发表这些章节的事宜。对此，我目前没有明确的计划。我写这些文章完全是出于自己的兴趣；在自己的知识不太确定的情况下，就这个问题出版著述让我十分忐忑。还有一个难点是，整个稿件完成之后，我写的东西作为刊物文章显得太长，作为著作又显得太短。

您真诚的，

[这份复写件上签署了他的姓名缩写]J. M. K.

C. T. 塞尔特曼1926年2月4日的来信

亲爱的凯恩斯：

您的来信很有意思，让我深感兴趣，谨表谢意。我必须说，度量衡学有时让人觉得劳神费力，没有入迷的人觉得它令人厌烦，其实是一门非常有趣的学问。

我十分希望就此举办一次讲座。本月16日，我将作为麦康比的客人，出席剑桥大学国王学院的宴会。届时我们可以见面，有时间安排一次讲座。

就您在来信中提到的一些问题而言，现有的证据显示，在意大利北部使用过生铁单位。我有幸获得了一块伊特鲁里亚使用的早期铁块。约翰斯是 277
在什么刊物上发表的关于早期亚述铸币的观点的？如果说当初存在这样的证据，现在它在哪里？

我对这一观点基本持怀疑态度：完全理论重量比保存最好的硬币重1%。在珀尼斯所著的《古希腊度量衡》中提到的现存硬币“阿比杜斯雄狮”和“德卡斯塔铁仑”支持这一观点。我并不确信的问题是，任何系列中的最重样本是否都显示真实的重量？当然，一般砝码的情况根本不是这样的，但是我觉得，希尔在《钱币编年史》(1929年，第76页)提供的频率表方式看来是合理的。当然，我一贯愿意接受证据充分的观点。

不过，无论情况如何，您都应该发表此文。它将是度量衡学领域中的全新论述，是从新的角度进行研究的力作。

您真诚的，
C. T. 塞尔特曼

F. E. 阿德科克1926年1月29日的来信

我亲爱的梅纳德：

承蒙寄来大作的这一章，谨表谢意。对您翻译的《雅典政制》那段文字，我觉得自己表示赞同。我认为，正确的解读是我寄给您的两个版本对这一片段的理解，正确的翻译和解释可以在桑德斯的译著中找到。在原文中，63所指的仅仅是商用砝码，而不是硬币重量——不管怎样说，亚里士多德似乎是这样表达的。我还未认真研究您寄来的这一章的其余部分。也许，它会让我觉得，亚里士多德应该表达了您的译文让他表达的意思。当然，在书写原文的纸莎草上有两个小孔，所以有的学者像您这样解读和翻译这段文字。不过，我可以肯定地说，他们的观点不正确。我将带着您寄来的文章去度周末，到时再细细拜读。

关于那块生铁的问题：牛津的权威人士并不知道亚历山大之前的任何证据，不过给我提供了一份我曾经忽视的参考文献。我随信寄上这本著作（请参阅第317页）。我尚未核对这个人使用的数据，不过就使用的事实而言，他的引用是准确的。当然，没有人会赞同他对这些数据的解释。

你永远的，

F. E. 阿德科克

凯恩斯1926年1月31日写给F. E. 阿德科克的信件

亲爱的阿德科克：

我同意您的说法，桑德斯的译文更为可取。鉴于没有那么大的硬币，那段涉及米那重量的文字显然与砝码有关，而不是与硬币有关。但是，如果我没有误解您提出的批评意见，这一点并不影响
278 我提出的观点。他制作的砝码“与硬币相同”；我认为这一说法的意思是，他根据同一个标准制作砝码。如果您的意思是要否认这一点，像法国翻译家所做的那样，坚持认为索伦制定了两个完全不同的标准，一个是货币标准，一个用来给商品计重，那么，我的论点就受到了影响。我以前见过这一说法，觉得它值得商榷，我的理由如下：

一、“与硬币相同”这几个字要么没有什么意思，要么与这个说

法矛盾。

二、不大可能出现的情况是，索伦做出毫无用处、非常不便的事情，制定的用来计量商品的标准与他的货币标准之间存在5%的差异。他为什么要这样做呢？

三、没有确定证据说明存在这样的标准。恰恰相反，现存证据显示，市场米那被用来计算商品的重量，比通用米那重50%。（我在下一章中将会讨论相关原因。）

谢谢您来信提到的"生铁"问题，这一点非常有用。它提供的生铁一白银比率为250∶1，这与我的论点所需的数值非常接近。

我认为，您并不是那个从剑桥大学图书馆借阅贝克撰写的《生铁的历史》第一卷的人吧？我曾经也想参阅这本著作。

你永远的，

［这份复写件上签署了他的姓名缩写］J. M. K.

F. E. 阿德科克［1926年］8月23日的来信

亲爱的梅纳德：

我星期六收到您写来的短信。我身边没有关于钱币学的书籍，所以只能根据记忆和您讨论。没错，人们肯定认为，引自普卢塔克（·安德罗提翁）和亚里士多德的这些段落中存在许多令人感到困惑的意思。我完全赞同您的观点，加德纳提出的解释难以自圆其说。如果他引用关于希庇亚斯重新解释（亚里士多德的）《经济学》的史话，我认为这作为证据是毫无价值的。据我所 279
知，关于在庇西特拉图或者他的儿子的时代出现的变革，现在没有什么文字证据。根据考古获得的资料，阿提卡人大约在公元前550年就开始使用的猫头鹰德拉克马了；这一事实可能通过这一假定得以解释：索伦引入的阿提卡德拉克马比当时仍在阿提卡的一定范围内使用的优庇亚德拉克马稍重一些，因此索伦引入的德拉克马开始时被人熔化了。毫无疑问，考古发现的那些砝码和衡器出自索伦制定的标准，我们不能将那些砝码与他推行的货币变革分离开来。所以，如果我们接受1个厄基那米那由70个德拉克马构成这一说法，我们就没有理由假设，安德罗提翁和亚里士多德所说不是同一个东西——不过令人感到遗憾的是，他们两人没有以更清晰的方式说明这一点。重量为米那的厄基那德拉克马是根据铭文内容发现的新东西；在这一点被确立之前，人们过去根本无法判断，这两位权威人物所说的是否是同一样东西。但是，有了重量为70德拉克马的米那之后，我认为您提出的解释无懈可击，我谨此表示祝贺。

安德罗提翁的著作语焉不详，其原因可能是普卢塔克是从远处对他进行考察的。重量为70个德拉克马的厄基那米那被铸造出来，其目的是让它与由100个德拉克马构成的优庇亚米那相当。因此，优庇亚德拉克马的重量大约为65至66格令（这就是说，1个厄基那德拉克马＝93格令）。索伦变革之后的阿提卡德拉克马的重量大约68－69格令，这就是说，大约63/60优庇亚德拉克马。亚里士多德在这段文字中说，阿提卡德拉克马比斯塔特尔和其他砝码重3米那（即重1/20），他表达的就是这个意思。阿提卡塔兰特是否是优庇亚塔兰特的63/60？在优庇亚和厄基那重量单位表中，63米那是否等于1塔兰特？这三种塔兰特的重量是否相同？对于这些问题我只有在相关著作中找到证据之后才能提供答案。现在看来，亚里士多德根据的似乎这一事实，设想阿提卡塔兰特的重量超过了优庇亚塔兰特的重量：新的阿提卡德拉克马比优庇亚德拉克马重一些。在厄基那重量单位表中，1米那＝70德拉克马，这一事实肯定意味着两点：其一，它旨在借鉴优庇亚标准，以便获得更高价值；其二，就硬币而言，厄基那塔兰特与优庇亚塔兰特是相同的。我们肯定会认为，在优庇亚重量单位表中，100德拉克马＝1米那，60米那＝1塔兰特。不过，重要的一点涉及德拉克马：多少个优庇亚米那等于1个塔兰特？这一点几乎没有什么关系。在这种情况下，如果亚里士多德和安德罗提翁对索伦进行的货币变革的相关事实持相同态度。更重要的一点是，亚里士多德没有接受安德罗提翁提出的这个观点：那场货币变革是索伦用来解除债务人负担的手段。亚里士多德明确将这两点在时间上分隔开来。那些文献是最佳证据,它们清楚地显示,索伦所做的事情的并不是利用货币来减轻债务。我们应该记住的是,尽管厄基那标准中的德拉克马在阿提卡通用,优庇亚德拉克 280
马也在流通。在阿提卡进行的考古发现大约可以追溯到那个时期,它们证明了这一点。

我的这一看法可能显得固执,但是其实我并不相信这一点:事实像安德罗提翁所说的那样,索伦引入的新货币在不损害债主利益的情况下,自动减轻了债务人的负担。我们难以相信,债主在公元前 596 年发放 70 厄基那德拉克马,愿意在公元前 594 年接受 70 阿提卡德拉克马作为还款;与此同时,他的邻居在同一时段发放 70 优庇亚德拉克马,得到也是 70 阿提卡德拉克马作为还款。在这种情况下,如果发放 70 厄基那德拉克马那个人把它称为 1 米那——他理所当然可能那样做,我认为,他有权要求债务人还 1 米那——那么,1 米那不是 100 个阿提卡德拉克马,而不是 70 个。在我看来,一个初级的非官僚政府既没有权力,也没有方法来处理如此复杂的情况。同理,如果一个阿提卡农夫一辈子使用不同数量的无花果兑换厄基那德拉克马或者优庇亚德拉克马,没有人可能说服或者强迫他收到 1 个阿提卡德拉克马时,交给顾客价值 1 个"大"厄基那德拉克马的无花果。在一个国家中,一种已经存在的货币被贬质,然后在政府权威的支持下继续享有原来的信誉。而且,在那个国家中,除了本国货币之外,并不使用其他货币。如果不是如此,使用"货币贬质"这个术语是否有道理呢?但是,在古雅典人看来,索伦推行的德拉克马肯定代表了优庇亚币制,而不是厄基那币制。再则,古雅典人毫无疑问在多年时间里继续使用别的硬币,而不是在雅典铸造的硬币。在安德罗提翁时代,阿提卡德拉克马在古雅典占据垄断地位,把爱琴海地区的其他大多数货币排挤出局,斯塔特尔的支付能力远远超过其他货币,这样的手段看来也许是可能的,但是在索伦时代就行不通了。在安德罗提翁时代,人们所说的德拉克马肯定是阿提卡德拉克马,但是,在索伦时代,雅典人所说的"德拉克马"的发音肯定与士麦那*人所说的"镑"类似。

我倾向于认为,索伦将所有债务简化,全部使用厄基那德拉克马计算,并

---

* 士麦那是土耳其西部港市伊兹密尔的旧称。——译注

且宣布了一条特别规定，就债主发放的每一厄基那德拉克马，他仅仅有索取1阿提卡德拉克马。这样做可能减轻债务人20%至30%的负债。但是，当安德罗提翁说，债主并未受到损害，或者说并不知道自己受到了损害，我觉得他这是在胡说八道。而且，以如此巨大的比例减免债务操作起来非常复杂，难以实施。当时的传统也没有提供足够的证据，支持以这种方式进行推理。其原因在于，我认为安德罗提翁没有其他证据，只能求助于这一传统：其一，正是索伦引入了阿提卡经常使用的那种德拉克马；其二，在那之前，厄基那硬币或者说根据厄基那标准铸造的硬币在阿提卡流通量最大。如果有确凿证据
281 显示，索伦利用那一次货币变革来减免债务，我认为亚里士多德没有理由不接受这一点。其实，当时很可能的情况是，那仅仅是安德罗提翁想出的一个聪明的主意，其目的是避免让具有民主思想的索伦被人称为布尔什维克式人物。

啰啰唆唆写了这么多，希望您没有觉得无聊。在由70德拉克马构成的米那这一说法被确立之前，我曾在论文中讨论了那一次货币变革，但是当时没有找到令人满意的解决办法。即便现在，我觉得自己也不期望发现您提出的解决办法。不管怎样说，我怀着赞赏之情，在德桑克蒂斯的著作中看到了类似的解释，并且请您分享这种感觉。

我认为，索伦进行的变革回应了两种有据可查的痛苦：第一，当时有人被贩卖，作为奴隶抵债。索伦采用的方式是，宣布释放这类债务奴隶，免除所涉及的债务人的债务。第二，由于抵押贷款的原因，有的农民被迫成为农奴，在他们自己的土地劳作，把很大一部分收成交给债主。索伦采用的方式是，恢复那些农民对其土地的全部所有权，宣布涉及的土地抵押贷款无效。索伦肯定禁止债务人作出承诺，可能禁止土地抵押，不过那项法律后来逐渐失效。目前发现的明确证据显示，索伦没有采取其他措施。我倾向于赞同亚里士多德的观点：那一场货币变革的目的并不是要减免债务。

库基①来信告诉我，他很快和您见面。请向他转达我的问候。

你永远的，

F. E. 阿德科克

① S. 罗素·库克1911年至1914年在剑桥大学国王学院任教。

根据以下这篇文献出现的位置，凯恩斯撰写的最后一章讨论的是原始的希腊标准。它是以前文稿的改写稿，最终并未完成。

第Ⅲ章　原始的希腊标准

在巴比伦尼亚，白银和黄铜都是货币标准，后来青铜也被作为辅助标准。在亚述，铅取代青铜，被用作辅助标准。在埃及，可能在克里特岛和早期爱琴海文明区域中，黄金所起的作用比白银更为重要，超过了在巴比伦尼亚地地位。阿契美尼德王国确立了严 282
格的金银二本位制，黄金可能占据了支配地位。古希腊采用了纯银的单本位制，黄铜仅仅作为一种货币。在公元前4世纪，罗马似乎主要以青铜作为基础货币，白银那时开始慢慢被人接受。

古希腊和古罗马——(比如说)公元前8世纪——采用的原始金属标准是什么呢？现在普遍赞同的看法是，那时采用的是生铁或者黄铜，或者两者同作标准，而不是黄金或者白银。就陶立克文明而言，也许就那时的古希腊和意大利而言，现有的大量证据显示，较早采用的是生铁。我认为，希腊使用货币标准的历史经历以下几个阶段：阿契美尼德人和爱奥尼亚人使用的标准是黄金和青铜；陶立克人在他们立足的区域中引入了生铁标准；菲敦实施的货币变革在于，用白银－青铜二本位制取代生铁标准；索伦推行的改革在于，确立了白银单本位制——劳里厄姆发现的银矿让那一转变具有了可行性。在伯罗奔尼撒发现了铁矿，在埃维厄岛发现了铜矿，塞尔特曼[①]据此提出，生铁基本上是一种陶立克标准，黄铜

① 《雅典》，第122页。

是爱奥尼亚标准。在埃维厄岛上发现铁矿，这一事实削弱了塞尔特曼提出的这个观点的力度。但是，所有的相关证据和传统肯定说明，生铁标准确实是由陶立克人确立的。

无论如何，就古希腊使用的原始货币的形态而言，传统上肯定与生铁有关。我认为大家对以下事实没有提出异议：第一，考古发现的那些小铁叉是铁质的；第二，菲敦在阿尔戈斯赫拉神庙中献祭的金属条是铁质的；第三，那些包含 6 欧比洛伊的德拉克斯是铁质的；第四，斯巴达采用的古代标准是生铁；第五，阿基里斯颁发给弓箭手（《伊利亚特》，第 xxiii 卷，第 650 页）[①]的奖品是铁质的。在阿
283 尔戈斯赫拉神庙中献祭的铁条和斯巴达人使用的铁标准实际上在考古发掘中已经看到，现在存放在若干博物馆里。从普卢塔克援引的义巴敏诺达的贫困例子看，那些铁条当时仍在使用。亚里士多德在《西科扬人宪法》中也提到铁质奥贝洛。*

我知道，这是关于古希腊黄铜标准的最佳证据，因而认为我们有理由假设，存在着陶立克生铁标准。但是，尽管支持这一标准存在的现有证据近来越来越多，大多数学者依然沿袭传统看法，认为在古希腊和意大利，青铜标准是占据支配地位的标准。我认为，就这一问题以及相关问题作出的决定肯定取决于对生铁、青铜和白银的相对价值所持的观点。

荷马时代使用的金塔兰特的价值习惯上等于 1 头牛，用常见重量标准衡量，1 金塔兰特等于 60 米那。关于这一点，传统的核心问题在于确定重量与价值之间的关系；正如我希望说明的，关于

① 实际上应为第 851 页。

* 西科扬，希腊语为 Σικυών，古希腊城市。——译注

古罗马使用的利布拉尔的问题可能也取决于相同的关系。荷马时代使用的金塔兰特显然不是1塔兰特重的黄金，最明显的解决方法是假设，它代表的是1塔兰特黄金的价值，即价值为1青铜塔兰特的黄金。如果用金塔兰特的价值作为证据，这个解决方法是否可以提供黄金与青铜之间的合理比率呢？

我觉得，没有理由质疑通常见到的这一结论：金塔兰特代表一定数量的黄金，与金斯塔铁尔大致相等，它是1头牛的传统等价物。① 我认为，普遍接受的观点是，里奇韦（《货币的起源》）针对这 284
些结论，提供了一个强有力的例子；当然，他的这本论著的其他部分大有值得商榷之处。

如果根据优庇亚－利迪亚标准，1头牛的价值为1个斯塔特尔，那么，根据同一标准，它的价值为10个银契克尔，白银与黄金之比为10∶1。根据巴比伦标准，它的价值为10个银契克尔，白银与黄金之比为13∶1。在公元前7世纪或者8世纪，1头牛的价值大约为10银契克尔，这一点被现在可以使用的亚述－巴比伦记录充分证实。②

---

①　在此不必援引相关证据。

②　希尔在《亚述学刊》第XI卷（1914年）第186页上引用与公元前6世纪相关的文件上出现的以下价格：

拿布波拉撒王朝第24年在斯帕拉城

　　1头优质公牛的价格为13契克尔

拿布波拉撒王朝第12年在斯帕拉城

　　1头母牛的价格为10契克尔

拿布波拉撒王朝第12年在巴比伦城

　　1头公牛的价格为9.5契克尔

冈比西斯王朝第4年在斯帕拉城

　　1头公牛的价格为10契克尔

但是，如果我们把 1 金塔兰特＝1 金斯塔特尔＝10 银契克尔＝1 头牛这个公式作为比较确定的起点，制作我们的重量单位表，如果我们进一步假定，1 金塔兰特等于 1 青铜轻塔兰特，那么，由此得到的青铜—白银比率为 360∶1(如果我们设定 1 金塔兰特＝1 青铜重塔兰特，青铜—白银比率为 720∶1)。但是，这一比率与 120∶1 理论比率之间相差很大。而且，我们在第 II 章中已经看到，根据发现的巴比伦和亚述证据，青铜与白银之间的极端比率在 180∶1 至 100∶1 之间。因此，如果我们无法找到证实材料，[1]说明为什么青铜与白银之间出现如此之低的估价，我们就必须找到某种其他解释。我的假设是，那种金塔兰特代表价值为 1 塔兰特的黄金的数量，而不是青铜或者生铁的数量；那么，生铁与青铜比
285 率为 3∶1，这一比率就跟青铜与白银的 120∶1 保持一致了。[2] 假设最初的塔兰特价值单位不是基于青铜而是基于生铁的；我认为，这一假设与现在发现的关于青铜是古希腊采用的原始标准[3]这一

---

① A. 埃文斯爵士对在克诺索斯发现的重量单位表作了相当大胆的猜测，只能被视为“文学证据”(参见塞尔特曼，同上，第 113 页)。其实，我们没有直接证据断定金塔兰特与青铜塔兰特等值。

② 如果说 1 金塔兰特价值 1 个铁塔兰特，在芒格·帕克对甘比亚原住民的货币实践的论述(《游记》，第 39 页)中，可以看到类似的情况：

> 在他们与欧洲人的早期交往中，最受关注的东西是生铁。生铁可以用来制作武器和农具，这让生铁的价值高于其他所有东西。生铁很快成为计量单位，用以确定所有其他商品的价值。于是，如果一定数量的其他商品看来与一块生铁的价值相等，交易的人就会认为，该商品可以交换一块这样的特殊商品。

于是，1 捆烟草应该有 20 片烟叶，1 罐甜酒应该有 1 加仑酒精。在那种交换的过程中，英国人为了自己方便起见，将 1 罐甜酒的价格定为 2 先令(参见 E. E. 芒茨，《经济学术语的发端》，见《经济学杂志：经济学历史系列》第 1 卷(1926 年)，第 9 页)。

③ 在这种情况下，阿基里斯颁发的 10 小铁叉正好值 1 个荷马塔兰特。

说法的大多数证据相符。而且，正如我们将要看到的，它还与用银德拉克马和银欧宝取代铁德拉克马和铁欧宝的做法相符。实际上，我希望说明的是，从全面的证据考虑，这更容易理解。但是，我们必须首先考察截至罗马时期使用的利布拉尔的情况以及来自意大利的证据。

希望设定青铜与白银之间存在很高比率的人忽视来自亚述和巴比伦的证据，转而依赖来自意大利的证据。两组证据之间的分歧存在的时间已经很久，可以追溯到蒙森。蒙森推断说，在公元前451年，青铜与白银之比为288∶1。这一推断基于所谓的塔尔皮亚法则，该法则规定用100阿斯换1头牛或者10只羊。如果我们假设，牛羊之间的金银价值与远古希腊的相同，那些阿斯是用青铜制作的利布拉尔阿斯，那么，就可以使用以上所说的比率。

人们一致认为，截至罗马为止的原始标准是一种金属条；在伊特鲁里亚和希腊，存在大量关于小铁叉货币的证据。普卢塔克以希腊奥贝洛为基础，换算早期罗马使用的利布拉尔阿斯。[1] 我认为，第一，旧利布拉尔表示1磅生铁，而不是青铜；第二，旧阿斯与磅不同，基本表示1磅生铁的价值（正如我在上文中假设的，原始的希腊塔兰特的价值与1塔兰特生铁的价值相同）；第三，黄铜阿斯为一定数量的青铜，其价值为1磅生铁。这三点可以消除大量 286
证据之间存在的矛盾，例如：

1、阿斯与奥贝里斯克斯呈密切对应关系；

2、根据普林尼的记载，在图里乌斯统治时期，富有阶层的财产

① 引文见里奇韦，参见前面引用的著作，第356页。

多达 120000 阿斯。以上观点在一定程度上减少了估算他们的财产的难度；

3、与青铜一白银比率相关的证据之间的差异得以避免；

4、罗马的早期货币史影响了青铜阿斯的重量，以上观点可以让我们更容易理解那一段历史；

5、蒙森与苏佐提出的不同论点可以得到协调。

但是，还有另外一个论据；对这里提出的观点，它也许最有说服力。人们认为，菲敦用白银取代了生铁；人们假定，新的银德拉克马和欧宝与旧的铁德拉克马和欧宝相等。但是，正如塞尔特曼所说，这就要求生铁与白银之比不超过 400∶1。实际上，根据现存的菲敦时代留下的铁奥贝里斯克斯和银德拉克马的重量，与有人声称的 300∶1 左右的青铜一白银比率相比，这一比率的直接证据看来更有道理。但是，没有指出的一点在于，如果这两个比率是正确的，那么，生铁和青铜的价值几乎相等。于是，我们得到的生铁与青铜比率最高为 4∶3。在这种情况下，我可以想象，如果我们始终采用一致的计算方式，就会得到相等的价值。①②

那么，我们似乎可以假设，在铁器时代和公元前 7 世纪，生铁实际上与青铜的价值相差无几？

[新草稿到此为止，后面紧接的是没有经过修改的较早撰写的文稿。]

① 《经济学杂志：经济学历史系列》，第 119 页。

② 如果塔尔皮亚法则规定的价值 1 头牛的 100 利布拉尔是青铜的，如果 1 头牛价值 10 银契克尔，如果 1 个利布拉尔重量为 16/25 米那，那么，青铜与白银之比就是 384∶1。

凯恩斯那时对古代世界的很感兴趣，还在《国家文艺》上匿名发表了四篇 287
书评，第一篇于 1926 年 1 月刊登出来。

摘自 1926 年 1 月 16 日出版的《国家文艺》

E. A. 沃利斯·巴奇爵士著，《亚述学的兴起与进展》（霍普金森出版社），1925 年版。

这本著作主要记录了大英博物馆在过去 60 年时间里所做的关于亚述文明的研究工作，并且证明了这些研究的学术价值。此外，它证明了亨利·罗林森爵士享有的重要地位是正确的。E. A. 沃利斯·巴基爵士这部著作取得了成功，确立了他提出的观点：这个领域中的具体成果大体上都是在英国取得的，德国人提出的说法疑点多多。而且，这本著作写得非常精彩，具有很强的可读性。值得称道的是，我们在此见证了罗林森显示的令人难以忘记的建树：他根据贝希斯敦石刻，记录并且翻译了大流士一世的铭文。此外，他还呈现了其他所有和引人入胜的奇特事件，让人更好地理解亚述文明的早期历史。在过去两代人时间里，亚述研究工作者奠定了研究其早期历史的基础；毫无疑问，这本著作是任何对这一领域感兴趣的读者的必备之物。除此之外，本书还包括在所有国家中从事亚述研究的一流学者的照片，并且提供了全面的文献索引。

4 个月之后，第二篇书评刊登出来。

摘自 1926 年 5 月 12 日出版的《国家文艺》。

文化的起源

克里斯托弗·道森著,《众神的时代》(默里出版社),1926年版

本书的副标题为《史前欧洲和古代东方的文化起源研究》,它更好地说明了本书的内容,超过了毫无意义的书名。其原因在于,这本书对铁器时代之前的文明史进行了很有见地的总结,应该强
288 力推荐给对一般读者,有助于他们了解过去一代人在研究这个有趣问题的过程取得的长足进展。我们认为,从很多方面看,在最近出版的著作中,这是最佳之作,总结了近来的发现和理论方面的丰富成果。道森先生治学严谨,小心谨慎,知识广博,熟知最新研究成果,在有限的篇幅里充分展开论证,选取必要的生动细节,勾勒出这个领域的整个轮廓。他既有进行概括的想法,也深知概括可能造成以偏概全的结果,这正是研究这一课题目前需要的态度。例如,他公允地对待艾略特·史密斯教授和佩里先生提出的理论,体现了他采用的方法的特征。他实际上并不接受他们得出的结论,但是承认他们两人肯定对欣赏本书的读者提供了许多激励和有用的建议。道森先生完成了一项很有难度的任务,得到了卓有成效的结论。

正如我们已经说到的,本书概括了一个非常广大的领域。首先,它追溯了新石器文化与古苏美尔文化和古埃及文化之间的关系。接着讲述了巨石文化和亚利安族群早期迁徙的略带晦涩、盘

根错节的故事。后来，我们穿越两个黑暗时代，一个出现在公元前2000 年之初，另一个出现在公元前 2000 年结尾；在那两个时代中，人们发现了马，并且将它们训练成战马。马所起的作用非常重大，可与后来出现的火药一比高低。最后，我们来到了后来出现的欧洲文明。欧洲文明最先从联盟中崛起，年代非常久远，首先出现在农耕新石器文化与亚利安人入侵之间，后来出现在源自那个古老联盟的古代欧洲人与远古文明的传统之间。该远古文明见于迈锡尼文化和欧洲铁器时代之初的年代。

在公元前 3000 年，远古文明的发展进入巅峰时期。道森先生认为，那时物质文明的整体发展水平在许多方面非常先进，古代世界后来都不及项背。“文明生活所依赖的伟大成就已经实现，就物 289
质生活而言，后来没有什么重要的建树，那种情况一直延续到近代西欧出现的伟大科学和工业运动。”总而言之，“长期以来，印度的亚利安人、巴比伦尼亚的闪米特人以及爱琴海的希腊人享有不应得到的美誉，被视为创造了文明；其实，在很大程度上，那一文明是从他们的先辈那里继承而来的。”

道森先生撰写的这部著作引人入胜，起到两个作用：其一，它讲述了建树辉煌、脉络易懂的故事，说明所谓的史前文明的发展程度，极大地丰富了我们的认识，以极具感染力方式，使史前文明成为当代学者进行研究的具有生命活力的课题。其二，它还说明，我们没有任何借口将这一个学科置于常规的课程体系之外。现在，我们应该呼吁，初露头角的学者和历史学家应该把智慧和想象力转向这一学科，而不是放在已经充分研究的陈旧不堪的学科上面——在那样的学科中，他们很难希望发掘任何具有重要意义的新东西。道森先生给人们提供一本理想的介绍性著作，研究生以及在公立学校高年纪从事教学的学者应该人手一册，将其作为人文教育的必读书籍。

另外两篇文章于1928年发表。

摘自1928年5月12日出版的《国家文艺》

亚述

锡德尼·史密斯著，《公元前1000年之前的亚述早期历史》(恰托和温都斯出版社)，1928年

这是锡德尼·史密斯先生撰写的关于亚述历史的两本著作之一，这两部著作的目的旨在填补已故C.W.金教授英年早逝之后
290 在《巴比伦尼亚和亚述历史》中留下的空白。本书集中使用了现代学术研究的所有利器，以便处理古代历史中最不能令人满意的难题之一。在该书的前半部分，史密斯先生收集了目前可以得到的大量信息，其内容涉及公元前3000年住在底格里斯河流域的居民、使用的语言以及统治者的情况，正是那地区后来成为亚述王国的所在地。在该书后半部分中，他讨论了同一区域在公元前2000年的历史。关于那个阶段，我们目前知之甚少，不及对其前后历史情况的认知。实际上，史密斯先生承认，关于公元前19世纪末期到公元前15世纪中叶的亚述历史，我们尚未掌握任何来自其内部

的资料。

资料严重匮乏带来的一个必然结果是，该书使用了许多篇幅，就亚述受到的周围地区、国家和文明的影响，提出了相当枯燥无味、令人深表怀疑的推论，罗列了许多君主的名字，提出了非常复杂的年代问题。这就是说，作者劳神费力，为将来的运气更好的历史研究者准备了大量材料，而不是撰写真正的历史著作。当然，锡德尼·史密斯先生在以下两个方面让他自己真正涉足了历史撰写活动：其一，他以非常专业的方式，讨论了亚述人的起源，提出了重要结论；其二，他在该书最后反驳了声称亚述人野蛮、具有破坏性的陈词滥调。这样，亚述人再也不是冲入羊群的饿狼了。在史密斯先生笔下，那个民族确实在某些重要方面各具特征，其中包括宗族、语言、习俗和传统，与其南面的文明不同。但是，那个民族在长达数百年的时间里成功地吸收了大量巴比伦文化和苏美尔文化，后来才以大国的身份崛起。此外，作为一个擅长从事贸易活动的民族，它在整个历史上都受到追求贸易安全这一愿望的影响，超过了它带有的进行抢掠的动机。在史密斯先生的笔下，亚述“是伟大 291
文明高度发展的产物，而不像古代论者所说的那样，是生性野蛮的原始国度”，处于亚述军事实力控制之下的广袤土地“在整个历史过程中得到罕见的良好治理。”在公元前 11 世纪末至 10 世纪初，亚述人维护了文明；从公元前 9 世纪开始，在西亚重新推行了那个文明，实际上起到一种必不可少的工具的作用，在公元前 2000 年开始出现的愚昧黑暗时代中开始了伟大复兴。

关于经济问题，史密斯先生似乎没有多大把握，他在本卷中在几乎一笔带过，可能会在下一卷中进行更加详细的探讨。他沿袭了有关权威人士的观点，没有注意到以下几点：在那个时代，利息是一个人们已经习以为常的想法，鉴于这一情况，以前许多财务文件表示的所谓“无息贷款”其实是不大可能得到的；第二，我们有理由将那些文件视为与现代汇票类似的东西。在他看来，那些文件——如果东方学研究人员有幸看到的话——在票面上没有提到付息数量，仅仅标明到期应付的数量，所以可能表示一笔无息贷款。这就是说，这里所说的卡帕多西亚*文件已经被人篡改，借款人实际得到金额小于文件上标明的最终应该偿还的数量。此外，沙姆塞－阿戴德统治时期出现的低价状况并不必然意味着当时的经济繁荣，其原因可能是白银供大于求，与安定时期出现的普遍商业发展并不一致。那时的人们可能期待，皇室人员会进行赏赐。如果那样的赏赐以白银形式出现，可能会提高价格，而不是像史密斯先生看来认为的那样，起到降价的作用。同理，尽管后来使用铅作为货币，我们可以得出的结论是：那种金属当时的产量较大，在整个国家中都可能得到。

292 摘自1928年10月6日出版的《国家文艺》

青铜时代的克里特岛和希腊

阿瑟·埃文斯爵士著，《克诺索斯的迈诺斯宫殿》，两卷本（麦克米兰出版公司），1928年 H. R. 霍尔著，《青铜时代的希腊文明》（梅

* 小亚细亚东部的古王国，位于土耳其中部的安那托利亚高原，海拔1000米至1300米。——译注

休因出版公司)，1928 年

关于迈诺斯宫殿的两卷本著作很有吸引力，是阿瑟·埃文斯爵士 7 年之前出版的第一本著作的后续之作，主要介绍的是 1921 年之后考古发掘工作取得的成果。此次出版的两卷本既没有对证据进行更多综合评价，也没有像人们所期望的那样，就阿瑟爵士毕生从事的研究工作得出总结性结论。它们是一座宝库，既可供专业研究者寻找证据，也可供业余爱好者浏览奇珍异宝。

阿瑟·埃文斯爵士展现了非凡的天赋、巨大的热情和坚持不懈的努力，为文明史作出了巨大贡献，笔者在此冒昧提出批评，似有胸襟狭窄之嫌。但是，面对发掘出来的考古实物，阿瑟爵士喜欢速写画、复制品和复原品，而不是采用让人一目了然的照片，所以即便作为专业研究者寻找证据的宝库，该书似乎也没有达到应有的水平。这一套两卷本(价格不菲)配有大量插图，许多还是彩色的。但是，在这样的印刷品中，如果想把阿瑟爵士的理论与作为理论基础的材料分离开来，其实并非读者总是想象的那么容易。

为了对那一段史料的概括性论述，为了评价克里特文明对后来出现并且长期存在的希腊文化的贡献，我们不得不转而求助霍尔博士撰写的关于青铜时代的希腊这本令人佩服的著作。霍尔博士的著作的基本内容源于作者 1923 年给爱丁堡大学师生所作的一系列讲座。这本著作的大部分篇幅考察了克里特文明的证据，但是霍尔博士尽量将这一点与广义上的迈锡尼文化和爱琴海文 293
化，与转向铁器时代的过渡阶段联系起来。涉及的历史时期主要为公元前 2000 年至公元前 1300 年；关于那个时期，现存的资料停留在只言片语的水平上，令人困惑，而且几乎完全来自于考古发现。对霍尔博士这样做事谨慎的人来说，这也许是他可能写出的最具“史话”特征的著作了。而且，他精益求精，选用的插图非常漂亮，对任何一位希望概览现存证据的读者来说，本书（定价非常合理）不失为一本理想的手册。

在那 1000 年中，苏美尔和埃及两国出现了伟大的时代，见证了希腊伟大时代的到来；无可否认的一点是，后来的文明都从中有所借鉴。那么，对那一段时期的这种大致了解会给人形成什么样的印象呢？我们是否应该将克里特文化视为希腊文化之母，从而将它视为西方文化的直接祖先？也许，它仅仅是巴比伦文明和埃及文明留下的略显衰败的分支，带着 fin de siècle（世纪末的）特征，让人充满好奇心，缺乏可能长久流传的重要意义。阿瑟·埃文斯爵士和霍尔博士对前一种情况表现出强烈的倾向性。实际上，他们当然可以从考古技术的角度，提出相当有力的看法。然而，现存证据中漏洞百出，这使我们依然有理由坚持从总体的想象性印象中得到的看法，有理由怀疑这些考古发现的非凡性质是否会让人去夸大迈诺斯文明对那个地区后来出现的文明产生的影响。首先，在时间上出现了很大失误。克里特文化和受其影响的早期迈锡尼文化之后，出现一个时间长达数百年之久的愚昧黑暗时代，然后才有了我们可以称为希腊文化的兴起。在克诺索斯文化衰落 1000 年之后，才出现了公元前 6 世纪的古雅典艺术。技术方面的某种延续性常常从一个文明传递给另外一种在时间和空间都相距遥远的文明。但是，不同的族群使用不同的语言，而且还经历了数
294 百年的入侵和破坏浩劫，探寻它们在文化和艺术灵感方面的相似

性是一种危险的做法。我们觉得，那些男子捆着绑腿，身穿马裤，使用较轻的金属用具。女人们身着低俗艳丽的服装，势头上超过她们的配偶，喜欢使用梅普先生风格的漂亮的护墙板装饰房间。他们最先懂得欣赏卫生设备带来的愉悦，是最早跨入文明世界的欧洲人。他们是否是最早摆脱东方的不愉快氛围，将巴比伦和埃及的技术和科学成果传递给享受自由空气的人呢？霍尔博士希望我们相信，他们就是这样的人。他认为，他们在血缘上与贝拉斯基族人*相同——他认为希腊人是贝拉斯基族人和亚利安人的混血儿。他认为，伟大的希腊时代是北欧人的力量与古地中海遗传基因结合之后的第一批果实。他还补充说，也许地中海沿岸的族群在那之前出现了返祖现象，所以我们在现代意大利发现了古代的克里特人。

也许他所说的有一定道理，也许迈诺斯人仅仅是其强大邻居的一个昙花一现的分支而已。他们留下的书面语言很像希腊字母，不过，那种语言（与最近破译的字谜赫梯语类似）几乎肯定不属于亚利安语族，而是未知语言体系的一个分支。也许，伊特鲁里亚语就属于那种语言。在铜石时代，居住在地中海沿岸的欧洲人使用那种语言。如果我们学会他们的语言，我们将来可能会知道这个问题的答案。

---

* 小亚细亚和爱琴海诸岛的一个民族，史前居住在希腊。——译注

295 第三章　凯恩斯关于艺术的著述

凯恩斯对艺术的支持体现在很多方面，采取了各种各样的形式。在1930年代，他以《新政治家》为主要载体，呼吁人们支持在剑桥艺术剧院上演的话剧和卡马戈芭蕾舞协会的舞蹈作品。此外，他还为《国家文艺》的相关专栏撰写匿名的“赞美”文章和短评，为展览目录撰写序言，给报刊撰写长篇文章和读者来信。

1918年，凯恩斯前往巴黎，参加在那里举办的德加私人作品销售展示会，开始收藏画作。在那次销售展示会上，他带去了数额高达2万英镑的财政部基金，为英国国家美术馆购买作品。在1930年代中，凯恩斯私人收藏的绘画作品数量越来越多。

当然，最重要的是他在时间、精力和金钱方面对英国艺术作出的巨大贡献。他曾经担任当代艺术协会的作品购买人，卡马戈芭蕾舞协会的财务总监(1931—1935年)，从1941年10月起担任英国国家美术馆的受托人。1942年2月起，他一直担任英国音乐与艺术促进会(C. E. M. A.)主席一职。第二次世界大战结束之后，担任坐落在考文花园剧院的皇家艺术剧院主席。最后，他还参与了剑桥艺术剧院的创立、修缮和管理，参与了1938年为剑桥大学和剑桥民众奉献的演出。

伦敦艺术家团队由几个小型艺术家团体整合而成，那批艺术家对1910年末英国绘画的状态很不满意。该协会在1913年11月15日举行的一次议会上宣告成立，于1914年3月召开了第一次会议。在成立之初，罗杰·弗莱、邓肯·格兰特和瓦内萨·贝尔被排除在外，但是到了1920年，他们三位都成为会员。

在1921年10月举行的展览会前夕，在该团队主席的要求之下，凯恩斯为画展目录撰写了前言。

摘自1921年在曼萨德美术馆举行的伦敦艺术家团队画展作品目录 296

伦敦画家团队

在英格兰，对年轻画家的作品表现出兴趣的富人不多；如果说那些艺术家将来可能不乏机会，但是如今尚未在时尚圈子中占有一席之地。但是，有许多家境并不富裕的人常常参观像伦敦艺术家团队画展这样的艺术盛会，非常欣赏他们看到的作品。当然，这样人很难想到要掏钱购买作品——那是富人考虑的时髦之举。对于这种情况，画展的常规在一定程度上也是因素之一。围绕着作品的价格，常常出现一种神秘的东西。大胆、好问或者富有的人在接待处询问作品的价格，只有他们才能知道准确的数字。询价过程中了解的价格比较高，常常超过了他们为了装饰房间可能支付的数目；然而，询价者必须对自己的判断抱有很大信心，才愿意支付相当可观的数目，购买一位年轻、也许几乎名不见经传的艺术家的作品，作为自己的"一笔投资"。

不过，伦敦画家团队的某些成员（我希望他们之中的大多数成员）已经拿定主意，知道与无人问津的状况相比，低价出售作品不失明智之举。一方面，那些愿意支付较高价格的人可以发现自己喜欢的作品；另一方面，这批艺术家提供许多油画成品，以5磅、10磅和12磅的价格出售。

笔者是讨论经济问题的作者，此次应伦敦画家团队主席之邀，撰写这篇序言，所以不应远离自己的研究领域。但是，我希望补充的一点是，伦敦画家团队包括当今年轻一代之中最著名、最有前途的画家。当然，如果在此列举那些已经功成名就的艺术家的具体名字，难免有鲁莽之嫌。但是，笔者在此可以断言，我们的后代将会从这一批人中挑选出许多杰出代表，作为英国战后绘画界的领军人物。此外，这一断言还让我从自己本行的角度补充几点：所谓
297 的“投资”成分可能并非完全不再考虑之列；伟大的绘画杰作常常不需要最早的买家付出多大的代价；独具慧眼的买家真的有机会在伦敦画家团队举行的画展上发现将来让许多收藏者渴望已久的佳作。此外，文明时代的人历来认识到这一点：出资赞助艺术的人总是被他所生活的社会赞为慷慨之士。如果没有人热心资助，艺术就不能蓬勃发展。

因此，我希望今天秋季莅临伦敦画家团队画展的人考虑到这一点：如果他们看到自己喜欢的作品，而且价格不高，他们应该快速下手购买。

J. M. 凯恩斯

1925 年，凯恩斯考虑成立伦敦艺术家协会，从而开始以更为雄心勃勃的方式，支持视觉艺术的发展。到了 2 月 8 日，他已经得到了塞缪尔·考陶尔德的响应。该计划与 1925 年 7 月制订出来，在 10 月举行了首场销售大会。

凯恩斯在写给《画室》杂志的文章中，回顾了该协会成立后最初几年的情况。

摘自 1930 年 6 月出版的《画室》

伦敦艺术家协会:起源和宗旨

伦敦艺术家协会成立于 1925 年末。当时,一批艺术家聚在一起讨论,发现自己缺乏有效的组织来宣传自己的作品,在过去的一两年中出售的作品数量非常有限。他们之中不乏广为人知的艺术家,其作品在过去的销售情况有时也相当不错。当然,妨碍他们创作工作的因素并不仅仅是在营销方面遇到的困难,最大的问题是 298
他们的收入很不稳定。甚至那些在两三年中能够依靠卖画为生的艺术家也无法确定自己是否可以维持下去。有的画家拥有其他收入来源;对他们来说,依靠协会来出售作品这一做法并不十分重要。但是,与会的某些画家除了卖画之外,偶尔通过教人绘画赚得微薄收入,实际上没有任何经济依靠。

通过讨论,我们得出的结论是,应该根据互助原则,成立一个小型协会。即使协会没有多大的财务资助,它至少可以为会员做些事情,减轻那些具有发展前途的画家的后顾之忧,而且可以最终为他们的作品开拓更好的市场。当时想到的办法是成立协会,使其成为一批艺术家的代理机构,通过给他们提供一笔得到保证的收入,并且为其承担整个商务管理事务,从而让他们享有更大自由,以免除他们所受的财务困扰。三位对现代绘画感兴趣的朋友自告奋勇,愿意和我一起为此提供一笔资金。塞缪尔·考陶尔德先生不仅因为个人藏品丰富而广为人知,而且还为泰特美术馆提供了著名的法国现代作品。欣德利·史密斯先生和 L. H. 麦尔斯先生两人都拥有英国现代绘画作品。我们四人至少与那批艺术家之中的某些人已有私交，一致认为该计划值得一试。为协会进行商务管理的最终职责由这四位出资人承担，主要工作包括聘请工作人员、安排销售商、帮助协会成员签署销售合同。但是，协会会员决定接收新成员的事宜，遴选工作主要由他们——而不是出资人——负责。

299

财务问题

相关人员普遍关心的一个问题可能是，我应该以直截了当的方式表述我们遵循的财务原则，并且报告已经取得的结果。如果一个项目总是亏损，不断需要财务支持，那么对最初热情相助的朋友和资助者来说，它就是一个永远也填不满的无底洞。因此，当初制定的方针是，协会应在尽可能自行维持的基础上进行运作。我们希望实现的目标是，根据销售商的例行做法，从艺术家作品的销售毛收入中提成，以便补偿实际的运行费用(有的会员出售作品所得低于给他们的保底收入，这一部分费用没有计算由此带来的损失)。提成金额数量不等，作出了若干特殊安排，以便解决出现的实际问题。但是，目前的通常做法是，从所出售的协会成员的所有画作的销售金额中，首先扣除画框及相关费用，然后抽取余额的30%作为提成。销售商所得佣金由协会支付。如果协会的规模比现在更大一些，就可能按照这一比例提成。但是，经营一家小型画廊所需的间接费用很大，我认为在任何情况下，提成比例低于20%～25%是无法维持的。实际上，在世界上任何地方，很难找到零售成本低于这一比例的物品。在协会成立之初，我们在 4 年之内三次改变合作的画廊，遇到了不少小麻烦，支付了额外费用，从某种程度上说，为自己的经验不足交了一些学费。但是，从销售金额中抽取的提成几乎可以支付全部业务开支。

我们希望协会的商务活动在财务上最好能够自行维持，但是 300
担保人在背后所做的工作起到了帮助作用。后者的主要目的是向本会成员支付保底补助。如果销售收入低于保底补助，其差额由担保人支付，而不是从协会的运行费用中支出。其原因在于，如果要求作品销售情况不错的成员从其作品提成的收益中，为作品销售情况较差的成员提供收入，这样做显然有失公允。如果按照绝对统一的标准，固定协会成员的收入补助，这样做是不明智的。但是，最常见的做法是，给协会的每位会员每年提供 150 英镑的保底补助；此外，如果一名会员 1 年内销售画作的收入在扣除提成之后超过了 150 英镑，超额部分支付给该会员。有的会员自愿放弃其应得补助，以便用来增加协会成员的数量。有时候，保证获得的收入金额大大超过了 150 英镑保底补助额度，其原因有二：要么该艺术家已经跻身协会最畅销画家之列，其画作销售金额实际上肯定超过了保底补助金额，要么该艺术家拥有特殊的支出或者费用来源，在计算时需要特殊处理。协会的预备成员并不一定获得补助；如果提供补助，其数额有时低于 150 英镑。

我们固定了保底补助的总金额和协会成员的数量，这一做法基于谨慎的考虑，以免我们承担超过自己支付能力的义务。但是，迄今为止，画家的销售收入低于保底补助的情况非常少见。在过去 4 年中，我们最终从担保人提供的资金中支付的金额还不到销售总收入的1%。在担保人提供的总金额——这是成立协会的基础——中，大约使用了1000英镑，分别用于支付运作协会过程中301 形成的亏损，支付保底补助，提供流动资金。4年半过去了，我们依然还有一些剩余。

这样的结果大大好于我们当初的估计。其原因在于，尽管大多数成员的作品销售情况有时不佳，不得不动用保底补助，不过几乎所有成员在过去4年半时间中的累计的创收金额均不低于保底补助。

如果列出协会成立4年半以来的实际营业情况，对以上数字的理解就更全面了。我们一共出售了协会成员创作的700多件作品，累计收入大约为22000英镑，平均一件作品的单价大约为30英镑。

协会与绘画行业之间的关系

协会从来没有制定取代或者抛开绘画交易行业的政策。实际上，协会与这个业界中的若干知名成员保持了密切联系，关系非常良好。如果没有他们的协助，协会其实不可能取得以上所说的销售成绩。依我所见，西区画商从总体上说为英国画家提供了很好的服务，无论以前的做法如何，至少现在以可能表现的最好状态对待现代绘画运动和现代画家。我还想补充一点：协会在这方面经验不足，这至少让我觉得，考虑到画商所承担的工作，他们通常收取的费用并不算高。我相信，如果其他协会根据与伦敦艺术家协会相同的模式建立起来，它们最好尽量与主要画商建立并保持密

切、友好的关系。我们协会本身在莱斯特画廊成功举办了若干重
要画展。而且，我们还常常得到勒费弗尔先生、布兰顿—戴维斯先 302
生、雷德芬画廊、古皮画廊、圣乔治画廊以及其他画廊的大力帮助。其原因在于，就画作销售而言，完全没有理由设想，刚刚入行的人没有偏见，喜欢艺术，最终很可能成为经验老道、见多识广的专业人士的对手。

协会最早的办公地点在汉诺威广场上圣乔治画廊对面一家狭窄的美术馆之内。后来，我们从那里迁往老邦德大街163号的一个小房间。但是，在过去2年中，我们在新邦德大街92号安顿下来，使用了库灵美术馆的一部分房间。承蒙库灵先生盛情款待和时常关照，协会对此深表感激，在此难以使用语言表达。按照我们的要求，一家新的美术馆在那个地方修建起来，届时将会提供更为宽敞、明亮的空间。协会在一定程度上不断为成员的作品举办画展，一般情况下每月举行一场新的画展，要么集中展出一两位画家的个人画展，要么展示多位成员的作品。协会也收藏所有成员的代表作，并且经常展示出来。去年12月，我们成功举行了圣诞节画展，作品包括水彩画、素描画和石版画。此外，还有协会成员设计和制作的各种各样的装饰性作品，例如，陶器、彩绘家具、瓷砖、刺绣等等。

协会工作的最重要的任务之一是，把成员的画作送往国外、送往英国的其他地方、送往伦敦的其他美术馆进行展出。他们的作品出现在约瑟夫·杜维恩先生领导的各个机构举行的展会上，例如，最近在斯德哥尔摩举办的展会，还有在英国各地举行的为期1年或1年以上的巡回展。但是，我必须承认，协会成员的作品在伦

敦之外的实际销售情况并不尽如人意。协会一直聘用一名全职秘书，为成员安排所有商业事务，管理协会自己的画廊。在协会成立
303 之初，F.霍伊兰·梅奥先生做出了非常宝贵的贡献。梅奥先生曾经拥有一家画廊，在这方面积累了一些经验，现在与布兰顿·戴维斯共事。他的离开让我们深感遗憾。协会的现任秘书是安古斯·戴维森先生。

协会成员的遴选

这类协会性质特殊，不同成员之间应该存在表达共同同情心的基础，但是要找到这样的基础并非总是一件容易的事情。伦敦艺术家协会的首批会员都是伦敦艺术家团队的成员。接纳新成员必须得到现有会员的同意。这个协会成员众多，从商业角度考虑规模已经足够大了，然而成员之间同时还能保持亲密关系和 esprit de corps（团队精神）。对任何这类合作机构而言，这样的状态都是可取的。但是，把协会成员整合起来并且维持团结的难度非常巨大。我们有时失去一些成员，对此我们深表遗憾；我们有时没有及时吸收新的成员，那些人的加入可能对协会大有好处。从总体上看，我认为我们较好地处理了上述问题，不过我一直觉得从根本上看这是一个难题。人们希望，本协会是一个协调一致、具有凝聚力的机构，成员互相支持，互相欣赏。另一方面，如果协会由一个小集团控制，或者变成少数人孤芳自赏的团体，成员以相同方式创作，那将是令人感到非常遗憾的事情。我希望，参观协会展览的人都会觉得，我们已经以互相认同的方式，成功地整合了相当丰

富的艺术气质和绘画方法。

为了在将来吸收具有水平的成员，我们必须在各个方面尽可能依靠现有的艺术家会员，他们不仅拥有敏锐的判断力，而且对有前途的新成员持积极的支持态度。其原因在于，协会中的艺术家自己应该开阔视野，密切关注年轻一代之中的具有发展潜质的新 304
人，判断哪些人真的值得加以鼓励。毫无疑问，与画商或者本协会的担保人相比，协会中的艺术家能够更好地评估新人的发展潜质，判断新人的艺术成果。如果这些艺术家们能够以这种方式发挥他们自己的作用，那么，担保人和画商们就能发挥他们的作用：担保人可以排除尚未在艺术市场上站稳脚跟的画家们带有的一些不稳定因素，作出不带利害考虑的商业安排；画商们可以帮助我们完成这项非常困难的任务，为他们的画作找到可能的买家。发现初露头角的新人的重任落在了协会中这批艺术家的肩上。

任何一位英国画家都有资格选送自己作品，交给协会进行判断。遴选新成员的会议每年举行两次，协会中的艺术家和担保人一起工作，对申请人递交的作品进行评估。申请人也可受到协会或者知道其作品的会员的邀请，前来接受挑选。协会的创始会员是伯纳德·阿德尼、基思·贝恩斯、瓦内萨·贝尔、罗杰·弗莱、邓肯·格兰特、弗兰克·多布森、弗雷德里克·波特。他们之中有两位已经不再是会员，另外还增加一些，有的作为正式成员，有的作为预备会员。他们是爱德华·沃尔夫、威廉·罗伯茨、R. V. 皮奇福思、乔治·巴恩、雷蒙德·考克森、道格拉斯·戴维森、罗里·奥姆仑、锡德尼·谢泼德、莫兰·刘易斯。从这份名单可以看出，协会并不局限于挑选任何具体风格的画家。例如，邓肯·格兰特和威廉·罗伯茨两位是当代英国最重要的画家，但是在绘画风格和艺术感觉两个方面迥然不同。

正如我已经提到的，有的申请人可能受到在某次画展上或者其他场合中见过其作品的现有成员的邀请，提供自己的画作。我希望，这种做法未来将会成为普遍采用的模式。实际上，考虑到本文发表之后的宣传效应可能招来大量申请，我或许应该在此提醒
305 一下：我们每接收一名会员，往往否决10名或者更多的申请人提出的要求。本协会不是慈善机构，无法完全不考虑画作的商业价值。本协会并不致力于支持刚刚涉足艺术的新手，无论新手具有多大潜质都不在我们的考虑之列。除非申请人显示了足够的品质，显示其画作迟早将会赢得市场，本协会是不急于进行选择的。

我应该提及另外一个难题，它可能在任何此类尝试——我希望其他人也会进行这样的尝试——中浮现出来。我们这样的协会对这类艺术家的用处最大：他们比较年轻，或者名不见经传，尚未在市场上找到位置，因而无法在商界获得大量关注。但是，这类协会维持开支的前提是，它拥有的某些艺术家已经建立信誉，其作品常常能够以较高的价格出售。本协会会员资格可能并未给这些艺术家个人带来收益，然而正是因为这些艺术家的锲而不舍的支持，协会才能获得持久的成功。

画作与公众

关于价格政策的问题难度很大，迄今仍未找到令人满意的解决办法。显然应该考虑两个原则：其一，在公众愿意掏钱购买的前

提下，我们希望尽量让艺术家的作品卖一个好价钱；其二，预先定下一个价格总比没有标价强一些。与此同时，显然必须维持某种统一的价格标准；否则，买家就会感到困惑，产生怀疑，担心自己购买的作品是否价格公道，得到的待遇是否与别人一致。我们确定的价格在 5 英镑至 200 英镑之间，大多数作品的售价还不到 30 几尼。有的艺术家的作品销售量远远小于其创作数量；我相信，只要购买画作的公众数量能够大量增加，降价出售他们的作品效果会更好一些。这种情况与图书销售相同。鉴于购买画作的习惯尚未在公众之中广泛形成，在特定情况下降低价格于事无补。但是，假 306
如画作的价格普遍较低这一情况可以在整个公众中形成购买绘画作品的习惯，那么我相信，较低的价格很可能对大多数艺术家有利。

不过，如果按照萧伯纳提出的每幅作品售价 5 英镑的原则，我们根本不可能通过出售画作来给艺术家们赚取维持生活的费用。当然，他说的没错，对任何艺术家而言，以 5 英镑的价格出售画作，让作品进入社会，这总比把画作送回画室强一些。但是，这样的观点过于简单化。对作品尚不畅销的大多数艺术家而言，真正的提供生活经费的办法有赖于购买画作的公众数量真的大幅度提高。他们愿意常常花 5 英镑购买相对说来并不知名的画家的作品，愿意以相当高的频率，支付 10 英镑、20 英镑甚至 30 英镑购买其他人的作品。售价为 10 英镑到 20 英镑的作品还有一定市场空间，但是，除了新作者、次要作品或者作为急切销售的策略之外，售价 5 英镑的作品已经没有什么市场空间了。在英国，每年花费较大数额的资金购买画作的人数量很少，而且我认为其数量增加缓慢。

不过，我们非常依赖忠实朋友构成的一个小圈子。其原因在于，一般人即便完全具有经常进行这种消费的能力，与他在其他方面的消费相比，作品价格不会显得过高，但是他们肯定也不会考虑购买油画原作。

有的行业本身和取得的结果本身就是目标；与之类似，绘画不可能作为快速致富的职业来加以追求。从某个意义上说，这样的艺术家应该算是非常幸运的人：他的创作目的本来很可能是自娱自乐，作品是其个性的一种自然表达，而且有人愿意掏钱购买他的
307 作品。“当我得到出售画作的现金时，”沃尔特·西克尔惯常于这样说，“我觉得就像有人替我支付修剪指甲的费用。”不过，大多数进行创作的艺术家自然都非常希望自己的作品能够卖个好价钱。因此，不同的动机往往让他们同时既是世界上最令人愉快的人，又是从商业角度上看最难以对付的人。他们创作时候不考虑金钱，面对生活时却需要金钱。除了金钱之外，如果生活令人满意，他们之中的大多数非常需要成功，需要得到人们的承认。

此外，还有公众的问题——他们在大多数情况下对绘画知之甚少，购买画作时犹豫不决。然而，他们对艺术的声誉怀着极大的尊敬之情，本质上迫切希望欣赏艺术，帮助艺术——要是他们能够更多地相信他们自己或者别人的判断就好了。有的人每年花费大量金钱，用于购买毫无用处、丑陋无比的东西，但是觉得给 1 年出资 150 英镑，给这个国家中某些最具有发展潜质的艺术家——他们的资格受到其同辈和主要批评家的一致认可——提供生活费用是一件艰难的事情，想到这一点真让人觉得可怕。一般公众觉得，要克服对当代艺术的所持保守和犹豫心态非常困难，其原因何在

呢？我认为，有许多原因和解释。但是，当代艺术家创造的许多令人愉悦的美丽作品应该像其他任何艺术一样，被人欣赏。要是公众学会如何欣赏他们，那将是多么巨大的进步！

1931 年 3 月，伦敦艺术家协会为其成员举办了一场花卉绘画展览，凯恩斯为该画展的展品目录撰写了前言。

摘自伦敦艺术家协会 1931 年 4 月 11 日在库灵美术馆举办的画展展品目录

展品的经济价值

去年，许多有用并且有吸引力的东西价格已经大幅回落，这一点甚至连喜欢艺术的公众也不会忽视。同样的影响波及了小麦、铁皮和亚麻籽油，也许，绘画作品也难以幸免。因此，我希望，参加 308
本次展览的伦敦艺术家协会的成员将每件作品的价格在通常价格基础上，向下浮动大约一半。如果小麦、铁皮和亚麻籽油的价格恢复到以前水平，那将是非常可取的事情。如果出现这样的情况，我将建议协会成员随即跟进。但是，我希望喜欢艺术的公众现在将其购买力量加倍，以便回应我们的举措。实际上，我恳求他们这样做。

1931 年 3 月 6 日

伦敦艺术家协会没有逃脱经济萧条带来的噩运。1931 年 7 月，基思·贝恩斯、邓肯·格兰特和瓦内萨·贝尔相继辞职，举家迁往阿格纽，原因是布鲁斯伯瑞的天气凉爽。[①] 1933 年 10 月，协会的经济担保人举行会议，商讨如何对付收入总额下降四分之一的问题，随即宣布终止该赞助计划。但是，即便面临那种情况，剩下的三位担保人[②]继续为协会中年龄最大的一两位成员提供某些资助——给威廉·罗伯茨提供的资助一直延续到 1937 年。

凯恩斯对视觉艺术抱有兴趣，其间还给《国家文艺》撰写了匿名稿件。

摘自 1923 年 5 月 5 日出版的《国家文艺》

比较一下伦敦艺术家团队本周（在位于托特纳姆会馆路的希尔画廊）举办的画展的作品价格与在奥古斯都·约翰展会上的某些作品的价格，让人深受启发。只需支付约翰先生为其《西班牙交响曲》开价的四分之一，就可以购买伦敦团队出售的全部 150 幅作品。如果一家公共美术馆愿意给年轻一代提供指导，丰富将来一
309 代人的艺术情趣，收藏英国艺术界之中最有才华、最具发展潜质的艺术家的作品，把经费用在托特纳姆会馆路举行的画展上不是更加明智之举？本刊的金融版编辑推荐在托特纳姆会馆路举行的画展，认为它更胜一筹。

摘自 1923 年 6 月 30 日出版的《国家文艺》

在克里斯蒂展室中，霍尔曼·亨特创作的《替罪羊》和赫科默创作的《最后的检阅》走完葬礼的最后一程，前往阳光港的勒弗尔

① 罗杰·弗莱和弗兰克·多布森在较早时候已经辞去了职务。
② 麦尔斯在 1939 年停止参与协会的活动。

女士艺术美术馆的最后安息之处。《皮尔斯的肥皂》和《猴子牌》、著名的《老兵》和《山羊》如愿以偿,最终掌握在一位藏家手中。《替罪羊》大约创作于70年之前,那个在死海边上的地方有一个优雅的名字,叫作乌斯都姆。这件作品于1856年在英国皇家学会展出。它售价在1862年为475几尼,1878年为480几尼,1909年为2800几尼,今天为4600几尼。它的身价一路飙升,说明就购买精品而言,对货币购买力的下降的考虑胜过艺术品的日渐衰微的声誉。《最后的检阅》(1875年)售价为3100几尼,福特·马多克斯·布朗创作的《雅各布·弗斯卡》(1870年)售价为520几尼,伯恩-琼斯创作的《绿色的夏天》(1868年)售价为380几尼,米莱创作的《圣阿格尼丝的眼睛》(1863年)售价为1500几尼。

60年代和70年代著名插画作者的作品依然价格不菲。但是,鉴赏情趣已经发生了变化,富有藏家的兴趣已经开始转向其他物品,甚至在英国也是如此。在同一场展销会上,马奈创作的一幅小型写生油画售价为780几尼。勒费弗尔先生成功举办了一场画展,19世纪法国大师们的许多顶尖作品在展会上一一亮相(顺便说一句,展会开幕以来,还增加了马奈创作的一幅精美作品以及杜米埃的另外一幅作品)。本周,在诺德勒先生美术馆举办了类似的展览,阿格纽先生接着还展出了马奈的《黑啤饮者》。不幸的是,目前还不能利用钱特里基金提供的资金,为英国国家藏品美术馆购买当代最优秀的英国画家的作品,未来是否能行还要依赖给当代 310
艺术协会这类组织提供的慷慨捐赠。最近,协会在格罗夫纳上街32号举办了最新藏品展会,我们看到,即便提供的基金数额较小,也可以购买一些作品。让那些具有品味的富有人士向今年的"大买家”爱德华·马什捐款吧。

摘自1923年8月18日出版的《国家文艺》

塞缪尔·考陶尔德爵士慷慨解囊，捐赠了50000英镑，用于购买“19世纪下半叶伟大的法国画家”的作品。约瑟夫·杜维恩爵士资助的现代外国美术馆正在修建之中，落成之后将会作为泰特美术馆的附属建筑，展出这些作品，及时填补了英国国家藏品中一个众所周知的空白。在过去10年之中，英国国家美术馆拒绝购买塞尚的作品，直至最近甚至还拒绝以租借方式接受这位大师的重要作品。但是，时间具有巨大的力量，可以征服一切，甚至可以征服官方管理者表现出来的顽固、无知和糟糕情趣。考陶尔德先生的善举给他们重重一击，其规模足以压倒他们，整个国家应该向他表示谢意。稍稍具有讽刺意味的是，多年以来，在特拉法尔加广场和米尔班克的国家美术馆的董事们其实并不喜欢这些作品，现在被委以挑选作品的重任。而且，他们表示可以容忍的作品很可能不是这位大师的代表作，这一点非常糟糕，超过了我们所说的讽刺意味。值得庆幸的是，亨利·本廷克勋爵、迈克尔·塞德勒爵士和考陶尔德先生将与他们一起，完成挑选画作的任务，这有可能纠正他们的鉴赏情趣，并且起到监督作品。

311 曾几何时，罗杰·弗莱先生开始教育英国公众正确理解过去50年出现的伟大法国画家，认为他们堪与史上的任何大师媲美。当然，到了今天，人们必须付出远远高于当初的代价才能获得他们的顶级作品。然而，美国人最近才开始出手大量收购画作，所以现在依然有可能以较低的价格，购买这些绘画大师的最佳杰作。这些大师有的作品数量并不大。例如，塞尚、杜米埃和马奈，有的甚至很少，例如修拉，其作品10年以后根本不可能以现在的价格买到。唯一令人感到遗憾的是，当代法国画家的作品显然被排除在这次购买计划之外。现在，德兰、毕加索和马蒂斯的作品能够以相对较低的价格买到，这批活着的画家依然会给人启迪；在这种情况下，收藏他们的一流作品难道不是天大的好事？其原因在于，无论现在人们对其作品的价值评价如何不同，这批具有原创性的天才在欧洲绘画发展进程中的地位已给我们提供了充足理由，证明他们应在英国国家博物馆中占据一席之地。不可避免的情况是，官方的反应非常迟缓，弗莱发出的呼吁迅速飘入这个新人辈出、新作累累的未知领域，他的声音似乎来自无垠荒野，而不是来自未来的希望之乡；即便如此，人们不禁扼腕叹息，实际情况确实如此。

凯恩斯1927年6月25日写给《国家文艺》编辑的信件

先生：

萨金特在定义印象主义时声称，“由于光线强烈或者不足，绘画者无法看到观察对象或者对象的部分表面或局部颜色，其图像的色彩或涵义在观察者的视网膜上留下了印象。”在上周《国家文艺》中，伍尔夫先生评论说，这段文字是“这样一个人提供的令人难 312
以理解的定义：他不仅笨口拙舌，而且不知道自己在说些什么”。

这样评价一个言简意赅的定义，似乎显得有失公允。我是否应该解释一下？当观察对象处于阴影之中或者明亮光线之下，某种东西取代其自然颜色，出现在观察者的视野中。根据萨金特的定义，印象主义特别关注这里所说的某种东西，力图将其真正的价值呈现在人们眼前。这一点有什么不妥呢？萨金特的表述毫无失语之嫌，不过处于开放状态而已，面对伍尔夫先生提出的批评，我应该想到，这一定义虽然不算生动，但是文字表达正确。

您真诚的，

西拉

（莱昂纳德·伍尔夫后来写道："西拉的解释意思非常清晰，我觉得这是萨金特心里想到的部分意思。不过，如果您将它与萨金特自己的表述进行比较，您就能看出清晰与晦涩之间的不同之处了。此外，如果说萨金特或者西拉的表述定义了印象主义，这难免有想入非非之嫌。莫奈本人深感惊讶：像萨金特这样的人竟然试图对意象主义进行定义！我依然认为，其原因在于，萨金特并不知道他所说的印象主义是什么意思。）

凯恩斯除了经常出席观看之外，从事的与表演艺术相关的活动其实始于他与莉迪亚·洛波科娃的关系。凯恩斯一开始便为她出谋划策，给她提供咨询，以便与代理人和经理人进行谈判。

而且，在《国家文艺》问世之后，凯恩斯开始为演出撰写未署名的短文。

摘自1923年5月5日出版的《国家文艺》

也许，第二次观看意大利木偶剧团的表演会让人更清楚地了解，演员在展示精妙演技时实际上面对种种危险。节目开始时对音乐厅演出进行了惟妙惟肖的模仿，重复多次之后精彩依然；玩偶

与表演者活动，激发观众的想象，产生相得益彰的效果。之后出现 313
的戏剧幻象精彩纷呈，青蛙、蜘蛛、骏马、女骑手、哭丧人一一亮相。但是，观众注意到，表演带有现实主义倾向，从而减弱了人们的想象力。当木偶变成了人，他们的努力也付之东流。我们不愿看到舞台上出现的东西远看被人误作意大利轻歌剧。当那些木偶表演过火时，观众变得兴趣索然。当然，大家应该去观看他们的表演。如果可能，最好在剧院第一层楼厅的前排座位上观看——在正厅前排座位或顶层楼座的后面位置上都看不到整个舞台的情况。

摘自 1923 年 6 月 16 日出版的《国家文艺》

杜丝*重返舞台，在易卜生的剧作《海上夫人》中扮演角色，让人重温过去的美妙气息。她的台词和肢体语言依然富于睿智，只有艺术天才才能做到这一点。该剧本身略显黯然和空洞。杜丝采用了强加在剧团和她本人头上的不动声色的表演方式，过于强调易卜生的现实主义，牺牲了剧作具有的诗意。她身体虚弱，欠缺活力，无法表现艾莉达的强烈的疯狂状态。但是，她的动作让人想起已被遗忘的 80 年代的优雅风度。观众看到，一个时代的时尚可以深入人心，并非仅仅局限于衣着打扮。她的节奏可能与我们的不同——也许，在我们身上，节奏属于一种更为复杂的层次。但是，我们对她表示同情，她确实在一定程度上引起了现场所有观众的共鸣。

---

* 爱莲诺拉·杜丝（1859－1924）意大利舞台剧女演员，现代舞台剧改革者之一。——译注

摘自 1923 年 6 月 23 日出版的《国家文艺》

去年年初，《睡美人》在阿尔汉布拉宫殿上演，效果差强人意。瑟奇·佳吉列夫*对此不太满意，于是放弃了在伦敦演出的计划。现在，瑟奇·佳吉列夫携芭蕾舞团在巴黎登台，本季演出的时间很短，以斯特拉文斯基的作品为主，其中包括《彼得鲁什卡》、《春之祭》、《婚礼》、《普尔钦奈拉》，以及其他现代舞蹈艺术作品，例如，《乔特》和《普拉达》。在这些节目中，唯一的新作是《婚礼》。这是
314 斯特拉文斯基以前创作的管弦乐作品，乐队包括四台钢琴、打击乐器，既没弦乐，也没有木管乐器。乐队中有四名独唱演员和一支合唱队，他们吟唱观众不必理解的歌词。芭蕾舞演员主要在幕布前面表演，作为对音乐的一种独特的诠释。舞蹈演员的服装也是黑白两色，男女都是同一的服装，男装是传统的戏装，里面白色衬衣，下面是黑色长筒袜，模仿了冈察洛瓦设计的风格。舞蹈由尼任斯卡设计，主要是动作划一的群舞，更多的舞蹈演员慢慢加入，在舞台上形成富有节律的海浪效果。这是一种原始和颓废的混合体，给人的总体印象是四平八稳，黑白两色，气氛疯狂。

摘自 1923 年 7 月 28 日出版的《国家文艺》

在本刊另外一种专栏上，霍华德·德瓦尔登勋爵发表的信件预告了一个重要的戏剧计划，该计划已经在幕后议论一段时间了。

---

* 佳吉列夫(1872—1929)，俄罗斯艺术活动家。从 1907 年起，每年利用假期举办俄罗斯演出季，组织俄罗斯音乐家舞蹈家去欧洲主要国家巡回演出。——译注

如果科米萨尔耶夫斯基先生和阿兰·韦德先生进行的管理稍好一点，能够将艺术追求与实际演出效果更好地结合起来，这样的议论是可能出现的。霍华德·德瓦尔登勋爵慷慨解囊，这已不是首次。我们这次有理由希望，即将付诸实施的这项计划将会取得长久的效果，我们满怀激情，期待即将到来的首个演出季。[①]

瑟奇·佳吉列夫已经获得聘书，在下一个演出季中担任蒙特卡洛芭蕾舞歌剧团导演，可望推出四部新作。他在英国的老拥趸们希望，此举将会为铺平道路，让他在不远的将来重返伦敦，给他们带来这四部新作以及某些受人欢迎的经典作品。

摘自 1923 年 9 月 15 日出版的《国家文艺》 315

《漂亮玩偶》是巴甫洛娃在考文花园剧院推出的短期演出季的首部作品，给观众提供了一个难得机会，欣赏瑟奇·佳吉列夫为俄罗斯芭蕾舞作出的巨大贡献。许多评论家似乎觉得，这是模仿《奇妙玩具店》的平庸之作；其实，它是著名的原创作品，《奇妙玩具店》正是由此衍生出来的。这部作品代表了福金[*]及追随者开始芭蕾舞革命之前俄罗斯帝国舞台全盛时期取得的辉煌成就。除了巴甫洛娃本人之外，这个舞团的实力略显欠缺。但是，观众可以想象它在 18 年前呈现的光彩夺目的辉煌：这部作品中选，皇家芭蕾舞团

---

① 这封信件宣布，计划组建论坛剧院，并且开始寻找潜在的股东。

* 米哈伊尔·福金(1880－1942)，俄罗斯著名芭蕾编导，演员，芭蕾革新家。热心于俄罗斯古典芭蕾舞剧的改革。主张芭蕾舞的具体动作应从属于作品主题的全面表达。1905 年，他为安娜·巴甫洛娃了独舞《天鹅之死》。1909－1914 年成为佳吉列夫芭蕾舞团的首席编导。——译注

的艺术家当时悉数登台，为沙皇一家专场演出。后来，这部作品被西欧的著名芭蕾舞艺术家诠释，其魅力依然不减。例如，克舍辛斯卡在其巅峰时期扮演了漂亮玩偶；巴甫洛娃本人扮演过西班牙的漂亮玩偶；卡萨文娜、克雅什以及尤金尼亚・洛波科娃扮演过瓷玩偶；莉迪亚・洛波科娃——当时是年仅 13 岁的女学童——也在该芭蕾舞团中献艺。这部作品最早由奥地利艺术家演出，可能受到《梦偶情缘》的启发。现在，作品由莱格特领衔，在彼得格勒上演，给观众提供了欣赏个人精湛技艺的绝佳机会。然而，令人遗憾的是，它缺乏佳吉列夫领衔诠释的《奇妙玩具店》具有的那种总体效果，在空间控制、简洁语汇、思想智慧和美丽场面均稍逊一筹。佳吉列夫召集并且组织了一批艺术天才，其中包括罗西尼、德兰和马辛，在莱斯特广场上奉献一席更为精美的艺术盛宴，超过了那一帮俄罗斯芭蕾舞女演员给俄罗斯大公爵们演出的水平。

摘自 1924 年 1 月 12 日出版的《国家文艺》

经过一段艰难而且令人深表怀疑的时期之后，瑟奇・佳吉列夫领导的芭蕾舞剧团终于在蒙特卡洛重新站稳脚跟，上演了三个系列节目，演出季长达 6 个月时间。第一演出季主要上演了受人欢迎的经典剧目，在元旦宣告结束；第二季的剧目包括四部全新芭
316 蕾舞剧，近日刚刚拉开大幕。也许，从一流艺术家的角度看，这个舞蹈团稍显不足，但是正在展现较高水准的表演效果。不过，以这样有效的方式将他们聚在一起，这本身就是一个了不起的成功。特列菲洛娃女士曾在《天鹅湖》中扮演角色，如今依然以几乎完美

的方式展现了古典芭蕾舞的传统；莱昂·沃伊齐科夫斯基女士以现代方式诠释作品，聪明伶俐，充满活力，技巧表演堪与前辈媲美，应该很快将会成为一流明星。尼任斯卡女士、切尔尼切娃女士、索科洛娃女士、涅姆钦诺娃女士、尼内特·德法洛瓦女士，以及维尔查克先生、斯拉文斯基先生、伊济科夫斯基先生组成了这个芭蕾舞团，他们能够很好地表演全部剧目，让人觉得它依然是欧洲最优秀的艺术团体。

尼任斯卡女士为全部新作进行了舞蹈设计，第一个剧目名叫《牧羊人的诱惑》，已于上周上演。作品讲述了路易十四时期的宫廷故事，不乏优雅，非常迷人，采用的是由蒙特克莱创作的那个时期的音乐。佳吉列夫先生发现，西班牙画家胡安·格里斯是一位天才，擅长舞台布景，于是邀请他负责这部作品和上周上演的另一部作品《白鸽》的舞台布景。《白鸽》采用了自由透视法，效果非常有趣。《牧羊人的诱惑》的布景妙笔生花，将现代装饰与凡尔赛宫的精神完美结合起来。

凯恩斯甚至为电影撰写了一则没有署名的评论。

摘自1924年10月11日出版的《国家文艺》

本周，蒂沃利影院上映了米高梅公司出品的一部电影，片名叫《苔丝》，是“根据托马斯·哈代的著名小说改编的”。该片的节目单告诉观众，制片人“取得的结果超过他们的最好预期”，“使一部
文学名著变成一部电影名作”。场景经过现代化处理；安杰尔·克 317

莱尔和亚历克·特伯维尔非常富有，驾驶着劳斯莱斯汽车互相追逐。安杰尔从巴西回国之后，在伦敦的一家夜总会里，伴随着爵士音乐与苔丝会面。苔丝穷困潦倒，但是身上依然穿着一件从老佛爷百货公司购买的可爱的漂亮衣服。饰演安杰尔和苔丝的两位美国影星一位曾在剃须香皂广告中充当犹太青年，另一位曾在《齐格勒费尔德的傻事》中扮演角色。电影的真实性全被忽略：在这部电影中，甚至没有见到一头牛，没有看到开阔的丘陵——还好，观众看到了巨石阵。安杰尔从自己的衣服口袋里，掏出一张苔丝的照片，任何人看到这个画面都想呕吐。我觉得，观众应该勇敢一点，把它当作玩笑吧。但是，观众不可能做到这一点。在这部片子中，现代社会的种种可耻行为——亵渎、庸俗以及虚假——被展现出来，视觉冲击力很强，到了无以复加地步。蒂沃利追求的目标是成为一流影院。但是，影院管理层应该明白，他们让这样的片子出现在自己的银幕上，其实给了许多观众理由，将来再也不会走进这家影院了。

1920 年代后期，凯恩斯对表演艺术的支持逐渐增加，开始赞助若干小型演出，其中包括：剑桥业余戏剧俱乐部推出的《士兵的故事》、《情女怨》(1928 年)、《诗歌和文学的面具》(1930 年)，后面两部作品在伦敦进行了短期演出，为莉迪亚提供了角色。凯恩斯还为 1928 年的演出在《国家文艺》上发表了一段没有署名的“赞美之辞”。

摘自 1928 年 11 月 3 日出版的《国家文艺》

下周，剑桥业余戏剧俱乐部将有一个勇敢之举，上演斯特拉文斯基的作品《士兵的故事》以及莎士比亚的《情女怨》(演出时间为 11 月 8、9、10 号晚上

8：30，外加11月10号的日场，可以到剑桥的三一街找艾莉雅·约翰逊购买门票）。斯特拉文斯基的这部伟大作品以前没有在英国公开演出过（去年在 318 艺术剧院举行了一场半私人性质的演出）。此外，该剧团也是首次表演莎士比亚的作品，可喜可贺！两位富于才华的年轻音乐家——国王学院的奥德先生以及约翰学院的阿伦德尔先生——分别担任两部剧作的乐队指挥和导演。莉迪亚·洛波科娃女士将在斯特拉文斯基的作品中饰演公主，并且在《情女怨》中亮相——这是她在英国首次担任需要台词的角色。斯特拉文斯基作品的舞台布景由彭布鲁克学院的本科生汉弗莱·詹宁斯负责。他曾在珀塞尔导演的《亚瑟王》和邓肯·格兰特导演的莎剧中担当舞台布景的工作。

在1930年代中，凯恩斯以更加认真的态度，支持表演艺术，先后给卡马戈芭蕾舞协会和剑桥艺术剧院提供资助。

在佳吉列夫和巴甫洛娃相继去世之后，卡马戈芭蕾舞协会努力在伦敦继续进行正常演出。莉迪亚开始——如果说很不情愿的方式——参与该协会的事务，所做的工作超过了凯恩斯，这种情况一直延续下去。但是，该协会出现首次财务危机之后，凯恩斯担任了协会的荣誉财务总监，投入相当多的时间，筹募补助金，参与演出工作。

就此项活动而言，凯恩斯撰写的几篇文章幸存下来，第一篇于1931年发表。

卡马戈芭蕾舞协会

财务总监就续订门票事宜致协会会员的信函

第一年度的经营报告经过审计，过些时候将按时提交协会全体会员大会。但是，届时会员们将按要求，续订下一个演出季的门票，所以可能希望知道上一年的经营概况。 319

如果用整数表示，总支出已经增加到大约2500英镑，其中

1900 英镑来自 550 位会员预订门票的收入和已经出售的客座门票的收入，450 英镑来自捐赠，50 英镑来自人员聘用和演出授权取得的收入。这就形成了大约 100 英镑的赤字，其中有一部分已被其他收入冲抵，例如出租布景和服装等等。协会成立时没有有形资产，但是已经推出了 11 部新的芭蕾舞剧目；鉴于这一事实，协会执委会认为，协会取得了非常令人满是结果。但是，这一结果是通过执行非常坚决的经济措施取得的。几乎所有的支出都用于租借剧场、聘请乐队、制作服装和布景。提供艺术服务的人员——舞蹈演员、作曲、编舞和艺术设计——要么无偿贡献，要么只得到象征性收入。如今，这样的艺人很少有机会赚取适当收入，如果卡马戈芭蕾舞协会作出的选择能够给他们带来合理报酬，情况将会更加令人感到满意。此外，会员们觉得，协会已经充分证明了其存在价值，有资格获得适当的保证经费，以便完成下一个演出季的工作。这笔经费可以让协会形成一个预算计划，而不是像过去那样，现挣现用。执委会成员全都确认这一事实：尽管财务困难并不算大，但是在很大程度上影响了演出剧目的准备工作，这样的状况在将来应该不会出现。

因此，我在此冒昧地呼吁各位续订明年演出的门票（在本信件背面上可以看到门票认购表格），并且将可能购票的新观众的名字寄给协会秘书。新观众并不包括随信所附的协会成员名单上的名字。

此外，我作为财务总监希望，会员除了决定订票之外，任何愿意为保证经费捐赠 10 英镑以上的会员，任何愿意为改善演职人员
320 生活的特殊基金捐赠 10 英镑以上的会员，请来信与我本人联系。

第二篇文章采取了寄给《新政治家》编辑的信件的形式。1933 年 7 月 1 日出版的《新政治家》上有一篇评论，谈到协会为出席世界经济会议代表们进行的庆祝演出。这封信件对评论作出了回应。那次演出的剧目是《梦偶情缘》和《天鹅湖》。那篇评论提出两个问题：其一，协会在考文花园剧院表演了两部古典剧目，而不是为票友表演的新芭蕾舞，这样做是否显示出协会的艺术源头？其二，为什么玛丽·兰伯特的芭蕾舞俱乐部——人们所说的“英国最佳芭蕾舞蹈”以及“伦敦舞美创作之家”——没有到场表演？凯恩斯回答了这两个问题。

摘自 1933 年 7 月 2 日出版的《新政治家与国家》刊登的致编辑的信件

先生：

贵报刊登评论，谈到有人就卡马戈芭蕾舞协会最近在考文花园剧院表演提出的批评。这篇文章说明，作者对伦敦芭蕾舞的演出状况相当无知，笔者认为应该对此表达几点看法。

宽泛地说，人们希望保留的芭蕾舞有三种：第一种是大型芭蕾舞，通常要么以古典方式表演，要么采用佳吉列夫早期使用的混合方式；第二种是现代实验性芭蕾舞，表达的意义一般情况说来非常微妙，非常复杂，难以在大剧院这样的场地中呈现出来，更适合在观众更靠近舞台的现代剧场里演出；第三种按照类比的做法，可以称作室内芭蕾舞，这就是佳吉列夫本人在后期进行尝试的发展方向。在现代，除了按照商业标准办事之外，用其他方式做任何事情都会让那些信奉公民道德论的人感到恐惧。以上三种芭蕾舞都是重要的，可取的，但是在唯利是图、不讲尊严的现代社会中，没有哪一种可以保留下来或者得到发展。第一种与第二种之间的区别，

321 第二种与第三种之间的区别并不十分明确，第一种中没有多少可以改编为第二种，第二种中没有多少可以改编为第三种。但是，有一点通常是明确的，就具体的剧目而言，总有一种表演方式是最适当的。这三者之间不存在——或者说不应存在——什么竞争。

卡马戈芭蕾舞协会的主要宗旨是，让前两种保持艺术活力。该协会成立的最初目的是进行不定期表演。其实，一个进行常年演出的团体已经组建，那就是维克－威尔士芭蕾舞团。这是英国唯一一家进行常年演出的剧团，其目的是满足这样的需要。值得庆幸的是，这两个团体秉承类似的宗旨，已经发现可以友好相处，通力合作——不过，看来在此提及这一点对这位批评者来说并不合适。卡马戈芭蕾舞协会所起的作用是，利用不定期演出的机会，以比较充足（不过依然存在欠缺）的物质手段，在伦敦西区为观众奉献芭蕾舞艺术。芭蕾舞要达到最高的水准，充分的物质手段是必不可少的。

进行大型芭蕾舞演出的机会非常罕见，观众上周在考文花园剧院见过一次。值得庆幸的是，当这种情况出现时，公众一贯给予支持。与歌剧的情况类似，历史悠久、受人青睐的大型芭蕾舞非常有限，往往选自在世界各地的歌剧院的保留节目中获得确定地位的剧目。另一方面，卡马戈芭蕾舞协会表演的一直是实验性芭蕾舞，并且为此使用它的全部经费。就它希望吸引的观众而言，这种芭蕾舞的演出费用很大。在过去 3 年中，协会表演的许多实验性芭蕾舞所得的收入从未达到支出的三分之二，即便把会员购票的全部金额计算在内也是如此。因此，协会演出了两部芭蕾舞杰
322 作——顺便说一句，其中一部以两幕形式演出，这一做法在考文花

园剧院已经整整一代人没有见过了。因此有人觉得，这表现出对现代芭蕾舞的背弃。但是，只有到处看到表达悲痛或者表现竞争——不幸的是，这样的情感尽管在艺术领域中常常见到，其实很不恰当——人才会产生这样的想法。

就第三种即室内芭蕾舞而言，兰伯特女士和她领衔的芭蕾舞俱乐部已经并且正在取得长足进展，我们对此表示赞赏和支持。而且，兰伯特女士创作了微型芭蕾舞，该剧使用钢琴伴奏，在 15 平方英尺的舞台上表演。在贵刊发表文章的这位批评者建议，卡马戈芭蕾舞协会应该把它移植到考文花园剧场的宽大空间之中。由此可见，该批评者是一位欠缺谨慎的朋友，被友善的热情冲昏了头脑，其危险有可能让兰伯特女士显得荒唐可笑。

J. M. 凯恩斯

第三篇文章的写作背景是：卡马戈芭蕾舞协会为会员演出了五场，为一般公众演出一季，给出席世界经济会议的代表演出了一场。在那之后，协会的活动在整体上停了下来。

卡马戈芭蕾舞协会 1939 年活动安排

4 年之前，在佳吉列夫和巴甫洛娃逝世不久，卡马戈芭蕾舞协会成立了。当时，伦敦没有其他机构从事芭蕾舞演出。协会的目标填补那个空白，为生活在伦敦的舞蹈演员和舞蹈设计人员提供机会，以便让这个极易失去的传统保持活力。

从那以后，维克－威尔士芭蕾舞剧团组建起来，给舞蹈演员和舞蹈设计人员提供了机会，其目标与卡马戈芭蕾舞协会当初制订的非常类似。去年夏天，德巴希尔先生率领的拉斯芭蕾舞剧团成功访问英国，该团由马辛担纲，负责舞蹈设计，实际上起到了提升
323 英国公众期望的芭蕾舞演出标准的作用，并且给伦敦的观众提供了更多欣赏芭蕾舞的机会。这个剧团具有很高艺术造诣，组织纪律严格，提供的作品新老兼顾。

在这些情况下，卡马戈芭蕾舞协会的有关有人认为，如果他们继续在星期日的特别演出中提供新的作品，他们可能面对无法成功演出的危险。他们无法在不大量增加支出的情况，达到刚刚形成演出标准。其次，他们根本不能给舞蹈演员和舞蹈涉及人员提供本来无法得到的机会，他们的活动实际上很可能起到分散他们的才华的效果。

因此，协会决定使用现有和将来的资源，自筹资金，不定期演出芭蕾舞剧目。然后，可能向维克－威尔士团推荐，以便在它使用的一家剧场里表演，并且将其列入该剧团的节目库中。这样，协会就能完成它力所能及的工作，在不会分散自身可用的艺术人才的前提下，提升伦敦的芭蕾舞演出标准。与此同时，本协会也做了一些工作，帮助维克－威尔士剧团提高演出水平，让他们改善目前的状态，不会仅仅由于经费问题在演出水平方面受到严重影响。协会相信，通过集中精力关注标准问题，为芭蕾舞精品的演出提供财务保证，开发舞蹈设计、音乐创作和其他方面的可用人才，聘请维克－威尔士剧团之外的特邀艺术家，协会成员将为芭蕾舞事业的发展做出自己的最大贡献。

如果要成功实现这个目标，他们必须每年筹集一笔较大的——当然绝不是非常巨大——款项。考虑到还有诸多未定因素，他们今年的目标是筹集 500 至 1000 英镑，这笔经费可以让他们试行这项新的政策。

因此，他们向会员和英国所有喜欢芭蕾舞的人发出呼吁：为实现上述目标慷慨解囊。协会欢迎观众预定门票，金额从 2 场演出的票款到 100 英镑都行，收到的款项将会用于以上所列事务。

根据规定，如果不按通常价格支付票款，订票的会员无权得到 324
协会协助的维克－威尔士芭蕾舞团的演出门票。协会的目的与其说是提供获得廉价门票的可能性，毋宁说是提供一种组织形式，以便让伦敦的芭蕾舞爱好者聚在一起，共同帮助这种艺术的健康发展。但是，如果他们愿意，所有预订 2 场及以上场次门票的人都可选为卡马戈芭蕾舞协会的联系会员，有效为时段为所订门票当年的全年时间（如果协会负债超过清偿时的资产价值，其法定责任不超过 1 场演出）。按照约定，维克－威尔士芭蕾舞团的管理层将给联系会员提供特殊的安排，让他们提前订票，并且免费邀请他们观赏所赞助节目的最后一次彩排。

第一场演出预计在秋天进行，在评估此次推广活动可能取得的效果之前，协会执委会无法作出明确安排。不过，目前正与一位知名英国作曲家谈判，邀请他为首场演出创作一部芭蕾舞音乐。

恳请支持本计划的人士尽快将订票单寄给协会秘书 J. M. 哈韦小姐，地址是西伦敦一区曼彻斯特大街 56 号。哈韦小姐希望得到相关人士的名字和地址，以便把本活动安排通知寄给他们。

凯恩斯撰写的关于芭蕾舞的文字标注的日期为1938年，与卡马戈芭蕾舞协会在英国的继承者相关。

摘自1938年8—9月举行的第二届布克斯顿戏剧节节目单

向在塞德勒威尔士剧院演出的芭蕾舞者致敬

维克-尔士芭蕾舞团在剑桥艺术剧院为期两周的演出即将告一段落，给大批始终保持热情的观众奉献了精彩艺术。我撰写这
325 篇短文，谨向他们致谢。他们展示了精湛的艺术品质，让这么小的一个城镇中的剧院在两周之内一直保持满座，这样的剧团在世界上屈指可数，完全值得人们的敬意。这个剧团由尼内特小姐组建，在任何情况下都得到莉莲·贝利斯的支持，其中包括步履艰难的最初岁月。

在这两周时间里，我在莉迪亚·洛波科娃提供的指导和不乏批评深度的睿见的帮助下，有机会评估该团展现的艺术成就。洛波科娃女士认为，这个剧团在艰难的条件下取得了令人瞩目的成就，可与圣彼得堡的皇家芭蕾舞剧团媲美，在这个世界上没有哪个团体可以与之比肩。在漫长的表演季中，每周在萨德勒斯威尔斯剧院演出两三场，主要舞蹈演员成功维护并且提升了演出品质和身体状态。对俄罗斯的著名芭蕾舞女演员来说，这是可能实现的
目……但是对常年在外巡回演出、每月夜夜跳舞的芭蕾舞团来说，
……做到的事情。演出场地固定，日程安排相对轻松，这让他
……重要的有意义的新作品，从而丰富其演出剧目。最近，
……了尼内特·德法洛瓦的《败局》，由考弗领衔的服装

设计非常精美。

新演员从他们自己的舞蹈学校源源不断地补充进来，在该团的舞台上得到首场演出的机会。我们发现，俄罗斯皇家芭蕾舞剧团的演出状态在这个剧团中得以复制。此外，萨德勒斯威尔斯剧院还做出了明智决定，聘请谢尔盖夫担任舞蹈总监（在长达四分之一世纪的时间里，他实际上是圣彼得堡的皇家芭蕾舞剧团的舞蹈总监，对传统教学和传统技巧的颇有心得，超过了现在的任何人）。

在一个很短的时期之内，莉莲·贝利斯和尼内特·德法洛瓦完全依靠招募的英国男女青年演出，在这个国家中创作出具有国家水准的芭蕾舞剧，堪与世界一流团体媲美。

到卡马戈芭蕾舞协会解散时，凯恩斯已经参与了一个更大项目，这就是 326
剑桥的艺术剧院的组建工作。那是由若干因素偶然巧合促成的，其中最重要的是国王学院需要为本科生寻找更多住处，有可能在剑桥的国王大道后面的附近的一个场地上修建宿舍。那时，剑桥缺乏戏剧演出场所，其原因在于，到了 1933 年，剑桥没有可供商业演出的剧场——那时，新剧院已经变为电影院，节日剧院失去了富有人士的赞助。此外，业余戏剧俱乐部的表演场地被火灾损毁。①

凯恩斯最初希望引起业余戏剧俱乐部和国王学院的感兴趣，看一看能否在国王学院内部修建一座剧场。该计划落空之后，凯恩斯改变主意，转而要求国王学院向一个院外团体出租一块场地，他有意担任该团体的主席。国王学院认可了该计划的原则之后，凯恩斯于 1934 年 12 月完成了剑桥艺术剧院有限公司的组建工作。剑桥地区的赞助者提供的资金数量小于预期，凯恩斯

① 1925 年，有人与凯恩斯联系，谈到在剑桥修建一家新剧院的可能性，但是凯恩斯当时忙于打理伦敦艺术家协会和《国家文艺》杂志的事务，觉得自己无法广泛参与建设工作。该计划后来没能找到具有实力的赞助人，凯恩斯当时甚至没有做出任何有条件的经济承诺。

本来就预测到，他将不得不在该企业中起到主要经费提供者的角色。最后的结果是，他在该公司中投入了数额为10000英镑的股份，此外还借给公司19450英镑。修建工作经历了1935年全年时间。1936年2月，剧院开业，维克－威尔士剧团进行了庆祝演出，接着是一个易卜生剧目的演出季。莉迪亚在《玩偶之家》和《建筑师》饰演主角，让·福布斯－罗伯逊在《海达·高布乐》和《罗斯莫庄》中饰演主角。与通常做法一样，凯恩斯为易卜生演出季的节目单撰写了一篇没有署名的引言。

易卜生创作中期的作品

1879年，易卜生年满50岁，已经创作了许多诗剧和社会剧。1879—1899年，易卜生创作了11部话剧，从此奠定了他作为19世纪最伟大的剧作家的地位。易卜生于1906年逝世。此次上演
327 这11部作品之中的4部，以它们问世的时间为序，将在2月17日至29日的两周中分别推出。

与顶尖作品的通常情况类似，观众可以从几个独特的方面，在不同的深度上理解并且欣赏这4部作品，在某种意义上真的比较完整地把握它们。首先，它们可被视为精心建构的现实主义作品，甚至可以称为情节剧。它们情节跌宕起伏，反映了当代挪威人的生活，可以说是“问题剧”。从这一点看，这些作品引人入胜，令人信服。这些剧作具有真实性；为了强调这一点，此次演出采用了那个年代的服饰，观众将会发现，随着两周时间的推进，女装的特征慢慢从80年代转向90年代。

或者从另外一个角度看，这4部作品可被视为对那个时期出现的最深刻的社会问题的评论，与现代女性的崛起有关。诺拉是

维多利亚时代中首位要求自己的严肃生活的女性；丽贝卡是首位从旧时代道德约束中解放出来的勇敢的自我论者，但是（正如易卜生真正预见到的）她的遗嘱遭到破坏，受到缓慢变化的社会环境的影响；海达发现，她的自由中只有无聊，不禁对那些依然拥有比较简单感觉的人心存嫉妒，这样的角色在现代社会中尚属首位；希尔达是首位徒步旅行的漫游者。

但是，这些作品也可被人视为 sub specie eternitatis（以永恒形式表现出来的）性格悲剧，远离当代的氛围和问题，以诗人的想象力和小说家的洞见，审视角色的内心世界，探究人类动机的裂缝。如果说这些剧作有时候让人感到痛苦，其原因在于，易卜生具有超凡能力，可以进入我们希望封闭起来、甚至自己也不了解的灵魂深处。

此外，这些作品采用了新的技巧，对将戏剧作为散文的艺术来说，具有深远的重要意义。在那个时期中，易卜生潜心创作话剧，但是依然认为自己是诗人。这些剧作可以当作具有最纯粹的审美内容的诗歌，完全符合诗歌创作的严格规则。易卜生使用了主导旋律，使用了某些反复出现的短语和象征，这一点尤其体现在《罗斯莫庄》和《建筑师》之中。这一手法当时在易卜生的创作中已经非常成熟，不过在后期作品中没有达到同样的高度。易卜生使用 328
了许多象征，暗示超自然的东西，暗示北方的魔法，暗示北欧人和巨人，暗示在树根之间到处游逛的可爱的“帮手和奴仆”。通过北欧的民间传说和童话故事，许多象征已经成为我们孩提时代拥有的丰富想象力的组成部分。但是，它们符合一条严格的不可违背的规则：对看不见世界的认识一定不能违反或者干预真实生活中的现实情况，不能违反或者干预完全自然的常识性解释。敏感的观众感觉并且听到这样一种弦外之音；这种弦外之音如果过分强调，变得平淡无奇，无处不在，就会显得有失恰当，甚至可能有庸俗之嫌了。

这些作品常常分别演出，一次一部，之间没有联系。这一代戏剧观众现在有机会从整体上观赏易卜生的戏剧，或者说观赏他创作中期的作品（其原因在于，我们的系列演出并不包含易卜生的最后4部作品）。这样的安排在四分之一世纪中尚属首次。本次演出选用的是威廉·阿切尔的译本，仅仅作了少量修改。有的人认为，阿切尔的译本怪异，缺乏口语特征；不过，（像该译本这样的）文本直译了易卜生使用的挪威语言，可能让英国听众更好地领悟他希望传达的意思，其效果超过了更地道、更英语化的意译本。后者诠释较多，有失严谨，虽然显得优雅，但是可能得不偿失。

由此可见，到1936年为止，凯恩斯在长达数年的时间里在很大程度上参与了英国的文化生活。这一情况开始在他的著述中反映出来。

1936年5月，凯恩斯为英国广播公司的《作品与作家》系列节目准备了一次谈话。该谈话于1936年6月1日播出，其内容经过少量修改，刊登在6
329 月10日出版的《听众》上。以下是那次谈话的原文，没有在《听众》中出现的文字用方括号标注出来。

阅读小议

首先，阅读要求人具有阅读能力，我觉得诸位将会赞同这个说法。现在，根据法律规定，我们都受过阅读训练。如果证人没有阅读能力，警官会感到震惊。然而，事实上有许多人，其中甚至包括经过高等教育的专业人士，出现了阅读障碍。我这样说的有两层意思：其一，他们阅读的速度缓慢，力不从心；其二，阅读让他们觉得厌倦——他们阅读时不像呼吸那样，感觉自由自在。另一方面，我觉得，你们之中的许多人在日常工作中并不需要什么阅读能力，然而却拥有人类可以获得的最佳天赋之一——可以毫不费力地理解文字。一般说来，获得这样的能力是阅读的第一步，你们当中的许多人可能完全通过实践，获得了这样的能力。我强调这一点的原因在于，许多人觉得自己具有阅读能力，但是却无法阅读。他们不知道自己与老练的读者之间的差距究竟有多大。我们往往觉得，同居一个屋檐之下的六个人的阅读能力大致相同。但是，实际情况并非如此。将你们自己与你的朋友和邻居作一下比较，首先看一看你是否真的知道如何阅读，是否像我说的那样，阅读时像呼吸那样，感觉自由自在。[阅读报纸是训练跳读能力的良好办法；如果希望节省时间，每个认真的读者必须掌握这种技能]。

掌握了一般阅读和跳读能力之后，下一步怎么办？就当代长篇小说而言，我可以提供的建议可能很少。我不愿做事、感觉怠倦时不想阅读长篇小说；我思绪萦绕，心情严肃时也不想阅读长篇小说。对我来说，它们没有启迪作用，没有安慰作用，没有振奋作用。人们现在认为，现代作家应该将自己脑袋里出现的东西，原封不动地传达给读者。他们的作品甚至比垃圾更糟糕，其原因在于，垃圾也可能让人愉悦，实际上是一个人日常生活的必要组成部分。报纸文章的内容以垃圾居多，不过我也阅读报纸。但是，我一瞥当代 330

人写的东西，看到的是这类难以行得通的东西[这类没有消化、没有提升、没有内在、没有感觉的东西，这类被人误解、马虎对待的畸形东西，这类混淆人们的希望和生活的东西]，它们没有来自常规传统的支持。在一个崇尚自我表达的伟大时代中，常规和传统甚至可能让二流文章给人提供愉悦。所以，如果你希望阅读严肃的小说，去找传统小说吧——无论如何不要读过去十年中杜撰出来的东西。[今年出版的小说乏善可陈，不能让人轻松，愉悦，根本无法与简·奥斯丁的《艾玛》，与托马斯·哈代的《苔丝》，或者与 E. M. 福斯特的《看得见风景的房间》相提并论。先去看这些作品，去看他们同辈人的作品，这就是符合常识的建议。]

但是，从最基本的层次上看，有一批作家具有天赋，不虚装门面，实话实说，才思敏捷，情感丰富，令人愉悦。在这方面，我们所处的时代建树卓越。这样的人为数不多，我们每个人有权阅读自己喜欢的东西。我说的作家是埃德加·华莱士、阿加莎·克里斯蒂、P. G. 沃德豪斯，在此仅提及我喜欢的作家的名字，无需说具体作品的名称，你们全都知道。这些作品都有人们最喜欢的作家具有的优点。这些作家创作了不同的作品，全都拥有这样的品质。这些作家的作品具有一种伟大的纯洁性，没有任何虚假和捏造的东西。它们充满活力，从容，淡定，就像奥林匹斯山的神灵，没有以故弄玄虚的方式与现实生活接触。它们之中的每一部都创建了自身的幻象世界，并且根据自身的规律穿行其间。这些作品让人感到非常轻松，没有什么东西能够与之比肩。

在这样的作品中，特定的时段出类拔萃，甚至其中的二流作品也具有某些优秀品质，这就是这类作品的明显特征。根据这个检测标准,回忆录和传记是我们这个时代的最佳作品。[也许,我们在一定程度上应该将此归功于利顿·斯特拉奇:影响上一代人的某些压抑和不满情绪已经得以充分缓解,从而让一些真理、特征和生活的色彩显露出来。弗吉尼亚·伍尔夫阅读了所有这些东西,
她告诉我说,其中至少有九成可以被人欣赏。]回忆录或者引人入 331
胜的传记是我们这一代人大体上已经学会撰写的东西。老派的传记作家过于沉迷于趣闻轶事,认为其作品是他们自己获得最后一次机会,可以重复以前讲过的故事。但是,今天的许多传记传家超越他们的做法。我在此应该提及一些。今年春天,劳拉·奈特的《油脂涂料与油漆》、埃莉诺·法杰恩的《九十年代的托儿所》这两本书出版了,堪称杰出例子。或者,我们不妨看一看三四年以前出版的书籍,卡萨文娜的《剧院街》是一本令人深感温馨的著作。许多传记涉及第一次世界大战中功勋卓著的公众人物,这样的书以原来的方式创作,往往让人觉得无法卒读。但是,他们的生活很有魅力,令人兴趣盎然。其中的一本并未引起多大反响,但是我非常喜欢,这就是威姆斯勋爵夫人撰写的《韦斯托尔·威姆斯勋爵传》。[1] 但是,[正如弗吉尼亚·伍尔夫所说,]在这一类作品中,我们几乎可以用任意方式,安全进行选择。它们非常赏心悦目,非常打动人心,深入揭示生活模式,超过了女佣所做的白日梦,或者说超过神经极度衰弱的人所做的白日梦——后一种白日梦就是一般现代小说的特点。在这种情况下,我们不妨提及温斯顿·丘吉尔

① 参见威姆斯女士著《威姆斯一等勋爵的生活和信函》。

撰写的一段引人入胜的史话，主要是关于世界大战的回忆录。[①]在我最近阅读并且喜欢的小说中，有两本其实是回忆录的片段，一本是J.R.爱克利的《印度教的历史》，另一本是戴维·加内特的《迷狂的眼睛》。你会看到，它们是历史与小说的混合体，但是包含了真理和生活的片段。除此之外，我们愿意随着它们的描写，被带回到我们早年度过的爱德华时期，重温那时看过的高雅喜剧，回味那时具有的安全感和迷人之处——人们在阅读这样的书籍的过程中常常出现这样的情况。迄今为止，维多利亚时代初期的幽默感已经稍嫌过时，显得有些矫揉造作，枯燥无味。但是，爱德华时期距离我们不远，我们可以很快地发现提示，辨识真假。我们仅仅希
332 望有人提示那个时期的情况，回忆过去时代就能知道其他细节。[我们仅仅需要关于自己曾经度过的岁月的些许提示，如几张老照片就能让我们回想起当年吃过的饼干的味道，想象生活在爱德华国王和亚历山德拉皇后在位时期的人的内心世界。]

[这类作品具有比较杰出的品质；也许，对此的解释可以在以下原则中找到：如果我们无法看到今天尤其罕见的艺术，那么，我们可以退而求其次，去发现真理和实际经验。现在出版的著述中，没有多少艺术可言。但是，在回忆录和自传中，我们似乎可以捕捉到记录少量真理的诀窍。如果可以实现这一点，任何时代留下的回忆录都是赏心悦目的东西。不久之前，我在廉价出售的书籍目录中，发现了杰罗姆·卡丹的《我的生命记录》的第一种英译本(该书于1931年出版，我觉得当初没有引起公众的注意)。罗姆·卡

① 参见《世界危机》。

丹是16世纪的意大利内科医生、哲学家和数学家，是已知最早使用自传形式袒露心扉的作者之一，为此类传记作品提供了卓越的范例。]

当代诗歌没有多少值得推荐的东西。但是，有一位诗人值得推荐，他就是英籍美国人T.S.艾略特。我相信，随着读者逐步适应他的作品，他的名字将会广为人知。最近，他的两部新作相继问世，一部是《大教堂谋杀案》，内容不像书名以调侃方式暗示的那样，根本不是惊悚故事，而是宗教诗句，涉及是托马斯·贝克特被谋杀的案件。另一部是他的《诗选：1909－1935年》[艾略特先生告诉我们，这本诗集囊括了所有他希望保留的作品]。我可以确定，这就是我们这个时代之中最杰出的诗歌，是秉承了兼顾音乐和意义两个方面的伟大传统的诗歌。艾略特先生的作品意义深邃，典故众多，常常让人觉得晦涩难懂；但是，他拥有独特的天赋，对音韵十分敏感，读者只需稍加留意，便会领略到其诗歌语言具有的韵律。艾略特赋予传统诗歌新的共鸣，把词汇与意义之间的联系发 333
挥到了极致。

> 大海无垠，惊涛拍岸，海岛上灰岩突兀
> 海水舔食着船头
> 画眉鸟的吟唱伴随松树的清香，飘过冷杉林
> 什么样的意象回到了脑际
> 噢，我的女儿。

现在，许多知识系统情况糟糕，根本无法以适当方式加以普

及。在人类学和早期文明史的许多研究中,有人收集稀奇古怪的事实[甚至在所收集的某些事实遭到其他专家的质疑时,对我们之中的任何来说,这是可以理解的东西,例如,李基*撰写的《亚当的祖先》、迈尔斯·伯基特撰写的《旧石器时代》以及伍利博士对苏美尔的论述。我建议,一般读者尝试这些有趣主题的最近著述,看一看它们是否符合自己的情趣。];但是,诸如哲学和物理学这样的学科现在肯定不是他们喜欢的东西,他们最好不要去碰关于这门学科的最流行的著作。这些著作显得好看,实则进行欺骗。我本人不能确定,心理学这门夸夸其谈的危险学科现在究竟属于哪个门类?不过,目前看来,我担心自己研究的政治经济学很难适合一般公众阅读。当然,如果专家们自己能够阐述更清晰一些,有可能重新形成通俗易懂的说明文字。不过,有一本书属于这一类,每一位严肃读者都应阅读——锡德尼·韦布夫妇全面描写的《苏维埃共产主义》。该书布局宏大,不能称为流行读物,但是读者理解它所传达的内容应该没有什么困难。直至最近,俄罗斯发生了快速变化,令人目不暇接,书面阐述与实际成就之间相距甚远,简直不可能进行适当解释。但是,那里出现的新制度现已足够具体,可供读者进行考察。结果给人深刻印象。俄罗斯的创新者们不但经过了革命运动阶段,而且经过教条主义的阶段。其结果是,与马克思或
334 者马克思主义之间的特殊联系已经几乎荡然无存,与其他形式的社会主义迥然不同。他们正在进行规模巨大的行政管理活动,让

---

* 路易·李基(1903—1972)英国古人类学家,关于人类进化的古生物研究领域的奠基者。——译注

全新的社会经济制度在幅员面积占地球表面六分之一的国土上顺利运行，取得成功。他们根据具体的经验，还在快速改变正在进行的管理方式。那里的管理者们公平无私，正在尝试迄今为止最大规模的经验主义和实验主义方法。此外，韦布夫妇还让读者看到那里的局势看来正在发展的方向，了解他们已经取得的成果。该书包含关于当代世界出现的这场衍变的大量重要、有趣的信息，是一本引人入胜的著作。笔者读后，心里不禁产生了一个强烈愿望：我国可以进行研究，看一看如何将进行实验的大量愿望与在社会经济方法和制度方面出现的变化结合起来，同时保留传统主义的做法，保留某种谨慎的保守主义态度，小心对待人类经验支撑的一切事物，在每一涉及感性和行为的领域都是如此。

[最后，请允许我从一个可以自称为经验丰富的读者的角度，给已经学会阅读但是尚未获得多少进展的读者提供一点一般性建议，以便作为这篇文章的结尾。可以这么说，读者应该对这类书籍进行广泛的一般性了解。他应该全身心地理解它们，应该对它们形成直观的认识，应该学会把它们捧在手里，快速翻阅，在几秒钟时间里对它们包含的内容产生初步的直觉印象。随着时间的推进，他应该浏览数千本书，其数量至少是他实际阅读的十倍以上。他应该像牧童看羊那样，一眼看到许多书籍，应该像羊贩子那样，以搜寻的目光迅速作出判断。他在生活应该博览群书，细读其中的重要部分，了解其中次要部分的大体内容和特征。这就是你进入书房的目的，无论你走进的是自己的书房还是别人的书房，无论是私人书房还是公共图书馆时均应如此。这也是逛好书店的目的，无论看到的是新书还是旧书均应如此。读书有益，多多益善。 335

书店与铁路售票处不同；在车站，人走到售票窗口前，知道自己要去什么地方。我们进入书店时没有特定的目的，似乎在梦中一般，让那里陈列的书卷自由地吸引自己的目光。在书店里面漫步，以自己的好奇心为引导，随意翻阅书籍，这应该是下午可以给人提供的一种娱乐。这样做不应让人产生腼腆或者愧疚的感觉。书店存在目的就是为了提供这样的机会；书店店员心里知道将会出现的结果，所以欢迎读者这样做。这是童年时代应该养成的一种习惯。]

1936 年 5 月下旬，英国广播公司与凯恩斯接触，希望他撰写其他方面的文章。

J. R. 爱克利 1936 年 5 月 27 日的来信

亲爱的凯恩斯：

我目前正在为《听众》的夏季刊组织一系列稿件，该栏目的标题为《艺术与政府》。这一组稿件旨在探讨在出现社会危机的条件下国内外的现代艺术状况。也许，我应该首先解释一下这里所说的艺术的意思，我指的是绘画、雕塑、建筑，以及一些新的艺术形式，例如仪式和节庆的展示。我计划邀请意大利、德国和俄罗斯的公民，让他们谈一谈在各种政治制度之下艺术发展的近况，谈一谈在法西斯主义、纳粹主义和共产主义制度下艺术的目的是什么，谈一谈艺术在这些国家之中取得成就。总而言之，请他们谈一谈，根据他们的观点艺术是什么，或者说应是什么，谈一谈艺术与政府之间的关系。我觉得——并且希望——您会同意我的想法：这是一个非常有趣的题目。

进行一番调查之后，我请最近戈培尔任命的德国文化事务官员汉斯·辛科尔国务委员阐述纳粹的观点（我的理解是，他同意做这样事情）。就法西斯主义和共产主义理论而言，我已经分别致函乌戈·奥耶蒂和维克托·拉扎勒夫。乔治斯·达修特可能负责阐述法国的观点；肯尼思·克拉克已经同意为整个系列文章进行总结。不过，我现在需要请人撰写一篇介绍性文章，我很 336
想知道，能否请您做这件事情？我们考虑了这两点：其一，具有思想的一般读者都会把艺术与政府联系起来考虑，这篇文章——可以这么说——应该从政府与艺术的关系的角度阐述这个问题；其二，我们最好请一位对这个问题感兴趣的非艺术专业人士来撰写这篇文章，您就是最佳人选。如果您接受这一建议，不吝赐教，我将万分感激。

您真诚的，

J. R. 爱克利

凯恩斯 1936 年 5 月 28 日写给 J. R. 爱克利的信件

我亲爱的爱克利：

每当我受到诱惑，接手另一项工作，我总有后悔之感。但是，您建议的这篇文章确实让我很感兴趣，我愿意提笔一试。

我认为您并将歌剧、芭蕾舞和话剧排除在艺术之外，不知这一看法正确与否？

民主政府在 19 世纪没能继续保持政府的庄严和体面，我认为这至少是其衰败的根源之一。我希望在文章中展开这一主题。这是否是您考虑的问题呢？

您真诚的，

[这份复写件上签署了他的姓名缩写]J. M. K.

J. R. 爱克利 1936 年 6 月 12 日的来信

亲爱的凯恩斯：

来信收悉。承蒙同意为系列文章撰写介绍，非常感激。我曾将“艺术与政府”搁置一旁，等待国外人士对我发出的邀请的回应，现在已经收到他们的来函，所以再次谈一谈这个问题。

戈培尔新近任命的文化局长斯塔兹科米沙·汉斯·辛科尔给我来信，解释了德国国家社会主义的艺术原则。我认为，这份附有图示的解释得到了“德国艺术问题的领袖人物”本人的授权。苏联文化关系协会执行主席 L. 切尔尼亚夫斯基实际上在来信中说，他本人正在处理这件事情。乔治斯·达修特已经承诺，将要阐述法国国内的观点。

337 迄今为止，只有意大利方面拒绝了回复我发出的请求函。但是，如果我目前确定的候选作者塞沃里尼拒绝，我相信，除非政治局势非常紧张，甚至让关于艺术的文章也无法从意大利寄往英国，我总是可以转而依靠马里内蒂撰文进行阐述。我已经恳请以上所有人在来信中告诉我这些问题：在他们各自的政权统治之下，艺术与政府在理论和实践中呈何关系？两者之间关系的目标是什么，是如何实现的？带来什么样的结果？

根据我的定义，艺术包括绘画、雕塑和建筑，另外还有展示这样的新形式。不过，如果您认为除了您本人之外，其他人也应该谈到歌剧、芭蕾舞、话剧，甚至还有电影，我乐意将它们包括在艺术范畴之内。我没有将它们包含在内的唯一考虑是，我请他们撰写的文章比较短小，难以面面俱到。但是，我完全赞同您的想法，在您撰写的介绍中不把它们排除在外。毫无疑问，您还会提到诸如招贴画这样的商业艺术。这方面的艺术肯定会让塔伦茨觉得很有意思。我觉得，您看一看我来信附上的塔伦茨撰写的时事评论，也许会感兴趣。

我认为，您在介绍中讨论整个问题时采用的视角很有意思，期望自己能够先睹为快。我希望在 7 月 29 日那一期上开始刊登系列文章。我们希望提前两周收到相关稿件，那么截稿时间应该是 7 月 15 日。但是，如果您能在截稿日期之前的一周，即 7 月 18 日之前，把大作寄给我，那么就更便于进行编辑工作了。我希望尽早收齐这一系列文章的所有稿件，转交给肯尼思·克拉克进行总结。另外还有一点，您打算自己请人给文章制作插图吗？编辑总是喜欢在可能的情况下让文章配上插图，所以，如果您觉得可行，并且愿意这样做，请您来信告诉我。否则，我将着手请人制作插图。

最后，我们尚未讨论给大作支付稿费的事宜。您觉得10几尼怎么样？

您真诚的，
J.R.爱克利

凯恩斯1936年6月18日写给J.R.爱克利的信件

亲爱的爱克利：

我将及时把文章寄给您。能否告诉我您需要的大概字数？就插图而言，我不便找人制作；贵报绘画室见到文章之后，可以配上 338
插图。插图是否影响文章的篇幅？

来信所说稿费事宜提出了一个微妙的问题，这也是一个原则问题。我的一贯做法是，对两类报纸进行区别：如果报纸属于非营利性机构，我接受报纸支付的数额，甚至免费供稿；如果报纸属于营利性机构，我多年的做法是根据具体情况收取稿酬，从每字6便士到10便士，有时甚至更高。碰巧，在写这封信时，我谢绝了每周撰写一组文章的请求，其每周稿酬为100英镑，每字大约8便士。我相信，如果我与对方讨价还价，稿酬肯定会更高。

我相信，《听众》现在是营利性机构。假如不是，那就另当别论了。我假设贵报是营利性机构吧。我觉得，贵报的稿酬应该在我收取的稿费下限，这就是说，每字6便士。不过，如果贵报支付的稿酬低一点，我也不会表示反对。

您真诚的，

［这份复写件上签署了他的姓名缩写］J. M. K.

J. R. 爱克利 1936 年 6 月 19 日的来信

亲爱的凯恩斯：

来信收悉，非常感谢。我完全理解您收取稿费的原则和一贯做法。但是，就《听众》的情况而言，与您的印象相反，它是一份非营利性刊物。它于 1929 年元月创刊，英国广播公司当时与出版商委员会签订协议，尊重整个国家的出版和报界的利益。该协议的主要内容是：第一，《听众》不以营利为目的；第二，一旦本刊的收入超过支付，本刊就应减少广告数量。因此，您可以看到，《听众》的发行并不增加英国广播公司的收入，不应算作营利性刊物。鉴于这一点，是否可以请您接受低于您在来信所说的稿酬标准？

339 这篇文章的篇幅不应超过 2000 字，这样我们就可以在文内设计大约三幅插图。如果不使用插图，文章当然可以稍长一些。

您真诚的，

J. R. 爱克利

凯恩斯 1936 年 6 月 18 日写给 J. R. 爱克利的信件

我亲爱的爱克利：

我对您 6 月 16 日来信所说内容很感兴趣。但是，具体的结果是，如果我按低于通常的标准收取稿酬，这对任何人都不利。我既不会让《听众》,也不会让英国广播公司得到好处,仅仅会挫伤可能希望在贵刊刊登广告的人士的愿望。我担心,这样做很难被视为支持一份没有什么经济实力的出版物。我觉得非常有意思的是,这是与出版商委员会签订的协议带来的结果。其原因在于,显而易见的一点是,贵刊可以自由地增加收入,以便提高刊物质量,增加其吸引力,从而极大地增强贵刊的竞争实力。假如没有签订该合同,增加的收入几乎肯定要纳入英国广播公司的财务账上。如果出版商委员会希望避免竞争,他们应该规定的是,《听众》的赢利比例不能低于其刊物价格的百分之 x!

以上说了这么多,说明了较低的稿酬标准对贵刊,对我,对约翰爵士,对收听者,对纳税人,对任何别的人都不利,我建议 25 几尼可以是一个适当的妥协数字,最后请给您定夺。我可以诚实地告诉您,我已经不再将撰稿作为获得收入的方式,所以从财务角度上考虑一点也不在乎。但是,可以这么说,我身为作家工会的一员,按照一般的思维习惯,无法让自己完全忽略原则问题。

您真诚的,

[这份复写件上签署了他的姓名缩写]J. M. K.

J. R. 爱克利 1936 年 6 月 19 日的来信 340

亲爱的凯恩斯:

您的来信让我想到另外一点,不得不给您写这封信,以便厘清这个问题:我是否可以这样的理解,因为英国广播公司并不希望从《听众》的收入中获利,所以满足于亏本经营的状态?在管理《听众》过程中,英国广播公司的目标是使让它成为一家非赢利性机构,既不产生以亏损形式出现的债务——债务肯定由经营执照持有者自掏腰包支付——也不获得利润。由此可见,通过接受低于您的通常标准的稿酬,您实际上让本台的听众获利。这样做可以让《听众》的财务报表更接近收支平衡,从而减少《听众》对执照持有者的依赖。另一方面,假如您提出的理由充分,接受低于通常标准的稿酬显然没有给任何人带来好处。这一原则一般适用于所有非赢利性机构,应该是令人满意的。那么,由此可见,如果您给慈善机构或者任何类型的公共服务部门撰写文章,按照较低标准收取稿酬是没有什么意义的。其实,医生和其他专业人士在收费时确实区分以下两种情形:一种是为非赢利性机构提供服务,另一种是为以赢利为目的一般商业机构提供服务。同理,您的做法也不会降低广告商刊登广告的意愿,其原因在于,我们有理由假设,广告商会选择别的机构来支付相同数量的广告费用,这其实对我们的竞争对手有利。因此,我是否可以把您建议的稿酬数额减为20几尼?

您真诚的,
J. R. 爱克利

凯恩斯1936年6月23日写给J. R. 爱克利的信件

亲爱的爱克利:

我的信件基于的设想是,贵刊控制了广告收入,没有让它达到最大数额。我还设想,广告商花在周报上的费用并不是固定的,而是取决于他们对所获价值的判断。

当然,我提出的观点仅仅适用于刻意减少收入的非赢利性机
341 构。除了贵刊之外,我不知道还有其他任何这样做的例子。

您真诚的，

[这份复写件上签署了他的姓名缩写]J. M. K.

凯恩斯1936年7月3日写给J. R. 爱克利的信件

我亲爱的爱克利：

我已经完成了您要我撰写的文章的初稿，随信附上。如果篇幅需要调整，请来信告知。

关于插图，找到适当的作品应该没有什么难度。但是，我本人并不擅长绘画。贵刊的插画部门能否提出具体建议？我的一个建议如下：在过去四五周时间里，《泰晤士报》刊登了一副泰晤士河上游的照片，所配的说明声称，一名投机开发商或者类似的人正在破坏那个地方的环境。《泰晤士报》上的这幅照片和说明文字可以很好地说明我在文章讨论的一个问题。但是，我希望听到贵刊的专家们看了我的文章之后，觉得应配什么的插图。

完成这篇文章之后，我不禁希望——也许，这显得有些愚蠢——应该让它上广播节目。因此，我冒昧地将这篇文章的复写件寄给了乔治·巴恩斯。当然，我理解您的建议，这组系列文章是完全与电台的实际谈话节目分开的。①

您真诚的，

[这份复写件上签署了他的姓名缩写]J. M. K.

① 这篇文章没有在电台节目中播出。

摘自 1936 年 8 月 26 日出版的《听众》

艺术与政府

342 古代人知道，公众不仅需要面包，而且还需要马戏。撇开政策不谈，古代的统治者们为了彰显自己的荣耀，满足自己的意愿，把相当大一部分国家财富用于举行仪式，制作艺术品，修建规模宏大的建筑。这样的政策、习惯和传统并非仅仅限于古希腊和罗马。这样的做法始于人类社会之初，当时的人两手空空，但是留下了生活的记录。这样的传统延续下来，形式和目的不断变化，从巨石阵到索尔兹伯里大教堂，至少传承到克里斯托弗·雷恩的时代，传承到路易十四和彼得大帝。到了 18 世纪和 19 世纪，教会有所衰微，富有的贵族以一种私人的利己主义的方式，在一定程度继续了君主和政府的做法。但是，对政府和社会的功能的一种新观点于 18 世纪开始出现，在 19 世纪达到了顶峰，如今依然在我们的社会中占据主要地位。

这就是功利主义的经济——我们几乎可以说财政——理想，它被视为整个社会唯一值得尊重的目的，也许它是文明人听说的最可怕的异端邪说。人们追求的是面包，只有面包——甚至可以说不是面包，而是以复利方式积累起来的面包，直至面包变为石头方才罢休。诗人和艺术家偶尔发出微弱的声音，对抗这种异端邪说。依我所见，英国的亲王是最后一位身居高位的抗议人士。但是，财政部提出的经济至上的观点大行其道，这不是仅仅表现在实践中，其理论也同样强势。人们已经让自己相信，政府在非经济目的上花费半个便士也是邪恶之举，甚至教育和公共卫生也只能以假借经济之名，悄悄混进来，理由是它们“是有回报的”。人们仍旧使用某种狂乱、变态的生意计算方式，以便解决这个问题：究竟哪种做法更有经济价值，把牛奶倒进下水道，还是送给学童们喝？从英雄时代中幸存下来的只有一种不可思议、未经计算的开支，这就是战争。更有甚者，这种开支有时也声称可以带来经济效益。如果出现某种非经济的花费，这将会是一种必须放弃的明显的公共 343
丑闻，那么，人们会觉得，最好的做法是向私人慈善机构求助。

这种临时手段有时候被人采用，如果我们不太习惯，会觉得难以置信。一个突出例子就是，需要保护乡村免受开发的侵扰，以便增进健康，提供娱乐和舒适，或者保留自然美景。这个例子很有代表性，说明人们受到变态的政府理论的噩梦惊扰的方式，其原因不仅在于，这并不涉及花费全民资源，至多仅仅把资源从一个口袋转入另外一个口袋而已，而是在于，就各个地方存在的这类全民一致性的重要性和迫切性而言，现在并不存在这样的问题。当一片悬崖、一段泰晤士河道或一个斜坡按计划将被毁灭时，首相根本没有想到，显而易见的补救方式是，政府出面禁止这样的暴行，悉数进行补偿——那样做将被认为是不经济的。没有谁像他那样，对这类暴行十分在乎。但是，他是财政部里欠缺人性的居住者的奴隶。没有其他办法，只有给《泰晤士报》写信，乞求经济帮助。他甚至协助组建了一家显然由外国人提供资金的私人慈善机构，以便进行捐赠，应对不时之需，例如，防止著名的莎士比亚悬崖被人用来烧制水泥。如今，人们的责任观、目的观、国家的荣誉和光荣观已经大大降低，由此可见一斑。

人们认为，过去时代遗留下来的民族纪念碑应该依赖富于公益之心的个人捐赠的不稳定、不充足的款项，而不是依赖社会自身。自从林肯大教堂建成之后，那幢高高矗立的建筑在200年中一直是英国的主要中心之一。财政部认为，它没有经济效益，不应该动用公共资金进行修缮，有一天它可能坍塌在地。难怪有人怀疑，高高在上的官僚们没有修建更多的巴比伦的空中花园，没有修
344 建更多的金字塔、帕台农神殿、罗马大剧场、大教堂、大宫殿，甚至连歌剧院、舞剧院、柱廊、林荫大道和公共广场也没有修建。就公共建筑艺术而言，现在最大的工程是国有公路；不过，这样的项目也是披着经济必需的外衣，悄悄弄起来的。顺便说一句，以它们为名目征收的特别税带来出人意料的大额回报，那些资金并非全都能以合适方式，用于其他目的。

每一代人都会树立永久性纪念碑，以便崇尚尊严，彰显美丽，表达时代精神。比这类纪念碑更重要的是各种持续时间短暂的仪式、表演和娱乐活动，一般人工作之余可以借此获得愉悦。这样的活动具有独特作用，让一般人觉得，自己是社会的一分子，与独自生活相比，自己在这类活动中情趣更雅致，才能更凸显，感觉更美好，心情更放松。人们的经验直截了当地显示，如果这些事情带有旨在获利的经济动机，它们是不可能成功实施的。利用公共娱乐提供者具有的才华，让其为经济目的服务，从而进行剥削和伴随而来的破坏，这是当代资本主义犯下的最糟糕的罪行之一。政府如何才能发挥最佳作用呢？这个问题难以回答。我们必须采用尝试错误法，一点一点地学习。但是，任何尝试都比现在的制度好一些。各类艺术家目前在社会中的地位堪称灾难重重。艺术家对自

己持有特殊的态度,这在签订经济合同时很不适应。与工作的主要目的是赚钱谋生的人相比,艺术家在心态方面恰恰处于对立的地位。艺术家在这两种状态之间的徘徊:当他的作品与金钱之间的联系呈使人反感的情况时,他在经济上欠缺谨慎;当所得的报酬看来与无法定价的东西相去甚远时,他表现出非常厉害的贪婪心态。艺术家需要经济方面的保障,需要得到足以为生的收入;在这两点得到满足的情况下,他希望在为公众和雇主服务的同时,保持自己的独立性。给艺术家提供帮助不是一件容易的事。其原因在于,艺术家需要敏感的时代精神,这一点是人们无法刻意制造的。也许,给艺术家提供最佳帮助的方式是在社会上形成这样氛围:人 345
们慷慨大方,坦诚相待,宽容大度,鼓励实验,乐观豁达,希望发现某种美好的事物。目前,人们态度严肃,缺乏主动性,对未来既无信心,也不抱希望,这种情况让艺术家不堪重负。

但是,在考虑政府扮演什么样的积极角色之前,我们至少可以排除显而易见的障碍,那些障碍作为清教主义的某种奇怪遗物,被强将在公共娱乐事业之上。在战后发展起来的机构中,我认为大部分人应该赞同这一观点:尽管人们争论不休,英国广播公司是我国最成功的娱乐机构。但是,甚至英国广播公司在其发展过程中肯定也不能大张旗鼓地采取行动。让人难以启齿的是,其一,它没有像公众期望的那样,从政府那里获得大量的经济补贴;其二,每位听众支付的10先令费用中,有很大一部分被截留下来,作为一般税收。这是一种新的难以运作的经营活动,需要进行费用昂贵的大规模试验,可以给政府与公共娱乐艺术之间的关系带来革命性变革,对公众娱乐和公众教育这两个方面作出巨大贡献,其效果超过所有其他大众传媒的总和。然而，即便在英国广播公司成立之初的不稳定时期里，它也被政府视为可以揩油的征税对象。财政大臣依靠的征税对象就是这类没有多少油水的机构。也许，这类经济负担是本着一视同仁的所谓公平精神强将于人的。其原因在于，对英国广播公司课税的做法仅仅是政府实施的普遍原则的一个例子；与之类似，政府还对音乐、歌剧以及其他所有以剧场为依托的艺术征收带惩罚性质的繁重税金。

就表现形式而言，建筑是公共性质最强的艺术，私人性质最少，非常适于体现市民自豪感和社会团结感。其次是音乐，然后是各种各样以剧场为依托的艺术，还有造型艺术和工艺美术——并不包含应被视为建筑的附属品的某些雕塑和装饰。就诗歌和文学而言，它们在性质上私人性质和个人特征更强。尽管政府难以明
346 确地鼓励带有私人性质和个人特征的艺术，值得庆幸的是，这类艺术并不需要只有组织起来的团体才能提供的结构、规模或者经费。但是，还剩下一类活动，它们必然带有公共性质。由于这一原因，它们受到上述信条的影响，似乎已经沦落为废止状态——它们就是公共表演和公共仪式。我们继承下来并且加以维持的公共表演和公共仪式为数不多，有人常常本着一种研究古物的精神，将它们作为奇特、有趣之物。我们尚未创造出任何表达自己的精神的公共表演和公共仪式。这些表演和仪式被人视为可以略去因而无法证明价值的东西；此外，人们从中获得的满足感被视为野蛮的，或者至多是幼稚，在不值得态度严肃的公民屈就观看。

对公共表演和公共仪式持有的这种观点是西方民主社会的突出特征，其中包括美国、法国、我们英国以及英联邦的自治领土。

我认为，这已被证明是一种不应被人忽视的缺陷。有时候，处在一个地方的所有人聚在一起，共同庆祝，表达共同的感受，甚至仅仅是共享简单的愉悦之感。在这种情况下，我们之中的任何人可以不受这类强烈情感的感染吗？我们是否可以确认，这样的情感是野蛮的，幼稚的，带有不良性质的？我认为，没有任何理由赞同这种看法。一般来说，提供适当机会，满足这类几乎堪称人类的普遍需要，这在政府事务中应被置于很高的地位。在历史上，如果哪种社会制度以不适当方式忽视这类活动，可能被证明给其自身带来危险。长期以来，英国公众被剥夺了观赏表演和仪式的机会，居住在伦敦以外的人尤其如此。已故国王的登基庆典——当局最初计划以非常小的规模举行——就是一个很好的例子。它让公众满足自己的渴望，有机会相聚在宽敞的广场上，一起表达自己的感受。大量民众聚集起来，表达自己的情感，这可能非常危险，超过了其他任何场合；然而，正是由于这种原因，这样的情感应该受到正确引导，并且加以满足，而不是被人忽视。长期以来，公共生活的这个方面遭到忽视，我们几乎已经忘记，应该如何着手，让它在当代 347
精神的环境中复活，让它在这代人的生活中起到重要的令人满意的作用。有鉴于此，人们怀着特别兴趣，阅读本报陆续刊登的文章。在这一系列文章中，关心艺术在某些欧洲国家的状况的人将告诉我们他们采用的方法。这些文章涉及这方面的情况，而且还涉及政府与艺术、娱乐和仪式的关系。

我认为，在俄罗斯、德国和意大利这样的独裁国家中，这类问题重新唤起的兴趣是一种力量的源泉；与之类似，在法国、美国和英国这样的民主社会中，对这类问题的缺乏兴趣的状态是一种弱势之源。在一定程度上,这是具有侵略性的种族精神或者国民精神的一个侧面;就此而言,这带有危险性。然而,它在某些程度上也可能证明是一种可供选择的途径,借此满足人们对社会团结的渴望。我们阅读相关文章时将会发现,现在国外流行的这类公共仪式和庆祝典礼带有被强迫的特征,完全是人为之物,是发表激烈演说的场合,有时候非常愚蠢。我们应该对此有更多了解。这是政府具有的一种古老功能,是政府的一种统治之道,在大多数情况下被视为基本的东西。这样的东西大体上已被我们抛弃,被视为仅仅适合儿童和野蛮人的做法。我们这样做是否正确?这个问题——以及政府与艺术关系的其他问题——正是这组系列文章讨论的题目。

我们现在实行的政策是对特定政治哲学的一种明确反映。依我所见,这种政治哲学彻底错了,最终甚至可能破坏我国实施的制度的稳固性。如果我们要改变支撑这些制度的哲学,我们只需改变现在实施的政策。在此,我提出另外一种观点。在结束本文时,请允许我提出两项建议,将它们作为改变思考方式可能形成的情况的例子,其中一个为了保护我们已经继承的东西,另一个为了扩大我们将要弘扬的东西。

1. 应该建立一个公共场所管理委员会,赋予它发布命令的权力,以便在出现与普遍利益对立的情况下,制止任何利用或者开发
348 土地的行为,制止改变或者毁坏现存建筑物的行为。而且,该委员会有权根据具体情况,给予相关人员合理赔偿。与之类似,如果修缮、维护或者购买场所或者建筑物符合公众利益,该委员会有权承担相关费用。

2. 应该最好初步准备，以便形成计划，从而避免再次出现动用资源，装饰和全面维修主要城市中没有计划的、不卫生的杂乱不堪的区域。以伦敦为例，我们应该拆除泰晤士河南岸的大多数现有建筑，涉及地段从市政大厦到格林尼治，然后重新规划那一区域，将其建成世界上最漂亮、最宽敞、最健康的工人阶级的聚居地。目前，那个地方利用得非常糟糕，使用其中一半或者不足一半的地块，就能让同样数量或者说更多的人口住上舒适的现代房屋，将剩下的地块用来修建公园、广场和运动场，修建人工湖、游乐园和林荫大道，提供可以想象和实施的各种娱乐设施。为什么不应让整个伦敦的环境变得漂亮，堪与圣詹姆士公园媲美呢？我们可以让泰晤士沿岸变为世界上的著名景观之一，楼顶平台鳞次栉比，座座高楼拔地而起。我们应该让泰晤士河南岸的学校变得更加宏伟，在那些学校中修建庭院、柱廊、喷泉、图书馆、美术馆、食堂、电影院和剧院，让师生员工享用。在这一计划中，应该最大限度的增添多样性。我国所有的建筑师、工程师和艺术家应该有机会发挥想象力，他们不是那种性格乖戾、思维迟钝、理念幻灭的人，而是心气平和、安心工作的具有文艺复兴精神的人。

我可以肯定，如果拥有劳动力和所需材料，实施这样的工程应该没有什么“财政”方面的障碍。物质材料比较充裕，这应该决定
我们决定展开工作的速度。追求速度本身并不可取，最好的建筑 349
物应该精心设计，精心施工，可以接受耐心批评，在建筑师的关注下慢慢矗立起来。在伦敦，在全国的其他城市，我们追求速度时应该考虑到政府在其他方面的计划。如果注意到这个条件，这项计划肯定会丰富我们国家的景观，将我们的社会财富的潜在能力转

化为具体的形式。

1937年,凯恩斯患病,除了与艺术剧院相关的事务之外,他的活动在一定程度上有所减少。但是,即便在卧床养病期间,他也撰写许多有意义的信件。

凯恩斯1937年6月12日写给斯蒂芬·塔伦茨爵士的信件

亲爱的塔伦茨:

我运气不佳,不得不卧床养病几周。我的床头上摆了一台收音机,这意味着,我整天都在听广播,知道了所有的节目。我脑海里冒出一个念头,觉得您可能希望听到我对贵台播出的节目的一些想法。不管怎么说,在听了上周播出的节目之后,我希望表达下面这些意见。

1.第一点与播音员使用的口语有关。曾几何时,受过良好教育、具有高度文化修养的谈话节目是贵台的一个特征,现在几乎完全销声匿迹。从某种意义上说,我对此表示遗憾,不过现在觉得,假如它们仍在播出,我也不会收听多少了。我觉得,如果要值得一听,它们必须具有较高水准,而且制作精良。但是,在仅存的谈话节目中,我发现只有针对农民的那一档内容有趣,制作精良,就我个人判断而言,不乏使用价值。我觉得,约翰·西尔顿上次播出的节目①最为精彩,内容有趣,效果良好,属于这类节目的精品。

① 《畅谈》,于1937年7月1日播出。

但是，我在此打算就播音员的发音提出几点看法。我听完自己喜欢的节目之后，发现在若干节目中，贵台的播音员使用可怜巴巴的文化人的腔调——那种发音只有你我和播音员才使用了。伦 350
敦之外地区的发音具有很好的品质，给节目增色不少。假如西尔顿的这档节目使用播音员的发音，其效果将会大打折扣。在卡莱尔的节目[①]中，卡莱尔使用了漂亮的苏格兰口音，结果十分成功，但是约翰·斯图尔特·密尔的表演却非常糟糕，简直难以言喻。那天晚上，叶芝介绍了他的诗歌，[②]效果不同凡响，与几分钟之后朗诵者的表演形成鲜明对照。彭尼先生[③]受到过高的赞扬，不过他的表演十分有趣，非常成功；这在很大程度上得益于古尔顿先生具有特色的嗓音。在听了那位播音员的声音之后，我甚至发现，雷金纳德·富特[④]在演奏风琴过程中使用的可怕伦敦佬口音也可以让人接受了。不知何故，即使那种嗓音也具有特点和个性，效果良好。每个星期日晚上，我随意收听几档节目，总是发现自己仿佛走进威尔士的某个小礼拜堂，难以听懂正在朗读的圣经中的《使徒行传》。

实际上，除了特殊场合之外，我强烈感到，大学中使用的文绉绉的发音很不管用，当播音员以表示尊敬的口吻说话时尤其如此。

但是，如果正确选择所使用的声音，我认为朗读的前景广阔。

---

① 《卡莱尔一家在切恩洛》，1937 年 6 月 27 日播出。

② 《自创诗歌》，1937 年 7 月 3 日播出。

③ 《彭尼先生奇遇》当时播出第二系列，理查德·古尔顿扮演彭尼先生。

④ 他是英国广播公司聘请的现场风琴师，经常在英国广播公司的国内节目中演奏。

上个星期天，贝雷斯福特朗读了他自己创作的一篇短篇小说，非常幽默，令人心旷神怡。[①] 当然，许多材料使用地方口音朗读不行（不过，话又说回来，还有许多材料使用地方口音非常适宜），但是，就那些必须使用文绉绉的口气朗读的材料而言，我认为最好请年龄较长的播音员。刚刚大学毕业的人使用的那种显得青涩的文
351 绉绉的声音最为糟糕，他们失去了年轻人拥有的魅力和自然，又未掌握老练播音员拥有的那种控制技巧和的工作经验。我相信，许多年纪较长的人——特别是作家——能够展现我希望的那种效果。具有性格的声音非常重要；在通常情况下，只有更加成熟的人才能使用这样的声音。我觉得，这一点非常重要，真正训练有素的朗读技巧使用前景广阔。它是我们之中的许多人在成长过程中依赖的某种东西，是向人数更多的公众传递的最美好的东西之一。

就话剧而言，我实际上无法出席观看，觉得话剧表演是完全失败的表演。唯一的例外情况是，我事先已经完全了解剧情。例如，我喜欢由埃文河畔斯特拉特福剧团演出的《皆大欢喜》。[②] 不过，其原因在于我已经记住了那部剧的内容。假如我第一次接触，我肯定没有耐心——也不可能集中精力——看完演出。

在离开发音这个话题之前，我希望提出更多发自内心的抗议。在长达数周的时间里，白天播出的每一档节目往往都被关于温布尔登球赛的评论打断。您可以想象，没有什么东西比对网球的描

① 《职业自豪感》，在1937年7月11日的节目中由J. D. 贝雷斯福特朗读。

② 1937年7月4日。

述更令人乏味,令人厌倦了。毫无疑问,在英国广播公司节目的听众中,只有很少一部分人掌握了关于一流网球赛事的知识,拥有观看的经验,其余的人都会觉得,这类描述根本没有什么意思。而且,在收听节目的过程中,人们不知道可怜的评论什么时候会冒出来,这种情况造成的效果简直是雪上加霜。一天下午,他们中断正在播出的舒伯特的交响音乐演奏,插播了 10 分钟关于温布尔登网球赛事的描述,然后才在中断的部分继续播放。这样做简直类似凌辱,让人蒙受耻辱,肯定是对公众愿望的彻底误读。当然,我提出的这一观点并不适用于对所有体育比赛的评论。我可以肯定,有的赛事非常受人欢迎,每个人都喜欢。但是,综合各个方面的情况看,插播网球赛事的评论很不适当。 352

2. 音乐。我不是搞音乐的,但是我收听大量音乐节目,在此冒昧提出自己的意见。

我并不希望让您们解雇托斯卡尼尼;[①]不过,我确实认为,他指挥的音乐会说明了一个事实:由庞大乐队演奏的非常复杂的音乐相对说来不能令人满意。他指挥的大部分演奏简直难以入耳,所以我无法提供具体细节,说明他如何令人觉得乏味。其结果是让人觉得,他真正在行的是表演瓦格纳的二流作品。我觉得其原因在于,让人听到他指挥演奏的内容非常简单。另一方面,戈林德伯恩歌剧团的演出堪称完美无瑕。该剧团看来完全适合在电台演出,这样的演出增加五倍也值得一听。就我个人的喜好而言,每幕歌剧一周至少应该播出三次。一般说来,广播效果很好的是室内

① 托斯卡尼尼曾经担任英国广播公司交响乐团的客座指挥。

音乐，人们听到了原汁原味的现场演出。相比之下，一百人以上乐团在电台演奏复杂的交响音乐时，听众只能听到其中的一小部分声音。

现场演奏的音乐很少，这显然是问题所在。但是，在我看来，最劣等的音乐占用的时间太多，这样做没有必要。我可以欣赏庸俗音乐，而且可以接受更多这样的东西。但是，就贵台每天播出数个小时的乐音而言，我既说不上好，也说不上差，完全是最劣等的货色。而且，我还认为，贵台大张旗鼓地播出了出自当代作曲人之手的很差的音乐，其中的许多曲目显然乏善可陈，完全没有达到最低标准。谈到廉价的流行音乐，柜台从来没有播出吉尔伯特和萨利文的作品，其中存在什么特殊理由吗？没有什么音乐比他们两
353 位的作品更受人欢迎，但是他们的作品却很难听到。我认为，可以作出更多努力，在贵台举办更好听的唱片音乐会。现存的唱片贮备给人提供了很大的选择范围。我建议，改变现在通常见到的东拼西凑的做法，有的节目可以包含更长一些的音乐作品。例如，在一年之中没有歌剧播出的较长时段中，为什么不播出戈林德伯恩的系列作品？依我所见，这样做可以拓展选择范围，让贵台抛弃大量使用的最劣等的音乐；而且，利用电唱机可以举办这种标准的音乐会，满足观众的各种鉴赏情趣。

还有两点从某种意义上说不太重要，但是从欣赏角度看却非常重要。贵台的做法是，详尽介绍交响音乐和奏鸣曲的乐章，这真的很有必要吗？这些内容刊登在《广播时代》上，任何希望了解的人都可以看到，在音乐会过程中一一介绍基本情况，这样做破坏了作品的完整性，让人觉得非常讨厌。更烦人的是，播音员对这样的

内容不甚了了,往往将某种错误的意思或情感强行塞入舞台指令之中。

我想说的第二点是,是否有必要在节目中花费一半时间,啰啰唆唆地提到唱片编号呢?是否有哪位听众掏出钢笔,急急忙忙地记下那些唱片的名称呢?(与上面提到的乐章的情况不同)那些编号没有出现在《广播时代》中,这显得尤其不合理。从唱片公司的角度看,更有效的做法是在《广播时代》上列出这些唱片的编号。这样,听众如果在收听音乐会的过程中喜欢某一作品,完全可以查阅《广播时代》,而不是手忙脚乱地用笔进行记录。播音员介绍所播作品的乐章,介绍唱片的编号,这样的做法真的严重干扰了我欣赏乐音的心境。

本来打算长话短说,却啰啰嗦嗦写了这么多,不过我觉得,这样才能清楚表达我的意思。

您真诚的,

[这份复写件上没有签署姓名或姓名缩写]

在1930年代余下的时间里,凯恩斯尽管罹患疾病,仍然参与艺术剧院的 354
活动。有时候,他以个人名义为演出提供资金,有时候资助部分剧作——例如,当年演出季的易卜生作品——在伦敦西区演出。此外,艺术剧院项目完成之后,凯恩斯将其转交给一个慈善机构管理。他与剑桥市市长的通信陈述了他的这一立场。

凯恩斯1938年4月23日写给剑桥市市长的信件

亲爱的市长：

1934年，我提出建议，组建一家公司，修建并且管理剑桥的艺术剧院，我的目的是提供一处合适的场地，并且进行管理，以便维持与这座城市和大学相配的艺术教育水准，促进剑桥的话剧、电影、歌剧、芭蕾舞和音乐艺术。

剧院现已使用两年多时间，我觉得可以说它已经站稳脚跟，并且制定了明确的政策。我们已经奉献了许多场演出，提供帮助的团体有希腊戏剧委员会、剑桥大学音乐协会、业余戏剧俱乐部、马洛协会、罗德尼戏剧俱乐部、剑桥市管弦乐队、剑桥大学非正式音乐俱乐部、科学工作者联合会、剑桥郡乡村委员会、英国戏剧联合会（东部）地区剧院。我们剧院还依靠自身的力量，上演了包括莎士比亚、莫里哀、哥尔多尼和易卜生在内的著名作家的话剧，上演了莫扎特、阿恩、韩德尔、沃恩·威廉的歌剧。此外，我们还举办了若干表演季，参与演出的团体有维克－威尔士芭蕾舞剧团、维克－威尔士歌剧团、都柏林阿贝剧团、威斯敏斯特剧团、水星剧团、鲁思·德雷珀小姐剧团、牛津剧团等等。

由此可见，我们已经有能力说明，本剧场可以有效地问市民和大学师生员工服务。因此，我受到鼓励，打算采取新的做法。这个想法已经存在许久，其目的是想明确一点：本剧院旨在丰富公众的文艺生活，而不是实现任何私人的目的。我们已经组建了一个慈
355 善基金会，该基金会拥有本公司全部普通股份，所占比例为总资产的六分之五。我已经把自己拥有的全部股份捐赠给了该基金会，而且还签了一项协议，在若干年时间中以现金方式，向受托人支付

总额为5000英镑的捐助。

在组建基金会的过程中，出现的问题涉及如何确定最佳受托人的人选。我给您写这封信的目的就是要解决这个问题。已经提出的建议是，受托人包括五位 ex officio（当然）成员，其中两名分别代表市长和副市长；两名代表剑桥大学，分别是英语教授和音乐教授；一名为我供职的学院院长，他是剧院所在土地的所有者。此外，还有剑桥大学的英语讲师赖兰先生；我本人代表剧院的执行管理层。剑桥市市政委员会或者剑桥大学负责人需要亲自决定是否愿意参与此事；所以，我认为剑桥市政委员会或者剑桥大学尚未形成官方意见。我随信附上委托书的一份副本。

我在剑桥出生，并且一直在这里生活，其间的间断很短，与剑桥大学和这个城市联系密切。家父担任剑桥大学理事会秘书长达33年，并且曾任剑桥大学教务主任。家母相继担任过监护委员会主席、太平绅士、行政区市政官员和区长。在他们的帮助之下，我保持了对剑桥大学和本市事务的兴趣，提供自己的服务。我希望组建这个基金会，为剑桥大学和本市服务，并且在某种意义上纪念他们两人在长达半个世纪的时间里提供的具有献身精神的服务。

我也给剑桥大学的副校长写了一封内容大致相同的信件，并
且准备将这封信件的副本分别寄给剑桥大学的英语教授、音乐教 356
授和国王学院院长。

您最真诚的，

J. M. 凯恩斯

剑桥市长 1938 年 5 月 29 日的来信

亲爱的凯恩斯先生：

来信谈到建立一家基金会以便管理剑桥艺术剧院事宜，很有意思，在此谨表谢意。

我已将来信和基金会契约草稿转交给副市长。我们两人都认为，我们个人希望给予这项计划全力支持。

您在来信中建议，本市市长和副市长暂时应该担任基金会的 ex officio（当然）成员，我的看法是，您考虑组建的基金会与艺术剧院公司没有什么经济联系，本市市长和副市长接受这一职位的决定仅仅对他们本人具有约束力，并不涉及的其继任者。依我所见，将来担任这两个职务的人将会乐意在任职期间担任基金会 ex officio（当然）成员，不过我们无法就此进行任何担保。

副市长和我本人希望向您给基金会提供资金的慷慨之举表示谢意，并且乐意接受您的要求，担任基金会的 ex officio（当然）成员。

您真诚的，
E. 萨韦尔·佩克

1938 年 8 月 6 日，W. J. 特纳在《新政治家》的杂文专栏中发表文章，谈到在克伦威尔大街修建国家剧院的建议，提出了场地的大小和是否适合修建剧院的问题。

凯恩斯 1938 年 8 月 9 日写给《新政治家与国家》的信件

先生：

我和 W. J. 特纳的观点类似，觉得应该修建国家剧院，但是对目前提出的这个计划的某些细节持一些保留意见。我是否可以写信对他表示支持？

特纳先生认为，应该选择更大的场地修建剧院，这一看法肯定是正确的。他指出，应该修建一大一小两座剧院，并且配套一家餐 357
厅。我还希望增添排练厅、布景工作室、服装工作室、宽大的库房、室内和室外咖啡馆。我认为，国家剧院应该是一个机构，而不仅仅是一座大厅。显然，除了摄政王公园和海德公园之外，伦敦市中心没有这么大的场地。如果利用公用土地修建一座宏大的国家纪念碑式建筑，就无需纳税人自掏腰包了。

在战争艺术的领域中，我们往往听任独裁者摆布。如今出现了仅此一次的机会，让我们在和平艺术的领域中以适度的规模，模仿一下他们的做法吧。

当年8月20日，《新政治家》发表了时任国家剧院呼吁委员会副主席、维克－威尔士剧团成员伊迪斯·利特尔顿女士的信件。她建议凯恩斯向该委员会伸出援手，并且指出了两点：第一、没有公用土地可以用来修建更大的剧院；第二、公众并不支持动用伦敦公园土地修建剧院的做法。凯恩斯写了以下信函作为答复。

凯恩斯1938年8月22日写给《新政治家与国家》编辑的信件

先生：

伊迪斯·利特尔顿女士的看法相当正确：在这个国家中，全国性机构经常得借助私人的努力才能组建起来。就修建剧院的情况而言，维克－威尔士剧院就是这方面的一个例子。现在，我可以想象，根据这一思路，可以尝试比维克－威尔士剧院更大的计划，建立一座国家剧院。我应该对这计划持欢迎和支持态度。但是，根据这项计划的赞助者考虑的规模，新的国家剧院可以起到什么作用，超过维克－威尔士剧院的功能呢？在肯辛顿区修建第三座剧院，与在伊斯林顿区和滑铁卢大道上已经建成的两座剧院相得益彰，位置合适，很有价值。就相同规或者较小规模的竞争性机构的目标和优势而言，我尚未听到——但是愿意听到——令人信服的说法。

伊迪斯·利特尔顿女士向有关当局呼吁，在摄政王公园或者
358 海德公园内划拨一块公用土地。这一可能性已被认真探讨，并且明确证明无法实现。但是，这一呼吁的力量可能因为一事实大打折扣：她本人显然不持赞同态度。

在这两个公园之内，已经存在着若干圈起来的地方，它们在并不破坏公园的整体氛围，实际上可以增加公园的多样性。拟修建的人民宫殿可以恢复身心，可供容纳话剧、歌剧、芭蕾舞和配音话剧演出，包括大规模的和小型的表演。经过布雷西报告①建议在公园中开凿的一条新隧道，人们将来可以直达那里。如果有人对此做法表示嫉妒，他们就难以赢得伦敦人的欢心。另外一个方案是，该设施可以修建在一大片荒地。那个地块位于威斯敏斯特大桥与滑铁卢大桥之间的泰晤士河南岸，下面是沿斜坡建造的长达

① 运输部编著《1937 年的公路发展概况（大伦敦地区）》，皇家文书局 1937 年出版，第 19－80 页。该报告的调查活动由查尔斯·布雷西爵士担任工程师。

100码的堤岸，那里有一家门咖啡馆。在这个世界上出现的许多时代、国家和文明中，是否只有我们给后人留下的除了防弹避难所之外，没有什么具有全国意义的纪念碑式建筑呢？甚至在这个问题上，谨慎行事的本届政府也显得犹豫不决。

J. M. 凯恩斯

战争期间，凯恩斯依然对艺术剧院保持兴趣。但是，他很快参与了全国范围内的艺术工作。1941年10月，他担任英国国家美术馆理事。4个月之后，他应邀担任英国音乐与艺术促进会(C. E. M. A.)主席。该机构在战争爆发之后由朝圣者基金会组建，后来由该基金会和英国财政部以对等方式提供经费。凯恩斯出任主席时，朝圣者基金会已经退出，音乐与艺术促进会成为完全由财政部提供经费的机构。

显而易见的是，凯恩斯积极参与了音乐与艺术促进会的活动，拓展了它的业务。最引人注目的举措是将坐落在布里斯托的皇家剧院租借出去，让它免于毁灭之灾，并且于1943年重新启用。凯恩斯在《泰晤士报》撰文，说明这件事情。

摘自1943年5月11日出版的《泰晤士报》 359

战争时期的艺术

今天晚上，在布里斯托的皇家剧院，老维克剧团重新上演了哥尔德斯密斯的名剧《委曲求全》。该剧1766年演出时，序幕台词由加里克朗诵。在今晚的演出中，新的序幕台词由扮演哈德卡斯尔西的比尔·桑代克女士朗诵。1766年落成的皇家剧院后来被证明是剧院设计和美学方面的一项试验,带来的深远影响经久不衰。它的座位从前向后依次升高,组成一个半圆,这在英国堪称创举。在后来的岁月中,美丽的装饰渐渐褪色。正如我们看到的,这座英国最古老的剧院与圣保罗大教堂类似,非常幸运,免于炸弹和大火之灾,在一片废墟中留存下来。

但是,在这个特殊的国家中,这样的幸运本身并不足以挽救这座具有全国意义的纪念碑式建筑。即便它具有罕见的魅力,即便西登斯、肯布尔、基恩、麦克里迪、欧文和埃伦·特里的声音依然在它的殿堂中回响,即便它依然具有活力,功能尚存,可以给新时代的民众提供新的愉悦,它也曾经面对噩运。1年以前,在逃脱了外部敌人的轰炸之后,有人计划把它拆除,以便为一家仓库腾出场地。布里斯托的公民们及时采取行动,筹集了一笔救援基金,任命了一批理事。但是,那笔基金规模不大,并不足以修缮和恢复这个表演场所。因此,英国音乐与艺术促进会——现在是一个完全有政府资助的团体——从理事们手中接过了重担,购置设备,进行日常管理,希望在演出季到来之前,把这座剧院交还给布里斯托,让该市在没有债务之困的情况下,继续经营管理。

这是音乐与艺术促进会实施的一项全新举措,在政府与剧场关系方面创造了一个先例,值得在史书上记载一笔。音乐与艺术促进会(这个机构的英文缩写 CEMA 的另外一个意思为应急管理
360 署,与凯恩斯国际货币单位一样,本身就很不吉利!)从财政部获得经费,并且得到教育总署署长的善意支持。但是,我可以心存感激地说,剧场的独立性没被明确规定,组织结构超出常规,规章制度尚未成型,因而可以随意采取行动——这样的事情没有谁能够以

官方的身份故意而为。

> 所以，金斯利爵士告诉我们为了免于
> 失败的命运，出手挽救实属至善之举，
> 我们遵从他的意见，忠诚之心完全不变，
> 为了英格兰的荣誉，挽救了皇家剧院。

于是，我们在一个局面失去控制的时刻，有幸参与了该剧院的建设。我们竭尽所能，完成了一项棘手的任务。我们今天晚上直言相告，不用在公众面前躲躲闪闪，希望得到公众的谅解。而且我希望，既然已经有了这个先例，从官方的角度来看，不加以重复并非恰当之举。

音乐与艺术促进会的职能变化很快，对它们的描述往往很快过时。在战争时期，音乐与艺术促进会的一部分职能包括：提供数以百计的工厂音乐会；把话剧表演送到矿区和战时招待所，让那些地方的观众平生首次看到现场表演；协助组织国内的节日活动，在公园和其他公共场合中提供娱乐节目。而且，在积极倡导者 W. E. 威廉先生的帮助下，本会还利用英国成人教育研究所的渠道，散发了大量图片和电影剧本，宣传的影片包括《重建英国》等等。那些材料具有教育作用，而且起到了有意义的娱乐作用。上周，在英格兰中部地区的一家工厂里，与本会合作的一家芭蕾舞剧团（我藉此谨向兰伯特夫人表示谢意）进行了演出，点燃了现场 3000 余名工人的激情。

在战争期间，本会的所有剧团必须完成一定定额的全国性演

出，以便促进公共娱乐活动。但是，本会还不断增强的举措，尽力帮助艺术团体追求最高的原创水准，从事各种各样的艺术活动，把它们的成果送到全国各地，满足大量的新观众踊跃欣赏最佳艺术
361 的愿望。在全国范围内，追求严肃艺术目标的顶尖交响乐团、弦乐团、大多数画家、(我认为自己现在可以说)绝大多数歌剧团、芭蕾舞团和话剧团均与本会保持了不定期或者持续的合作关系。本会总体上对它们的工作和目的表示满意，本会的政策是将艺术控制权力交给相关的团体和个人。艺术家们表演话剧，展示画作，举行音乐会，他们的作品多种多样，展现了不同的才华和良好意愿。

现在，全国的艺术领域充满活力，状态超过了以前许多年中出现的情况。本会最有意义的发现是，民众对艺术有大量需求。由于是在战争时期，我们免费提供或者以正常成本价格提供艺术产品；而且，支持这么多艺术活动所用的经费数量很少，可以忽略不计。在今天英国的任何大城镇中，如果一座建筑可以容纳形成高票房的观众数量，都可能在不亏损的情况下提供有价值的艺术杰作。这与过去的情况形成鲜明对比。依我所见在刺激和提高大众鉴赏情趣方面，英国广播公司(人们像对待自己所爱的人一样，常常抱怨它的种种不是)取得了很大成功，我们现在得益于这一有利局面。

但是，缺乏演出场地带来的结果是灾难性的。从全国的情况看，剧院、音乐厅以及符合本会要求的美术馆屈指可数。在适当的时候，我们将从破坏转向修建，这就是需要资金的地方。当然，从经济角度看，这些花费将是卓有成效的。但是，我们从一开始确实就在提供物质条件，以便展现有利于文明教化、给人愉悦的艺术。

音乐与艺术促进会是一家临时机构；如果大家觉得，战后应该保留它的组织形式和经验的任何部分，我认为这是一个富有成效的发展方向。如果能在政府的补助下形成必要的物质条件，公众和艺术家能够完成其余的工作。艺术之神将从这些尘封之地浮现出来，供求关系将是她们的仆人。为了开始这一美好的事业，让我们 362
为她们修建神庙，并且以此纪念在普利茅斯、考文垂、伦敦以及其他地方进行的勇敢、持久的抵抗。或者，让我们使用更明确的语言，向有关方面发出呼吁：让我们首先打开这个瓶颈。无论如何，不要让我们失去已经拥有的东西，以便证明我们在布里斯托进行的工作是很有道理的。我引用了赫伯特·法杰恩先生为此撰写的精彩绪论（它远远超过了加里克的文字）。在另外一个段落中，法杰恩先生写了以下对句，音乐与艺术促进会——以及我们所有的人——可以将此作为座右铭：

兢兢业业，不懈努力，
正视过去，服务当下。

有一次，公众对音乐与艺术促进会展示的图片提出了批评，凯恩斯进行了公开辩护。

凯恩斯 1944 年 3 月 12 日写给《泰晤士报》编辑的信件

先生：

贵报星期六刊登了一封多人署名的信件，对音乐与艺术促进会表示不满，认为本会以不适当方式，将展示的图片集局限于所谓的“现代派”艺术。

该信认为，本会执行的政策蓄意贬低公众的鉴赏情趣。我认为，这批署名者很有名望，在没有事先了解事实的情况下，草率写了这封信件，颇有恶意中伤的之嫌。但是，音乐与艺术促进会的活动是公众关注和兴趣的恰当问题，所以我在此冒昧利用贵报版面，尽量简要地说明相关情况。

在创立之初，音乐与艺术促进会使用朝圣基金会提供的资金，购买少量低价绘画作品，但是本会自身并不组织绘画作品展览。本会那时仅仅提供补贴，支持英国成人教育研究所组织的令人钦
363 佩的作品展览。1942 年，本会继续给英国成人教育研究所提供大笔资助，并且开始以更为直接的方式，承担一些义务。迄今为止，本会在这方面开展了三项重大活动：分别在英国各地巡回展出了西克特、威尔逊·斯蒂尔以及泰特美术馆在战时采购的作品。以上作品之前已在英国国家美术馆作过展示，获得了公众的普遍好评。

贵报刊登的这封读者来信的署名人没有具体说明，依照他们的判断，这三类展品中，究竟那些贬低了公众的鉴赏情趣？本会当初应该同时展出传统大师们的重要作品，以便与现代艺术的杰出作品相映成趣。当然，后来出现的结果是，在目前的形势下，说服那些画作的藏家交出自己的藏品，在全国进行巡回展示，这并不具有可操作性。由于相同的原因，本会无法在英国国家美术馆举办法国画作展览，无法中止原来的安排，举办美国最佳现代画作展览。但是，本会最终得以收集相当令人满意的传统英国风景画作品；而

且，泰特美术馆还为本会组织了维多利亚时期的具有代表性的叙事性画作。那些作品曾经红极一时，可能再次受到人们的欢迎。

但是，大多数情况下，本会不得不转而考虑艺术的历史发展方面的教育，考虑借助照片和复制品来进行展示活动。我可以举出一些具体展览，例如《艺术家与教会》、《英国艺术与地中海国家的艺术》、《肖像画与人物性格》、《1800 年以来的英国图书插图》。在其他展览中，我可以提及两个水彩画展系列：一个是《记录英国》，由朝圣基金会安排，展示了可能在战争中受到损害的有趣并且有价值的建筑物；另一个《重建英国》（由英国皇家建筑师学会提供展品）。此外，本会还组织了《芭蕾舞设计》展览。

在迄今为止本会组织巡回展出的 25 个项目中，当代艺术作品 364
展览一共有 6 项。其中两项选自皇家学会举办的夏季展览，挑选工作由皇家学会下属的委员会负责（贵报刊登的读者来信中的两位署名者的作品也在其中）；一项名为《当代苏格兰艺术家》，由专门成立的苏格兰委员会负责遴选作品。很可能情况是，最后这一项中的一部分送展的品引起了贵刊读者的愤怒。这些署名人在来信中并未解释清楚，不应巡回展出的究竟是当代艺术家的作品，还是其中某个流派的作品？从艺术自由和同行之情的角度看，后一个想法没有什么价值，从艺术鉴赏史的角度看，也是徒劳无益，天真幼稚的。本会制定的政策和实际做法是，给予每种严肃艺术形式应有的机会。以上目录也显示，我们对宽容性的把握是适度的。

遴选展品时，音乐与艺术促进会遵循一个艺术小组的建议。小组成员包括：英国国家美术馆主任、泰特美术馆主任、利兹市美术馆主任；塞缪尔·考陶尔德先生——他担任英国国家美术馆基金会的主席，馈赠给国家美术馆的展品引人注目；英国成人教育研究所创始人 W. E. 威廉先生——他现在担任陆军新闻局的局长；此外，还有三位活跃的艺术家，他们是汤姆·蒙宁顿、R. A. 邓肯·格兰特、亨利·莫尔。诸位将会赞同这一观点，根据公众的看法，亨利·莫尔取得了巨大成就，当代艺术有幸得到他的赞誉。在和平时期，该小组组长是维多利亚和阿尔伯特博物馆下属图书馆馆长。实际上，该小组组成人员合理，跨越各个流派，其中不乏享有盛誉的艺术界元老。总的说来，本会无疑已经非常成熟，有能力进行艺术甄别。

谨启

凯恩斯

365 1945年春天，音乐与艺术促进会举办了过去50年法国图书插图展。凯恩斯为该展览的作品目录撰写了前言。

摘自音乐与艺术促进会举办的《1895—1945年法国图书插图展》作品目录

在历史上，英法两国之间的文化联系对两国非常重要。随着法国的解放，英国国内自然出现了一个强烈的愿望，恢复我们两国之间中断很久的文化关系。本会希望首先举行一场法国当代艺术展，以便让英国人了解那一场吞没法国的灾难给法国画家带来的影响，了解在德军占领期间出现了什么新的艺术倾向。不幸的是，运输问题严重制约法国经济，拟来我国展出的那一批绘画代表作暂时无法成行。但是我们认为，展示法国在过去50年中的图书插图——其中包括当代最著名的艺术家近期的绘画作品——可以开一个好头。

音乐与艺术促进会艺术部主任菲利普·詹姆士先生访问了法国,选定并且安排了这一批展品。他以艺术品质和艺术风格方面的老道的鉴赏眼光,发现了大量在德军占领期间创作的图书插图,觉得喜出望外。这些插图包括原创的木刻版画、蚀刻画、凹版腐蚀版画和石版画。它们色彩丰富,印制在高级纸张上面,印刷采用了高雅的字体,留有足够页边空白。这样漂亮的作品可能让有的人感到忌妒(不过这并不意味着,法国的日常图书贸易丰富多彩,超过我国的情况);与此同时,有的英国人大肆鼓吹的经济紧缩正在产生不幸的后果,让那些喜欢这种现状的卑鄙小人显得颇有美德。但是,看到这批图书至少可以鼓励我们坚持以下观点:第一,我们应该尽早忘记经济紧缩和“战时紧急协议”;第二,在知识和具有教化意义的艺术中,存在着诸如虚假经济这样的东西,它们实际上消耗大量物质材料,在国民生活中没有起到什么作用,没有给人们的精神带来什么慰藉。因此,我们应该欢迎这次机会,欣赏土鲁斯一 366
劳特累克、博纳尔、马蒂斯、鲁奥、毕加索以西其他许多艺术家的绘画作品,并且藉此向法国致敬。在图书插图方面,英国人的鉴赏情趣和传统——姑且无论好坏——与法国人不尽相同,此次展出让人更清楚地看到这一点。

音乐与艺术促进会希望向法国大使勒内·马西利先生,向法国大使馆的帕里斯先生表示谢意。没有他们两位的支持和帮助,这次展览是无法顺利举行的。法国的展品服务处承担了收集近来出版的图书的任务,我们向该机构的劳希耶先生和朱伯特先生表示谢意。此外，我们向出借图书的法国出版机构和美术馆表示谢意。已故的安布鲁瓦兹·沃拉尔先生发行了这批精美的图书，马丁·法比亚尼先生已经并且正在完成沃拉尔先生未竟的计划，做出了引人注目的贡献。亨利·珀蒂耶先生不仅借出了自己的藏品，而且就此次展出提供宝贵专业咨询。迪努瓦耶·德·塞贡扎克在英国有很多朋友，慷慨出借了他编辑的期待已久的《农事诗》版本中的一些版画校样。

在英国，相关事项已经完全准备就绪。特别要说明的是，A.泽魏默先生提供了大笔贷款，维多利亚和阿尔伯特博物馆主任允许我们从位于南肯辛顿的国家艺术图书馆借出一批图书。请允许我在此谨向其他所有出借展品的人一一表示感谢。英国驻巴黎机会使馆的官员帮助我们发送图书，S. 内察姆金小姐和亨里翁先生帮助布展，我们向他们深表谢意。我们还要感谢英国国家美术馆的主任和理事们在伦敦提供的热情款待。在英国国家美术馆展出之后，本项展览与音乐与艺术促进会组织的其他展览一样，将会在全国各地进行巡回展出。

凯恩斯

367 随着战争的推进，音乐与艺术促进会在战后如何发展的问题被提上议事日程。在欧洲的战争结束之后，经过数月的讨论，财政大臣在1945年6月12日宣布，英国政府已经决定，将通过英国艺术委员会的方式，以更持久的方式继续音乐与艺术促进会的活动。几周之后，凯恩斯就新组建的机构发表了一次广播谈话。

摘自1945年7月12日出版的《听众》

艺术委员会的政策与希望

战争爆发之初，所有给予精神慰藉的源泉全都处于低潮，在朝圣基金会的帮助下，一个机构应运而生，它的全名叫“音乐与艺术促进会”，但是一般人知道的是它的缩写C. E. M. A.。音乐与艺术促进会任务是，把音乐、戏剧和绘画送到无法接触和平时期创作的艺术杰作的场所去，例如，防空洞、战时招待所、工厂、矿区等等。文艺演出协会负责该机构的娱乐活动；英国文化委员会负责与外国的联络工作；音乐与艺术促进会的职责是持续提供艺术表演的机会，为饱受重压并且常常流离失所的平民服务。

随着经验的不断积累，本会的艺术抱负和服务范围也不断提升。我应该解释的一点是，音乐与艺术促进会虽然创立之初受益于私人的努力，但是很快得到教育总署的资助，并且获得了来自财政部的经费支持。我们从外部得到的经费从来不多，但是通过兢兢业业的努力和良好经营，我们帮助促进会走过了很长的路程。创立之初，我们的目标是让人们恢复被战争剥夺了的文化娱乐活动，但是我们很快发现，我们其实给公众提供了许多他们甚至在和平时期也从未得到的东西。正是由于这个原因，英国的联合政府采取的最后行动之一是做出这个决定：音乐与艺术促进会将会使用一个新的名称，以便拥有更多机会，在和平时期继续运作下去。从现在起，本会将是一个永久性机构，在组织上保持独立性，不受官僚气息的影响，但是由财政部拨款支持，从根本上对议会负责。

368 从议员们投票给本会拨款那一天起，本会的活动就应该让他们感到满意。如果本会的行为不令人满意，任何一位议员都有权向财政大臣提出质询，责令相关人员作出解释。本会的名称将改为英国艺术委员会。我希望，诸位将使用艺术委员会这个简称，不要把本会的缩写形式变为一个错误的生造词汇。我们仔细地选择了本会的缩写形式，让它的发音无法被说成一个单词。

我认为，人们尚未完全了解这一重大改变具有的意义。赞助艺术的这个新奇念头悄然出现，采取的方式颇具英国特征，是非正式的，没有虚饰的——甚至可以说是尚欠火候的。一个半独立机构得到适度数量的资金，以便刺激、抚慰并且支持任何由私人或者地方组建的协会或者机构。这样的协会或者机构具有严肃的目的，表现出一定的成功前景，致力于给公众提供戏剧、音乐和绘画方面的艺术享受。

公共财政终于发现，应该支持和鼓励具有教化作用和生命力的艺术活动。但是，我们并不打算将社会活动的这个方面社会化。每天这个时段，诸位都听到，嘉宾各执己见，就娱乐业的社会化问题提出不同观点。我觉得，大家都意识到，就其性质而言，艺术家的工作从各个方面上都具有个人特征，是自由的，不受约束的，没有组织的，不受控制的。艺术家循着自己的精神气息采取行动，不能叫他朝着某个方向发展。但是，艺术家排斥或者扩展人们刚刚感受到的东西，引导人们进入新的境界，让我们去喜爱和欣赏那些东西。官方机构的任务不是说教，不是审查，而是给予鼓励、增强信心、提供机会。艺术家依赖他们生活的世界，依赖当时的时代精神。我们没有理由假定，与我们最珍视的东西几乎全都出现的某

些短暂时期相比，在没有建树的时代中，可以诞生具有本土特征的 369
艺术天才。如果有了普遍的机会，让人接触具有最崇高形式的传统艺术和当代艺术，艺术新作将会在出人意料的地方，以没有预见到的形式大量展现出来。

但是，不要把艺术委员会视为唠唠叨叨的说教者。给诸位提供快乐将是我们的首要目标。我们没有多少经费可供支配，如果诸位愿意慷慨解囊，正是你们最终决定自己将会得到什么样的艺术享受。就我们提供启迪这一点而言，我们希望教会诸位参与——并且观赏——的是一种新的游戏。战争时期的经历已经让人清楚地看到，大量公众具有的对严肃和雅致的娱乐的需要并未得到满足。这种情况在数年之前肯定并不存在。依我所见，这并不仅仅是一种战时产生的现象。我认为，在形成这种公众需求的过程中，英国广播公司起到了重大作用，起到了占支配地位的作用。它采用的方式是，给予全国的每一名听众学习过去只有少数人参与的这些新游戏的机会，形成新的鉴赏情趣和习惯，从而扩展听众的艺术渴望，提高听众享受艺术的能力。我了解到，现在播出优美的交响音乐会时，收听的人数可以高达500万之多。他们的耳朵受到了艺术熏陶。如果他们有机会欣赏现场演奏，获得注意力和情感的高度兴奋、高度集中的体验，他们之中的许多人将会对此翘首以待。这样的体验让听众觉得，他们自己仿佛是深受感染的现场听众的一员，耳畔回响着管弦乐队带来的辉煌乐章，身体的每个感官以及理解力全都受到震撼。其结果是，音乐从艺术家的双手和身体中流淌出来，夹带着活生生的肢体所增添的微妙感觉缓缓响起，半个世界的人都受到启迪，以更活跃的期待之情，欣赏现场演奏的艺术家的精湛技艺。

我相信，英国广播公司和艺术委员会的工作可以相互促进，相
370 得益彰。艺术委员会的目的是，满足这些新近激起并且广为传播的艺术期望。但是，为了取得成功，我们必须解决我们面临的最大难题：我们缺少足够的合适场所——在英国的大多数地区中，其实根本没有这样的场所。在我国，过去就没有多少值得一说的剧院、乐厅或者美术馆。在原来建设起来的为数不多的场所中，电影院占据了很大部分，而且那些场所在德国空袭中被炸毁不少。不管怎样说，尽管现代工程技术具有这样的能力，英国从来没有建设过真正适合容纳较多观众的场所。即使在规模较大的城市中，也完全没有必不可少的艺术演出场所，更不用说规模较小的地方了。今天，全国的情况非常糟糕，难以找到快速解决问题的办法。建造居民住房不得不作为当务之急。

当然，他们这样做没有错。不过，我向像管理者发出呼吁，请适可而止，给文艺演出场所留一些建筑材料吧。社区重建与人们共同生活的重构必须按应有的比例进行，让两者保持适当份额。我们不能将自己的资源完全用于建造住宅，不能只让人们在睡眠中安稳舒服，却没有建造让人们聚集的场所，使人们在清醒时可以享受生活。我希望，每年预留合理数量的资源，以便维修和建造我们将来需要的建筑。我听说，在俄罗斯，剧院和音乐厅在建设过程中被给予优先考虑。

让这样的建筑在全国各地矗立起来吧。我们这个艺术委员会致力于扩散和传播我国拥有的戏剧、音乐和艺术，在全国各地修建艺术中心，促进每个城镇和乡村的共同的艺术生活。如果可以得

到帮助，我们并不愿意单打独斗。我们希望与地方政府携手合作，鼓励地方的机构、社团和企业在这方面起到示范作用。我们已在伯明翰、剑桥、曼彻斯特、诺丁汉、布里斯托、利兹、纽卡斯尔、卡迪夫和爱丁堡设立了区域办公室。就苏格兰和威尔士的情况而言，我们已经组建了特别委员会。特别是在格拉斯哥，公民剧院在这 371
方面创建了完美的模式，拥有自己的剧作家，自己的演出公司，培养了群体不断壮大、欣赏能力越来越强的本地公众，这就是我们希望在全国各地见到的情况。我们对新近组建的威尔士艺术委员会抱有很大期望，对它将给威尔士人民的特殊艺术人才提供的激励抱有很大期望。毋庸置疑，在这个国家的每个遭到空袭的城镇中，人们都希望本地政府将会提供一批核心建筑，为戏剧、音乐演出和艺术展览提供方便。为了纪念这场旨在挽救个人精神自由的战争，没有什么东西比修建艺术中心更好的做法了。我们期望这一时期的到来：每个人的成长过程中，剧院、音乐厅、美术馆是一个富于生命力量的要素，经常观看戏剧、欣赏音乐会成为社会系统教育的一个组成部分。英国广播公司恢复了地方节目的播出，此举可能产生巨大作用，重新唤起各地民众对艺术兴趣，从而振兴各地的艺术活动。如果全国各地的人像过去一样，重新开拓不同的渠道，学会与其他地区不同的发展方式，形成自身的特色，那将是多么令人感到欣慰的局面！大都市的标准和时尚潮流享有过多的声誉，没有什么东西比这样的情况更具破坏作用。让快乐英国的每个地区以各自的方式快乐起来吧！让好莱坞见鬼去吧！

但是，我们的责任是让伦敦成为一个伟大的艺术之都，一个值得游览、让人赞叹不已的地方。如今，伦敦几乎有一半处于废墟之中。女王大厅被毁，没有适当的地方举办音乐会。坐落在考文花园的皇家歌剧院在整个战争期间已被排上其他用场。水晶宫已被大火夷为平地。我们希望，考文花园明年年初将会重新开放，成为歌剧和芭蕾舞演出场地。伦敦郡议会已经划拨了一块土地，用于建造国家剧院。艺术委员会已与水晶宫基金会携手制订计划，以便让那个地方重新变为一座宏伟的人民宫殿。

目前，没有人可以确定，时代潮流将会把这艘新近发现的大船
372 带向何方。英国艺术委员会的目的是创造适宜环境，以便培养精神，形成见解，促成这样的目的顺利实现：艺术家与公众可以互相支撑，以和谐方式相互依赖。在共同文明生活的伟大时代中，这样的和谐方式曾经偶尔存在。

凯恩斯在那次广播讲话中使用的一个句子造成了问题：艺术家联合会的宣传处长在1945年7月11日出版的《泰晤士报》上发表文章，怀疑凯恩斯所说的"让好莱坞见鬼去"这一句话表示，艺术委员会已经向好莱坞宣战，怀疑这样的冲突是否必要，是否可取。其实，英国的电影业人士可能对艺术委员会的计划表示支持。凯恩斯写信作出答复。

凯恩斯1945年7月11日写给《泰晤士报》编辑的信件

先生：

玻尔先生和艺术家联合会十分看重大多数的利益，肯定会原谅我的别样之举。不过，也许我在那篇广播讲话中措词有误。我颂扬了两点：第一，当代艺术家"夹带着活生生的肢体所增添的微

妙感觉”,把艺术呈献出来;第二,在这个国家中,“各地的人像过去一样,重新开拓不同的渠道,学会与其他地区不同的发展方式,形成自身的特色。”所以,我当时应该说的是“以好莱坞的方式向好莱坞致敬!”

为了回应玻尔先生来信中友好的最后一个句子,我愿意接受任何有益的建议。

您顺从的仆人,

凯恩斯

第四章　关于休谟的著述

373 凯恩斯自从他开始收藏图书开始，就把大卫·休谟的著作列为藏品之一。1933 年，凯恩斯的弟弟杰弗雷给了他一本 1740 年在伦敦以匿名方式出版的图书，书名是《人性论摘要》。根据传统的看法，《人性论摘要》的作者为年轻的亚当·斯密。凯恩斯仔细研究了那本书，开始怀疑那个被人接受的传统看法。在与剑桥的另外一位从事经济研究的图书收藏者皮埃洛·斯拉法讨论的过程中，凯恩斯提出的疑问得以一一证实。于是，两人得以说明，那本小册子不是出于斯密之手，而是休谟本人的作品。1938 年，凯恩斯和斯拉法在剑桥大学出版社重新出版了这本著作，并且联袂为该书撰写了一篇引言。引言内容如下。

摘自 1938 年出版的《1740 年版人性论摘要：大卫·休谟撰写的一本迄今未知的小册子》

一

1734 年夏，休谟离开布里斯托，前往法国。他在法国住了三年，最先在里姆斯，然后在西部的安茹州的福莱切。在那个时期，他完成了《人性论》的主要部分的写作工作。1737年秋，他给朋友亨利·霍姆的信件*中写了下面这一段话：

抱歉，我可以让您大概了解我的计划，但是无法满足您的好奇心。不过，我的观点颇有新意，我甚至不得不使用其中的某些术语。我既不能刻意通过任何节略的方式，让我的体系显得似是而非的，也不能完全让它被人理解。就是在这个问题上，我没能在这个地方满足一位先生提出的要求。依他所见，如果他看见我的观点一一摆在他的面前，这将帮助他理解 374
并且进行判断。在明年冬季之前，我的著作的内容不会公之于众，但是我一直抱有一个愿望，届时希望向您全盘托出。其原因在于，在议会开会之前，这项计划难以印刷出来；除此之外，我还必须承认，稍微推后出版本书的时间可以尽量减少瑕疵，我对此尚感满意。我在这里已经逗留了三个月，几乎总是只差一个星期时间就可与印刷工匠达成一致意见。您可以想象，在这一段时间，我没有忘记修改工作。我那时开始觉得，某些段落在风格上稍显不足，文字表达也存在我不满意的部分。与在法国独自一人享受的那种宁静状态相比，这里发生的大事在我身边，分散了我的注意力。

---

* 《大卫·休谟的信函》，J. Y. T. 格雷格编，牛津出版社1939年版，第Ⅰ卷第23页。

1728年9月26日，休谟与住在齐普赛的约翰·努恩*达成协议①，出版著作的头两卷。协议将该著作头两卷的初版版权给予那位出版商，约定印数“不超过1000册，”②支付给作者的稿酬为50英镑，另外赠送12册该书的合订本。休谟坚持只出让首版版权，看来在寻找出版商的过程中遇到了麻烦。③ 他不得不同意协议中所列的这一条款：“在印刷第二版时，我将以卖方价格，购买剩
375 下的全部首版图书。”实际上，在休谟在世时并未印刷第二版。④
可能出现的情况是，上述条款也许起到作用，有利于他获得（这一点将在下文中谈到）出版都柏林版本的权益，使他可以为第二版的

---

* 约翰·努恩看来在1737至1760年间从事印刷业务。“他的业务范围似乎仅限于出版宗教方面的图书。”约翰·努恩去世之后，他拥有的图书存货与1763年被拍卖。”（《记录与查询》，1939年第CLXI卷，第351页）。

① 该协议的副本现在见于丁堡皇家学会收藏的手稿中。

② 该书现在很难在市场上见到，可以就此判断，该书现存数量在100至200本之间。“该书，”伯克贝克·希尔说，“在休谟去世时已经非常稀少，为1776年的《年度记录》（见第ii卷第28页）中的休谟生平介绍撰写评论的人声称，难以介绍这本著作。”（《大卫·休谟书信集》，1888年版，第XX页。）

③ 参见休谟1740年3月16日写给哈钦森的信件（见格雷格，《大卫·休谟书信集》，第I卷，第38页）：“我觉得，自己懒怠，讨厌讨价还价，而且我得知，书商很少或者决不经营名不见经传的作者的首版图书，所以与书商达成的交易结果相当令人讨厌。我那时决定不让读者知道自己的名字，不过我现在发现，自己没有做到这一点。”

④ 直至1817年，这本书才在英格兰出版。首版之后的第二次面世是1790在德国的哈雷出版的德文译本。也许，正是译者海因里希·雅各布首次指出，该书优于《人类理解研究》，而且对问题讨论更加详尽（参见雅各布撰写的译序）。尽管T. H. 格林持相反看法（参见他撰写的该书引言，第I卷，第3页），现代研究康德的学者们确信，在1790年之前，康德没有阅读过休谟的这本著作（如果有的话，仅仅通过贝蒂在《真理论》中引用的段落有所了解——《真理论》一书的德文译本于1772年出版），但是引用了《人类理解研究》。《人类理解研究》的德文译本于1755年出版，康德的书房中存有这本著作的记录（参见《依曼纽尔·康德的图书》，A. 瓦德著》）。《人性论》没有法语的全译本。

稿件进行适当的更正。*

1793 年 1 月末，该书以两卷八开本匿名出版发行，书名是《人性论：将实验推理方式引入道德问题研究的一次尝试》。该书在伦敦出版，出版商为约翰·努恩，由位于齐普赛街的默塞尔教堂附近的怀特·哈特印刷厂印制。第一卷的书名是《论人的理解》……第二卷的书名是《论激情》。休谟 1739 年 2 月致函亨利·霍姆：①

> 自从我的这本著作出版以来，已经过去两周时间。除了许多其他想法之外，我认为本书可能对保持自己的内心宁静大有裨益，而且可能免去生活在这个国家中遇到的诸多艰辛。但是，本书是否取得成功尚无定论，我觉得，这种状态将会持续很长时间。习惯对这类抽象问题进行思考的人通常充满偏见；不受偏见所困的人对形而上学的推理并不熟悉。我在本书中提出的原则与关于这个问题的所有庸俗感知相去甚远，本书旨在取代它们，从而给哲学研究领域带来彻底变化。您

* 9 年以后（1748 年），休谟出版了《关于人类理解的哲学论文》——他后来（1758 年）将书名改为《人类理解研究》，不过后人认为，这本书远远不及《人性论》。在休谟看来，那时已经没有必要对《人性论》的稿件进行修改了。1751 年，休谟写信告诉吉尔伯特·艾略特："我相信，这些哲学论文囊括了与理解相关的全部重要问题，这些问题您在《人性论》中将会看到。而且，我给您的建议是，不要阅读《人性论》这本书。addo dum minuo（我心痛不已）。两部著作探索的哲学问题是相同的，不过年轻人的创新热情当时促使我仓促将其出版。那项工作规模浩大，在我 21 岁之前开始计划，25 岁之前写作完成，肯定存在不少缺陷。如此仓促之举，我心里已经不止后悔百次"（格雷格，《大卫·休谟书信集》，第 I 卷，第 158 页）。也可参见休谟自己发表的免责声明。该声明作为《人类理解研究》1777 年版本的《广告》，曾被印刷出来（参见伯克贝克·希尔，《大卫·休谟书信集》，第 289 页和 302 页）。

① 格雷格，《大卫·休谟书信集》，第 I 卷，第 26 页。

知道,要引起此类革命并非易事。我现在很年轻,可以看到这个问题将来会出现什么样的变化,然而却忧虑重重,担心一段时间里我将获得的回报只是能有幸研究这类重要问题,也许可以得到少数评判者的认可。

1739 年 2 月 22 日,休谟在给迈克尔·拉姆齐的信函中写道:①

就我本人而言,财务状况没有什么改变,我也没有采取任何措施去改变这种状况。我希望,明年冬天情况会有所改善。在我看到《人类理解研究》取得成功,明白自己在世界上所处
376 的位置之前,我不会尝试任何新的研究。不过,我担心我不会突然获得什么巨大成功。如果没有名家或者权威人士推荐,作这样努力的人开始时步履维艰。

1739 年 6 月 1 日,休谟在给亨利·霍姆的信函中写道:*

我获得来自伦敦的消息,知道了我的哲学著作引起的反响。如果我判断该书的销售情况,如果我相信那位书商,本书几乎无人问津,所以我目前对此不持乐观态度。我现在对自己也不持乐观态度,与其他没有取得成功的作者类似,我认为

① 格雷格,《大卫·休谟书信集》,第 I 卷,第 28 页。
* 格雷格,《大卫·休谟书信集》,第 I 卷,第 30 页。

自己并不是唯一一个对世人不持乐观态度的人。毕竟，在听到不满之辞的过程中，我意识到自己写这样的书是愚蠢之举；就此而言，我产生了更强烈的绝望感。其原因在于，我难以期望人们对这样的抽象推理产生良好反应，其实自己对此也没抱多少期望。我当时对自己认为的新发现非常喜欢，这驱使我忽略了所有常见的谨慎规则。我得到从事写作计划的人通常产生的满足感，就应该面对他们遭遇的失望感。但是，正如这样的人谈到的，一个写作计划往往接着另外一个，我不怀疑，只需一两天，我的感觉就会像往日一样轻松，希望真理最终将会占据上风，克服世人的冷淡和抗拒态度。

直至1739年夏天，既没有出现任何种类的述评，也没有出现任何类型的关注。在《自传》中，休谟记录了他那时的心境："我的《人性论》命运坎坷，超过了其他任何著作。出版[①]之后没有在社会上引起任何反应，甚至在狂热的读书人中也没有引起一丝反响。"那年秋天，休谟似乎得出结论，必须干一点铤而走险的事情，才能引起人们对他的著作的关注。于是，他开始动手撰写——如果下面这一页上提出的观点可以被人接受——一篇对他的著作的书评。该文实际上一篇赞美之辞，当然采用的是匿名方式。在某

① 伯克贝克·希尔模仿蒲柏的诗句，指出了这一点：

"真理，纯粹的真理从印刷机中流淌出来，没有引起
任何反响，仿佛是人间的最后一份报纸，最后一篇讲话。"

《后记》，第Ⅱ卷，第226页。

种程度上，那是关于《人性论》中他视为最引人注目的某些章节的一篇摘要或者概括，类似于亨利·霍姆在 1737 年要求他撰写的文
377 章。那时，休谟“进行了徒劳的尝试”，[*] 并且在某种程度上增加了他在定稿期间想到的某些增补和修改。那些材料晚些时候将会出版，作为第三卷的附录。从现有的资料判断，他本来打算将摘要作为一篇书评，在《学术著作史》那份期刊上发表。但是，在他寄送稿件之前，该刊在当年 11 月和 12 月已经发表了对休谟的那部著作的长篇评论。[1] 因此，休谟另行安排，打算 1740 年在伦敦以单独小册子[2]的形式将其发表，采用的标题是《标题为论人性的新作的摘要；进一步说明和解释了新作的主要论点》。小册子封面写明：出版者为 C. Borbet（博伯特），出版社为爱迪生的头脑，而不是舰队街的圣邓斯坦教堂。但是，不过出版者的名字显然应是 C. Corbet（科比特）。资料显示，在这里所说的那个时期，科比特在位于舰队街的爱迪生的头脑出版社发表著作。[3] 在 1740 年 3 月出版

---

* 参见上文第 373 页。

① 在写给哈钦森的一封信件中，休谟将这篇述评描写为“批评言辞颇为犀利”的文章（格雷格，《大卫·休谟书信集》）。然而，书评作者是这样评价自己的著作的：“实际上，这本书具有无可争辩的特征，显示出一种巨大的能力，显示了一位冉冉而出的天才，但是作者年轻，所以尚显青涩。这个主题范围广大，崇高，需要作者具有洞见的理解力。面对这样的著作，需要非常成熟的判断力，才能解释它具有的尊严和重要意义。如果要认识这个很有吸引力的问题，就需要读者采用非常审慎的方式，以极具同情的态度，细致入微的领悟。随着时间的推移，随着实践的积累，我们可以更好地把握这位作者具有的成熟观点。我们可能有理由将这部著作与作者后来发表的著作相比，以超前的眼光看待它，类似于欣赏弥尔顿年轻时写下的作品，欣赏拉菲尔或者其他著名画家首次发表的作品，”这是一个相当好的例子，它说明要满足作家们的期望并不容易。

② 休谟 1740 年 3 月 4 日写给哈钦森的信件（见格雷格，《大卫·休谟书信集》，第 I 卷，第 37 页）。

③ 参见《记录与查询》，1931 年，第 CLXI 卷，第 80 页和 171 页。

的《绅士杂志》上，记载了该书的一份收据，收据上写了出版者的正确名字——科比特。[①] 关于这本小册子，休谟的传记作者那时并 378
不知情，直至近来才发现了一本，现在加以重印。借此机会，我们应该讲述那段令人觉得不可思议的传奇经历。

二

在上文所说的1740年3月4日写给弗朗西斯·哈钦森的信函中，休谟提及了《人性论摘要》，相关内容如下：

> 我的书商给斯密先生寄去一本我的著作以及您的来信，我希望他已经收到。我尚未听到他对该书的评价，也许您已经听到。我是在伦敦印刷的，但是它没有出现在《学术著作》上。在我寄送《人性论摘要》之前，该杂志已经刊登了关于我撰写的著作的一篇文章，批评言辞颇为犀利。[*]

在1846年出版的《休谟传》标准版中，约翰·希尔·博尔顿先引用了上一段文字，接着补充了以下内容（第Ⅰ卷，第116－117

① 《1740年的图书记录》的第152页上有如下文字：“《人性论摘要》，定价6便士，科比特出版社”。迄今为止，《绅士杂志》上的这一则启示没有引起注意，以前的论者既不知道该书的相关内容，也不知道它实际上已经出版。参见波拿编著的《亚当·斯密图书馆书籍目录》1932年第二版第204页上的记载：“不大可能出现的情况是，休谟的《人性论摘要》由‘斯密先生’为哈钦森编写，休谟于1740年将它寄给伦敦的一家刊物”（参见希尔·博尔顿，第Ⅰ卷，第116页）。

* 格里格，《大卫·休谟书信集》，第Ⅰ卷，第37－38页。

页)：

> 这封信中说，“斯密”收到了一本《人性论》。我们有理由得出这一结论：尽管斯密是一个普遍使用的姓氏，这里所说的应该是亚当·斯密。他当时在格拉斯哥大学读书，差一点才满17岁。从休谟这封信件的文字，我们可以推知，哈钦森向休谟提到斯密，认为赠送斯密一本《人性论》会起到某种正面作用。我们从这一证据可以看到，两位朋友首次介绍了斯密。我们可以说，除了他们两位之外，那个时期没有其他使用英语写作的人能给人类的思想带来如此巨大的影响。

博尔顿没有暗示，亚当·斯密与《人性论摘要》作者的身份之间存在任何联系。但是，在约翰·雷撰写的《亚当·斯密传》中，相关说法被进一步演绎：

> 尽管斯密当时是一个年仅16岁的青年，在哈钦森的富于激励的教诲之下，他的大脑已经开始有效地进行思考，并且在他的思想中发展了他们提出的建议。哈钦森看来已经发现了斯密的才华，刻意进行了介绍，让大卫·休谟注意到这位青年
> 379 才俊。1740年3月4日，休谟给哈钦森写了一封确实难以解读的信件。但是，如果情况真像博尔顿认为的那样，信中提到的斯密先生就是那位著名的经济学者，那么，在聆听哈钦森讲课期间，斯密看来撰写了休谟的《人性论》的摘要，可能将其作为一次课程作业，也可能出于其他什么目的。那时，该书刚刚

问世不久，斯密撰写的文章本来打算投给某个刊物发表。休谟知道后，觉得非常欣慰，于是将自己的著作寄了一本给那位年轻的作者。[在这里，雷引用了上面所说的段落。]如果这封信件中所说的斯密先生就是亚当·斯密，那么，亚当·斯密那时肯定不在格拉斯哥——因为哈钦森当时通过信件和他联系。但是，我们可以从当时的具体情况来解释这一点：亚当·斯密受命参加在牛津的贝列尔学院举行的斯涅耳成果系列展览之一，可能回到了位于柯卡尔迪的家里，以便为住在那所英国大学做些准备。当然，他实际上到了6月才启程前往牛津。

在《英国传记大词典》的大卫·休谟这一词条中，莱斯利·斯蒂芬沿用了博尔顿的解释，但是却误将以上所说的著作与那时尚未出版的《人性论》第三卷联系起来："休谟将一本（第三卷）寄给了'斯密先生'——可能就是那时在格拉斯哥大学读书的年轻人亚当·斯密。"但是，在（后来编写的）亚当·斯密这一词条中，斯蒂芬采用了雷提出的解释，试图将《人性论摘要》归在亚当·斯密的名下："大卫·休谟（1740年3月）写给哈钦森的一封信件显示，一位署名为'斯密先生'的人撰写了《人性论》的摘要，休谟见后非常满意，欣然通过哈钦森的帮助，将他的一本著作寄给了那位撰稿者。"但是，我们依然无法确定，这里所说的"斯密先生"是不是亚当·斯密。"

在W. R.斯科特教授撰写的《弗朗西斯·哈钦森》（1900年版，第120—121页）中，斯科特就亚当·斯密如何编写《人性论摘要》进行了解释，让这个传奇故事有了更多的可信性：

博尔顿和亚当·斯密的传记作者雷先生都认为，这里所说的“斯密先生”就是后来成为经济学者的亚当·斯密。在那一段时间，亚当·斯密受命参加在牛津举行的斯涅耳成果展，
380 但是当时可能回家，待在柯卡尔迪。我们从卡莱尔的《自传》中知道，那时哈钦森和利奇曼采用的习惯做法是，要求他们所教班级中具有发展潜质的学生为标准版图书或者新版图书撰写摘要。那样的摘要常常在大学内部引起相当多人的注意。在这种情况下，哈钦森显然把《人性论》的摘要寄给了休谟，休谟阅后认为它有出版价值。那是年轻哲学作者崭露头角的时代，但是如果我们假设那封信中所说的“斯密先生”就是亚当·斯密，那位撰写摘要的作者当时只有17岁。这一点不应作为怀疑亚当·斯密与休谟建立早期联系的证据；与之相反，它是一个很好的例子，说明哈钦森作为教师的成功之处，说明哈钦森在激励学生钻研哲学时表现出来巨大热情。*

如今，休谟和亚当·斯密的传记作者们常常采用的做法是，认为亚当·斯密在17岁时就撰写了评论休谟的《人性论》的文章。例如，在格雷格撰写的《大卫·休谟》(1931年版)中，就出现下面这一段文字(第112页)：

---

* 根据现在论者提供的相关新证据，斯科特教授利用他最近出版的新书《亚当·斯密：学生和教授生涯》，纠正了以前提出的错误观点。

哈钦森还为他的这位新近结识的朋友做了另外一件事情：让他与亚当·斯密进行了接触。亚当·斯密当时只有17岁，不过已经在格拉斯哥大学求学三年。

哈钦森身为教授，常常把新近出版的哲学著作借给最有才华的学生，让他们撰写摘要，交给他审阅。1739年，亚当·斯密撰写的《人性论》(第一、二卷)摘要非常精彩，哈钦森深感骄傲，于是将文章寄给了休谟。休谟阅后十分满意，把自己著作的一本样书寄给了斯密。而且，休谟还将那篇摘要寄往伦敦，希望那里的某家杂志刊登那篇文章，但是显然没能如愿。

三

可是，这两位传记作者其实并不知道《人性论摘要》的内容和特点；除此之外，休谟写给哈钦森的那封信件作为整个问题的基础，也难以支撑对它作出的这一番解释。

首先，正如博尔顿和雷已经注意到，休谟在信中提到，已经收到哈钦森写给自己的信件，那么，信中所说的"斯密先生"那时不在格拉斯哥。很可能出现的情况是，亚当·斯密1740年3月仍在格 381
拉斯哥，到了6月才动身前往牛津。[*] 再则，休谟在信中明确表示，他已经在伦敦出版了《人性论摘要》；如果这里的他指的是亚当·斯密，休谟就不用写"我尚未听到他对该书的评价"这个句子了。由此可见，不管怎么说，认为这本册子出自亚当·斯密之手这

* 参见雷撰写的《亚当·斯密传》，第16页。

个观点都是不合理的。还有一点可以补充：W. R. 斯科特教授 10 年之后才找到休谟与亚当·斯密见面的证据。时间大约在 1749 年至 1751 年之间，休谟大约在 1749 年去了一趟苏格兰，当时住在贝里克郡的奈因维尔斯。“两人见面的时间，”W. R. 斯科特教授写道，“肯定是他（休谟）某次去爱丁堡访问期间。[①] 在亚当·斯密于 1751 年 9 月或者 10 月前往格拉斯哥之前，两人见了面。”[②]这证实了杜格尔德·斯图尔特提到的证据。[③]

其次，休谟这封信件的语境显示，这里提到的“斯密先生”很有可能是另外一个人。休谟写那封信件的主要目的是征求哈钦森的意见，帮助他确定在什么条件下可以出版《人性论》的第三卷，并且希望哈钦森介绍一位伦敦的出版商，以便减少对以前那名出版商努恩的依赖。[④] 那封信件开头的文字如下：“您将会发现，我在您身上见到的和蔼、友好的品行很可能给您增添更多麻烦。我很欣慰地看到，给您带来麻烦的和蔼品行将会使您原谅我的行为”。[*] 这间接表明，休谟已经在类似的问题上请哈钦森提供了帮助。由此可见，休谟这封信件的最后一段（本书第 437 页引用了这一段）

---

① 参见《亚当·斯密：学生和教授生涯》，第 64 页。

② “正是在那时，”加兰德尔写道，“他认识了休谟。”（爱丁堡大学图书馆手稿，第Ⅱ卷，第 451—452 页。承蒙斯科特教授提供了这一引文。）

③ “从休谟先生的侄子保存的某些文件来看，两人之间的相识关系在 1752 年之前发展为朋友关系。”（《亚当·斯密的生平回忆录》，1811 年版，第 11 页）。

④ 实际上，第三卷的出版商不是努恩，而是朗曼。哈钦森把朗曼介绍给休谟，朗曼是哈钦森在伦敦的出版商。尽管出版商变了，印刷商却没有变。该书的装潢显示了这一点。因此，可能出现的情况是，在休谟坚持不让努恩出书之前，第三卷的印刷事宜已经在一定程度上确定下来了。

* 格雷格，《大卫·休谟书信集》，第Ⅰ卷，第 36 页。

显然要么说的是以前与哈钦森的一次谈话，[①]要么可能是通信，与 382
休谟在那之前提出的请求有关。关于休谟给哈钦森带来的"麻烦"的性质，我们的假定——这一点将在下文中详细说明——是，休谟要求哈钦森帮他作出安排，以便印刷《人性论》的都柏林版。

苏格兰于1710年被置于英国版权法案的管理之下。但是爱尔兰到1801年才实施该法案。[②] 因此，在整个18世纪，英国作家往往在都柏林印刷盗版图书（不过，那些图书与其他在英格兰印刷首版后来在外国再版的图书一样，严禁进口到英格兰）。实际上，许多重要的英国图书都印刷了都柏林版本，那些版本并不全都征得了作者的同意，并不全都在作者的监督下进行。但是，都柏林不受英国版权的制约，除了增加自己著作的知名度，避免可能出现的盗版之外，那种状况还给休谟提供了一个特别的有利条件：他当初在欠缺谨慎的情况下，与伦敦的出版商努恩签订了合同（参见本书第374页）；他可以很快出版经过修改的第二版，同时不用承担违约风险。我们知道：第一，休谟那时刚刚完成了对《人性论》头两卷的补充；[③]第二，补充的内容最终作为第三卷的附录，注明了它们在头两卷中插入位置的页码。我们还知道，休谟非常急于发行第二版；他在1740年3月16日写给哈钦森的信件说："我已经等得有点失去耐心了，急切希望第二版面世，主要是为了将所作的修改增添进去……我们两人的那次谈话给我了一个提示，我将在第二

---

① 休谟1740年3月16日写给哈钦森的信件显示，大约在那段时间，两人见面并且进行了交谈。

② 伯克贝克关于关于爱尔兰版的笔记，可参见《大卫·休谟书信集》，第176页。

③ 休谟是这样描述所增加的内容的。但是，增加内容其实仅仅出现在第一卷中。

383 版中增补进去。* 他在几天之前告诉哈钦森，①“第一版的销售情况当初虽然并不快，但是情况现在有所改善。”然而，这并不足以让他指望在伦敦印刷第二版，所以，他那时“等得有点失去耐心”的肯定是该书的都柏林版。最后，我们还知道，多年之后，休谟在写给威廉·斯特拉恩的信件中，提到了同样的主意，即通过印刷经过修订的都柏林版，以便击败他在伦敦的出版商。他在(1771 年 3 月 11 日)信中写道：“通过我原来见过的这个令人不快的版本，我距离提供这部著作的正确版本的日子非常遥远，甚至不可企及。想到这一点让我不禁心生烦恼。我可以向您保证，假如米勒先生仍然在世，我肯定会到都柏林去，在那里印刷一个版本。我认为，新版本肯定将会完全取代现在这个版本。但是，鉴于您对这件事情的经过全不知情，我心存顾忌，无法做出这样的决定。”②

后来，哈钦森在都柏林找到一名出版商。后者那时已经出版了哈钦森撰写的最早两本著作，那个人就是位于盲人码头街的哲学家头脑出版社的约翰·斯密。哈钦森与斯密的关系非常密切，后者与哈钦森的表哥威廉·布鲁斯在业务上有合作关系。从 1728 年起，两人的联合署名出现在哈钦森著作的爱尔兰版本上。③ 1728 年，就是英国版本面世的那一年，斯密在都柏林出版了哈钦森的《论激情》，“该版本修改了伦敦版上出现的错误”。④ 在那段

---

* 格雷格，《大卫·休谟书信集》，第 I 卷，第 38—39 页。

① 格雷格，《大卫·休谟书信集》，第 I 卷，第 37 页。

② 格雷格，《大卫·休谟书信集》，第 II 卷，第 235 页。

③ W. R. 斯科特，《弗朗西斯·哈钦森》，第 26 页。

④ 该书的广告，引文见斯科特，《弗朗西斯·哈钦森》，第 53 页。

时期(1740 年),在哈钦森写给都柏林出版商"杰克·斯密"——哈钦森是这样称呼他的——的信件中,几次提到了这件事情。[①]

在这种情况下,我们的猜测是:第一,休谟请哈钦森把自己推荐给都柏林的一位出版商,以便考虑能否在爱尔兰出版《人性论》;第二,哈钦森理所当然推荐了约翰·斯密;第三,休谟于是给斯密寄了一本《人性论》,哈钦森写信推荐这本著作,希望能够出版;第 384
四,休谟还给斯密寄了一份《人性论摘要》(当时还是手稿),希望斯密可以作出安排,在都柏林出版关于手稿的某种评论,其目的与休谟在伦敦的打算类似,旨在引起公众对拟出版的《人性论》新版本的兴趣。毫无疑问,都柏林版本来应该包括关于第一版的说明和解释。但是,休谟没有如愿刊行新的版本,只得将那些内容作为第三卷的附录,并在同年晚些时候在伦敦出版了该书。

我们没有见到《人性论》或者《人性论摘要》的都柏林版本留下的任何蛛丝马迹,当时肯定出现了什么障碍。但是,在上面引用的最后一封信件之后,在长达两年以上的时间里,休谟没有留下任何信件。这使我们无法发现该障碍的真实性质。不过,如果我们的猜测是正确的,哈钦森把休谟介绍给约翰·斯密之后,出现积极的结果:1755 年,约翰·斯密实际上出版了休谟的巨著《大不列颠史》第一分册的都柏林版本。[*]

① "在杰克的书店里漫步一天,让自己置身于书海之中",这是哈钦森给在都柏林观光一个朋友提出的建议(参见哈钦森 1741 年写给德雷南的信件,引自斯科特的《弗朗西斯·哈钦森》,第 133 页。哈钦森在 1735 年和 1739 年的信件中也提到"杰克·斯密",参见《弗朗西斯·哈钦森》,第 71 页和 138 页)。

* 格雷格,《大卫·休谟书信集》,第 I 卷,第 210 页。

我们认为，鉴于以上讨论的提示，没有多少疑问的是，休谟写给哈钦森的信中提到的“斯密先生”应该是都柏林人——就是位于“盲人码头街的哲学家头脑出版社”的那位出版商。

四

到此为止，我们在讨论中假设，休谟本人就是《人性论摘要》的作者。假如较早的论者见到了这份小册子，他们是不可能对这一结论提出任何质疑的。诚然，在《序言》[1]中，有一个（仅仅这一个）句子可以暗示，这本《人性论摘要》不是出自休谟之手；但是，这个句子语焉不详，欠缺热情，难以被视为说明问题的证据。其原因在
385 于，假如《人性论》作者承认这一点，那么出版这本《人性论摘要》就是自行拆台的行为。《人性论摘要》的内容引起公众对休谟就《人性论》所作增补的期待，增补的部分在《人性论摘要》面世之后在出版；因此，除了风格方面的考虑得到的结论之外，那些内容只可能出自休谟本人。由此可见，尽管增补的内容加起来仅仅数页，通过将《人性论摘要》与增补的内容进行比较，我们就可以更好地判断关于休谟是《人性论摘要》的作者这一看法的内在证据。

我们应该记住：《人性论》第Ⅰ、Ⅱ卷是1739年1月出版的，《人性论摘要》可能在1739年10月至11月那一段时间写成，出版的时间不晚于1740年3月。

---

① “我希望作者将会原谅我……”，参见该书第4页。

第三卷包括一篇附录,“说明和解释了本书前两卷中若干段落。”* 附录一共 28 页,分为两个部分:第一部分涉及《人性论》第一卷第三编和第四编中的某些段落;第二部分几乎完全与该书的第一、二部分有关。如果从逻辑或者解释的角度看,进行这样安排的理由并不明显。第一部分首先是对信念的本质的一个带有介绍性质的讨论,然后是一系列段落(一共 5 个),涉及信念以及其他问题,分别标明应该插入第一卷的那些具体位置。第一部分开始也是一段讨论,休谟在此承认,他撰写的关于个人身份的那部分难以自圆其说,并且承认两个不那么重要的错误。接着是四个段落,涉及各个问题,一一插入在第一卷中各自标注的位置。我们通过比较之后发现,《人性论摘要》预示了附录第一部分讨论的大多数问题;但是,没有那个问题——尤其是他作出的更正——与附录的第一部分相关。

由此可见,在第一部分中,关于“信念是某种新的理念……人们将它与对某个客体的简单看法联系起来”** 这一假设的错误在 386
于,休谟提供的两个证据大体上是对《人性论摘要》第 17—18 页上的两个证据的诠释。休谟说,信念的基本特征是它“伴随特定的感觉……不同于伴随想象力的纯粹遐想”。这一结论几乎一字不差地沿用的《人性论摘要》(第 18 页上的最后一个句子)。我们再次看到,《人性论摘要》第 19—20 页预示了将要插入的这个关于难以

---

* 这是封面上的描述性文字。我们应该指出,这(“说明和解释”)与《人性论摘要》的标题类似。

** 第Ⅲ卷,第 284 页(塞尔比－毕格斯版,牛津,1888 年,第 632 页)。

找到恰当字眼描述感觉的文字的段落。[①] 另外一段插入的文字[②]说明了相同的感觉，采取的方式是将同样的感觉与阅读诗歌产生的感觉对比；这一做法是一种扩展，其基础是《人性论摘要》第20页上提及的这个简短的对比。最后，关于被视为成因的意志与其结果之间缺乏联系这个问题，将要插入的一段文字[③]省视了“我们在心里感觉到的能量或者力量”。这一表述也在《人性论摘要》第23页上预示出来了。这些问题在《人性论》第一卷中没有出现；显然，如果休谟觉得有必要后来把它们增补进去，他认为它们没有在其中明确地暗示出来了。然而，《人性论摘要》的作者提到它们，既不将它们作为自己提出的批评意见，也不作为对问题的进一步阐释。如果它们被包含在所评价的著作之内，他会以随意方式，采纳这些看法。实质上，他似乎评述一个已经体现了增补内容的新版本——一个那时仅仅存在于休谟愿望之中的版本。

但是，如果我们进而考察附录的第二部分，我们将会发现，它与《人性论摘要》的相同之处甚少。实际上，附录中增补的一个更正（其大意是，关于相同对象的两个观点可能不同，不仅在其“力量和生命力的程度上”，而且在其“感觉”上）[④]在《人性论摘要》完全

① 第Ⅲ卷，第293页，插入第Ⅰ卷，第174页（塞尔比－毕格斯版，第628和97页）。

② 第Ⅲ卷，第295页，插入第Ⅰ卷，第218页（塞尔比－毕格斯版，第630和123页）。

③ 第Ⅲ卷，第298页，插入第Ⅰ卷，第282页（塞尔比－毕格斯版，第632和161页）。

④ 第Ⅲ卷，第306页，所指的是第Ⅰ卷，第171页（塞尔比－毕格斯版，第636和96页）。这条最好应与第11页（塞尔比－毕格斯版，第1页）相关。与171页的表述相比，最初的表述更为明确。

遭到了忽视。在(第9页的)那个段落中,错误表述被原封不动地 387
重复。另外一段文字*涉及拒绝对平等进行定义——这种情况在第I卷中没有加以考虑——的"许多哲学家"的看法。诚然,《人性论摘要》预示了将要插入的这一段文字,考虑了那一看法。但是,一方面,这一看法在这里遭到了批评,并且"留给学术界进行判断"。休谟在附录中宣布,他赞同那一看法。附录第二部分中的其他增补和更正在《人性论摘要》都没有反映出来。

由此可见,附录的两个部分是不同时期写成的。第一部分肯定是在休谟写作《人性论摘要》那个阶段完成。无论如何,当时他的观点本身已经完全形成,稿件内容已经确定,可以插入拟出版的都柏林版本之中。第二部分的写作要晚一些,现存的确凿证据表明了这一点。1740年3月17日,即在完成《人性论摘要》写作之后,休谟在寄给哈钦森的信件中写道:"我们两人的谈话让我受益匪浅,我将在第二版中增加一些文字,具体想法如下。从这些简单的文字中我们可以得到证据,可能存在类似的内容,但是无法将二者分离开来。在属于附录第二部分的一个段落之中,读者可以几乎看到完全相同的说法。"[1]相当奇怪的一点是,这两个部分不是按照自然的内容结构,而是按照其写作时间的顺序排版印刷出来。

此外,《人性论摘要》还有两个段落在《人性论》或者附录中都

---

* 参见第Ⅲ卷,第307页,插入第I卷第88页(塞尔比-毕格斯版,第637页和47页)。下一段插入的文字涉及数学家面临的两难困境,与《人性论摘要》第27页所预示的内容完全相同。

① 参见第Ⅲ卷,第306页,插入第I卷第43页(塞尔比-毕格斯版,第637页和20页)。

没有见到；休谟在1748年出版的《关于人类理解的哲学论文》(后来被称为《人类理解研究》)之中用到了它们。其中一段是对洛克提出的天赋理念的批评(《人性论摘要》，第9—10页；《关于人类理解的哲学论文》，第28—29页)；[①]另外一段谈到台球这个给人深刻印象的例子(《人性论摘要》，第11页之后的内容；《关于人类理解的哲学论文》，第52页)。[*]

388 因此，毫无疑问的一点是，我们在此可以让休谟撰写的一篇哲学论文重见天日，这类似于牛顿1666年谈到他自己时所说的情况："在那些日子里，他处于创新发明的高峰时段，对数学和哲学的关注超过以往任何时期"。它现在依然是对《人性论》的精髓和原创的天才之见的一篇简要介绍。在作者本人和后人看来，在这篇文献中，休谟独具慧眼，指出了其中的重要段落。这些段落"摆脱了权威的束缚，让人逐步习惯独立思考，给予新的提示，让具有天赋的人可以进一步加以探索，并且通过对比的方式说明前人没有看到的难题。"[②]

除了(28页上的)一个段落之外，休谟完全忽略了《人性论》的第二部《论激情》。但是，他以评论的口吻写道："这比第一部更容易理解，不过包含了全新而且异乎寻常的见解。"在开篇的几页中，他几乎没有触及第一部《论理念》的最初结构。"我选择了，"他写道，"我自始至终仔细探讨的一个简单论点。我拟仔细研究的只有这一个问题，其余的是具体段落给人的提示。依我所见，这些提示

① 塞尔比-毕格斯版，牛津，1894年，第22页。

* 塞尔比-毕格斯版，第28页。

② 《人性论摘要》序言，见以下的第4页。

非常奇妙,值得注意。"这里选择出来并且加以强调和重述的论点就是作者提出的成因论;从大体上看,成因论是对《人性论》第一部第三章中的三分之一内容的重新陈述。但是,在《人性论摘要》第11页—12页上,作者言简意赅地进行了有效总结,超过了《人性论》中任何段落。在《人性论》中,诸多段落探讨了信念是如何从习俗演变而来的,没有哪一段可以与《人性论摘要》(第16页)的这个段落相提并论:

> 因此,它不是理性——理性是生活的指南——而是习俗。389
> 在所有的情况下,习俗自身让头脑假设与过去一致的未来。无论这个步骤看似多么容易,理性永远也不会这样做。

最后,他"总结了作者在该书中使用的逻辑,论及他认为具有特殊性的两个观点;实际上,作者的大多数观点都不乏真知灼见。"第一个(见《人性论摘要》,第24页)与灵魂或者精神有关,最终形成对笛卡尔的批评之言;第二个涉及延伸的无限可分性和平等的精确标准。他还补充了他对意志自由的讨论所进行的小结,认为它"将整个争论置于新的视野之中"(《人性论摘要》,第39—31页)。

最后一段笔锋一转,与《人性论》序言表达的那种不温不火的间接肯定语气形成鲜明对比。"通过这部著作的讨论,作者表现了伟大的抱负,致力于在哲学领域中发现新的见解……。人们很容易发现,在人性研究领域中,这些原则将会形成影响巨大的成果……"休谟的这本引起争论的杰作面世以来,遭遇了长达数月的沉寂；那时，作者再也不能抑止自己的迫切希望了。过于谦卑的举止带来了社会的忽视，他必须使用言辞强烈来表明自己的明确主张，促使世人注意这本著作。所有这些都体现了休谟本人的特点：初露锋芒时刻意显得矜持；无法抵抗诱惑，撰写并且发表了对自己的著作的赞美之辞；当所有这些策略全不奏效时，以羞愧之心让整个事件尘封起来。其结果是，接近200年之后，世人才把它从被人遗忘的角落中发掘出来。

本书重印了《人性论摘要》，所用的字体、版式和印张大小几乎与当初出版时一模一样。原书的装帧和首字母采用摹写方式加以复制。原书采用的校对纸张是A－D4。

390 用来重印的这本著作于1933年从皮克林先生和恰托先生手中购得，现在的所有者为J. M. 凯恩斯先生。从那以后，还发现两本原书，其中一本藏于都柏林的三一学院图书馆，另外一本由W. R. 斯科接受教授收藏。凯恩斯先生和斯科特教授拥有的这两本著作均没有包含关于出处的信息。都柏林三一学院的那一本当初为弗朗索瓦·法赫尔图书馆所有。弗朗索瓦·法赫尔时任荷兰议会的书记员。1802年，该书经过转手，成为三一学院的财产。1945年，该书进入克里斯蒂拍卖行公布的法赫尔图书馆拍品目录，列在《神奇的经典名品》中出售。

第五章　杂录

凯恩斯给《国家文艺》提供的稿件有时候采取了出人意料的形式。他曾经两次撰写关于图书的短文或者书评。

凯恩斯 1927 年 6 月 25 日写给《国家文艺》编辑的信件

先生：

《国家文艺》(6 月 18 日，第 374 页)刊登一篇文章说，理查德·奥尔丁顿不喜欢华兹华斯；这样的事情是否具有价值，占据贵刊的专栏呢？在(人数并不算少的)华兹华斯爱好者圈子之外，多萝西·华兹华斯的这首并不重要的诗歌几乎无人问津；不关怎么说，这篇文章可能给人的印象是，理查德·奥尔丁顿评论这样的作品显得不太合适。因此，在三言两语贬低了那位女诗人之后，他把话头转向他感兴趣的问题——他本人和现代法国诗歌对他的鉴赏情趣的影响。但是，任何对华兹华斯诗歌不甚了了的人也知道，只有非常愚笨的人才会写出这样的句子："如果一个人从心里喜欢现代法国诗歌，对华兹华斯诗歌的兴趣就会退而让位。"

谨启

J. M. K.

凯恩斯 1929 年 2 月 24 日写给《国家文艺》编辑的信件

先生：

托尔斯泰作品的百年版推出了两卷新作，这令我不禁觉得，应该就作品采用的字体表达自己的不满。

对英国读者来说，这两本著作应是托尔斯泰作品的具有权威性版本，是十分抢手的东西，在未来许多年里将会满足非常巨大的需求。但是，这两本书的页边空白太宽，使用的字体太小，几乎任
392 何年龄段的读者都觉得看起来非常费力。实际上，文字仅仅占据页面的三分之一多一点。从印刷的角度说，这是一种弱智之举。牛津大学出版社——一般说来，该社在事关鉴赏情趣和常识问题上非常值得信赖——应该对此感到惭愧。希望将要出版的其他各卷有所改进，不知现在提出这一要求是否为时已晚？

谨启

J. M. 凯恩斯

在其他一些问题上，凯恩斯的意见显得更具有建设性。例如，《国家文艺》1925 年 6 月 13 日那一期刊登了 A. G. 坦斯利撰写的评述《西格蒙德·弗洛伊德文选》第三卷的文章。几乎在那年整个夏季中，读者来信踊跃，意见褒贬不一，莫衷一是。凯恩斯以一封匿名信件的方式，结束了那场争论。

凯恩斯1925年8月29日写给《国家文艺》编辑的信件

先生：

我作为局外之人，冒昧提出这一看法：弗洛伊德教授所提观点不乏重要性，贵刊某些博学多才的读者在来信中也表达了这一看法。

在我看来，弗洛伊德教授表现出天才品质，拥有科学想象力，提出了大量创新的理念、带有冲击力的可能性和科学工作假说。在直觉和常识两个方面，这些东西都有充分基础，值得人们非常耐心、不带偏见地进行考察。它们很可能既包含将被抛弃或者进行大幅度改进的说法，又包含具有伟大意义和永久价值的理论。

但是，就在经验层面或者归纳层面对其理论进行验证而言，显而易见的情况是，我们在这本著作中见到的东西显得非常欠缺。这就是说，只有很少的例证是在客观控制的条件下进行的。采用 393
弗洛伊德理论进行操作的人员告诉我们，他们与大量病人保持着个人联系，超过这本著作中提到的数量。但是，如果其他人仅仅根据在这本著作中见到的情况，提出批评意见，他们不应该表示不满。

允许我冒昧直言，假如他们承认，迄今出版的每个例子完全是由弗洛伊德教授杜撰出来的，其目的旨在说明他提出的理念，在读者的头脑中形成更为生动的印象，那么，在目前这个阶段中，支持弗洛伊德理论的论点就会被大大削弱。这就是说，就目前的情况而言，严肃对待它们的原因主要在于，这些理念让我们在直觉上觉得有趣,觉得它们包含某种新的真实的东西,有助于我们理解人类心理的工作方式。然而,就迄今为止已经出版的所谓归纳证实的文献而言,弗洛伊德的理念确实在这方面缺乏支撑。

我认为,一方面,支持弗洛伊德的人承认这一点可能大有裨益;另一方面,批评弗洛伊德的人无需撤销他们提出的批评意见,同时承认这一点:哪怕他似乎没有让我们觉得,他是这个时代最与众不同、最具创新的天才之一,这就是说,是某种魔鬼类角色,无论我们喜欢与否,弗洛伊德的理论都值得人们以非常严肃、公正的态度加以思考。

谨启

西拉

与之类似,凯恩斯于1927年写了一篇匿名文章,总结了一封关于活体解剖的读者来信。

凯恩斯1927年1月22日写给《国家文艺》编辑的信件

先生:

A. A. 米尔纳在上周写给贵刊的信件中声称,处理这个问题时应该采取非常明智和审慎的态度。可是,他真的如此吗?

他提出的第一个观点声称,即使患者死亡,医生有时也会认为该手术是成功的。他意在将此作为对所谓"专家"一种批评。不
394 过,这种看法似有引人发笑之嫌,超过了萧先生最糟糕的观点。他

提出的第二个观点认为，假如活体解剖纯粹是一种游戏，那么，它带来的痛苦是无法忍受的。但是，如果我们记得，可能伤及动物的运动每年在我国造成的痛苦非常巨大，超过活体解剖的数百倍，他的这一说法就没有什么效果了。如果我们不以严肃的态度，从科学的效用的角度，从治疗人类疾病的角度实施活体解剖，那么，活体解剖就是一种游戏。在这种情况下，将它称为狩猎或者开枪射杀，没有什么不妥之处。

他提出的第三个观点强调大多数人接受的说法，即这个问题在于如何平衡由此带来的益处。可是，如果按照这一说法来判断，毫无疑问的是，任何通情达理的人在考虑相关证据时，都知道这种平衡点在什么地方。在人们出于良好的目的所形成的各种各样的痛苦中，活体解剖肯定属于应该实施之列。

不！这一争议的真正核心问题其实是完全不同；也许，在米尔纳先生的这封信件的结尾段落中，我们可以看到他心里所想问题的某些蛛丝马迹。真正的不同之处在于，虔诚的反活体解剖者认为，这里涉及的并不是益处平衡的问题。在他们看来，无论活体解剖给科学带来多大益处，以生理科学的名义给动物造成痛苦这种行为本身是绝对错误的。他们以相当明确的方式表示，宁可让数以百万计的儿童在痛苦中死去，也不愿十几条小狗忍受活体解剖。或者说，宁可让数以百万计的儿童在痛苦中死去，也不愿让一条小狗遭受痛苦。理由很简单，他们拒绝接受或者允许这样的计算方式。当他们与排斥这一观点的人发生争论时，他们往往严重夸大活体解剖给动物带来的痛苦，大肆贬低活体解剖给人们带来的益处，以便支撑他们提出的以上观点。然而，这不是他希望提出的真正问题。他的真正问题基于对绝对道德准则的一种具体应用。人们难以就这样的道德准则提出质疑；就此——我同意米尔纳先生提出的观点——而言，生理学家的观点具有的价值与其他人的观点没有什么两样。引起争论的反活体解剖者知道，无论以正确还是错误方式进行陈述，他们的真正理由都无法吸引大多数人。所
395 以，他们试图采用其他很少显得公正或者坦诚的论点，以便强化自己立场。结果，这一做法惹人恼怒。

谨启

西拉

另外一次，凯恩斯给《国家文艺》撰写了一篇没有署名的文章，结果引起一系列回应。

凯恩斯在一篇没有署名的论述中，评论了赌博的成本。

摘自 1925 年 7 月 11 日出版的《国家文艺》

押注的成本

不久以前，人们讨论了对赛马押注征税的问题，就押注者的平均损失提出许多计算方式。赌注登记人从参赌者平均抽取多少钱，以便支付开销，获得利润呢？当时，有人就此进行了各种各样的估算。最近，《泰晤士报》刊登了一份统计表格，它也许可以给这个问题提供某种答案。这份表格列出了 11 名一流骑手的排位和所占比例，还有给他们之中的每一位投注 1 英镑获得的结果：

赌注为1英镑的投注方式

骑手	胜	负	合计	英镑	先令	便士	
S. 多诺霍	40	237	277	−35	12	0	
G. 理查兹	36	242	278	−36	2	0	
C. 艾略特	32	168	200	−8	0	5	
H. 雷格	30	214	244	−70	12	4	
F. 布洛克	29	115	144	−11	4	11	
T. 韦斯顿	28	177	205	−40	11	4	
C. 斯默克	28	186	214	−21	1	10	
R. 琼斯	27	204	231	−107	19	11	
J. 泰勒	26	108	134	−10	17	6	
R. 佩里曼	23	170	193	−33	15	10	
V. 史密斯	20	110	130	−20	16	10	396

如果将以上数据进行合计，得出平均值，其结果显示投注的损失为17.7%。如果这个样本像所列的这样，公正可信，这就意味着，公众任何时候下注1英镑，赌注登记人平均收取3先令6便士。

读者看到这一结果时有何感想？觉得这个数字高了，还是低了？无论读者的感觉如何，只需进行一点计算就能看出：面对这样的盈亏比例，除非我们假设存在超凡的投注技巧，任何一位投注者实际上都必输无疑，即便在相对较短的时间内也是如此。实际上，假如人们是理性的，这样的计算结果肯定会让他们停止下注。蒙特卡洛的博彩业收取的费用仅为3%，然而却成功地让前去下注的热情赌徒们血本无归。看来赌注登记人收取的佣金很高，是一般赌场的 6 倍。

当年 10 月 17 日，凯恩斯再次撰文谈到这个话题。

摘自 1925 年 10 月 17 日出版的《国家文艺》

押注的成本

在 7 月 11 日出版的《国家文艺》上，我们谈到了《泰晤士报》刊登的一份统计表格，该表格显示了给 11 名一流骑手的坐骑分别投注 1 英镑所得的结果。那份表格总结了 2250 次投注获得的结果，说明赌注人的平均亏损为 17.7%，即大约为 3 先令 6 便士。这个赛季已经开始一段时间，我们可以总结投给 11 名骑手的 4514 注情况，每注 1 英镑，亏损总额为 952 英镑，明细如下：

397 赌注为 1 英镑的投注方式

骑手	胜	负	合计	英镑	先令	便士
G. 理查兹	83	454	537	－67	18	11
C. 艾略特	69	305	374	－8	10	3
H. 雷格	66	406	472	－135	13	11
S. 多诺霍	59	350	409	－62	18	6
T. 韦斯顿	58	351	409	－91	6	3
C. 斯默克	55	373	428	－121	4	3
F. 布洛克	53	223	276	－36	3	6
R. 佩里曼	46	354	400	－64	19	4

R. 琼斯	45	367	412	−160	18	6
H. 杰利斯	41	260	301	−68	6	8
J. 泰勒	26	108	134	−10	17	6
J. 利奇	39	220	259	−83	3	7
			4514	952	16	2

与上次那份统计表格相比，这份表格的结果更加糟糕：平均亏损为21%，在公众投注的每1英镑中，4先令3便士被赌注登记人收入囊中。

另外：在10月3日结束的（紧接以上表格统计的）这一周中，168注的亏损总额为69英镑。由此可见，随着在本赛季即将结束时，赌注登记人似乎变得更加贪婪——其原因在于，以上表格显示，人们投注1英镑，平均亏损为8先令9便士。

后来，凯恩斯有机会再次谈及这个问题和别的话题。1932年10月10日，时任皇家博彩委员会秘书的爱德华·布里奇斯找到凯恩斯，问他是否愿意从"在经济和财政问题方面"经验丰富的人士的角度，提供相关证词。他提供的证词可以包括该委员会的受权调查范围——"研究与博彩、押注、赌博和类似问题相关的现存法律和实践，报告促成了哪些可取的实际变化"，"尤其是涉及这些问题的变化，探讨使用在彩票和押注上的支出在何种程度将对国家的经济状况或者财政状况带来损害"。凯恩斯承认，他对"这个问题没有什么明确见解"，但是同意出席会议，提供证词。 398

摘自《皇家博彩委员会的作证记录》

皇家博彩委员会

1932年12月15日,星期四

出席人员:

锡德尼·罗拉特阁下,二等印度之星高级勋爵(主席)

埃莫特女士

F. S. 杰克逊阁下,二等印度之星士爵士高级指挥官,印度王室授勋的爵士最高指挥官

R. F. 格雷姆-坎贝尔先生

M. L. 希琴斯先生

詹姆士·利什曼先生

A. 梅特兰先生,高级爵士

戴维·欧文爵士

A. 萧先生

锡德尼·斯金纳先生

J. L. 施托克斯夫人

E. E. 布里奇斯先生,理事会成员(秘书)

A. 约翰逊先生(秘书助理)

理事会主席 J. M. 凯恩斯应邀作证

凯恩斯先生的证词

1. 我以经济学家,而不是道德研究人员的身份作证。我认为,其一,存在着一种人们执意满足的爱好;其二,完全禁止这种行为的做法被认为是不可取的,或者说不实际的。

2. 根据这一前提,可以实现的目标应该是,提供条件,满足这样的爱好。这些条件具有的性质决定,它们(1)公平,诚信;(2)不会因为扣除用于费用或者利润的比例过大出现令人倾家荡产的之虞;(3)在规模和频率上应该最大限度地减少诱惑,以免人们倾家荡产。

3. 就以上所列的第 1 条而言，如果不考虑欺骗问题，从公众利益的角度看，应该对赌博的机会进行两项限制：其一，它没有大量花费金钱之虞；其二，它没有什么技巧可言。

4. 如果涉及技巧，不公平现象就很可能以某种方式悄悄混进来，获得技
巧或者模拟技巧的练习就可能占用相关人员的大量心思，这对他们的其他工 399
作有百害而无一利。鉴于这个原因，彩票或者赌金全赢制博彩带来的间接不
良影响较少，远远低于赛马或者股票交易赌博。

5. 百分比提成问题大体上与交易速度密切相关。例如，在蒙特卡洛赌场，占赌资 3%的金额可能远远多于赌注登记人获得的 20%或者其他任何比例的金额。在前一种情况下，交易速度很快，给参赌者造成的灾难性影响实际上肯定更为严重。由此可见，最为重要的一点是，赌博设施应有让人偶尔为之的特征，而不是让人养成习惯，其性质应该允许人偶尔满足躁动，而不是长期沉迷其中。例如，与一个每天下午泡在赌博俱乐部人相比，一个每年仅仅参加大赛马会赌马的人输得倾家荡产的可能性要小许多。从这一点看，与非现场赌马、赌博俱乐部投注或者持续从事赛狗相比，现场赌马、定期大额购买彩票或者参与赌金全赢制博彩更为可取。

6. 依我所见，理想的做法应该是一种每周开奖的国家彩票，中奖率在 10%以下，最多 15%，收益用于政府税收。出售彩票的所有开支由周日报支付支付，以便获得每周刊登中奖号码的权力。顺便提一句，这种彩票可能是提高税收的有力工具。我估计，财政部每年的收入可能高达 10,000,000 英镑。在这种情况下，就可能以更严格的措施控制其他的赌博方式。

7. 我认为，相当重要的一点是，人们应将赌博活动与娱乐艺，与没有什么重要意义的琐碎问题联系起来。在英国公众眼里，英式赛马是一种相当良好的娱乐方式，远远超过了美国人眼里的股票投机。美国的场地不长绿草；这一事实导致的结果是，它的整个工业正在变成赌博行业的一种副产品。其实，我们有许多理由为英式赛马祝福。

8. 总而言之，如果要把赌博带来的邪恶的经济后果最小化，把由此产生的娱乐和适度刺激最大化，赌博活动应该费用不高，公平实施，无足轻重，规模不大。假如我国民众每个星期天早上醒来之后，伸手取来报纸，看一看自己是否可能发一笔小财，那么，这实际上将会增添人们生活之中的快乐感觉。

如果人们习惯上让自己想象所有事情都可能发生，那样的状态是令人愉快的。

第 7820 项 （主席）凯恩斯先生，承蒙您给我们提供了证词。我认为，
400 我们真正希望确定的一点是，您是否首先可以从经济学家的角度，就押注和赌博习惯给国家繁荣带来的结果，给我们提供帮助？我们之中的大多数认为，押注和赌博活动肯定不能促进国家繁荣。这取决于享乐是否是国家繁荣的组成部分？押注肯定不在生产形式之列。

第 7821 项 一个人赌博输钱，将自己的金钱转移到另外一个人的名下；一个人把自己的金钱转移到另外一个人名下，因为那个人给他提供了某种非生产性服务，这两者之间是否存在差异？金钱从一个人手上转到另外一个人手中，除了很可能改变财富的分配之外，这里涉及的问题完全无关紧要。但是，依我所见，押注的罪恶在于，它是一种奢侈行为，其实施程度可能远远超过个人可能承受的程度。另一方面，由于涉及很大的费用，它其实并不仅仅是将金钱从一个人手上转到另外一个人手里的问题。从这个角度看，唯一可被视为纯粹转移的部分是赌注登记人所得的利润。但是，该部分在整个损失中所占比例较小。

第 7822 项 您是否可以帮助我们确定，押注在何种程度上是一种实施愚蠢的——如果你乐意，可以原谅的——行为的习惯？它在何种程度上是一种社会罪恶，给公众带来危害？我希望知道，您已经研究的统计数据是否可以就此给我们提供帮助？迄今为止，我尚未发现可靠的相关统计数据。但是，在我看来，对大多数涉及赌博人来说，如果适度参与，它是一种可以带来愉悦的行为，类似于小酌或者看戏。如果使用适用于歌剧或者其他任何形式的娱乐活动的标准，对它进行谴谪，那将是劳而无功之举。有人所持的异议包括两点：其一，它的性质与服用毒品类似；其二，它可能很容易被人——几乎在脱离实施者的意志的情况下——滥用，超过合理限度，变为无法控制的放纵行为。涉赌者很难计算赌博给自己造成的实际损失，所以赌博非常容易变为无法控制的放纵行为；而且，赌博是一种结果时好时坏的行为。就人的其他许多愉悦而言，人会觉得它们值得一试，一般说来知道它们会让自己付出什么代价，这肯定起到遏制作用。就押注而言，涉赌者很难知道这一点，总

是希望能够博弈成功。因此，涉赌者并不将赌博视为奢侈之举。

第 7823 项 我们当然看到，如果适度参与，押注可以给人带来某些愉悦，就像去看戏或者进行别的活动。但是除此之外，它也造成严重的罪恶。我们难以发现后者的严重程度。我本来应该考虑到，赌博导致的罪恶是毋庸置疑的；但是我认为，处理赌博的方式不是实施没有实际效果的禁止之举。毕竟，我国的法律多年来对押注采取禁止的办法，但是并未取得明显效果。我认为，明智的做法是要保证：其一，赌博设施应该加以圈定；其二，将赌博带 401
来的娱乐最大化，将赌博造成的社会不良影响最小化。

第 7824 项 我们可以得到您的帮助，制定出实施这一原则的细则吗？我建议制定明确的标准。赌博应该是公平的，诚实的。如果没有谁声称存在赌博技巧，实现公平和诚实的可能性就会更大一些。其原因在于，声称存在技巧的说法可能促使某些人精于赌博，让其他参与赌博者蒙受损失。

第 7825 项 您是否赞同这个观点，这就是，报纸竞猜根本没有技巧可言？我认为，目前的法律规定在这一点上恰恰是错误的。如果不存在技巧因素，我认为没有什么危害可言。但是，如果有人以虚假方式宣称存在技巧，那么在经济上就会带来更大的不良结果。

第 7826 项 summum bonum（至善）做法是否是，人们把彩票寄出，看一看能否中奖？对，大多数国家都看到了这一点；大多数国家都发行彩票。

第 7827 项 您是否赞成发行国家彩票？我认为毋庸置疑的一点是，这是最佳形式。这样做的代价最小，所得收益归国家所有；不会浪费大家的时间；国家有权确定，发行彩票的频率不会太高。

第 7828 项 您是否建议每周发行一次？对，我认为这样的频率大致合适。

第 7829 项 这是否意味着，将会设立押注部来管理彩票的发行工作？这不过是一项常规性事务。据我了解，在大多数拉美国家中，很多人都参与一周一次的彩票购买活动。

第 7830 项 并不是指望中彩来生活下去？我认为，让社会上比较贫穷的人心存一线希望，他们可能获得一笔——可以这么说——巨额财产，这是一件令人感到愉快的事情。我觉得这没有什么害处。但是，我认为有害的是不公平、不诚实的做法。那样的做法耗费巨大，使人终日沉迷其中，浪费时间，而且资金周转速度很快，几乎在任何时段中都可以让参赌者倾家荡产。我认为，这是赌博带来的罪恶。我实际上持这一个观点：我国在这方面的现存状态堪称 summum malum(至恶)。

第 7831 项　您是否毫无保留地赞同发行彩票，反对押注？对；但是我认为难以禁止押注，不过现场押注的效果比非现场押注好得多。

第 7832 项　在现场押注的过程中，参赌者投注之后观看马匹奔跑。这样做有什么特别之处吗？押注的人可以呼吸新鲜空气，活动身体，不可能一直待在那里。有的人在这个国家之内举行的每场赛马比赛上都押注，整个赛
402 季从不缺席，那么，这样的人所受伤害最大，得到的娱乐最少。我希望像大多数人一样，偶尔为之，不时押上几注。赌金全赢制博彩与彩票类似，是我应该表示赞同的活动。假如让报纸参与赌金全赢制博彩，不进行任何限制，那么数量就会变得太多。所以，我认为，只有采取国家垄断的方式，才能减少博彩的数量，将其控制在合理的范围之内。如果国家独立控制纯粹依靠机会的娱乐活动，就可能最大限度地减少这类活动在经济方面造成的不良后果。由此可见，就押注而言，应该将其控制在现场范围之内，应该给其他形式的押注设置巨大的障碍。

第 7833 项(埃莫特女士)　与赛马相比，您对赛狗持何看法，其利弊如何呢？在我看来，采用什么动物这一点并不重要。我对赛狗没有什么专门研究，不过我推测，我国给赛狗人提供了进行持续不断的押注的机会。我关注资金的周转速度，所以将赛狗视为不良活动。我们说蒙特卡洛式赌场是一种最危险的赌博形式，对参赌者非常危险，可能带来灾难性结果，其原因在于那种赌博的资金周转速度很快。如果蒙特卡洛的赌场营业，每两分钟就可能出现一次大输大赢的情况。与之相比，有的人每年都在德比举行的马赛会上押注，并不进行其他形式的押注。就我所理解的情况而言，现代形式的赛狗试图模仿蒙特卡洛赌场的做法，加快资金的周转速度，类似于在持续不断举行的赛马会上出现的情形。

第 7835 项　在赌博俱乐部中，情况甚至比赛狗更为严重吗？对。我认为赌博俱乐部是最糟糕的赌博机构，它们超过了我提出的判断最危险赌博形式的标准：耗资巨大，周转快速，时间很长，形成的结果非常危险。而且，我应该提出，对任何正常人来说，娱乐的因素在那里几乎被降至最低水平。

第 7835 项（希琴斯先生）当然，我国什么时候以合法方式发行过国家彩票吗？发行过，我记得很久之前发行过。

第 7836 项　您是否了解当时废除国家彩票的具体情况？不，我不知道。

第 7837 项　这一点可能对我们所说的问题有所启示吧？对。在我国历史上，发行各种形式的彩票被视为理所当然之举。我这样说并没有具体的证据，不过我可以设想，封杀彩票的做法是清教主义兴起之后出现的情况。在我国，一贯的做法是要么让赌博难以实施，要么让赌博不可能进行。国家彩票是法律最容易禁止的事情。

第 7838 项　对国家彩票的兴趣过去确实减少了；这就是说，是因为从发行国家彩票中获得收益减少了吗？我对国家彩票的历史不太了解。

第 7839 项　我们从社会工作者以及各类社会团体得到了大量证据。他 403
们以非常强烈的方式告诉我们，押注和赌博是当今社会最大的邪恶行为。他们的意见是，政府不应以任何方式鼓励这样的行为。政府也许可以防止赌博带来的某些不良后果，将其降至最低程度；但是，他们强烈反对政府参与这样的事务，可以这么说吧？政府如果接受这个观点，就完全可以利用自身具有的力量，宣布所有形式的押注违法。在这种情况下，诸位想一想，如果没有国家彩票，诸位将会完全撒手不管这件事情，规避责任，实际上默许大量存在的押注和赌博行为。在我看来，这是最糟糕的伪善行为。

第 7840 项　如果您将此与饮酒对比，有的人会说，控制酗酒的最佳方式是开设国有酒吧？我强烈支持这一观点，理由与上面所述相同。

第 7841 项　（梅特兰先生）凯恩斯先生，如果报纸竞猜存在技巧因素，您认为那是有害的吗？在某些竞猜活动中，存在名副其实的技巧因素，例如，《新政治家与国家》上的“卡利班竞猜”。在那样的竞猜中，奖品的价值可以忽略不计，它们其实仅仅是一种技巧游戏。但是，我这里所说的是在廉价报纸上泛滥成灾的竞猜，那样的东西其实没有什么技巧可言，全凭运气。要么竞猜的问题非常容易，任何人都可以找到答案，被开启的第一个信封的寄信人获得奖品；要么竞猜的问题有大量的答案，每个都有道理，声称具有技巧的人提供的答案是否与编辑准备的相同，这全凭运气。

第 7842 项　有人向我们提出，那些人利用闲暇，寻找这类问题的答案，与不使用智力的情况相比，这样做更好地打发了时光。您看来对此持不同看法吗？这并不是真正训练技巧的活动。

第 7843 项　在您看来，假如他们没有参与这类报纸竞猜活动，他们可能以更好的方式，投入到其他休闲活动中去？我不知道；我不希望将考验耐心的游戏定为非法活动。

第 7844 项　假如存在某种真正的技巧因素，或者某种兴趣因素，您不会持反对立场吧？如果使用技巧旨在获得训练技巧给人的愉悦，我对技巧因素持赞成和态度。但是，如果家里的佣人傻乎乎地花费时间猜谜，其原因不是他们喜欢这样的活动，而是希望通过这样的方式获得现金奖励，我认为那种打发时间的方式是不好的。

第 7845 项　（施托克斯先生）凯恩斯先生，您在证词的第一段中说，“其
404 一，存在着一种人们执意满足的爱好；其二，完全禁止这种行为的做法被认为是不可取的，或者说不实际的。”我推测，您愿意补充以下文字：您将押注和赌博视为一种提供满足的形式，这样的形式带有相当大的危险，可能导致滥用。对吧？是的，我持这样的观点。

第 7846 项　假如您补充这一点，那么接着看一下证词的第二段吧。我认为，这里存在一种 non sequitur（不根据前提的推理）。如果您认为，过度赌博很可能是危险的，那么，您为什么非常希望，被扣除的费用比例或者利润的比例不应令人倾家荡产，这是为什么呢？我认为，赌博在社会意义上可能是有害的，其原因在于，涉赌者将会损失大量金钱。如果人们可以出席跑马比赛，并且从中得到乐趣，那么从平衡的角度的考虑，出席跑马比赛的成本很小。与之相比，有的人去看赛马，几乎总是受到诱惑，参与押注，损失的金钱可能超过他可以承受的程度。我应该对前一种做法持更多的赞同态度。

第 7847 项　毫无疑问，如果一个人希望得到更多的回报，他受到诱惑投注的赌资就越大。对吧？我怀疑现实情况是否证实这个说法。大量的赌博活动受到相反状况的制约。不过我认为，赌博的不良之处在于浪费金钱。以酗酒者为例：在饮酒过程中，最有害的不是倒入口中的东西，而是酒精可能损害健康并且耗费金钱这一事实。假如饮酒不会产生这两种结果，人们会对将酒精倒入嘴里的行为持欢迎态度。

第 7848 项　销售酒类获得的部分利益被转换成为税收，其结果是，饮酒的费用更加高昂，这转而减少了酒类的消费。为什么费用更高的赌博不会减

少赌博行为呢？因为从赌博活动收取的税金根本没有减轻赌博带来的恶劣后果；税收让赌博对人的经济状况产生更具破坏作用的影响，可能甚至会起到强化赌博活动的作用。

第 7849 项　是否因为酒类价格越来越高，所以饮酒的人越来越少了？您进行的类比就像将毒药放在酒中；如果某种啤酒的质量欠佳，就可以让人酿造那种啤酒吗？

第 7850 项　这更像禁酒。然而，这是一种类比的说法。当饮酒者喝酒时，您给他提供的同一种药物，只不过药力更强一些罢了。对吧？这要么取决于您是否认为赌博恶习是一种心理需要，希望获得用非正当方式赚到的金钱，要么取决于赌博的罪恶存在于这一事实中：沉迷于这一愿望将会使人损失更多的金钱。我认为答案是后者。如果您觉得是前者，那么，我认为您提出的论点是正确的。

第 7851 项　我们脱离您在第一段证词中的思路，而是用以下文字进行表述："因此，必须对赌博业加以改造，让刺激赌博爱好的做法在经济利益上对任何人都没有好处。"您的看法如何呢？当然，对财政大臣是有好处的。 405

第 7852 项　要么对财政大臣有好处，要么对代表大众立场的人有好处，对吗？是的。

第 7853 项　您建议的赌博业拥有垄断地位，类似于伏特加酒在俄罗斯的情况。俄罗斯政府会说："我们给他们提供伏特加酒，但是与此同时，我们不给他们提供舒服的饮酒场所。"是这样的吧？我在总体上赞同这一说法，但是我不会使用那样极端的言辞。我认为，在所有针对爱好的立法中，作为主体的人的自由应该占有一席之地。我认为，禁止所有形式的押注、禁止对比赛进行下注的做法带有压迫性质，即使提供了某种国家彩票时也是如此。

第 7854 项　但是，主体享有押注的自由，主体享有鼓励他人押注从而赚取金钱的自由；这两者之间难道没有相当大的差异吗？对，我认为两者之间存在一定的差异。

第 7855 项　这么说，假如能够在赌博行业中排除赢利的私人机构，您所说的主体的自由并不必然遭到侵犯吧？我认为，那样做大有好处。

第 7856 项　在给我们提供证词的人士中，有一个人对赌博俱乐部抱有兴趣。那位人士认为，其实存在某种固定的赌博经费。这种赌博经费说的隐含意义是，如果鼓励人们以一种方式赌博，他们投入其他方式的赌博经费就会有所减少。我们之中某些人觉得，这一说法在本质上是错误的。依我所见，在您提出的建议中，也存在某种带有同样错误的谬见：如果有了国家彩票，实际上就可能采用更为严格的手段，对待其他的赌博活动。我认为，如果有了一种赌博活动，由此产生的倾向是，大众会得到暗示，全面增加赌博活动。是吗？我不应该持这样的观点，但是我认为，我应该用"更合理"而不"具有实际意义"来进行表述。如果有了国家彩票，我认为就可以禁止报纸竞猜。而且，对到真的到现场观看比赛的人来说，限制对体育运动进行押注的机会所带有压迫性就会减少许多。

第 7857 项　它不能以这两种方式奏效。押注的想法得到了人们的广泛认可，人们会给您指出这一说法的荒谬之处：人们必须以一种方式押注，不能以另外一种方式押注。对吧？我们希望提供相对无害的机会，这难道不是关键所在吗？与没有国家彩票相比，有了国家彩票之后会使我更爱好赌马吗？我不明白为什么我会这样做。如果您觉得，这是您给人灌输的一种新观点，这一想法过于天真了。绝大多数民众都参与某种形式的赌博和押注活动，只是程度不同而已。

第 7858 项　难道我们不知道，许多人购买了爱尔兰赌金全赢制彩票，他
406 们根本没有意识到，他们心里本来就存在没有满足的购买赌金全赢制彩票的强烈欲望。对吧？没错。我认为这是事实。如果有了国家彩票，目前没有购买彩票的人可能会参与进来。或者说，由于各种各样的原因，人们会喜欢赌马。但是，我认为，这不会带来多大的不良结果。

第 7859 项　这样实际上会起到强化押注习惯的作用，对吧？是的。不过，这仅仅出现在并不过多参与押注活动的人群之中。在我看来，押注造成的不良结果出现在押注起到药物作用的场合。健康的人根本不会过量服用药物，我认为押注不是什么罪恶行为。

第 7860 项　在第 7 段中，您使用了另外一个类比，并且明确指出："在英国公众眼里，英式赛马是一种相当良好的娱乐方式，远远超过了美国人眼里的股票投机。"但是，这两种押注是否互相竞争呢？大量参加押注（至少形成押注和赌博的巨大增量）的民众都是工薪阶层人员。股票交易与他们无关，

对吧？在英国无关，但是在美国却有关。我应该说，在繁荣时期，股票交易在美国占据的地位与赌马在英国占据的几乎相同。

第 7861 项　假设某种方式已经有效地抑制了押注活动，是否存在任何方法，让一般的工薪阶层人员参与到产业化押注活动中来？没有。我认为，在英国这种可能性不大，英国的股票交易组织让这一点不太可能实现。我这样说其实将此视为一种比赌马更糟糕的押注形式。而且，我这样说也是为了说明我的这一观点：最好将赌博与没有什么重要意义的小问题联系起来，而不是与这个国家的产业和贸易联系起来。

第 7862 项　或者说，与人的亲属的健康——而且可能还有死亡——联系起来。对。如果赌博要表现出健康的特征，它应该是无足轻重的活动。

第 7863 项　您在最后一个句子中说："如果人们习惯上让自己想象所有事情都可能发生，那样的状态是令人愉快的。"你暗示了反对赌博的一个经济理由：彩票把许多人手里的小笔金钱收集起来，然后转移到一个或者两个人手里，因此发行彩票的活动导致财富的不均衡分配。发行彩票的活动往往凸显了一般人对财富的偶然分配的期待，难道还有另外一种可以与之相比的经济方面的不良影响吗？我认为发行彩票的活动没有什么罪恶可言。假如财富通过抽签来进行分配，那样做比现在实施的制度要公平得多。

第 7864 项　那样做可能更加公平，但是它对生产率会产生什么样的反射效应呢？我认为它不会产生什么效应。

第 7865 项　您的意思是否是，每个人都全力工作，增加共同财富，不期望将自己的收入与提供的服务联系起来？如果个人可以指望的是贫困的生活，看不到任何改善的可能性，这是令人感到沮丧的。如果每个人以扣除自己的工资中的很小一部分为代价，总是拥有改善命运的可能性，我认为这没有什么罪恶可言。

第 7866 项　其他证人也指出了这一点，而且以更加率直的方式说，押注让英国人不受布尔什维克主义的侵害。您对此持何态度呢？那样说是有一定道理的。

第 7867 项　在我看来，前些日子在曼彻斯特出现的一幅招贴画总结了 407
这里所涉及的危险，上面写着："今天晚上赚一年的工资。"今天晚上赚一年的工资，这让人感觉非常良好。但是，如果脑袋里总是浮现出今天赚一年工资这个期望，这可能给人形成负面影响，不利于人以通常方式为了赚一年工资所作的努力，对吧？这仅仅是一种并不强烈的期望。

第7868项 当您见到手持赌金全赢制彩票的人，这就不仅仅是期望了。这是一种令人激动不已的确定性吧？我认为，如果有了每周开奖一次的彩票，人们的期望就不会有那么强烈。人们可能更加努力地工作，以便有钱购买更多的彩票。

第7869项 另一方面，他们也可能总是心怀期望，觉得自己下周就会赚一年的工资。对吧？我应该考虑到，存在额外的具有吸引力的东西，让他们把工资花在上面，这可能是促使他们工作的额外刺激。

第7870项 （锡德尼·斯金纳爵士）在我看来，凯恩斯先生，你认为几乎不可能根除押注行为？我并不认为从法律的角度看这是绝对不可行的。但是，我认为，这里涉及的困难是，绝对禁止给人带来压迫感，部分禁止又是不可行的。在我国，这就是法律总是面对的两难困境。

第7871项 您是否赞成进行控制呢？我希望了解所建议的控制方案的细节。正如我已经说过的，我的没有受到指导的想法是，赞成进行控制，甚至可以禁止非现场押注，但是同时允许适当的机构经营现场押注。

第7872项 您当然知道，大量的公众舆论既不认可押注，也不希望做与押注相关的事情。其实，有的人总是认为，押注并不存在。对吧？我相信有这样的人。

第7873项 如果有人谈及控制问题，您将把这个观点摆出来。大量的公众舆论持这个观点，对吧？我不知道究竟有多少人持这个观点。在我看来，这是关于人的良心的传统法律观点的一种残存物。我对该观点不持赞同态度。另外一个观点我比较赞同，它认为人在行为上应该考虑自己的行动给作为整体的情景带来的总体影响。您提及的观点基于判断人的义务的第一条标准。我认为，与另外一个观点相比，那个观点对人的义务看法显得狭隘一些。

408 第7874项 在您看来，那个观点在一定程度上带有清教主义的特征，对吧？有人一直觉得，这与清教主义观点相关，但是我认为两者之间没有必然联系。这是一种心理状态，这样的人非常看重自己的责任，但不考虑其他人的境遇。可以这么说，这样的人认为，自己总是面对考验，担心自己是否可能承担个人责任。“这事我没有做。”在我看来，这样的辩解之词没有说服力。(施托克斯先生)其实是本丢·彼拉多*式人物。

第7875项　(锡德尼·斯金纳爵士)我觉得，我们之中的许多人对控制这个问题很感兴趣。您是否可以一展自己的智慧，告诉我们应该如何控制街头押注活动？我非常怀疑，对非现场押注实施部分控制是否可行。我本来应该想到，全面禁止那类押注应该更容易一些。但是，我没有相关实际经验，无法回答您提出的问题。

第7876项　如果这是无法根除的，您建议实施什么样的控制呢？如果这是无法根除的，我无能为力。

第7877项　如果进行控制呢？您的意思是说，您拥有证据显示，难以或者根本不可能进行控制。我应该接受您的观点。如果是这样的话，没有什么可行的办法。但是，我得到印象是：其一，大量的困难源于目前法律相关规定中包含的模糊性；其二，假如我们准备全面禁止非现场押注，现在的法律对押注的合法与非法之间的界定相当模糊，实施起来可以更容易一些。

第7878项　(主席)相当明确的一点是，街头押注是非法的。您对此持何见解？但是，这里的难点在于，对街头与邻近场所的区分带有很大的随意性，公众认为这项法律没有可信度。与之相比，这个观点是非常清晰的：如果不去赛马现场，就不能就赛马进行押注。

第7879项　(戴维·欧文爵士)我本人并不十分清楚经济学家是干什么的，起到什么作用？他的作用是否是增加生活的愉快感和琐碎性？我认为，我对这一说法的异议是，经济学家有助于对这些问题进行清晰思考。

第7880项　这就是经济学家所起的作用，对吧？这是经济学家所起的作用之一。

第7881项　我本来以为，经济学家所起的作用是，研究具体的事实和统计数据，以便对问题进行证明。我对您提出的大多数人不时涉赌这一陈述感兴趣。您是掌握了任何统计数据来证明这一点，还是仅仅将其作为纯粹的个人看法？我没有对这些问题进行普遍调查。

---

* 古罗马的犹太总督。根据圣经的记载，本丢·彼拉多决定将耶稣钉在十字架上。——译注

第 7882 项　我应该说，您讲话很幽默。“出售彩票的所有开支由报纸支付”，“我国的民众每个星期天早上醒来之后，伸手取来报纸。”什么样的经济
409 因素是这一建议的根据呢？必须有某种公布方式；通过这样的方式，政府得到全部利润，没有扣除相关费用。

第 7883 项　可是，为什么用周日报呢？我这样说的一部分原因是，我比较了欧洲大陆上的做法。在欧洲，彩票一周开奖一次。

第 7884 项　这是每周开奖一次的国家彩票。您已经说过，您不了解国家彩票的历史，对吧？我不是研究英国国家彩票历史的。

第 7885 项　我们掌握的证据显示，停止发行国家彩票是有非常重大的理由的。

第 7886 项　（詹姆士·利什曼爵士）凯恩斯先生，我并不确定，您究竟是支持还是反对禁止非现场押注？正如我已经说过的，我没有相关信息判断禁止非现场押注是否可行。我已经表达了这个观点，但是可能阐述的理由并不充分。与维持现行的相当复杂的体系相比，明令禁止所有非现场押注可能更易实施。

第 7887 项　我们了解的情况是，非现场押注数量巨大，远远超过了现场押注。您知道吗？我知道。我已经看到的统计数据显示，现场押注的数量不到押注总额的 10%－20%。

第 7888 项　我很想知道，您是否觉得全面禁止所有非现场押注的办法可行，觉得这一方案可以解决这个相当复杂、难度很大的问题？正如我所说的，就这个问题而言，我掌握的知识让我有理由提供有把握的意见。

第 7889 项　（萧先生）您难道不觉得，这样的立法将具有很大的压制特征？我说过，这一因素出现了，应该加以考虑。但是，如果提供其他具体设施，我应该认为，这一立法带有的压抑性特征会被弱化一些。

第 7890 项　（詹姆士·利什曼爵士）就每周开奖一次的彩票而言，请允许我——怀着很大尊敬之情——问您，这究竟是一个经过严肃思考之后提出的建议，还是仅仅作为一种敷衍之举临时提出来的？在我提供的主要证词中，其实有两个观点。首先，我将彩票作为一种赌博形式的可行例子提出来，这种形式可以将伴随赌博的某些不良作用减到最低限度。如果允许赌博，我认为彩票是不利因素最少的形式。随之出现的问题是，我是否以肯定态度支

持这样的活动。关于这一点，我只是表达了个人的看法。也许，在表达这样的看法的过程中，我的表述超越了自己的专业领域。如果适当加以控制，那种赌博形式让人产生轻微的激动感觉，我觉得没有什么罪恶，可能有某些益处。但是，我很希望将这一点与我们提及它的方式分离开来。彩票是一种赌博形式的一个例子，相对说来不受某些不良的浪费恶行的影响。我概括说明的就是这方面的因素。

第 7891 项　您是否认为，您希望看到发行每年总值为 1 亿英镑的每周
开奖型赌金全赢制彩票？政府可以从中得到 10%，也就是 1000 万英镑？在 410
得到具体的经验之前，只能进行猜测。我相信，考虑到国民收入，外国政府由此获得的资金数量相当可观。在一定程度上，我作出的这一估计的根据是英国赛马的押注资金数量；毫无疑问，诸位熟知这些数据。如此巨大的数量级别意味着，1000 万英镑的营业额并不是超过正常情况的估计。

第 7892 项　您作出这一估计的前提是，目前我们公民用于赛马押注的金钱，其中包括现场和非现场押注，全都转向每周开奖一次的赌金全赢制彩票？是的。

第 7893 项　这一假设的数量相当巨大，难道不是吗？是的。这个数字我是作为一个备选项提出来的，不是现存的非现场押注基础之上的增量。我赞同您的这个说法：如果这种彩票不是用来取代现存的押注形式，数字就会小许多。

第 7894 项　您认为美国的场地不长绿草，这个说法让我略感不解。您可以解释一下吗？我相信，鉴于气候方面的原因，美国不可能举办英式赛马，不可能让场地像英国的这样常年碧绿。

第 7895 项　就您所说的理想场地而言，您是否认为，在目前这种动乱不安的时代，诱使民众产生这样的虚假希望是一件好事吗？为什么说是虚假的呢？他们之中有些人将会中奖的。

第 7896 项　我心里本想您很可能说："诸位中奖的概率是 500 万分之一。不要去碰这样的东西。"其实，您不愿触及这一定：您是在民众心中制造失望和恼怒的感觉。对吧？富裕阶层拥有自己的投资，并且总是期望他们的投资增值。这样的情况很少出现。但是，在我看来，如果有人觉得，存在着情况改善的可能性，这种感觉总的来说让人得到的愉悦多于痛苦。

第 7897 项 (F. S. 杰克逊爵士)我认为,以这样或那样的方式的押注和赌博涉及的金额估计高达 2 亿英镑。您对此有何看法？对,我看到的数据甚至更高。

第 7898 项 您身为经济学家,认为这对国家经济究竟有好处呢,还是有坏处呢？这在很大程度上取决于所涉及的支出有多大。我从自己看到的某些统计数据推测,赌注登记人获得的毛收入可能接近 20%,实际数字也许没有那么高。以总额超过 2 亿英镑计算,公众的毛损失可能在 4000 万这个数量级上,肯定超过 2000 万。另一方面,赌注登记人的利润估计远远低于这个数字,我认为大约在 200～400 万。因此,每年的实际支出可能在 3000 万这个数量级上,从经济学上说,这纯粹是浪费钱财。

第 7899 项 在您看来,从经济学角度考虑,赌博对国家有害;我不希望
411 谈及赌博涉及的道德方面的代价,好吗？好的。如果您认为赌博给人带来娱乐,那么,应该结合赌博给人带来的娱乐,考虑它让人付出的代价;或者说,如果存在着道德方面的罪恶,它们也应包括在赌博的代价之内。花费高达 3000 万英镑的国家收入,结果却带来了道德方面的罪恶。

第 7900 项 (梅特兰先生)我颇为不解,您为什么说 3000 万支出是被花费了。难道这 3000 万英镑不是从一个特定人群之手转到另外一个人群之手吗？这一笔资金不是仍然处于流通领域之中吗？您的这种说法意味着,没有任何形式的支出可被认为是浪费的。

第 7901 项 我希望向您这位经济学家请教,这究竟是什么原因？这个问题难以用三言两语解释清楚。

第 7902 项 (主席)这笔开支代表的工作是没有意义的吗？如果您假设正常用工的正常情况,那么我说,这纯粹是浪费。其原因在于,我们有理由希望,如果我国的这部分资源没有以这种方式加以利用,就可能以其他方式加以利用。如果您说的是非正常情况,并不涉及用工,答案的不确定因素将会增加许多。

第 7903 项 (F. S. 杰克逊爵士)在这个具有特殊情况的国家中,赌博或者押注广泛存在。如果您希望充分说明,赌博和押注是可怕的社会恶行,您是否能够证明,这类活动对国家来说真是一种经济灾难呢？如果不断定赌博是否是一种道德恶行,如果不断定一种道德邪恶的恶劣程度,其实是不可能

真正回答这个问题的。对整个国家而言，1 年花费 3000 万英镑涉及方方面面的因素，赌博和押注耗费 3000 万英镑这个事实本身并不证明任何问题。

第 7904 项　（萧先生）假如这里在玩轮盘赌，100 英镑在本委员会成员中之间转手，这笔钱是被浪费的吗？被浪费的仅仅是轮盘赌赌具的成本和工作人员的工资。　（梅特兰先生）但是，如果这台轮盘赌的售价为 5 英镑，那么卖价将会得到 5 英镑。（施托克斯先生）您得证明，本委员会的每位成员在得到这笔钱之后，都会像其他成员那样明智地进行处理。

第 7905 项　（戴维·欧文爵士）我们了解的情况是，在许多地区，例如在伦敦和其他地方，所谓的工薪阶层之中的许多人每周开支 5 便士或 6 便士用于押注。您知道，对只有那种收入的人而言，他们每周的可以支配的数额不到 5 便士或 6 便士，所以没有余钱可言。在正常情况下，这笔钱应该用于购买生活必需品。我是否有理由假设，在您看来，考虑到国家的利益，这样做是浪费行为。是的。

第 7906 项　这笔钱被没有余钱的人花费，从经济上说对国家没有益处，对吧？是的。我认为这是一种巨大的恶行。 412

第 7907 项　（希琴斯先生）有人向我们陈述：其一，这个世界上的每个人都可以通过一定数量的娱乐受益；其二，人们的生活不应纯粹是单调的活命；其三，如果一个人的娱乐活动是对赛马或者赛狗进行押注，另一个人的娱乐活动是看电影，您不能说，前者是浪费，后者不是浪费。对吧？是的。这就是我试图阐述的问题。

第 7908 项　（锡德尼·斯金纳爵士）此外，您考虑的是否不仅有赌博带来的娱乐因素，而且还有随之相伴的令人震惊的浪费？我应该这样做。因此，我强调是，在力所能及的情况，提供的赌博活动应该尽可能少浪费人的时间，尽可能减少人的费用，尽可能降低对人的诱惑，尽可能把相关开支限制在可以承受的范围之内。

第 7909 项　有时候，不仅是他们自己的金钱吧？是的。

第 7910 项　（主席）与此同时，赌博活动可以给人带来一些娱乐，对吧？是的。好啦，我认为今天的作证就此告一段落。非常感谢，凯恩斯先生。

证人退席。

凯恩斯提供的证词成为媒体评论的话题。凯恩斯对两篇评论作出了回应。第一篇是当年12月7日的《曼彻斯特卫报》刊登的约翰·墨菲教授的一封来信。墨菲教授暗示，凯恩斯提出，押注是穷人的娱乐活动之一，这是一种心理错误。其原因在于，毫无疑问的是，穷人押注失败导致的代价很高，微乎其微的获胜机会几乎可以忽略不计。

凯恩斯1932年12月17日写给《曼彻斯特卫报》编辑的信件

先生：

我希望，墨菲教授能够看到我给皇家博彩委员会提供的证词全文。我提供的证词基于两点假设：其一，存在着一种人们希望满足的喜好；其二，完全禁止这种喜好的做法被认为要么不受欢迎，要么无法实施。根据这一前提条件，我在作证过程中努力提出的建议是：尽可能最大限度地减少赌博导致的不良影响，最大限度地
413 降低赌博对整个社会造成的经济浪费，同时让赌博可能提供的合理娱乐发挥到最大限度。

我与该委员会的某些成员意见相左，其中部分原因在于我建议发行国家彩票，部分原因在于我拒绝否认这一点：在适当的条件下，赌博可以给人提供法律允许的娱乐。但是，我的这种说法根本不与墨菲教授所持的观点相异。实际上，如果该委员会真的建议对赌博机会实施我愿意支持的严格的限制措施，我将会感到惊讶。其原因在于，我建议除了受到政府支持的活动之外，全面禁止非现场押注、赌博俱乐部、长时间赛狗以及其他任何形式的博彩。

我相信，对赌博活动实施合理控制的最大障碍是改革者们所

持的极端主义态度。那样的态度无疑——这一点情有可原——是建筑在他们的感觉的力量之上的。但是,那些改革者们认为,没有任何合理的方式可以满足人们的赌博天性,满足人在投机过程中得到的乐趣,满足人对可能获得意外收获的快乐期待。他们的做法与普通人的本性完全相反,所以注定会以失败告终。

谨启

J. M. 凯恩斯

一周之后,《经济学刊》在其专栏《本周要事》中也谈到了凯恩斯提供的证词,批评凯恩斯就这个问题所采取的方式,对他提出的"赌博可以增加幸福感"这个陈述持不同见解。凯恩斯进行了回应。

凯恩斯 1932 年 12 月 27 日写给《经济学刊》编辑的信件

先生:

我心里充满好奇,很想知道就我最近给皇家博彩委员会提供的证词撰写评论的人是否读过证词,是否读过我在写给《曼彻斯特卫报》的信件中提到的证词提要。其原因在于,他的做法鲁莽,仅 414
仅依据一份媒体简报来综述我提供的证词——其实,使用该简报的那家报纸隶属于提供关于非现场押注的新闻赚钱的那些团体。

看来,有人可以通过提供非现场押注设施来赚取钱财,而非现场押注导致的社会影响具有极强的灾难性。正如贵刊所说的,那些人是"为公众服务的"。然而,我们不能说,在适当的条件下,投机可以给人增添快乐，即便我们提出配套建议，以便将允许的不良影响降至最低限度也不行！开设酒吧不会引起美德的沦丧。如果某个人以玩世不恭口气说，偶尔小酌一杯啤酒可能对男人大有好处，那么，我们还是把冷酷无情之言留给这个可怜家伙吧。

谨启

J. M. 凯恩斯

[我们承认，本刊撰写上述评论时尚未看到凯恩斯先生的证词全文。但是，我们在那则评论中并未以通常方式讨论他对改《押注法》提出的具体观点，而是仅仅谈到了他对在财务方面采取冒险行为的心理效果的 obiter dicta(附带表示的意见)。如果存在误导之嫌，如果我们误读了该证词的总体意思，在此谨向他表示歉意。——经济版编者注]

在本章结束之际，我们照录剑桥大学的一则内部通知，并且附上两封信件和一则评论。

第一封信件谈到关于剑桥大学的女性地位的一系列公投活动。1919 年 12 月 6 日，剑桥大学校方对一系列纪念仪式作出回应，任命一个联合组织，以便研究女学生与该大学之间的关系。该组织无法发表意见一致的报告，于是提出两个可供选择的计划。第一个计划建议，在满足为数很少的特殊限制的情况下，承认女学生在剑桥大学拥有全部权利。第二个计划提出了一个备选项：以纽纳姆学院和格顿学院为核心，另外为女学生组建一所大学。1920 年秋季，在举行投票之前，对该组织的这两份报告进行了讨论。12 月 8 日，
415 就第一份报告举行了投票表决：712 票赞成，904 票反对，该报告没有通过。1921 年 2 月 12 日，就第二份报告举行了投票表决：50 票赞成，104 票反对，该报告也没有通过。《剑桥评论》就结果发表评论，于是引起了长时间争论。

凯恩斯 1921 年 2 月 21 日写给《剑桥评论》编辑的信件

先生：

贵报在头版重要位置上刊登了一篇匿名投稿人的来信，就女性目前的地位发表了带有欺骗性的言论，笔者认为应该简单陈述其中有两点。

该投稿人认为，“那些妇女的唯一的真实委屈”是被扣发了有名无实的学位。剑桥大学的大多数男教员认为，除了在大学理事会中的投票权以外，这种委屈的主要内容是，女性无论具有多么高的素质，但是仅仅基于性别不同，她们无法赢得大学颁发的各类奖项，无法获得大学学生身份，无法获得讲师、副教授或者教授职位。剑桥大学的男教员和女职员认为，这种委屈另外一点是，无论某些女性的帮助多么有用，男教员也不能选择女同事担任教学研究委员会成员。在大学规定的本期经济学优等考试第二部分必修课程中，其中的一门现由来自格顿学院的一名讲师讲授。① 这本身是一件小事，可以进行修正，《剑桥大学年度报告》（第 515 页）刊登了该课程的通知，然而该通知不是在讲座一览表的正文中，而是在显然由一位男讲师讲授的一门课程中。尽管那位讲师在大学教学系统起到非常重要的作用，她却永远没有资格领取相关报酬。现在， 416
这个职位所需的部分经费由政府提供的专款支付。这是一件让剑桥大学蒙受耻辱的事情。如果一项建议并不消除这些不公正现象，它就不可能被作为解决方案被人接受。

同理，我们也不能允许这封信件的撰写人暗示以下几点：其

① 这里所说的讲师是芭芭拉·伍顿。

一，剑桥居民已对女性长期提出的主张感到厌烦；其二，皇家专门调查委员会采取的行动是对校内事务的外部干涉。贵报对上一学期的分析显示：第一，大学的积极居民作为一个团体，赞成A计划提出的主张，大多数教授、副教授和讲师支持该计划；第二，学院管理委员会成员——习惯上被视为传统观点的最顽强的维护者——同样分为两派。如果皇家专门调查委员会认为，针对这个问题采取的行动在其职责范围之内，并没有干涉剑桥大学处理自身事务的正当要求，那么，他们其实让我们摆脱多愁善感并且所知不多的校外投票人——其中的一些人以不认真的方式就这些问题投票——形成的障碍，并且预示将会出现大学管理当局急需的改革。

谨启

J. M. 凯恩斯

以下这篇评论简述了剑桥大学克莱尔学院的历史。

摘自1931年1月17日出版的《国家文艺》

克莱尔学院

曼斯菲尔德·D. 福布斯编，《克莱尔学院史，1326－1926年》，两卷本（剑桥大学出版社为克莱尔学院专门印刷），1930年

这是一部巨著，堪与克莱尔庭院本身媲美。它以9×13英寸开本印刷，750页中包括238页整版插图，据传耗资6000英镑，是

庆祝该学院成立600周年大典的巨献。哪怕粗略浏览之后就会发现，这是一部令人瞩目、独树一帜的著作，风格独特，内容丰富，让人觉得眼前一亮。我愉悦地翻动书页，欣赏几个小时之后发现，这是成功之作，应该得到读者赞誉，应该广为流传，超过克莱尔学院 417
师生员工已经对它表现出来的虔诚之情的限度。毫无疑问，有的人像我一样，隶属于姊妹学院，在生活中常常让自己的目光掠过后院，落在这座矜持而且近乎完美的姊妹学院的建筑上，会在这里得到启迪，受到指引，获益良多。人们（路过1454年有人使用"枪支、身着战袍"攻击国王学院留下的遗迹时）也会很高兴地再次想到那些小小的善意与土地的交换，这样的情景500年以来在这两个邻居之间不时出现：亨利六世花费巨款，从当时的克莱尔学堂购买了位于国王大道13号的庭院。特别值得提及的是，巴纳巴斯·奥利1638年从国王学院租借了克莱尔的河畔花园（国王学院和克莱尔学院对面河岸的整片草地曾经全归国王学院，克莱尔学院的"后院"也是如此），把一笔巨款遗赠给国王学院，作为对带来的任何损害的一种赔偿，并且"藉此了结国王学院与克莱尔学堂之间的恩怨情仇"——如今，在学院缔造者纪念日，国王学院院长依然会朗诵这一行文字。本书的这一章是一个值得赞美的范例，回顾了克莱尔学院的悠久和迷人的历史，记录了巴纳巴斯——正是他以财务主管的身份设计了克莱尔庭园——以及他对建筑的热爱，记录了他住在大格兰斯登时的学院生活。如今，巴纳巴斯当时在大格兰斯登修建的几座精美建筑依然屹立。

克莱尔学院里矗立着17世纪留下的建筑，它们自然是该学院令人自豪的组成部分。这一组建筑功能齐全，造型完美，主要由托

马斯·格拉姆鲍尔德和罗伯特·馆叔侄两人主持修建。令人赞叹的是,整个工程仅仅用了大约80年时间(后来增加的礼拜堂1769
418 年才落成);至少对了解这一组建筑但是不知内情的人来说,更令人赞叹的是,特征突出的栏杆环绕庭园内外,引人瞩目。它们应是后来增添之物,于1762年竣工,取代了最早设计的城垛,从而向人们展示:随着时间的推移和人们的幽思遐想,完美建筑会不断变化。也许,就建筑而言,情况通常如此。本书展示了数十幅照片,制作精美,内容完美,实属首创,让人有机会一睹克莱尔学院的细节和整体。其中一组照片尤其值得一提,展现了克莱尔桥在各个时期、一年四季之中表现出来的平静和修养之美。"我必须说,"18世纪的一名新生在家信中写道,"学院生活促使人严谨学习,认真思考,是我可以想象的最愉快的日子。我到了剑桥之后,参观了所有的学院。这是我一生中最快乐的时光……然而,我特别应该提及的是克莱尔学院,它的美丽难以言表,超过了其他任何学院。"

必须承认的是,克莱尔是一处清幽之地,这里的师生形形色色,历史上人才辈出。他们之中的一头一尾是两位不从大流的人物:一位是休·拉蒂默,另一位是齐格弗里德·沙逊,本书两卷的开头都有后者创作的一首诗歌。在他们两位之间的漫长岁月中,出现了一个长长的名士队伍。领头的是学院的两名无赖:首先是罗伯特·格林,人称"大学小组成员之一,那一批人让伊丽莎白戏剧得以发扬光大"。格林在他的《忏悔》中说,"我住在剑桥大学,和其他淫猥的逃学者一样,耗费了最好的青春年华"。然后是多德博士,他曾任斯坦霍普的导师,后来获得第一代切斯特菲尔德伯爵的封号。他曾经因为伪造罪被判有罪,最后被具有骑士精神和仁爱之心的塞缪尔·约翰逊从绞刑架下挽救出来。然而,在伦敦的西门监狱等待执行绞刑期间,他依然打起精神(为什么本书将此称为“庸俗的笨拙之举”?),希望出版自己的剧作《罗杰绅士》。多德博士还撰写了《多德论莎士比亚作品之美》一文,让歌德知道了莎士比亚。此外,他撰写的《多德论死亡》一文旨在“让赞同者在葬礼时进行散发”。这两篇文章都是在西汉姆撰写的,所以都使用这两行 419
感叹之辞:

> 噢,汉姆,你的林荫多么温馨,多么可爱,
> 噢,埃平……

赫维勋爵“神采奕奕,无论疾病或者激情都无法剥夺它的颜色”,在蒲柏的作品中以“范妮勋爵”和“斯波勒斯”的面目出现,

> 肌肤细滑,
> 如同驴乳凝脂,晶莹雪白……
> 然而,让我挥动镀金翅膀,击打这个臭虫,
> 这个臭气熏天的泥塑彩绘的小童,

这与贺拉斯·沃波尔的丑闻中的角色不相上下。贺拉斯·沃波尔曾经从国王学院那边,将“数以千计”的书信扔进了贺拉斯·曼所住房间的窗户。在18世纪,出现了佩勒姆、汤森德和康沃利斯,这三个显赫的辉格党家族在克莱尔学院占主导地位:托马斯·佩勒姆开始名正言顺地以克莱尔伯爵的身份出现,后来为自己设立了

泰恩河畔的纽卡斯尔公爵这个名号，接着设立了莱姆的纽卡斯尔公爵，以便确定他自己独享纽卡斯尔这个名号，没有冒牌之忧。查尔斯·汤森德曾任财政大臣。康沃利斯侯爵曾任北美总司令和印度总督。按照托马斯·西顿牧师的遗嘱，剑桥大学的副校长、克莱尔学院院长和希腊语教授为一首诗歌共同颁发奖项——它每年都将赞颂“上帝的完美品质和完美神性”，“直至永远”。古物研究者威廉·科尔从克莱尔转到国王学院，撰写了四卷巨著，记录了那个学院的历史；显然，他根本不该走到对面去。他在 1788 年写道，把他撰写的历史巨著手稿交给国王学院的做法其实是“将它们扔进饮马池”，因为那里的人“都因为自己掌握了拉丁语和希腊语觉得非常自负，认为其他所有学科没有文明可言”。后来，威廉·科尔
420 迁居当时仍然属于克莱尔学院的弥尔顿路，在那座租借的房子上花费了 600 英镑。“院长库克流着鼻涕，满肚子坏水，卑鄙，可怜，善于算计，和库克沆瀣一气，变更了和我签订的租约，增加了那些条款。”从克莱尔出来的人物还有布特勒博士。他是著名的内科医生，使用的“幽默话语让人无法忍受”，诸如此类，不胜枚举。但是，我必须就此打住。毫无疑问的一点是，克莱尔学院的师生一个个各具特色。

在这两卷巨著中，读者肯定还会一睹克莱尔女士本人的风采，了解学院生活的方方面面。菲利普斯先生担任学院主管的时代长达 40 年(1879－1919 年)，这肯定让学院有了与众不同的特点。此外，读者还会看到学院徽章的来龙去脉，了解学院与美国历史之间的千丝万缕的联系。我希望特别提及的是，这部引人入胜的著作使用了 200 多页的篇幅，in extenso(原原本本地)讲述了尼古拉

斯·费拉尔*的独特的职业生涯,讲述了他在小吉丁的生活点滴。另一方面,本书在讲述学院的经济史上笔墨不多,对学院的房地产的情况介绍很少,笔者对此深感遗憾。但是,学院名下的房地产规模很小,分散各处。1521年,在学院亲历其三分之一岁月时,发生一场大火,让学院的所有房契化为灰烬。此外,笔者必须冒昧地从学院的辉煌历史中减去一项内容。可以肯定地说,与克莱尔学院的教师们的愿望相反,英语中的claret(红葡萄酒)一词不是源于Clares(克莱尔家族),而是源于clairet(浅红葡萄酒),以示与表示深红色葡萄酒的tent或者tinto的区别。

翻阅这部巨著,笔者觉得,也许是因为印刷质量上乘之故,本书成功地呈现出某种恒定——这个词语在此完全没有贬义,而是表达其古老的意思——特征,让读者内心赞叹,深感兴趣。笔者认为,正是这一点让本书没有装腔作势、浮华虚荣之嫌,获得了极好的效果,肯定而且应该被人称为充满情趣之作。本书没有辜负该学院中严肃治学的研究人员,他们心甘情愿努力工作,让文字与深情融为一体,协助本书主编曼斯菲尔德·福布斯先生展现出执著 421
和优雅的品格。本书纸张品质上乘,封面采用了黑色硬麻布,内容充满智性和学识,激发人的好奇和幻想。这部著作体现了我国古老学府之一具有的办学观念,它历经数百年而不衰,如今依然辉煌。这一所学院优雅犹存,值得——但是难以——效仿:

---

* 尼古拉斯·费拉尔(1592—1637),英国学者、商人、政治家。1605年年仅13岁便进入克莱尔学堂读书。后来,他放弃了在伦敦的事业,前往亨廷顿郡的一个村庄,购买了一处名叫小吉丁的庄园,在那里与家人一起创立了家庭教会。——译注

尽管你在其他陵墓中将会枯萎
融入腐液，渐渐衰微，
克莱尔学堂将是你的永恒丰碑
这部巨著让你名垂青史
你将永远活在这丰碑之内。

最后一封信件反映了凯恩斯对马尔萨斯的持久兴趣。[①]

凯恩斯1933年2月25日写给《剑桥评论》编辑的信件

先生：

贵报上期刊登了特里维廉教授的来信。该信引用的1710年撰写的一封信件的内容显示，对那时在剑桥大学就读的本科生来说，70英镑被视为一笔不菲的收入。

如果将这一笔钱与75年之后的一个数字进行比较，结果是很有意思的。1785年5月15日，丹尼尔·马尔萨斯给在耶稣学院读书的儿子罗伯特写信说，他认为每年100英镑是一个合理的数字，足以支付普通学生在剑桥大学的学习费用。我们应该记住，丹尼尔·马尔萨斯是一位相当富裕的绅士，拥有独立的经济来源。他在那封信中接着写道，如果大学的学习费用超过100英镑，神职人员就无法继续送自己的儿子上大学了。他补充说，在莱比锡，上大学的费用为25英镑。博纳博士在《马尔萨斯和他的著作》的第

① 参见约翰.梅纳德.凯恩斯全集，第X卷，第71－108页。

408 页上引用这一封信件的内容。

谨启

[这份复写件上签署了他的姓名缩写]J. M. K.

人物表

422 阿加，赫伯特(1897—1980年)，作家，1942—1946年任美国驻伦敦使馆的特别助理。

艾特肯，威廉·马克斯韦尔(1879—1964年)，1917年获第一代比弗布鲁克男爵封号；金融家，报纸所有人和政治家；兰卡斯特公爵领地大臣，1918年任情报局局长；1940—1941年任飞机制造部部长；1941—1940年任供应部部长；1943—1945年任掌玺大臣。

艾伦，雷金纳德·克里福德(1899—1939年)，1932年任男爵；工党宣传人员，和平主义者；1914—1918年任反征兵团体主席；1922—1926年任独立工党主席兼财政主管；1932—1936年参加支持"全国工党"活动。

安德森，约翰，爵士(1882—1958年)，1952年获第一代韦弗利子爵封号；1938—1950年任苏格兰大学联合会议员；1940—1943年任枢密院大臣；1943—1945年任财政大臣。

安杰尔，拉尔夫·诺曼，爵士(1874—1967年)，作家，讲师，和平主义和社会主义政治家。1933年获得诺贝尔和平奖。

艾德礼，克莱门特(1883—1967年)，1955年获第一代伯爵封号；1922—1950年任伦敦莱姆豪斯区(工党)议员；1950—1955年任沃尔瑟姆斯托市工党议员；1931－1935年任下院工党领袖；1935－1955年任工党领袖；1940－1942年任掌玺大臣；1940－1945年任副首相；1945－1951年任首相。

奥登，威斯坦(1907－1973年)，诗人。

鲍德温，斯坦利(1867－1945年)，1937年获第一代比尤德利伯爵封号；1923－1924年、1924－1949年、1935－1937年分别任三届首相；1931－1935年任枢密院大臣。

巴恩斯，乔治·雷金纳德(1904－1960年)，1930－1935年任剑桥大学出版社助理；1935年在英国广播公司谈话节目部任职，1941年任该部门主任；1946－1948年任第三套节目主任；1942－1950年任英国广播公司访谈节目部主任；1950－1956年任英国广播公司电视台台长。

巴里，杰拉尔德·赖德(1898－1968年)，记者；1930年创建《周末评论》并任主编；1936－1947年任《新闻记录报》主编；政治经济计划部创始人之一。

巴特勒特，韦纳(1894年生)，播音员兼记者；1938－1950年任布里奇沃特选区(产业进步党)下院议员。

比弗布鲁克，见Aitken艾特肯。

贝尔，朱丽安(1908－1937年)，瓦内萨·贝尔和克莱夫·贝尔的 423
长子，死于西班牙。

伯恩哈德亲王(1911年生)，1937年与(1909年生)朱丽安娜王公结婚；朱丽安娜于1948年成为荷兰女皇，于1980年退位。

贝弗里奇，威廉，爵士(1879－1963年)，1946年获第一代男爵封号;1919—1937 年任伦敦政治经济学院院长;1937—1945 年任牛津大学大学学院院长。

布莱克特,帕特里克·梅纳德·斯图尔特(1897—1974 年),科学家兼政府顾问;1923—1933 年任剑桥大学国王学院研究员;1933—1937 年任伯克贝克学院物理学教授;1937—1953 年在曼彻斯特大学任教;1953—1965 年在帝国理工学院任教;1948 年获诺贝尔物理学奖。

布鲁门,莱昂(1872—1950 年),1936—1937 年、1938 年、1946—1947 年分别任法国总理。

波纳姆-卡特,马克(1922 年生),莫里斯·波纳姆-卡特和维奥利特之子;1941—1945 年在近卫步兵中任职;后来在(驻非洲的)第八集团军和(驻西北欧的)第 21 集团军任职,1943 年被俘,后来逃脱。

波纳姆-卡特,莫里斯(·邦吉),爵士(1880—1960 年),商人;维奥利特·波纳姆-卡特女士的丈夫。

波纳姆-卡特,维奥利特夫人(1887—1969 年),H. H. 阿斯奎斯之女,第一代牛津伯爵。

布思比,罗伯特·约翰·格雷姆(1900 年生),1958 年任男爵;1924—1958 年任东阿伯丁郡(保守党)下院议员;1926—1929 年下院任财政大臣私人秘书。

布拉肯,布伦丹·伦戴尔(1901—1958 年),报纸所有者;1924—1945 年任北帕丁顿选区(保守党)下院议员;1945—1950 年任伯恩茅斯选区(保守党)下院议员;1950—1951 年任东伯恩茅斯选区(保守党)下院议员;1941—1945 年任情报局局长。

布雷斯福德，亨利·诺埃尔(1843－1958年)，记者和历史学者。

布兰德，罗伯特·亨利(1878－1963年)，1946年获第一代男爵封号；1919－1960年任拉扎兄弟公司执行董事，商业银行家；1929－1931年任麦克米兰财政和工业委员会成员；1941－1944年任驻华盛顿的英国食品使团团长；1944－1946年任财政部驻华盛顿代表。

巴克，佩尔(1973年卒)，作家；与理查德·J.沃尔什结婚；1938年获诺贝尔文学奖。

布特勒，理查德·奥斯丁(1902年生)，1965年任男爵；1929－1964年任萨芬瓦尔多选区(保守党)下院议员；1932－1937年任印度办公室政务次官；1937－1938年任劳工部议员秘书；1938－1941年任外交部国务秘书；1941－1945年任教育总署(后来的教育部)署长。

卡德伯里，劳伦斯·约翰(1889年生)，1936－1961年任英格兰银行行长；1958－1967年任国家资产公司董事；1930－1960年任每日新闻有限公司和《新闻记录报》董事；1937－1964年任 424
可可投资有限公司董事；1944－1949年任吉百利兄弟有限公司董事长。

卡尔德，皮特·里奇(1906年生)，作家、记者；1945年《新政治家》科学版主编。

卡斯尔，欧内斯特·约瑟夫，爵士(1852－1921年)，金融家和慈善家。

塞西尔，罗伯特，勋爵(1864－1958年)，1923年获第一代切尔伍德塞西尔子爵封号；1906－1910 年任东玛利乐波恩选区（保守党）下院议员；1911－1923 年任希钦选区下院议员，1916－1919 年任议会外交事务次官；1918 年任外交部部长助理；1916－1918 年任封锁大臣；1923－1924 年任掌玺大臣；1924－1927 年任兰卡斯特公爵郡大臣；1923－1945 年任国际联盟主席；1937 年获诺贝尔和平奖。

查默斯，罗伯特，爵士（1858－1938 年），1919 年获第一代男爵封号；1911－1913 年任财政部常务次官；1913－1916 年任锡兰总督；1916－1919 年任财政部副秘书，1924－1931 年任剑桥大学彼得学院院长。

张伯伦，阿瑟·内维尔（1869－1940 年）；1918－1929 年任伯明翰雷迪伍迪选区（保守党）下院议员；1929－1940 年任伯明翰埃格卑斯顿选区下院议员；1923、1924－1929、1931 年任卫生部长；1923－1924、1931－1937 年任财政大臣；1937－1940 年任首相；1940 年任枢密院大臣。

彻韦尔，见 Lindemann 林德曼。

丘吉尔，温斯顿·莱昂纳德·斯宾塞（1874－1965 年），1900－1904 年任奥尔德姆选区（保守党）下院议员；1904－1906 年任奥尔德姆选区（自由党）下院议员；1906－1908 年任西北曼彻斯特（自由党）下院议员；1908－1922 年任邓迪选区（自由党）下院议员，1924－1945 年任埃平选区（保守党）下院议员；1945－1964 年任伍德福德选区（保守党）下院议员；1940－1845、1951－1955 年任首相。

克雷顿，威廉·洛克哈特（1880－1966 年），1944－1945 年任美国助理国务卿；经济事务部副部长。

寇特曼，约翰（1889－1963 年），1910－1926 年在印度公共服务局任职；1926－1930 年任印度立法大会成员；1930－1934 年任伦敦大学帝国经济关系教授；1934－1937 年任英国广播公司新闻总编；1937－1949 年任英国广播公司北部大区管理官；1949－1954 年任圣安德鲁斯大学社会科学研究所所长。

科克伯恩，克洛德（1904 年生），记者；1933－1946 年任《周报》主编。

科恩，约瑟夫（1940 年生），经济和犹太复国主义宣传者。

科尔，乔治·道格拉斯·霍华德（1889－1959 年），经济学家和社会主义作家；1912－1919 年任牛津大学莫德林学院研究员；1921－1944 年任牛津大学大学学院研究员和经济学副教授；1845－1957 年任牛津大学社会和政治理论奇切利讲座教授。

康诺利，西里尔·韦农（1903－1974 年），作家、记者，1927 年开始为《新政治家》撰稿；1939－1950 年任《地平线》杂志创始人和主编；1942－1943 年任《观察家》报文学编辑。

科特，皮埃尔（1895 年生）；1933－1934、1936－1938 年任法国航空部长；1938 年任商务部长。

克罗斯曼，理查德·霍华德·斯塔福德（1907－1974 年）；1938－1955 年任《新政治家》助理编辑；1970－1972 年任《新政治家》主编；1945－1974 年任东考文垂选区（工党）下院议员。 425

克洛齐尔，威廉·珀西瓦尔（1879－1944 年），记者；1932－1944 年任《曼彻斯特卫报》主编。

克鲁克香克，罗伯特·詹姆士（1898－1956 年）；1941－1945 年任情报局美国部主任；1941—1942 年任英国信息服务局驻美国办事处副处长。

达西，W. 曼宁（1964 年卒），《金融新闻》和《金融时报》记者；《银行家》报主编；1946—1954 年任劳埃德银行经济顾问。

达拉第，爱德华（1884—1974 年），法国政治家；1938—1940 年任法国总理；1939—1940 年任外交部长；1938—1940 年任国防部长。

戴文波特，尼科尔斯（1979 年卒），股票经纪人、记者和作家；1923—1930 年任《国家文艺》金融记者；从 1930 年起任《新政治家与国家》金融记者；1931—1969 年任国民互助人寿保险公司董事；1960—1969 年任国民互助人寿保险公司副董事长。

戴维斯，埃米尔；费边主义者、1913—1931 年任《新政治家》金融版编辑。

道森，杰弗雷（1878—1944 年）；1912—1919、1923—1941 年任《泰晤士报》主编。

戴高乐，夏尔（1890—1970 年）；1940 年任自由法国运动领袖；1944—1946 年任法国临时政府总理；1958—1959 年任法国政府总理；1959—1969 年任法国总统。

德尔·瓦约，唐·胡里奥·阿尔瓦雷斯；1935—1937 年任西班牙外交部长。

德瓦莱拉，伊曼（1882—1975 年）；1937—1948、1957—1959 年任爱尔兰政府总理；1959—1975 年任爱尔兰总统。

狄金森，戈兹沃西·洛（1932 年卒）；剑桥国王学院研究员。

达夫－库珀，艾尔弗雷德（1890－1954年）；1965－1937年任陆军大臣；1937－1938年任海军大臣海军大臣；1940－1941年任情报局长；1941－1943年任兰卡斯特公爵郡大臣。

德宾，埃文·弗兰克·莫特拉姆（1906－1948年），经济学家和政治家；20世纪30年代担任伦敦政治经济学院讲师；1940年任战时内阁经济部长；1942－1945年任副首相个人助理；1945－1948年任爱德蒙斯顿选区（工党）下院议员；1947－1948年任议会秘书、建筑工程部部长。

戴森，乔治，爵士（1883－1964年）；1937－1952年任皇家音乐学院院长；萨德勒斯威尔斯剧院理事。

艾登，罗伯特·安东尼（1897－1977年）；沃里克和利明顿选区（保守党）下院议员；1935－1938、1940－1945、1951－1955年任外交大臣。

艾因齐格，保罗（1897－1973年），记者、经济学家；1921－1945年 426
在《金融新闻》任职；1945－1956年在《金融时报》任职。

埃尔姆赫斯特，莱昂纳德（1974年卒）；1925年创立达廷顿霍尔基金会并担任董事长；1939－1953年任政治经济计划公司董事长。

埃文斯，戴维·埃姆里斯（1891－1966年）；1927－1958年任北威尔士大学学院院长；1933－1935、1941－1944、1948－1950、1954－1956年分别任威尔士大学副校长。

费尔斯，威廉·约翰，爵士（1881－1957年），商人；理查德托马斯公司董事长兼执行董事。

菲施尔，路易斯（1896－1970 年），记者、作家；驻欧洲美国记者，1921 年之后主要从事西班牙和俄罗斯新闻报道。

佛朗哥，弗朗西斯科，将军（1892－1975 年）；1937－1975 年任西班牙国家元首。

法伊夫，汉米尔顿（1869－1951 年）；作家、记者。

甘地，莫汉达斯·卡拉姆昌德（1869－1948 年）；印度国大党领袖、公民不服从运动先驱。

加内特，戴维（1892－1981 年），作家。

加文，詹姆士·路易斯（1868－1947 年）；1908－1942 年任《观察家》报主编。

格迪斯，奥克兰·坎贝尔，爵士（1879－1954 年）；1917－1920 年任杯辛斯托克选区（保守党）下院议员；1917－1919 年任国民服役部长；1918－1919 年任地方政府委员会主席；1919 年任重建部长；1919－1920 年任贸易委员会长、；1920－1924 年任英国驻美大使；力拓锌矿公司董事长。

格迪斯，埃里克·坎贝尔，爵士（1875－1938 年），政治家、管理者和商人；1917－1922 年任剑桥选区的（工会）下院议员；1919－1921 年任运输部长；1921－1922 年任国家经济委员会主席；邓洛普橡胶公司和帝国航空公司董事长。

乔治，沃尔特（1878－1957 年）；1922－1957 年任美国（民主党）参议员；1953 年前任参议院财政委员会主席；参议院对外关系委员会主席。

戈培尔,约瑟夫(1897—1945年);1933—1945年任德国国民教育与宣传部长。

戈林,赫尔曼陆军元帅(1893—1945年);1933—1945年任德国空军总司令。

格雷厄姆-利特尔,欧内斯特·戈登,爵士(1867—1950年);1924—1950年任伦敦大学选区(独立)下院议员。

格雷戈里,西奥多·E.(1890—1970年),经济学家;1927—1937年任伦敦政治经济学院欧内斯特·卡斯尔爵士讲座教授;1938—1946年任印度政府经济顾问;1929—1931年任麦克米兰金融和工业委员会成员。

格里格,詹姆士爵士(1890—1964年);1921—1930年任几位财政大臣的首席个人秘书;1930年任关税和消费税委员会主席; 427
1930—1934年任国内税务委员会主席;1934—1939年任印度总督委员会财政委员;1939—1942年任陆军部常务次官;1942—1945年任东卡迪夫选区(国家党)下院议员;1942—1945年任陆军大臣。

哈里法克斯,勋爵,见 Lindley-Wood 林德利-伍德。

哈默斯利,塞缪尔·斯科菲尔德(1893—1965年);1925—1935年任斯托克波特选区(保守党)下院议员;1938—1945年任威利斯顿选区(保守党)下院议员。

哈姆斯沃思,艾尔弗雷德·查尔斯(1865—1922年);1905年获得男爵封号,1917年获得诺斯克利夫子爵封号;记者和报纸所有者,1896年创立《每日电讯》;1903年创立《每日镜报》;1905

年成为《泰晤士报》的主要拥有者；1917 年奔赴美国协调战争事务；1918 年出任对敌国家宣传局局长；H. S. 哈姆斯沃思的哥哥。

哈姆斯沃思，哈洛德·锡德尼（1868—1940 年），1914 年获得男爵封号；1919 年获得第一代罗瑟米尔子爵封号；报纸所有者；1896 年创立《每日快报》；1914 年接管《每日镜报》；1922—1932 年控制联合报业；A. C. 哈姆斯沃思的弟弟。

哈里斯，阿瑟·特拉维斯（1892 年生）；1942—1945 年任法国空军总司令、轰炸机司令部司令。

哈里森，汤姆（1911—1976 年），生物学家、人类学家、社会抽样调查先行探索者；（与查尔斯·马奇一起）发明了民意测验方法。

哈特，巴兹尔·利德尔（1895—1970 年），军事理论家、作家；1925—1935 年任《每日电讯》军事记者；1935—1939 年任《泰晤士报》军事记者。

希特勒，阿道夫（1869—1945 年）；1933—1945 年任德意志帝国总理；1934—1945 年任德国国家元首。

霍尔，塞缪尔·约翰·古尔利（1880—1959 年）；1944 年获得第一代坦普尔伍德子爵封号；1910—1914 年任切尔西选区（保守党）下院议员；1922—1924、1924—1929、1940 年任空军大臣；1931—1935 年印度事务大臣；1935 年任外交大臣；1937—1939 年任民政大臣；1936—1937 年任海军大臣；1939—1940 年任掌玺大臣。

霍布森，约翰·艾金逊（1858—1940 年），另类经济学家、时事评论员。

霍华德,布赖恩(1905—1958 年),美学家、诗人、作家。

豪,昆西(1900—1977 年),广播和电视新闻分析先驱;1929—1935 年任《生活时代》编辑;1935—1942 年任《西蒙与舒尔特》主编。

赫尔,科德尔(1871—1955 年);1933—1944 年任美国国务卿。

赫尔顿,爱德华·乔治·沃里斯(1906 年生),报纸所有者。

赫胥黎,奥尔斯·莱昂纳德(1894—1953 年),小说家、文学批评家。

赫胥黎,杰维斯(1894—1971 年);1926—1932 年任帝国营销理事会宣传部主任;1943 年任国际茶叶营销扩展理事会组委会主任;1939—1945 年任情报局帝国事务顾问。

赫胥黎,朱丽安·索雷尔(1887—1974 年),生物学家、作家。 428

英斯基普,托马斯·沃尔特·霍巴特(1876—1947 年);1939 年获得第一代卡尔德科特子爵封号;1918—1929 年任布里斯托中部选区(保守党)下院议员;1931—1939 年任费勒姆选区(保守党)下院议员;1936—1939 年任防卫协调大臣。

艾恩赛德,威廉·埃德蒙陆军元帅(1880—1950 年);1941 年获得第一代男爵封号;1939—1940 年任帝国总参谋长;1940 年任防卫军总司令。

杰伊,道格拉斯·帕特里克·托马斯(1907 年生),记者、政治家;1929—1933 年任在《泰晤士报》任职;1933—1937 年在《经济学家》任职;1937—1941 年任《每日先驱报》城市版编辑;1941—

1943 年在供应部任职；1943－1945 年在贸易委员会任职；1945－1946 年任首相私人助理；1946 年以后任旺兹沃思或者北巴特西选区（工党）下院议员。

杰布，赫伯特·迈尔斯·格拉德温（1900 年生）；1960 年获第一代格拉德温男爵封号；1924 年进入外交服务处工作；1929－1931 年任外交部政务次官的私人秘书；1937－1940 年任常务次官的私人秘书。

裘德，西里尔·埃德温·米钦森（1891－1953 年），哲学家、作家；1930－1953 年任伦敦大学伯克贝克学院哲学系主任。

乔伊斯，威廉（霍·霍，勋爵）（1906－1946 年）；1939 年 8 月从德国进入英国；1942 年 7 月任对德国广播节目的首席评论员；1946 年 1 月被控犯下叛国罪并被处决。

克尔，菲利普·亨利（1882－1940 年），第十一任洛锡安侯爵；1931 年任兰开斯特公爵郡大臣；1931－1932 年任外交部印度事务政务次官；1939－1940 年任驻美国大使。

凯斯，罗杰·约翰·布朗洛爵士（1872－1945 年），海军元帅；1943 年获第一代男爵封号；1934－1943 年任朴次茅斯选区（保守党）下院议员；1941－1942 年任联合作战局长。

金，维尔弗雷德·T. C.（1965 年卒），经济记者；1946－1965 年任《银行家》编辑。

金－霍尔，威廉·斯蒂芬·理查德（1893－1966 年）；1926 年进入皇家海军服役；其后成为防务政策和外交事务方面的评论家；1939－1944 年任奥姆斯克尔克选区（独立）下院议员。

拉斯基，哈洛德·约瑟夫(1893—1950 年)；政治科学家、社会理论家、政治家；1926—1950 年任伦敦政治经济学院政治科学教授；1936—1949 年任工党执委会成员。

莱顿，沃尔特·托马斯(1884—1966 年)；1930 年获骑士封号；1947 429 年获得男爵封号；经济学家；1922—1938 年任《经济学家》编辑。

利思-罗斯，弗雷德里克(1887—1968 年)；1932—1948 年任英国政府首席经济顾问。

勒纳，阿巴·P.(1903 年生)，经济学家。

林德曼，弗雷德里克·亚历山大(1886—1957 年)；1941 年获彻韦尔男爵封号；1940—1942 年任首相私人秘书；1942—1945、1951—1953 年任财政部薪资局长。

林德利-伍德，爱德华·弗雷德里克(1881—1959 年)；1944 年获第一代哈里法克斯伯爵封号；1925 年获第三代哈里法克斯子爵、第一代欧文男爵封号；1935 年任陆军大臣；1935—1937 年任掌玺大臣；1937—1938 年任枢密院大臣；1938—1940 年任外交大臣；1941—1946 年任英国驻美大使。

劳埃德，C. 莫斯廷(1945 年卒)；1919—1944 年在伦敦政治经济学院任职；1922—1944 年任社会科学系主任；1931 年之后任编辑。

劳埃德·乔治，戴维(1863—1945 年)；1945 年获第一代劳埃德·乔治伯爵封号；1940—1945 年任卡那封郡选区(自由党)下院议员；1950—1958 年任贸易委员会主席；1908—1915 年任财政大臣；1915－1916 年任军械部大臣；1916 年任陆军大臣；1916－1922 年任首相。

洛克－兰普森，奥利弗·斯蒂林弗利特（1880－1954 年），政治家；1910－1918 年任亨廷顿郡北部选区（保守党）下院议员；1918－1922 年任亨廷顿郡下院议员；1922－1945 年任伯明翰汉兹沃思选区下院议员。

伦敦德里，伦敦德里第七任侯爵（1878－1949 年）；1931－1935 年任空军大臣；1935 年任掌玺大臣。

洛锡安，洛锡安公爵，见克尔。

洛，戴维（1891－1963 年），漫画家、讽刺画家；1931 年起任《新政治家》董事。

卢卡斯，弗兰克·劳伦斯（·彼得）（1894－1967 年）；1920－1967 年任剑桥大学国王学院研究员；1947 年任剑桥大学英语副教授；1939－1945 年在外交部任职。

卢斯，亨利·罗宾森（1898－1967 年）；出版商、编辑；1923 年任《泰晤士报》编辑和出版人；1930 年创立《财富》并且担任出版人；1935 年创立《生活》并且担任出版人。

麦克亚当，艾维森（1894－1974 年），皇家国际事务研究所秘书兼理事长；第二次世界大战期间任情报局助理部长和首席秘书。

麦卡锡，德斯蒙德（1877－1952 年），作家、文学批评家；1928 年之前任《新政治家》文学编辑。

麦克唐纳，J. 拉姆齐（1866－1937 年）；1906－1918 年任莱斯特选

区(工党)下院议员;1922—1929 年任阿伯拉文选区下院议 430
员;1929—1931 年任锡厄姆选区下院议员;1931—1935 年任锡厄姆选区(国家党和工党)下院议员;1936—1937 年任苏格兰大学联合会选区下院议员;1924 年任首相兼外交大臣;1929—1935 年任首相;1935—1937 年任枢密院大臣。

麦肯纳,雷金纳德(1863—1943 年),政治家、银行家;1895—1918 年任北蒙默思郡(自由党)下院议员;1908—1911 年海军大臣;1911—1915 年任民政大臣;1915—1916 年任财政大臣;1919—1943 年任米兰银行董事长。

麦肯齐,诺曼(1921 年生);1943—1959 年任《新政治家》助理编辑。

麦克米兰,莫里斯·哈洛德(1894 年生);1924—1929、1931—1945 年任斯托克顿选区(保守党)下院议员;1945—1964 年任布罗姆利选区下院议员;1940—1942 年任供应部议会事务秘书;1942—1943 年任殖民部政务次官;1942—1945 年任常驻西北非洲公使。

梅斯基,伊万·米哈伊洛维奇(生于 1884 年);1932—1943 年任苏联驻英大使;1943—1946 年任外交事务委员会助理人民委员。

马杰森,亨利·戴维·雷金纳德(1890—1965 年);1942 年获第一代子爵封号;1922—1923 年任厄普屯西汉姆选区(保守党)下院议员;1924—1942 年任拉格比选区下院议员;1931—1940 年任政府主任干事;1940—1942 年任陆军大臣。

蒙哥马利,伯纳德·洛(1887—1976 年);1946 年获第一代子爵封号,1942—1942 年任第八集团军司令,指挥在北非、西西里意大利本土各次战役；1944 年任英军和盟军司令，指挥在法国北部的战事；1944－1945 年任二十一集团军司令；1945－1946 年任莱因集团军司令。

莫尔－布拉巴宗，约翰·西奥多·卡斯伯特（1884－1964 年）；1942 年获第一代男爵封号；1918－1929 年任查塔姆选区（工联）下院议员；1931－1942 年任瓦勒西选区下院议员；1940－1941 年任运输大臣；1941－1942 年任飞机制造大臣。

摩根索，小亨利（1891－1967 年）；1935－1945 年任美国财政部长。

莫里尔，约翰·鲍厄里，报纸所有者；威斯敏斯特报业地方报纸公司董事长；朗特里信贷基金董事长。

莫里森，赫伯特·斯坦利（1888－1965 年）；1959 年获男爵封号；1923－1924、1929－1931、1935－1945 年任南哈克尼选区（工党）下院议员；1945－1950 年任刘易舍姆选区下院议员；1940 年任供应部大臣；1940－1945 年任民政大臣；1945－1951 年任苏格兰最高法院院长；1951 年任外交大臣。

莫蒂默，雷蒙德（1895－1980 年）；作家、文学批评家；1934－1946 年任《新政治家与国家》文学编辑。

莫斯利，奥斯瓦尔德·欧纳尔德（1895－1980 年）；1918－1922 年任哈洛选区（独立）下院议员；1926－1931 年任斯麦西克选区（工党）下院议员；1929－1930 年任兰开斯特公爵郡大臣；
431 1931 年组建新党；1932 年成立英国法西斯主义者联盟。

缪尔，约翰·拉姆齐·布里西（1872－1941 年）；历史学家、政治家；1906－1913 年任利物浦大学任现代史教授；1914－1921 年在曼彻斯特大学任教；1921 年任自由主义者夏季学校校长;1923—1924年任罗奇代尔选区(自由党)下院议员;1931—1933年任全国自由主义者联盟主席;1933—1936年任全国自由主义者联盟会长。

墨索里尼,贝尼托(1883—1945年);1922—1926年任意大利部长会议主席;1925—1945年任总理。

尼赫鲁,贾瓦哈拉尔(1889—1964年);1947—1964年任印度总理。

尼科尔森,哈洛德(1886—1968年);1909—1929年在外交和对外服务部任职;1935—1945年任(国家党和工党)下院议员;1940—1941年任情报局议会事务秘书。

诺埃尔-贝克尔,菲利普·约翰(1889年生);1977年获得男爵封号;1929—1931年任考文垂选区(工党)下院议员;1930—1950年任德比选区下院议员;1950—1970年任南德比选区下院议员;1900年任剑桥大学国王学院研究员;1924—1929年任伦敦大学国际关系欧内斯特·卡斯尔爵士讲座教授。

诺斯克利夫,勋爵,见A. C. Harmsworth哈姆斯沃思。

贝当,菲利普(1856—1951年);1918年任法国陆军元帅;1940—1942年任法国总理;1940—1944年任法国国家元首。

普里斯特利,约翰·博恩顿(1894年生),作家、记者。

拉德克,卡尔(1885年生);苏联政治家;1937年被控从事反苏联活动受审并被判处10年监禁;4年之后获释,充当宣传人员。

拉斯伯恩,埃莉诺·弗洛伦斯(1872—1964年),1929—1946年任大学选区(独立)下院议员。

里宾特洛甫,约阿希姆·冯(1893—1945年);1938—1945年任德国外交部长。

罗伯茨,约翰(1967年卒);1914—1919年任《新政治家》助理经理;1919—1920年任广告经理;1920—1947年任业经理;1947—1957年任执行董事。

432 罗伯逊,丹尼斯·霍尔姆(1890—1963年),经济学家;1914—1938、1944—1963年任剑桥大学三一学院研究员;1930—1938年任剑桥大学经济学副教授;1938—1944年任伦敦政治经济学院欧内斯特·卡斯尔爵士经济学讲座教授;1939—1944年任财政部顾问;1944—1957年任剑桥大学政治经济学教授。

罗伯逊,小姐;在《新政治家》任金斯利·马丁的秘书。

罗宾斯,莱昂内尔·查尔斯(1895年生),经济学家;1929—1961年任伦敦政治经济学院经济学教授;1939—1941年任战时内阁经济局成员;1941—1945年任战时内阁经济局局长。

罗宾森,爱德华·奥斯丁·戈西奇(1897年生),经济学家;1923—1926年任剑桥大学圣体学院研究员;1929—1949年任剑桥大学经济学讲师;1950—1965年任经济学教授;1931年后任锡德尼萨赛克斯学院研究员。

罗宾森,琼·维奥利特(1903年生),经济学家;1931年任剑桥大学经济学助理讲师;1937年任讲师;1949年任副教授;1965—1971年任教授。

罗布森，威廉·亚历山大(1895—1980 年)；1936—1933 年任伦敦政治经济学院讲师；1933—1946 年任行政法副教授；1947—1962 年任公共管理学教授；1930 年创立《政治季刊》；1930—1975 年任副编辑。

罗德，弗朗西斯·詹姆士·伦内尔(1895—1978 年)；1941 年获第二代伦内尔男爵封号；银行家、公司董事、作家；1929—1932 年在英格兰银行任职；1930—1931 年任国际结算银行经理；1939—1944 年在军队供职，历任陆军少将、民政事务管理局局长，负责中东东非及意大利事务。

罗姆，恩斯特(1934 年卒)；冲锋队参谋长；因密谋反对希特勒于 1934 年 7 月 1 日被枪决。

罗斯福，富兰克林·德拉诺(1882—1945 年)；1933—1945 年任美国总统。

罗瑟米尔，勋爵，见 H. S. Harmsworth 哈姆斯沃思。

朗特里，阿诺德·斯蒂芬森(1872—1951 年)；威斯敏斯特报业和联合报纸公司董事；1910—1918 年任约克选区(自由党)下院议员。

罗斯，艾尔弗雷德·莱斯利(1903 年生)，作家；1925—1974 年任牛津大学万灵学院研究员。

罗素，伯特兰德·阿瑟·威廉(1872—1970 年)；三等伯爵、哲学家、公众人物。

赖兰兹，乔治·汉弗莱·沃尔弗斯坦(达迪耶)(1902 年生)；1927 年后任剑桥大学国王学院研究员。

索尔特，詹姆士·阿瑟（1882—1975 年）；1937—1950 年任牛津大学选区（独立）下院议员；1951—1953 年任奥姆斯克尔克选区（保守党）下院议员；1933—1934 年任牛津大学政治理论研究所格拉德斯通讲座教授；1931—1937 年任经济信息委员会成员、经济咨询委员会成员。

施莱歇尔，库尔特·冯，将军（1934 年卒）；1932 年任德国国防部长；1932—1933 年任政府总理；因为被控企图谋杀希特勒于 1934 年 6 月被枪决。

施瓦茨，乔治·莱奥波尔德（1891 年生）；财经记者；1923 年任伦敦和剑桥经济服务公司秘书；1929—1944 年任伦敦政治经济学
433 院讲师；1944—1971 年任《星期日泰晤士报》城市版副编辑；1945—1954 年任《银行家》杂志编辑。

夏普，克里福德·戴斯（1883—1935 年）；记者；1913—1923 年任《新政治家》编辑。

萧，伯纳（1856—1950 年），剧作家、公众人物。

谢泼德，休·理查德·劳利（1880—1937 年）；教士、和平主义者；1914—1927 年任圣马丁教堂牧师；1929—1931 年任坎特伯雷教堂教长；1931—1937 年任圣保罗大教堂教士；和平保证联盟创始人。

肖夫，杰拉尔德（1888—1974 年）；经济学家；1923—1945 年剑桥大学经济学讲师；1945—1947 年任副教授；1926—1947 年任剑桥大学国王学院研究员。

赛德博特姆，赫伯特（1872—1940 年）；记者；1895—1918 年在《曼彻斯特卫报》任职；1922—1923 年在《每日记事报》任职；曾任

《星期日泰晤士报》“审查人”、《每日快报》“点评人”。

西蒙，欧内斯特·达尔文（1879—1960年）；1947年获第一代威森肖男爵；1906—1918年任沃尔瑟姆斯托选区（自由党）下院议员；1922—1931年任斯宾谷地选区（自由党）下院议员；1931—1940年任斯宾谷地选区（自由党和国家党）下院议员；1931—1935年任外交大臣；1935—1937年任民政大臣；1937—1940年任财政大臣；1940—1945年任上议院大法官。

辛克莱，阿奇博尔德·亨利·麦克唐纳（1890—1970年）；1922—1945年任凯思内斯郡和萨瑟兰选区（自由党）下院议员；1933—1945年任议会自由党领袖；1940—1945年任空军大臣。

斯诺登，菲利普（1864—1937年）；1931年获第一代埃昆肖子爵封号；1906—1918年任莱克伯恩选区（工党）下院议员；1922—1931年任科尔恩谷地选区下院议员；1924、1929—1931年任财政大臣。

斯大林，约瑟夫（1879—1953年）；1922—1953年任苏联共产党中央委员会书记。

斯蒂尔，乔治·劳瑟（1909—1944年）；1935—1936年任《泰晤士报》驻亚的斯亚贝巴特派记者；1936—1937年任《泰晤士报》驻西班牙特派记者。

斯特蒂纽斯，爱德华·R.（1900—1949年）；1941—1943年任美国租借管理官；1941—1943年任副国务卿；1944—1945年任国务卿。

史汀生，亨利（1867—1950年）；1929—1933年任美国国务卿；1939—1945年任战争部长。

斯特雷奇，伊夫琳·约翰·圣洛(1901—1963 年)；作家、政治家；1929—1931 年任伯明翰阿斯顿选区(工党)下院议员；1945—1950 年任邓迪选区下院议员；1950—1963 年任西邓迪选区下院议员；1946—1950 年任食品部长；1950—1951 年任陆军大臣。

斯威齐，保罗·马龙(1910 年生)，经济学家、公众人物。

斯威辛班克，伯纳德·温思罗普(1884—1958 年)；1909 年进入印度公务员系统(缅甸)；1933—1942 年任专员；1942 年任缅甸事务大臣。

塔伦茨，斯蒂芬(·乔治)(1884—1958 年)；1935—1940 年任英国
434 广播公司公共关系控制官；1940—1941 年在英国广播公司海外部任职。

托尼，理查德·亨利(1880—1962 年)；历史学家、基督教社会主义者；1931—1949 年任伦敦政治经济学院经济史教授。

特伦查德，休·孟塔古(1873—1956 年)；1936 年获第一代子爵封号；1918、1919—1929 年任空军总参谋长。

图哈切夫斯基，陆军元帅(1937 年卒)；苏联国防助理人民委员；1937 年 5 月被撤职，受到军事法庭审判，于 1937 年 6 月判处死刑。

特纳，T. W. J.；1940 年前任《新政治家》和《新政治家与国家》音乐批评人。

泰尔曼，唐纳德(1908—1981 年)；记者；1937—1944 年先后任《经济学家》助理编辑和副编辑；1944—1945 年任《观察家》报副编辑；1944—1955 年任助理编辑；1956—1965 年任《经济学

家》编辑。

厄特利，弗雷达（1898—1978年）：作家、记者；1926—1928年任伦敦政治经济学院研究员；1928—1929年任《曼彻斯特卫报》驻日本记者；1930—1936年在莫斯科世界经济政治研究所任职；1938年任《新闻记录报》驻中国记者；1939年去美国。

瓦伦斯，艾尔默（1892—1955年）：记者；1930—1933年任《经济学家》助理编辑；1933—1936年任《新闻记录报》编辑；1937—1939年任《新政治家》财经编辑；1939—1945年在陆军部任职；1945年后给《新政治家》撰稿。

范西塔特，罗伯特·吉尔伯特，爵士（1881—1917年）：1930—1938年任外交部常务次官；1938—1941年任外交大臣的首席外交顾问。

博尔皮，朱塞佩（米苏拉托，伯爵）：1912—1918年任意大利财政部长。

沃利斯，亨利·阿加德（1888—1965年）：1933—1940年任美国农业部长；1941—1945年任副总统；1945—1946年任商务部长；

沃尔什，理查德·约翰（1960年卒）：约翰戴出版公司总裁；1941—1946年任《亚洲》杂志出版人。

韦布，比阿特丽斯（1858—1943年）：政治科学家、社会主义作家。

韦布，锡德尼·詹姆士（1859—1947年）：1929年获第一代帕斯菲尔德男爵封号；政治科学家、社会主义作家；1922—1929年任锡厄姆选区（工党）下院议员；1924 年任贸易委员会主席。1929－1930 年任领地事务大臣；1929－1930 年任殖民地事务大臣。

威尔斯，赫伯特·乔治（1866－1946 年）：小说家、社会批评家。

魏冈，马克西姆将军（1867－1965 年）：1940 年任法军总司令；1940
435 年任国防部长；1941 年任阿尔及利亚总督和维希政府法属非洲总代表；1945－1946 年被囚禁于法国。

惠特尼，爱德华（1945 年卒）：《新政治家》的最早资助人；《新政治家》董事长。

威廉敏娜（1880－1962 年）：1890－1948 年任荷兰女王。

威廉斯，弗朗西斯（1903－1970 年）：1962 年获男爵封号；记者；1936－1940 年任《每日先驱报》编辑；1941－1945 年任情报局新闻和审查控制官；1945－1947 年任首相公共关系顾问。

威利森，恩斯特（1896－1954 年）：1925－1947 年任《新政治家》广告经理；1947 年任业务经理；1950 年任董事。

威尔逊，阿诺德，爵士（1884－1940 年）：1933－1940 年任希钦选区（保守党）下院议员；1909－1920 年在印度政治部任职；1921－1932 年在英国－波斯石油公司任职；1931－1938 年任贸易委员会电影顾问委员会主席；1935－1938 年在民政部防空结构性预防措施委员会任职。

威尔逊，贺拉斯·约翰，爵士（1882－1972 年）：1930－1939 年任英国政府首席工业顾问；1935 年任首相财政助理；1939－1942 年任财政部常务次官、民政部公务员局局长。

威尔逊，伍德罗（1856－1924 年）：1913－1921 年任美国总统。

温特林厄姆，汤姆(1898—1949年)；社会主义作家、公众人物；曾在国际旅英国小分队服役；第二次世界大战期间是英联邦成员。

伍尔夫，莱昂纳德·锡德尼(1880—1963年)；作家、出版商；1923—1930年任《国家文艺》文学编辑；1931—1959年任《政治季刊》副编辑；1917年创立贺加斯报业公司。

赖特，哈洛德；1930—1931年任《国家文艺》编辑。

复制文献一览表

文稿

文稿内容(古代货币) 243

巴比伦米那、埃及卡特、利迪亚米那和罗马磅 231—7

第Ⅰ章　巴比伦标准 244—252

第Ⅲ章　货币的起源 252—260

第Ⅲ章　古希腊标准 281—6

第Ⅴ章　菲敦和索伦进行的改革 200—73

[1923年以前出现的]货币贬值 226—31

关于英国外交政策的进一步思考,1937年7月26日 73—8

关于索伦进行的货币变革的笔记 223—6

小麦粒、黄金与白银的比率、白银与黄铜的比率 237—43

书评

道森,克里斯托弗,《众神的时代》(《国家文艺》,1926年5月12日) 287—9 437

埃文斯,阿瑟爵士,《克诺索斯的迈诺斯宫殿》(《国家文艺》,1928年10月6日) 292—4

福布斯,曼斯菲尔德·D.《克莱尔学院》(《国家文艺》,1931年1月17日) 416—21

霍尔,H. R.《青铜时代的希腊文明》(《国家文艺》,1928年10月6日) 292—4

前言、展览目录、小册子

备忘录、注释和评论

作证记录

广播节目

已发表信件

未发表信件

鸣　谢

445

我们得到以下人士的帮助，在此谨表谢意：W. H. 卡尔教授、多萝西·克劳福德博士、苏珊·豪森博士、已故的金斯利·马丁、C. H. 罗尔夫、罗伯特·斯基德尔斯基教授、安东尼·斯诺德格拉斯教授。我们获得许可，复制一些文件，在此谨向已故的金斯利·马丁和代表萧伯纳遗产管理委员会的作家协会表示感谢。

加拿大社会科学和人文科学研究委员会、剑桥大学克莱尔学院院长和研究员委员会提供了资助和住宿。

索　　引

447

（本索引的页码为原文页码，即中译本的边码）

图书在版编目(CIP)数据

凯恩斯社会、政治和文学论集/(英)凯恩斯(Keynes, J. M.)著;严忠志译.—北京:商务印书馆,2014
ISBN 978-7-100-10541-5

Ⅰ.①凯… Ⅱ.①凯…②严… Ⅲ.①社会科学—文集②凯恩斯主义 Ⅳ.①C53②F091.348

中国版本图书馆CIP数据核字(2014)第007270号

凯恩斯社会、政治和文学论集
〔英〕约翰·梅纳德·凯恩斯 著
严忠志 译

商 务 印 书 馆 出 版
(北京王府井大街36号 邮政编码100710)
商 务 印 书 馆 发 行
北京市松源印刷有限公司印刷
ISBN 978-7-100-10541-5

2014年11月第1版 开本 880×1230 1/32
2014年11月北京第1次印刷 印张 19 3/4
定价:49.00元